社会治理转型时期的
基层司法实践逻辑
——以远山县法院为例

李东澍 ◎ 著

中国社会科学出版社

图书在版编目(CIP)数据

社会治理转型时期的基层司法实践逻辑：以远山县法院为例 / 李东澍著. —北京：中国社会科学出版社，2021.7

ISBN 978-7-5203-8787-3

Ⅰ.①社… Ⅱ.①李… Ⅲ.①司法—研究—贵州 Ⅳ.①D926

中国版本图书馆 CIP 数据核字（2021）第 147939 号

出 版 人	赵剑英
责任编辑	梁剑琴
责任校对	冯英爽
责任印制	郝美娜

出　　版	中国社会科学出版社
社　　址	北京鼓楼西大街甲 158 号
邮　　编	100720
网　　址	http://www.csspw.cn
发 行 部	010-84083685
门 市 部	010-84029450
经　　销	新华书店及其他书店
印刷装订	北京市十月印刷有限公司
版　　次	2021 年 7 月第 1 版
印　　次	2021 年 7 月第 1 次印刷
开　　本	710×1000　1/16
印　　张	21.5
插　　页	2
字　　数	366 千字
定　　价	128.00 元

凡购买中国社会科学出版社图书，如有质量问题请与本社营销中心联系调换
电话：010-84083683
版权所有　侵权必究

序　一

这部著作是李东溆在博士学位论文的基础上修改形成的。能为之作序，我心情格外激动。收到东溆发来的书稿，不禁想起他攻读硕士博士的历程，想起我们相识相处相知的这十多年——感动、欣慰、赞赏之外，最深的感受是东溆有一颗赤子之心。

"社会治理转型时期"背景是宏大的，"基层司法实践"是纷繁复杂的。在宏大背景下审视基层司法实践，总结梳理其发展变迁的"逻辑"，理论和实践意义都是不言而喻的，自然也是富有挑战性的。为了有效地开展研究，东溆经年累月扎根在远山县，从"外乡人"变成了"远山人"。我们线上聊起这段经历，东溆引用了习近平总书记的讲话——"时代课题是理论创新的驱动力"，"新时代改革开放和社会主义现代化建设的丰富实践是理论和政策研究的'富矿'"。听他这么说，我由衷点赞，很认真地回复说：能坚持数年，深入开展田野调研，用心用情做论文搞研究，称得上"把论文写在祖国大地上"。

东溆在这部著作中，聚焦社会治理转型时期，以合法化和现代化为主线，将基层司法看作既受宏观结构制约，又内含行动者能动性的动态的、不断再生产着相应社会结构的实践过程，在此基础上，将基层法院的审理实践建构为"遵循法律"的裁判、"基于法律"的调解和"超越法律"的协调三种理想类型。他认为，该时期的基层司法实践逻辑是基层法院与时俱进、因地制宜地积极回应社会需求，借此实现法律和国家的合法化及现代化，合法化和现代化两者相辅相成、互为依托，从而建构起法律与社会、国家与社会、国家与地方之间的良性关系。这是一种同良法善治式的实质法治观念和社会治安综合治理模式密不可分的回应型司法。这样的概括是科学运用社会学、法学等多学科知识和方法，深入调研和缜密梳理总结得来的。

东澍多次向我表达了书稿中存在的不足，当讨论到我"无言以对"的时候，我总是用一句话作为结束语——"改革永远在路上，学习永远在路上"。平心而论，东澍的问题意识和理论关怀让我感动和欣慰。在我看来，他在这一领域的中国性、时代性、创新性问题的研究是立体的和深入的。喻中教授在《乡土中国的司法图景》一书结语中说，"中国学术要走上一条原创之路"，"就有必要在充分尊重西方学术的前提下，更多地着眼于中国本土社会科学的建构"，而非仅仅是"在别人家里数家珍"；富有原创品格和现实意义的中国学术，"并不是无中生有地'创造'出来的，而是以当代中国人的真实生活作为'创造'起点、作为'创作'蓝本的本土学术"。作为青年学者，东澍践行理论联系实际的学风，数年间不辞辛苦深入田野调查，潜心查证梳理海量司法档案，与司法工作者和案件当事人反复沟通交流。在理论阐述上，注重对国内外既有相关著述进行"古为今用、洋为中用"的遴选、吸收和回应的成果。这些都是难能可贵的。东澍所努力的，正是喻中教授所指明的。我想这也是喻中教授所以厚爱东澍的缘故吧。作为东澍的指导老师，我为他的真诚和努力感到欣慰，也期待他有更多更好的研究成果贡献于新时代。

华东政法大学教授、博士生导师

郭为禄

2021 年 2 月 24 日写于上海

序　二

　　法学是公平正义之学。承载公平正义的机构，首推法院。以前，很多法学院的学生都有一个大致的职业预期：毕业之后去法院，成为"铁肩担道义"的法官，持续不断地向社会运送公平正义。现在，随着法学教育规模的扩张，就业渠道的拓展，法科毕业生去法院就业的比例在逐渐下降；在法院之外，检察院、律师事务所、政府、企业也成为法科毕业生的常规去处。尽管如此，与法学、法学院及法科毕业生对应性最强的机构，毕竟还是法院。在法学院念书的学生，在法学院任教的老师，当他们站在法学院里眺望外面的法律世界时，最容易看到的地方就是法院。相对来说，法院里的人与事，更容易成为法学院师生关注的对象，更容易吸引法学院师生的目光。

　　正是在这样一个背景下，我们很容易理解：法学家创造的法学知识，大多与法院相关，要么强相关，要么弱相关。且不说那些关于审判与诉讼的专业知识，几乎可以覆盖法学知识的绝大部分，单是直接把法院作为研究对象的成果，也是丰富多彩的。我读过一些专门论述最高法院的著作，也读过一些专门论述派出法庭的著作。此外，还有一些学者研究过各级法院内设的某种组织，比如审判委员会、合议庭，等等。诸如此类，不一而足。

　　相比之下，现有的对基层法院进行总体研究、全面论述的著作，从数量上看，还是偏少。须知在我国的法院系统中，基层法院的数量最多，基层法院每年裁判的案件也最多，基层法院每天面临的新情况、新问题更是层出不穷。因而，在社会治理发生明显转型的时期，与时俱进地研究基层法院是极为必要的。那么，在当下的中国，真实生活中的基层法院到底是一个什么样的机构？如何有效解释基层法院的行动逻辑？如何生动呈现基层法院的整体面貌？思考这样一些根本性的问题，有助于我们更深刻地理解基层法院。令人欣慰的是，这些避不开的问题，在李东澍博士的这部书中，能够找到你所期待的答案。如果你对基层法院还有一些好奇心，也可以通过这部书得到相当程度的智识满足。

不妨把这部书视为作者以基层法院为主题，精心绘制的一幅长长的画卷。打开这幅长卷，我们跟随作者的笔触，首先看到的是基层法院的内部结构。接下来看到的，是基层法院所置身于其中的外部结构。在内外两个不同的空间中经历了一番穿行之后，基层法院的里里外外、上上下下，我们大体上可以获得一个清晰的印象。在稍作停顿之后，作者又让我们细致地观看立案、审理、执行及信访等几个连续性的活动场面。其中的每个场面都呈现为一个相对独立的画面，连缀起来又是一个相互关联的整体。基层法院的运作过程，由此得到了全景式的展示。一路看下来，整幅画卷气韵生动流畅，细节刻画鲜活，个性寓于匠心，既不乏立体感，也颇有现场感。

从创作过程来看，这部书是作者在"远山县法院"进行田野考察并予以深度描绘的产物。在数年的田野考察过程中，作者与"远山县法院"内外的相关人士已经建立了"牢固的友谊"。这个看似无关紧要的细节，让我想到了深入易洛魁部落的摩尔根（1818—1881），以及其他走进田野的社会学家、人类学家。当然，我们都知道，当代中国的"远山县法院"绝不是北美的印第安部落，本书作者也不是摩尔根。这部书与《古代社会》也各有自己的际遇，不可同日而语，也不必相提并论。但是，这部书的由来，与摩尔根孕育、写作《古代社会》一书的轨迹，何其相似乃尔！

由此说来，这部书也是作者在田野里长期耕耘所收获的成果，是作者在当下这个盛行流水线生产的时代精心制作的一件手工作品。流连、徜徉于字里行间，手工制作的痕迹随处可见。这是我喜欢这部作品的主要原因。

中国政法大学教授、博士生导师

喻中

2021 年 2 月 17 日写于中国政法大学

目　　录

第一章　导论 …………………………………………………………（1）
　第一节　问题意识与研究意义 ……………………………………（1）
　　一　以社会治理转型时期为语境 …………………………………（2）
　　二　针对基层司法的社会学研究 …………………………………（4）
　　三　聚焦于基层司法的实践逻辑 …………………………………（5）
　第二节　国内外文献研究综述 ……………………………………（7）
　　一　社会治理转型与法治之研究 …………………………………（7）
　　二　司法实践与基层法院之研究 …………………………………（15）
　第三节　概念界定与理论框架 ……………………………………（21）
　　一　概念界定 ………………………………………………………（21）
　　二　理论框架 ………………………………………………………（26）
　第四节　资料来源与研究方法 ……………………………………（29）
　　一　资料来源 ………………………………………………………（29）
　　二　研究方法 ………………………………………………………（30）
　第五节　研究内容与创新之处 ……………………………………（33）
　　一　研究内容 ………………………………………………………（33）
　　二　创新之处 ………………………………………………………（36）

第二章　基层司法的内部科层 ……………………………………（39）
　第一节　派出法庭与业务庭的审视 ………………………………（42）
　　一　派出法庭及其功能 ……………………………………………（42）
　　二　业务庭及其功能 ………………………………………………（48）
　　三　法庭的运作模式 ………………………………………………（49）
　第二节　审判委员会的层层迷思 …………………………………（58）
　　一　审委会设置的争议性 …………………………………………（58）

二　审委会组织的正功能……………………………………（63）
　　三　审委会运作的规范化……………………………………（67）
第三节　其他组织的结构—功能………………………………（69）
　　一　执行局与辅助组织………………………………………（69）
　　二　党组与院长办公会………………………………………（70）
　　三　其他管理组织……………………………………………（73）
第四节　基层司法的行政化及其破解…………………………（75）
　　一　司法行政化产生的困扰…………………………………（76）
　　二　破解司法行政化的尝试…………………………………（84）

第三章　基层司法的外部结构……………………………………（89）
第一节　地方权力结构中的基层司法…………………………（89）
　　一　"副县级机构"：基层法院的地位………………………（91）
　　二　"负责审判"：基层法院的权责…………………………（96）
第二节　政法管理结构中的基层司法…………………………（101）
　　一　担纲政法机关的基层法院………………………………（101）
　　二　饰演下级法院的基层法院………………………………（110）
第三节　基层司法的地方化及其摒除…………………………（112）
　　一　司法地方化造成的难题…………………………………（112）
　　二　摒除司法地方化的努力…………………………………（117）

第四章　立案程式：冲突解决的司法门户………………………（128）
第一节　冲突多元解决中的诉讼………………………………（129）
　　一　冲突解决的四个理想类型………………………………（130）
　　二　嵌入多元机制的司法诉讼………………………………（134）
第二节　审查制下的选择性司法………………………………（143）
　　一　藏在"诉讼爆炸"中的立案难……………………………（143）
　　二　为何立案难：选择性司法丛生…………………………（148）
第三节　登记制下的过载性司法………………………………（155）
　　一　立案登记制的纠偏成效…………………………………（155）
　　二　挣脱过载性司法的枷锁…………………………………（160）

第五章　审理运作：依据法律的定分止争………………………（173）
第一节　"遵循法律"的裁判……………………………………（174）

一　常规案件的形式化……………………………………（175）
　　二　复杂案件的衡平术……………………………………（183）
　　三　程序正义的显像化……………………………………（190）
第二节　"基于法律"的调解……………………………………（201）
　　一　熨平法律的皱折………………………………………（206）
　　二　模糊的法律产品………………………………………（215）
　　三　司法的默会知识………………………………………（222）
第三节　"超越法律"的协调……………………………………（229）
　　一　对法律的"软执行"……………………………………（230）
　　二　协调的动因分析………………………………………（242）

第六章　执行与信访：法律实效的镜像折射……………………（252）
第一节　司法执行的社会工程…………………………………（254）
　　一　执行之殇：社会控制失灵……………………………（254）
　　二　执行规制：法院因应之道……………………………（260）
第二节　涉诉信访的重重困境…………………………………（265）
　　一　司法的信访化现象……………………………………（267）
　　二　法律的利用与规避……………………………………（275）
第三节　掀起优化实效的改革…………………………………（287）
　　一　司法执行的破冰旅程…………………………………（287）
　　二　诉访分离的凤凰涅槃…………………………………（293）

第七章　结论……………………………………………………（299）
第一节　社会治理转型：解读基层司法的密码………………（300）
　　一　"送法下基层"：从国家视域的观察…………………（301）
　　二　"迎法下基层"：自社会角度的检视…………………（303）
第二节　建构回应型司法：基层司法的实践逻辑……………（306）
　　一　回应型司法的理论脉络………………………………（306）
　　二　回应型司法的逐步确立………………………………（308）

参考文献…………………………………………………………（313）
附录　深度访谈编码……………………………………………（328）
后记………………………………………………………………（331）

第一章　导论

法社会学是一门以法律与社会的关系为元问题,并通过聚焦"行动中的法"(law in action)来研究法律与社会、法律实践与法律文本[或曰"文本中的法"(law in book);以及"纸面上的法"(law in paper)]之间辩证关系的交叉学科。通过社会来检视法律和通过法律来认知社会,是研究中国社会、中国法律的一条重要进路,本书的写作无疑正是基于这样一种学术旨趣。回顾过去,众多学者分别从社会学、法学、政治学等进路对基层司法这一重要社会科学课题展开了深入探讨,并取得一系列丰硕成果。见贤思齐,本书选择从法社会学角度来对社会治理转型时期的基层司法实践逻辑进行探究。

第一节　问题意识与研究意义

改革开放以来,我国从传统农业社会向现代工业社会的转型不断加速。在这一波澜壮阔的历史时期,市场经济的蓬勃发展、社会流动的显著提高,既为中华文明复兴注入了巨大动力,也带来了前所未有的社会结构裂变。社会转型所涉甚广、过程复杂,其中一个核心问题在于社会治理转型。因为剧烈的社会转型势必不可避免地带来社会失范、社会冲突等问题,所以要应对这些问题就会产生社会治理及社会治理转型之需。[①] 伴随着现代法治对传统社会治理结构的持续扬弃,人们业已形成这样一种共识:"法治是治国理政的基本方式,司法是法治体系的重要基石。"[②] 进言之,多数司法活动是在基层法院开展的,法律与社会之间错综复杂的关系

[①] 参见李友梅等《中国社会治理转型(1978—2018)》,社会科学文献出版社2018年版,第1—4页。

[②] 最高人民法院编:《中国法院的司法改革》,人民法院出版社2016年版,第1页。

在基层司法中表现得更为生动。因此，有必要对社会治理转型时期的基层司法实践逻辑予以关注。

在社会治理转型的时空语境下，本书以合法化（legitimization）和现代化（modernization）为主线，将基层司法看作既受宏观结构制约，又内含行动者能动性的动态的、不断再生产着相应社会结构的实践过程。亦即，将基层法院作为行动主体，考察基层司法相应的内部科层和外部结构，并在此基础上解析基层法院在立案、审理、执行与涉诉信访等不同司法行动中所呈现出的实践逻辑。既然本书的主题是"社会治理转型时期的基层司法实践逻辑"，那么对于本书的问题意识和研究意义，便可以从以下三个方面来予以阐释：其一，为何要将社会治理转型时期作为语境；其二，为何需要进行基层司法的法社会学研究；其三，为何关注的是基层司法的实践逻辑。

一 以社会治理转型时期为语境

郭星华指出，当代中国的社会转型，从社会控制的角度来看就是社会治理结构的转型，亦即从传统社会治理结构向现代社会治理结构的转型。故而，在此意义上，"社会治理转型"表述的正是当代中国从礼治的、权治的传统社会治理结构，向法治的现代社会治理结构转型。[①] 2013年，党的十八届三中全会将"创新社会治理体制"列为全面深化改革、推进国家治理体系和治理能力现代化的一项基本内容。[②] 2014年，党的十八届四中全会要求提高社会治理法治化水平，坚持系统治理、依法治理、综合治理、源头治理，以及推进社会治理体制创新法律制度建设。[③] 社会治理被先后纳入全面深化改革和全面依法治国两大战略之中，充分表明社会治理转型与法治建设是互为一体的，堪称一枚硬币的两面。2019年，党的十九届四中全会通过的《中共中央关于坚持和完善中国特色社会主义制度、推进国家治理体系和治理能力现代化若干重大问题的决定》，进一步明确

---

① 参见郭星华《权威的演化与嬗变——从一份"请示报告"看我国的法治化进程》，《社会科学论坛》（学术评论卷）2009年第8期。

② 详见党的十八届三中全会通过的《中共中央关于全面深化改革若干重大问题的决定》。

③ 详见党的十八届四中全会通过的《中共中央关于全面推进依法治国若干重大问题的决定》。

提出"坚持和完善中国特色社会主义法治体系,提高党依法治国、依法执政能力"与"坚持和完善共建共治共享的社会治理制度,保持社会稳定、维护国家安全"等要求。可见,法治是社会治理转型和国家建构合法性(legitimacy)的重要路径。①

进言之,"社会治理转型时期"既界定了本书的时空语境,也在一定程度上揭示出本书的现实意义和方法论基础。一方面,"为国也,观俗立法则治,察国事本则宜。不观时俗,不察国本,则其法立而民乱,事剧而功寡"(《商君书·算地》)。法律在一定程度上属于地方性知识,它会受到地理、气候、人口、时代、经贸、民俗等因素的影响,②故而我们有必要将其放置于具体的时空语境和具体的司法实践中加以探讨。正如习近平总书记所强调:"走什么样的法治道路、建设什么样的法治体系,是由一个国家的基本国情决定的"③,"全面推进依法治国,必须从我国实际出发,同推进国家治理体系和治理能力现代化相适应,既不能罔顾国情、超越阶段,也不能因循守旧、墨守成规"④。另一方面,将中国作为一种方法,日渐为海内外研究中国问题的学者所倡导,概而论之,其强调以平等原理和多元世界的观点来看待东方和西方,从中国历史和中国社会之中发掘中国固有的原理。⑤"法治是人类文明的重要成果之一,法治的精髓和要旨对于各国国家治理和社会治理具有普遍意义,我们要学习借鉴世界上优秀的法治文明成果。但是,学习借鉴不等于是简单的拿来主义,必须坚持以我为主、为我所用,认真鉴别、合理吸收,不能搞'全盘西化',不能搞'全面移植',不能照搬照抄。"⑥此外,需要说明的是,关于"社

---

① 参见王国斌《近年来党的社会治理思想创新》,《红旗文稿》2018 年第 7 期;夏锦文《共建共治共享的社会治理格局:理论构建与实践探索》,《江苏社会科学》2018 年第 3 期;马德坤《习近平关于社会治理的理论创新与实践探索》,《中国高校社会科学》2017 年第 3 期;赵孟营《社会治理精细化:从微观视野转向宏观视野》,《中国特色社会主义研究》2016 年第 1 期。

② 参见[美]克利福德·吉尔兹《地方性知识:阐释人类学论文集》,王海龙、张家瑄译,中央编译出版社 2000 年版,第 222—322 页。

③ 《习近平谈治国理政》(第二卷),外文出版社 2017 年版,第 117 页。

④ 《习近平谈治国理政》(第二卷),外文出版社 2017 年版,第 117 页。

⑤ 参见[日]沟口雄三《作为方法的中国》,孙军悦译,生活·读书·新知三联书店 2011 年版,第 125—133 页。

⑥ 《习近平谈治国理政》(第二卷),外文出版社 2017 年版,第 118 页。

会治理""社会治理转型"的概念界定和理论研究，将会在本章"第二节 国内外文献研究综述"中的"社会治理转型与法治之研究"，和"第三节 概念界定与理论框架"中的"概念界定"部分予以详细介绍。

二 针对基层司法的社会学研究

此处需要先对"基层司法"这一概念进行界定。通常，"基层"既可以指涉一个完整的县级行政区域，亦可以指涉地理范围更加狭窄的一个乡镇、一个社区乃至一个村落、一条街道。鉴于县级法院即是基层法院，以及乡镇人民法庭系县级法院下辖的派出机构，本书中的"基层"在机构层面涵盖县级法院及其下辖派出法庭，在空间层面则涵盖整个县域。同时，鉴于"司法"的常规理解乃是法院所司之立案、审理、执行、涉诉信访等专业活动及相关活动之和，故本书中的"司法"也正是表示这样的意涵，而"基层司法"即是基层法院的司法。

如前所述，随着中国社会治理持续转型，法治逐步上升为社会良性发展和国家建构合法性的重要路径，而基层司法在法治中承担着重要的角色—功能。既然基层司法是中国司法的根基所在，那么便可以通过深入研究基层司法来了解中国社会和中国法治。从法社会学视野来审视，司法是联通"文本中的法"和"行动中的法"的桥梁，是赋予抽象的、条文的法律规则以生命力，使之转化为具体的、实际的社会规则的中介。基层司法实践折射出国家与社会、国家与地方、国家法律与民间规范、法律行动与法律文本、法律实践与法律表达、合法性与合法律性（legality，亦可译为"依法性"）、现代性与地方性之间的张力和平衡：

第一，基层司法的首要目的在于解决特定时空环境下所存在的具体社会冲突，而并非为某种抽象的法律理念提供一个注脚。[①] 因为基层法院是镶嵌在当地社会结构之中的，基层司法具有并且应当具有一定的地方性，所以假如基层司法不能够有效服务于当地社会，由其承载的法律和国家将不可避免地遭遇合法化（legitimization）难题。申言之，在社会冲突解决过程中，基层法院需要直面不同社会主体对自身利益所进行的利益考量、

---

① 参见喻中《乡土中国的司法图景》，法律出版社 2013 年第 2 版，序言第 1 页。

效率计算、策略实施等现实情况，且基层法院不得不就此衡量自身的成败得失，故基层司法实践可谓法院、当事人之间的一个博弈过程。然而，司法与民间纠纷解决的重要区别在于它是以法院这一国家机构来担当冲突解决者，并且是以国家权威为后盾、以国家法律为准据来定分止争的。故此，基层司法又必须是国家法律的适用活动，它需要尊奉法律从而维持司法的合法律性，实现国家和社会整体的意志。

第二，在理想状态下，司法对于法律和国家的合法化，理应是通过达致合法律性来获得合法性。进言之，法院所司之法本身应是良法，而法院对它的运用也是良善的。这无疑契合了古希腊思想家亚里士多德所提出的法治乃良法善治之命题。① 可是，在现实中，通过立法制定的法律不可能同社会完全严丝合缝，而是或多或少与社会存在着一定距离，更何况40多年来我国为实现法制现代化而进行了大量的域外法律移植，故法院所司之法在客观上并非是绝对意义的良法。因此，法院在司法实践中对合法律性与合法性的追求并非完全一致。不难发现，在司法实务界的话语中，合法律性往往和司法的"法律效果"相联系，而合法性往往和司法的"社会效果"相联系。当所司之法为良法时，司法不难同时获得法律效果与社会效果，此即基于合法律性建构合法性；当所司之法并非良法时，对其机械适用或可能实现相应的合法律性，却难免由于缺乏当事人及公众的认同而造成合法化危机。然而，如果忽略司法的法律效果而片面追求司法的社会效果，无疑又会导致法律沦为具文、司法处于高度不确定性状态，这即使有助于实现个案正义，也势必导致无法形成法治所要求的规则之治，在长远上终将不利于法律和国家的持续合法化。

故此，本书希望探讨以下一系列问题：在社会治理转型时期，基层司法的实践逻辑为何？基层司法有着怎样的实践理性，它是怎样实现法律和国家的合法化及现代化的？法律文本与法律行动、法律表达与法律实践之间是怎样一种既矛盾又契合的关系？

三 聚焦于基层司法的实践逻辑

黄宗智指出："与纯理论建构不同，实践不会要求简单的逻辑上

---

① 参见［古希腊］亚里士多德《政治学》，吴寿彭译，商务印书馆1965年版，第199页。

的整合，它更贴近实际中的错综复杂关系和重重矛盾。从实践出发的研究进路和理论创建，才有可能为中国探索出一条既符合实际又带有前瞻性的法律建设道路。"① 苏力亦指出，"法治是一种实践的，而不是玄思的事业"②，"法治的理想必须落实到具体的制度和技术层面。没有具体的制度和技术的保障，任何伟大的理想都不仅不可能实现，反而可能出现重大的失误"③。正是出于为相关法社会学研究抛砖引玉，以及为中国法治建设和司法改革事业添砖加瓦，本书选择研究的是基层司法的实践逻辑。

考察现实，当前社会转型所遭遇的主要困境是结构混乱与社会失范——社会结构的原子化造成社会凝聚力不足，使得社会成员对社会集体缺乏认同感；而由于社会内部调控与整合能力的欠缺，导致社会无法为其成员提供充分有效的解纷排难渠道；同时，社会缺乏普遍公认的价值标准和行为规范。④ 作为回应，2013 年，新一轮司法改革的帷幕正式开启；2014 年，党的十八届四中全会研究部署了全面推进依法治国的重大方略；2019 年，党的十九届四中全会通过了《中共中央关于坚持和完善中国特色社会主义制度、推进国家治理体系和治理能力现代化若干重大问题的决定》。践行法治，改革司法体制、优化司法结构、规范司法行动，是进一步实现社会治理转型和推动社会良性发展的必由之路。故而，秉持黄宗智所提倡的"从实践出发的研究进路和理论创建"这一理念，从实践逻辑视域来对基层司法予以探究是有意义的。

综上所述，有必要通过聚焦基层司法实践逻辑，描绘当代中国法律和中国社会的图景，勾勒中国社会治理转型和中国法治建设的进程。正如习近平总书记所言："坚持从实际出发，就是要突出中国特色、实践特色、时代特色。要总结和运用党领导人民实行法治的成功经验，围绕社会主义

---

① ［美］黄宗智、尤陈俊主编：《历史社会法学：中国的实践法史与法理》，法律出版社 2014 年版，导论第 3 页。
② 苏力：《送法下乡——中国基层司法制度研究》，北京大学出版社 2011 年版，第 8 页。
③ 苏力：《送法下乡——中国基层司法制度研究》，北京大学出版社 2011 年版，第 1—2 页。
④ 参见吴英姿《法官角色与司法行为》，中国大百科全书出版社 2008 年版，第 331—334 页。

法治建设重大理论和实践问题，不断丰富和发展符合中国实际、具有中国特色、体现社会发展规律的社会主义法治理论，为依法治国提供理论指导和学理支撑。"① 故此，本书选择以贵州省远山县（化名）作为田野调查地点。因为贵州省是一个近年来经济突飞猛进、社会日新月异的发展中省份，而所属的远山县过去是一个农业县，近年来则逐步发展为省内工业、旅游业重镇，城镇化水平不断提高，并且远山县法院系该省第二批司法改革试点单位，所以可以用贵州省远山县法院为例来探究社会治理转型时期的基层司法实践逻辑，为相关学术研究略尽绵薄之力。需要强调的是，笔者的田野调查获得了远山县委政法委书记、远山县法院院长的正式授权，系以调研人员的公开身份进入田野，并向访谈对象等相关人员一一表明了调研目的和资料用途；同时，本书对田野调查中所涉及的人名、省级以下地名和其他相关信息均作出了技术处理。

第二节 国内外文献研究综述

针对司法与法院、社会治理转型与法治等问题，国内外学者进行了大量研究，硕果累累、成绩颇丰。总结既往文献，可以为本书的写作提供巨大帮助。限于篇幅，下面主要基于本书的写作线索，对密切相关的部分重要研究作出梳理。

一 社会治理转型与法治之研究

中国社会正处于广度和深度上都前所未有的转型之中。社会转型所涉甚广、过程复杂，其中一个核心问题在于社会治理结构的转型。马克斯·韦伯将社会治理（或曰"统治""支配"）所对应的权威划分为三种类型：传统型权威、魅力型权威和法理型权威。法理型权威在现代社会中具有主导性，法律、法理乃国家合法性之基。② 进言之，当代中国的社会转型，从社会控制的角度来看，就是社会治理结构的转型，而现代社会治理

---

① 《习近平谈治国理政》（第二卷），外文出版社 2017 年版，第 117—118 页。
② 参见［德］马克斯·韦伯《经济与社会》（第一卷），阎克文译，上海人民出版社 2010 年版，第 318—322 页。

结构无疑是指向法治的。①

(一) 迈向法治社会：中国社会治理的转型

不断迈向法治社会，这正是中国社会治理转型的进路。鉴于前述，首先需要理解的是何谓"传统社会"。中国传统社会是一个意涵繁芜的概念，社会学界往往将其分为两个部分：

其一，"大传统社会"或者说"礼治社会""乡土社会"。"大传统"是指中国社会沿袭数千年的思想、价值观念、道德和风俗，其对应的是礼治秩序。比较而言，"礼治"是以我国古代占据主导地位的儒家学说为支撑，并且奉等级差序为圭臬进而构筑起来的一系列理念、规则、制度之结合体；②"法制"则是通过国家的名义来制定、颁行的林林总总而又相互配套的法规、律令之集合。对古代中国的社会治理而言，礼治乃是理念，法制乃是手段，礼与法两者之间源源不断地持续渗透、结合，最终成就了中华法系的本质和铸就出独特的华夏法律文化。③ 必须正视的是，礼治秩序仅适合于传统可以保持不变的社会，这样一种社会是以社会分工欠发达、社会流动小、社会同质性高、立基于农业生产和血缘纽带的乡土社会。一旦社会发生重大变迁，传统的效力流失，礼治将陷入瓦解。④

其二，"小传统社会"或者说"权治社会""单位制社会""总体性社会"。"小传统"对应的是权治秩序，它是指1949—1978年所形成的社会结构、社会价值观念以及社会行为方式。近代以来乡土社会蜕变、礼治秩序崩塌，1949年中华人民共和国成立以后至1978年改革开放这一历史阶段，伴随着国家政权建设，国家实现了对社会资源的全面掌控，从而形成了以单位制为基础的社会状态。亦即，通过档案、户籍、层级管理的方式，在城市建立起各类国家机关、公立企事业单位和人民团体，在乡村建立起若干人民公社，并通过它们实现社会的组织和管理，人们之间的纠纷

---

① 参见郭星华《权威的演化与嬗变——从一份"请示报告"看我国的法治化进程》，《社会科学论坛》（学术评论卷）2009年第8期。

② 参见瞿同祖《中国法律与中国社会》，中华书局2003年第2版，第292—309页。

③ 参见张晋藩《中国法律的传统与近代转型》，法律出版社2009年第3版，第20—31页。

④ 参见费孝通《乡土中国 生育制度 乡土重建》，商务印书馆2011年版，第51—56页。

一般由单位进行解决,矛盾冲突往往被化解在单位内部而不会流向社会。① 对于这样一个整合度极高的社会来说,社会成员被固定于一定的社会位置,社会资源集中于党政系统,整个社会实施层级控制,下层对上层负责,每一个"单位"的权力集中在一个或少数几个人手中,故而它是权治的。在权治社会中,各级立法、执法机构从属于相应党政系统,各级地方政府具备经济、社会、政治多重职能,是全能主义结构的有机组成部分。②

当代中国的社会转型,正是在"小传统"的基础上向现代社会转型的过程,并且在这一过程中,"小传统"比"大传统"的影响更大。换言之,可以将当代中国社会中的权威分为政府权威、法律权威和道德权威。所谓权治社会,意味着政府权威系社会中的最高权威,其他权威服从于政府权威或来源于政府权威;而所谓法治社会,则要求法律权威成为社会中的最高权威,其他权威服从于法律权威或来源于法律权威。故而,从社会治理结构的层面来说,我国社会转型正是从权治社会迈向法治社会的转型。③

(二) 社会治理转型、法治与国家政权建设之联系

中国的社会治理转型、法治、国家政权建设之间存在着密切的有机联系,三者是相互交融、彼此成就的。伴随着乡土社会变迁和礼治秩序消亡,国家政权建设成为20世纪初以来一直延续至今的重要社会现象。国家政权建设,意味着国家权力的扩张和政权机构在基层社会特别是乡村社会的下沉。

对礼治社会而言,长期维持着国家—士绅—农民的三层结构,其中士

---

① 参见刘建军、赵彦龙《单位体制生命力衰减的根源及其后果》,《文史哲》2000年第6期;刘建军《中国单位体制的构建与"革命后社会"的整合》,《云南行政学院学报》2000年第5期。

② 参见郭星华《权威的演化与嬗变——从一份"请示报告"看我国的法治化进程》,《社会科学论坛》(学术评论卷)2009年第8期;梁治平编《国家、市场、社会:当代中国的法律与发展》,中国政法大学出版社2006年版,第256—259页。

③ 参见郭星华《权威的演化与嬗变——从一份"请示报告"看我国的法治化进程》,《社会科学论坛》(学术评论卷)2009年第8期。

绅作为国家与社会的中介和基层社会的整合力量，承担着重要的社会功能。① 然而，随着晚清以来国家权力的有意识扩展，加之工商业发展、西方近代文明输入、科举制废除等因素冲击，致使士绅阶层式微，原本稳定的三层结构逐步瓦解。② 诚然，国家统治在乡土社会中的实现，需要依靠"权力的文化网络"（culture nexus of power）。可是，源于现代化意识形态所产生的一系列强烈冲击，国家政权寻求斩断自身同"落后的"、礼治传统的旧的文化网络之联系，并力图在这一旧有文化网络之外建立起新的政权体系，其结果是权威基础在极大程度上被国家权力的扩张、下沉所侵蚀、破坏，从而造成"国家政权内卷化"。③ 这无疑与费孝通所指出的20世纪40年代"基层行政的僵化"相契合。④ 随着时间延展，中国共产党的革命彻底摧毁了权力的文化网络基础，并一度建立起国家对社会资源全面掌控的总体性社会。⑤ 由于总体性社会林林总总的局限，改革开放之后，国家权力逐渐有意识、有选择、有限度地从基层社会撤出。于是，如何妥善处置国家撤出后留下的权力真空，如何整合基层社会并形成新的秩序模式，如何妥善应对新的市场经济体制所引致的一系列重大变革与影响成为亟待解决的社会治理难题。⑥

正是在这样一种社会背景下，中国不断走向法治，法治日渐成为公众的一种信仰。基层司法制度建设以及"送法下乡""送法上门""巡回审理"等司法实践应运而生，并作为现代民族国家政权建设的一个重要组成部分而被加以推行。因此，除去常规司法所强调的纠纷解决和规则确认之外，中国司法还具有现代民族国家政权建设这样一种政治性的社会功能。⑦ 是故，合法性乃是中国法治建设的关键问题。如果说晚清时期的

---

① 参见费孝通《乡土中国 生育制度 乡土重建》，商务印书馆2011年版，第377—397页。
② 参见孙立平《现代化与社会转型》，北京大学出版社2005年版，第123—125页。
③ 参见［美］杜赞奇《文化、权力和国家——1900—1942年的华北农村》，王福明译，江苏人民出版社1994年版，第1—4、15、66—68页。
④ 参见费孝通《乡土中国 生育制度 乡土重建》，商务印书馆2011年版，第377—397页。
⑤ 参见孙立平《现代化与社会转型》，北京大学出版社2005年版，第126—127页。
⑥ 参见张浩《规则竞争：乡土社会转型中的纠纷解决与法律实践》，中国社会科学出版社2014年版，第4—5页。
⑦ 参见苏力《送法下乡——中国基层司法制度研究》，北京大学出版社2011年版，第27—32页。

"变法图强"是对于"三千年未有之大变局"无奈地被动回应,那么,改革开放以来的法治建设则反映出国家对西方法制的积极主动借鉴。为了追求自身权力的合法性和消除建设市场经济过程中出现的失序状况,国家力图通过建构一套完善的法律体系来实现"依法治国"目标。①

对于"送法下乡"以及之后的"大调解""院长接待日"等通过法律、司法实现国家权力对基层社会的渗透、控制的社会治理系统工程,赵晓力和强世功基于对1996年的一起司法个案的实证研究,将其中存在的一个突出问题概括为"法律的治理化",并认为这是新中国的"政法传统"。申言之,由于法律、司法被作为实现社会治理的有效管道和技术来使用,法律、司法因此溢出自身领域,以一种奇特形式被整合进政治权力系统。法律配合政治的需要,政治借助法律的技术,政治与法律之间的有机结合形成了被称为"政法"的一套学说、组织机构、权力技术和法律实践。② 同时,依据学界普遍共识,确保法律具备公共性、普遍性、实在性、自主性、自治性等重要品质,是建构法治秩序的必由之路。③ 否则,法律将陷入不确定状态,从而造成法律权威不彰。

站在社会治理转型和国家政权建设的视角审视当前中国的法治进程,可以发现自改革开放以来中国社会已经逐渐步入法治轨道,但是法治化的进路更多侧重于自上而下的国家建构,法律权威的建构倚靠政府权威,而自下而上的社会认同则稍显不足。随着法律权威的日益彰显,政府行为受到法律规制,故而在一定意义上,法律权威对政府权威起到了部分替代的效果。于是,这样一幅具有两难性、悖论性的图景开始浮现:一方面,对于法治建设事业来说,失去政府的推动力量它将会沦为空中楼阁,法律权威在一定程度上是发端于政府权威的,并且对后者有所依赖;另一方面,法律权威在经过不断成长后超越政府权威,上升为社会之中众望所归的终

---

① 参见赵旭东《权力与公正——乡土社会的纠纷解决与权威多元》,天津古籍出版社2003年版,第3—4页。

② 参见强世功《法制与治理:国家转型中的法律》,中国政法大学出版社2003年版,第123—134页。

③ 参见[美]R.M.昂格尔《现代社会中的法律》,吴玉章、周汉华译,译林出版社2008年版,第54—70页。

极权威，这又是法治本质性的内在要求。①

进言之，在国家立法尤其是法律移植型的立法未完全达到预期目的的现实状态下，国家推行的正式法律制度与社会非正式制度之间存在着一定程度的断裂，而此种断裂无疑影响到国家在社会中的合法性问题。因此，不断优化国家与社会的关系，更好地实现国家在社会中的合法化乃是司法需要承担的使命，亦是司法改革等实践的初衷。正如范愉所指出，法治不仅是一种现代社会治理的理念，也是由具体的制度、实践、法律意识、社会关系构成的社会体制；同时，法治又是通过这些理念和制度由此达到的理想目标和社会秩序，法治的理想应是建立一个和谐的社会。法律、法治与社会和谐的关系，本质上是法与秩序的关系，法律本身意味着规范和秩序，以建立、维护和发展法治秩序为宗旨。② 为此，需要检视中国的法治模式和探寻中国法治的本土资源。

（三）实质法治论、形式法治论与中国法治模式

对于中国法治模式的探讨需要先回答"何为法治"这一问题。无疑，法治意味着法律的制定与实施，然而仅仅注意到法律的制定与实施而不问它的目的和实效如何，是无法回答何为法治的。关于"法治"的理解可以分为"实质法治"（rule of law）与"形式法治"（rule by law）两大类型。

形式法治论认为，法治乃是法律而非人所施行的统治，只要令行禁止、法律获得严格实施即可谓之法治，而法律本身究竟属于良法还是恶法则在所不论。③ 总之，只要符合统一性、稳定性、公开性、逻辑耦合性等一系列形式条件，就可以形成法治。可见，形式法治实际上是将法治等同于"法律与秩序"的代名词。实质法治论则渊源于亚里士多德在《政治学》中所提出的"普遍服从良法之治"，其认为法治不仅仅是法律的统治，而且它还必须是良法的统治。④ 法治建设不但要建立起一套符合一系

---

① 参见郭星华《权威的演化与嬗变——从一份"请示报告"看我国的法治化进程》，《社会科学论坛》（学术评论卷）2009 年第 8 期。

② 参见范愉等《多元化纠纷解决机制与和谐社会的建构》，经济科学出版社 2011 年版，第 54—55 页。

③ 参见陈金钊《实质法治思维路径的风险及其矫正》，《清华法学》2012 年第 4 期。

④ 参见［古希腊］亚里士多德《政治学》，吴寿彭译，商务印书馆 1965 年版，第 199 页。

列形式要件的法律制度并对之不断完善，而且应当以规制公共权力、保障公民自由和权利为要旨。① 是故，在世界范围内产生深远影响的《德里宣言》对"法治"这一概念作出了如下界定："不仅被用来保障和促进公民个人的民事和政治权利，而且要创造社会的、经济的、教育的和文化的条件，使得个人的合法愿望和尊严能够在这样的条件下实现。"我国 20 世纪 90 年代关于"法制"（legal system）与"法治"之别的探讨，以及从"法制建设"走向"法治建设"的转变正是实质法治论影响力的体现。②

不过，尽管改革开放以来的中国法治模式和西方主流法治模式都指向实质法治，但是两者却存在一定的差别。喻中指出，在西方主流法治观念中，"法治"的重心在于"法"而非"治"，亦即，侧重于考虑法律及其品质。究其原因，在若干西语中，"法"和"权利"都有着天然的联系，加之自然法哲学的影响，近代以来西方牢固确立了权利本位的法律文化和形成了社会对于法律的普遍推崇，因此西方尤其英美法治模式的关键点在于法律、司法、法院，是一种自然演进生成的、程序主导的、旨在保障自由的法治模式。③ 与之不同，改革开放以来的中国法治模式则是以"治"为根本取向，重心不在"法"而在于"治"，法治实践往往与"社会治安综合治理"相联系。亦即，"社会治安综合治理"是中国法治模式所依赖的重要制度路径。通过对党和国家发布的诸如《中国的法治建设（白皮书）》等权威文件进行梳理，以及考察诸如"大调解"、社会纠纷多元解决机制、"能动司法"、司法责任制、行政诉讼制、行政公开制等法律实践，都不难从中发掘出两条法治线索：一则以化解纠纷冲突，实现社会控制为目的的社会之治；二则以权力规制和权力监督为核心的政治之治。结合两者，安定社会秩序和政治秩序，从而实现"天下大治"。④

进言之，在中国法治模式中，作为实现"治"的制度路径的"社会治安综合治理"具有以下意义：首先，实现"治"的责任主体是多元化的，法院是其中重要主体之一。其次，实现"治"的规则体系是多元化

---

① 参见付子堂主编《法理学高阶》，高等教育出版社 2008 年版，第 378—379 页。
② 参见顾培东《当代中国法治话语体系的构建》，《法学研究》2012 年第 3 期。
③ 参见喻中《论"治—综治"取向的中国法治模式》，《法商研究》2011 年第 3 期。
④ 参见喻中《论"治—综治"取向的中国法治模式》，《法商研究》2011 年第 3 期。

的，法律是实现"治"的主要依据但不是唯一依据，在适当的情况下，民间规范等亦可以引入。法律在法治实践过程中所实际享有的权威程度，取决于它在多大程度上有助于实现"治"的目标。最后，实现"治"的方式是多元化的，社会纠纷多元解决机制以及法院的裁判与调解并举等均是其表征。同时，"社会治安综合治理"既包括解决已经形成的纠纷冲突，还包括对纠纷的滋生与矛盾的激化作出预防。① 平心而论，当前中国法治模式中的"政治之治"与西方主流法治观念中的权力制约与权利保护主张存在互通，而"社会之治"实际上也与由美国学者罗斯科·庞德代表的社会学法学（sociological jurisprudence）所提出的"通过法律的社会控制"和"法律的社会工程"存在着相当程度的契合。②

对于中国法治模式的合理性，黄宗智的实证研究提供了一定佐证。黄宗智结合历史、社会、法律三个维度的研究，指出不宜将韦伯笔下的法理型权威所对应的形式理性法观念机械地套用于中国：其一，国家—社会二元对立的建构并不符合中国国家与社会长期交搭、互动、联合的实践历史。其二，韦伯的形式理性法强调的是形式正义（特别是程序正义）和法律适用的演绎逻辑，其具备高度专业化、形式化、逻辑化的优点，然而其亦具有高度封闭、排他和沉溺于烦琐的程序及成本高昂的缺点；而中国古代法律属于实质理性法（并非韦伯所认为的实质非理性法），它具有重视实际情况和纠纷解决可行性，从而达致实质正义的优点，这些优点不容忽视。其三，近百年来的社会与法律变迁，使得中国法律制度在实际运作层面上是舶来法律、革命法律、传统法律所共同组成的结晶体，三者之中无论是缺失了哪一部分都不能够真正符合历史实际和映射社会现实。因此，无论是纯粹地全盘西化，抑或是单纯地依靠本土资源，均不可取。③

诚然，对本土革命法律和传统法律进行发扬和创新，对西方舶来法律作出阐释和改造，以及兼顾程序正义和实质正义、结合形式理性法和实质

---

① 参见喻中《论"治—综治"取向的中国法治模式》，《法商研究》2011年第3期。
② 参见[美]罗斯科·庞德《通过法律的社会控制》，沈宗灵译，楼邦彦校，商务印书馆1984年版，第8—16页。
③ 参见[美]黄宗智《过去和现在：中国民事法律实践的探索》，法律出版社2014年版，序言第1—7页。

理性法两者的优长而又摆脱它们各自的局限，从而拉近法律与社会之间的距离、避免法律与社会之间的脱节，这正是中国法治建设和基层司法所应当具有的实践理性（practical rationality）。可以说，这是一个调谐法律和司法的合法律性与合法性、现代性（modernity）与地方性的过程。如果说法律移植意味着增进法律和司法的现代性，那么，探索法律和司法的本土资源则意味着尊重法律和司法的地方性，两者同为推动社会治理转型和推进法治建设所需。正如苏力所强调，发掘法治的本土资源是为了避免脱离中国社会的特殊情况，从而落入按照某个理想或者外来模型立法的窠臼；法治的本土资源也不仅仅是源自历史传统，它更应该是当下社会实践中的智慧。①

二　司法实践与基层法院之研究

长期以来，众多贤达针对司法实践与基层法院展开了经验实证研究和抽象理论建构。放眼域外，司法场域理论、案件社会结构理论、法律意识的类型化理论颇含深意；环顾海内，一系列深具启示的实证研究方兴未艾，"结构混乱与迎法下乡"、建立回应型司法等理论探讨精彩纷呈。

（一）司法场域、案件社会学与法律意识

皮埃尔·布迪厄从实践主义视角进行了司法场域分析。在其看来，法律社会实践是司法场域运行所生成的结晶。以下两项至为关键的要素决定着司法场域的特定逻辑：其一，外部社会之中的特定权力关系和斗争；其二，诸如普适性、中立性、一致性等为司法运作所具备的内在的特定逻辑。一方面，外部社会特定的权力关系与斗争具有下列重要意义——为司法场域提供相应的社会结构，安排司法场域内所发生的竞争性斗争，以及对司法形成压力和产生影响，此点为形式主义法律观念所忽略；另一方面，司法场域中社会行动的范围被司法运作的内在特定逻辑所约束，并由此使得特定司法的解决办法被限制，此点为工具主义法律观念所忽略。总之，不当忽略法律社会约束和社会压力乃是形式主义法律观的缺陷；而未能正视法律所具有的相对自主性则是工具主义法律观的局限。从场域理论

---

① 参见苏力《法治及其本土资源》，北京大学出版社2015年第3版，第3—24页。

的视角来看，法律既意味着一定的规则、程序、技术，又表现为社会斗争行动的资源与框架，以及充当着让相应社会关系能够得以再生产的机制与媒介。①

不言而喻，案件社会结构和居民法律意识对司法实践所产生的重要影响是不容回避的。美国学者唐纳德·J. 布莱克通过大量的经验实证提出了"案件社会学"这一法社会学研究范畴。布莱克指出，无论是讼争缘起、处置过程还是最终结果，司法案件均在客观上受到了相应社会结构的制约。② 具体而言，选择诉讼等法律行为的发生概率之大小，与当事人的社会地位之高低、拥有的法律资源（或曰"法律量"）之多寡成正比。③ 故此，对草根阶层来说，"法院的程序是神秘的，他们不懂得法言法语，不知道如何用法律语言表示自己的期望，不知道要和谁接触，如何理解在他们周围所发生的一切"④。

美国学者帕特里夏·尤伊克、苏珊·S. 西尔贝基于实证研究认为，人们的法律意识可以划分为敬畏法律（before the law）、利用法律（with the law）和反抗法律（against the law）三种类型，三种法律意识对于法律、司法的信任程度依次递减。⑤ 在敬畏法律者看来，法律是一种外在于日常生活的、客观的、静止的体系，它与日常生活分别属于不同的秩序。于是，人们倾向于采取行动去尽可能维护法律的神圣性，如同相信神话一般信任法律的正义。利用法律者更多体现出现实主义的计算。在利用法律者看来，法律是充满博弈的经济性领域，而案件当事人则是"理性人"，根据对成本和收益的计算来采取相应行动。在反抗法律者看来，法

---

① 参见［法］布迪厄《法律的力量——迈向司法场域的社会学》，强世功译，《北大法律评论》1999 年第 2 辑；冯洁《关系主义方法、场域与法律论证——以布迪厄的理论为出发点》，《法律方法》2014 年第 2 卷；邓玮、董丽云《布迪厄：用场域理论研究法律》，《学术探索》2005 年第 5 期。

② 参见［美］唐纳德·布莱克《正义的纯粹社会学》，徐昕、田璐译，浙江人民出版社 2009 年版，第 1—26 页。

③ 参见［美］唐纳德·J. 布莱克《法律的运作行为》，唐越、苏力译，中国政法大学出版社 2004 年版，第 12—42 页。

④ 朱景文：《现代西方法社会学》，法律出版社 1994 年版，第 80 页。

⑤ 参见［美］帕特里夏·尤伊克、［美］苏珊·S. 西尔贝《日常生活与法律》，陆益龙译，商务印书馆 2015 年版，第 55—82 页。

律往往意味着一种异己的、试图侵入日常生活的权力。是故，他们会以默然、缺席、拒斥、反讽、公然对立、不予信赖等态度和方式来作出回应。①

进言之，在步入 21 世纪之初，郭星华所领衔的一项大型社会统计研究显示，我国普通居民的法律意识呈现出一定的内卷化趋势：在法律规范被主观判断为"错误"的情况下，超过 25% 的居民选择以自认为"正确"的行为方式来作出处理，而非恪守法律要求；超过 25% 的居民可以为自己不遵纪守法的行为多多少少寻找到合理化的理由；接近 50% 的居民的美德观中并未包含对权威的必要尊重和服从。② 从宏观视角而言，这是由我国处于社会治理转型期、法治化尚未全面完成的社会结构所导致的——在转型社会中，法律规范真空、法律规范冲突、法律规范与社会脱节是难以避免的客观现象，而我国漫长的人治历史又使得民间缺乏信任、尊崇法律的传统。从微观视角而言，人们的行为往往建立在何种手段对于实现自身目标最为有效的基础上。易言之，大量普通居民是基于法律对于实现其愿望的有效性来选择是利用法律、逾越法律还是对抗法律，而"成功"的实践经验将会进一步再生产和强化他们的相应认知。有理由认为，人们在司法实践过程中对于法律的规避行为，特别是法院与当事人以"合谋"方式进行的法律规避行为，更多是一种理性选择的结果而非出于对法律的无知。③

(二) 当代中国的司法实践与基层法院

董磊明等学者认为当下中国基层社会特别是中国农村社会逐渐陌生化、异质化和理性化，已不再是传统意义上的乡土社会、熟人社会，而是因其"结构混乱"变得具有明显的现代性特征。是故，对目前的中国基层社会而言，法律的实践场景和实践逻辑均相对过去产生了显著变化；随着基层社会的法律需求日渐增加，"迎法下乡"现象开始应运而生。详细

---

① 参见 [美] 帕特里夏·尤伊克、苏珊·S. 西尔贝《日常生活与法律》，陆益龙译，商务印书馆 2015 年版，第 55—82 页。

② 参见郭星华《走向法治化的中国社会——我国城市居民法治意识与法律行为的实证研究》，《江苏社会科学》2003 年第 1 期。

③ 参见郭星华《走向法治化的中国社会——我国城市居民法治意识与法律行为的实证研究》，《江苏社会科学》2003 年第 1 期。

而言，由于"送法下乡"意味着在国家权力的边缘地带建立和贯彻国家的秩序，需要由基层司法建设承担起重建国家对个人的权力关系这一功能，那么法律要想在基层社会扎根并发挥实效，就需要塑造基层公众如农民的法律需求，建立起他们对于法律的较高期望，甚至重构基层社会法律实践的场域。普及法律知识和魅化法律无疑是一个有效方法。随着基层司法建设的深入，诉讼率不断上升，基层司法在社会秩序的维系中扮演的角色日益重要，人们更为普遍地使用法律话语和合乎法律的表达来使得自身的利益诉求合法化，这使得"迎法下乡"出现。①

然而，在"迎法下乡"中，人们对于法律的态度值得玩味：由于诉讼程序的复杂性、法制资源和司法资源匮乏等因素造成的制度性障碍，以及诉讼的拖延和高成本本身，从外在角度抑制了人们对于法律的需求。同时，司法腐败的发生也产生了一定消极影响。于是，在若干司法案件中，当事人实际呈现出利用法律的态度，而非敬畏法律的态度。② 因此，可以说人们的法律实践与法律参与造成了法律的祛魅。不难发现，董磊明等学者的研究结果和西方学者提出的司法场域理论、案件社会结构理论、法律意识的类型化理论是可以融会贯通的。

储殷以位于我国西南的J区基层法院为个案研究对象，采取统计分析、深度访谈等方法，穿梭于法律规范与社会事实之间，对当代中国基层法院的基本权力结构和运作模式、当代中国基层法官群体的现状与特征进行了一系列探究。需要指出的是，由于储殷使用的是该基层法院1978—2006年的经验材料，故其呈现的是2013年新一轮司法改革前的基层司法实践状况。其研究结论如下：

第一，基层法院的内部行政化尽管产生了干预司法的消极影响，却也是法院集中有限资源和力量对抗外界干预以寻求相对的司法公正所必需。在依法独立行使审判权所需的制度和物质保障未予实现的前提下，片面强调司法的去行政化、去地方化，可能适得其反。第二，在整个法制系统甚至法律本身面临合法性危机的情况下，单纯依赖形式正义不足以满足当事

---

① 参见董磊明、陈柏峰、聂良波《结构混乱与迎法下乡——河南宋村法律实践的解读》，《中国社会科学》2008年第5期。

② 参见董磊明《宋村的调解：巨变时代的权威与秩序》，法律出版社2008年版，第200—207页。

人和社会对于司法公正的需求。故而，法院必须通过增强司法的民主性，以及走进社区获得社会认同来建构审判权威。第三，在法律适用过程中，调解是一种降低法官错案风险、减轻法官工作负担的有效手段，调解可以成为法官规避法律和选择、建构法律事实的有效方式。同时，审委会制度是基层法院面临外部巨大压力时，化解压力、平衡关系、保护法官的必要手段，也是在特定案件需要做一定变通时进行权宜的渠道。第四，基层法院同时承担着上级法院推行规则之治和当地党委政府推进地方管理的双中心任务，基层法院的运作实则是在双中心任务形成的双重压力之间进行平衡博弈。因此，规则之治在个案情境的限制之下往往异化为细致的全局性考虑，而所谓法律效果与社会效果的统一正说明了基层法院面对地方管理和形式法治之间紧张关系时的中庸之道。第五，就基层法院内部而言，院长集党政领导、行政领导、审委会负责人于一身既有益于提高基层法院的运作效率，又存在着权力过于集中的隐患。同时，基层法院内部存在着从事司法工作的法官和从事行政工作的其他干警两个群体，其利益倾向和遴选要求存在明显差别。①

由于司法层级越高，法律实践的同质性越强，而司法层级越低，则法律实践的面目越含糊，故难以辨明乡镇派出法庭的司法活动在多大程度上维护了法律的统一性，又在多大程度上融入了民间秩序。有鉴于此，丁卫于2005—2007年在陕西省渭水市古渡区的秦窑人民法庭进行田野调查。其调查显示，乡镇派出法庭位于司法体系的金字塔底层，其直面由镇（乡）和村组成的基层社会，在国家和基层社会之间架起桥梁，使得正式的法律规则获得非正式运作的活动空间。现代社会治理既包含国家自上而下的公共管理，又包含社会自下而上的普遍认同。因此，追求基层司法活动的合法律性是实现国家自上而下的公共管理所必需；而为基层司法活动寻求在基层社会的立足点，亦即，借由调动和运用基层社会的各种资源，使得法律的规则之治成为基层居民的信念，是基层社会对国家形成自下而上的社会认同所必需。诚然，合法律性是合法性的必要而非充分条件，面对证据与程序烦琐而造成的当事人举证困难和不菲的时间成本、经济成本等

---

① 参见储殷《转型社会的法律治理——基层法院的结构与运作》，吉林大学出版社2016年版，第1—4页。

问题，乡镇派出法庭与当事人不得不通过"合谋"方式，对法律规则进行灵活变通并生产出"模糊的法律产品"，再运用"案卷制作技术"对案件合法律化（legalization），避免法律与社会的脱节，借此满足当事人需求，从而兼顾法律效果与社会效果，在达致合法律性的基础上建构合法性。[①]

立基于相关司法数据统计、司法历史文献和2008—2012年对山东省东营市中级人民法院、陕西省陇县人民法院所做的田野调查，卢荣荣对中国法院的功能进行了探究。在其看来，中国法院的功能可类型化为纠纷解决、社会控制、规则确立和权力制约，并认为法院功能的现状为纠纷解决功能的不断强化和现代化、社会控制功能一以贯之的主导地位、规则确立功能的日益扩张和权力制约功能的羸弱。为避免法院实施的法律社会控制被异化为政府通过法院实施的社会控制，以及克服司法泛政治化造成的规则不彰、交易成本高、权力监督欠缺、权利救济不足之困境，有必要以去行政化、去地方化的措施来进行功能调整。[②]

面对西方和国内司法实践中出现的法律规则主义困境和形式法治所暴露出的机械司法之弊端，王志强等均主张在我国建立制度化的回应型司法。[③]回应型司法的相关认识源起于美国学者P. 诺内特、P. 塞尔兹尼克的回应型法（responsive law）理论。诺内特和塞尔兹尼克通过考察、反思司法和社会之间的关系，结合价值追求和经验实证归纳出以下三种法的理想类型：压制型法、自治型法和回应型法。回应型法强调在当代社会，在确保形式正义和形式理性的前提下，法律以明确的目的为指导，积极回应社会要求、及时适应社会变迁，从而维系法律的合法性。作为对比，压制型法带有浓厚的人治色彩，旨在将法律作为一种为设置权力秩序而提供便利的压制性工具；自治型法则呈现出形式法治色彩，虽然法律与政治、行政、道德之间明确分化，法律权威大幅提升，但是由于片面强调程序正义和合法律性，而导致法条主义和官僚主义大行于世，

[①] 参见丁卫《秦窑法庭：基层司法的实践逻辑》，生活·读书·新知三联书店2014年版，第305—321页。

[②] 参见卢荣荣《中国法院功能研究》，法律出版社2014年版，第171—190页。

[③] 参见王志强、章武生、吴英姿、马贵翔《司法公正的路径选择：从体制到程序》，中国法制出版社2010年版，第14—32页；胡云腾、袁春湘《转型中的司法改革与改革中的司法转型》，《法律科学》2009年第3期。

法律和社会屡有脱节。①

在此基础上，王志强指出，建立回应型司法应根本性地排除"特事特办"的非规范运作，在充分利用既有法律规则和原则的框架下不断对回应型司法加以完善：一方面，需要借助必要的立法和准立法（如司法解释、指导案例等）；另一方面，法院自身应当通过具体程序性和形式性的安排，以及通过法律推理实现司法公正。②胡云腾和袁春湘则指出，中国司法转型需要靠国家、社会和司法主体三者合力推动；在司法中，要以积极、灵活、务实的方式和态度，避免拘泥于形式主义原则，不仅要解决纠纷，还要产生政策，从实质上回应社会需要。③不过，对应的两篇文献更多是旨在提出一种理念和进行应然性的宏观思考，对于"目前中国司法是否确已迈向回应型司法"，以及"假如确已迈向回应型司法，回应型司法是怎样实践的"这样两个问题，需要由后继者进行相应实证研究。

第三节 概念界定与理论框架

法律生成于社会纠纷冲突之中，是旨在解决社会纠纷冲突的程序和手段。故而，法社会学强调法律来自社会生活，法律作为社会之理，乃是各种各类社会经验的智慧结晶，意欲研究法律必须先研究社会。④有鉴于此，本书致力于在吸收学界既往的实践理论基础上，展开相应实证研究，从而理解社会治理转型时期的基层司法实践逻辑。本书的概念界定和理论框架如下所述。

一 概念界定

核心概念在一定程度上承载着一篇论文的灵魂。对核心概念及相关概

---

① 参见［美］P. 诺内特、P. 塞尔兹尼克《转变中的法律与社会：迈向回应型法》，张志铭译，中国政法大学出版社2004年版，第31—36、59—61、81—87页。
② 参见王志强等《司法公正的路径选择：从体制到程序》，中国法制出版社2010年版，第29—32页。
③ 胡云腾、袁春湘：《转型中的司法改革与改革中的司法转型》，《法律科学》2009年第3期。
④ 参见严存生《西方社会法学的法观念探析》，《学术研究》2010年第1期。

念作出必要的概括和阐释，有助于顺畅行文和减少歧义，从而便利于学术交流。本书中的"基层"在机构层面涵盖了县级法院及其下辖派出法庭，在空间层面则涵盖了整个县域。同时，鉴于"司法"的常规理解乃是法院所司之立案、审理、执行、涉诉信访等专业活动及相关活动之和，故本书中的"司法"也正是表示这样的意涵，而"基层司法"即是基层法院的司法。接下来，需要界定和梳理的概念是社会治理转型与社会治理、合法化与合法性、现代化与现代性。

（一）社会治理转型与社会治理

社会治理转型是一个意涵丰富的概念，学者们在不同意义上使用这一概念。郭星华指出，当代中国的社会转型，从社会控制的角度来看，就是社会治理结构的转型，亦即从传统社会治理结构向现代社会治理结构的转型，并且现代社会治理结构是指向法治的。故而，在此意义上，社会治理转型表述的正是当代中国从礼治的、权治的传统社会治理结构，向法治的现代社会治理结构转型。[①] 因为本书是一本法社会学著作，所以本书对于"社会治理转型"一语的使用，正是建立在前述由郭星华所作的相应概念界定基础上。需要指出的是，对于社会治理转型的这样一种概念界定是具有对应现实基础的。

2013年，党的十八届三中全会提出："全面深化改革的总目标是完善和发展中国特色社会主义制度，推进国家治理体系和治理能力现代化。""创新社会治理体制"被列为全面深化改革、推进国家治理体系和治理能力现代化的一项基本内容。[②] 2014年，党的十八届四中全会研究部署了全面推进依法治国的重要方略，提高社会治理法治化水平，坚持系统治理、依法治理、综合治理、源头治理，以及推进社会治理体制创新法律制度建设等均是其重要内容。[③] 2019年，党的十九届四中全会通过的《中共中央关于坚持和完善中国特色社会主义制度、推进国家治理体系和治理能力现代化若干重大问题的决定》，进一步明确提出"坚持和完善中国特色社会

---

① 参见郭星华《权威的演化与嬗变——从一份"请示报告"看我国的法治化进程》，《社会科学论坛》（学术评论卷）2009年第8期。

② 详见党的十八届三中全会通过的《中共中央关于全面深化改革若干重大问题的决定》。

③ 详见党的十八届四中全会通过的《中共中央关于全面推进依法治国若干重大问题的决定》。

主义法治体系，提高党依法治国、依法执政能力"与"坚持和完善共建共治共享的社会治理制度，保持社会稳定、维护国家安全"等要求。可见，社会治理转型与法治建设互为一体，堪称一枚硬币的两面。一方面，"创新社会治理体制"是深化改革、推进国家治理体系和治理能力现代化的一项基本内容，而国家治理体系、治理能力的现代化乃是继"四个现代化"（工业、农业、国防、科学技术现代化）之后的"第五个现代化"。另一方面，法治是社会治理转型、社会治理体制创新和国家获得合法性的必由之路。①

故而，本书通过实证研究认为，社会治理转型时期的基层司法实践逻辑，是基层法院在其司法实践中与时俱进、因地制宜地积极回应社会需求，从而实现法律和国家的合法化及现代化，合法化和现代化两者之间彼此交织、相辅相成。无疑，这是一种回应型司法，它同良法善治式的实质法治观念，以及强调系统治理、依法治理、综合治理、源头治理的社会治安综合治理模式是密不可分的。

同时，鉴于学界对"社会治理"（social governance）一语也是在不同的意义上进行使用，故而还有必要对本书中的社会治理概念进行界定。贺雪峰指出："治理是为获得公共秩序而进行的各种自上而下的管理和自下而上的认同过程。自上而下的管理要有制度作为基础，无论这个制度是成文法还是权威意识形态。自下而上的认同需要自上而下的管理在社会中找到立足点，获得生长的基础。换句话说，治理的实质就是充分调动和运用社会自身资源，将一个自上而下安排的规则内在化，从而获得'善治'的过程。在这个意义上，我们将治理当作一种为获得公共秩序而进行的双向活动。"② 可见，贺雪峰所讲的"治理"无疑是在指涉现代社会治理，并且与《中共中央关于坚持和完善中国特色社会主义制度、推进国家治

---

① 参见王国斌《近年来党的社会治理思想创新》，《红旗文稿》2018年第7期；夏锦文《共建共治共享的社会治理格局：理论构建与实践探索》，《江苏社会科学》2018年第3期；马德坤《习近平关于社会治理的理论创新与实践探索》，《中国高校社会科学》2017年第3期；赵孟营《社会治理精细化：从微观视野转向宏观视野》，《中国特色社会主义研究》2016年第1期。

② 贺雪峰：《新乡土中国：转型期乡村社会调查笔记》，广西师范大学出版社2003年版，第83页。

理体系和治理能力现代化若干重大问题的决定》中"坚持和完善共建共治共享的社会治理制度，保持社会稳定、维护国家安全"的精神相契合。①

故此，本书在使用诸如"治理""社会治理"和"现代社会治理"字样的时候，原则上遵循的是前述由贺雪峰所作的概念界定。据此考察基层司法，可以发现：一方面，基层司法乃是国家进入基层社会的一种表现，亦即自上而下的国家审判权对基层法院所置身的县域社会进行管辖；另一方面，国家审判权的有效运作，也必须获得基层法院所驻守的县域社会自下而上的社会认同，否则基层司法将面临重重困境，对法律和国家的合法化及现代化也就无从谈起。正如丁卫所言："自上而下的司法活动要以党和国家的政策和法律制度作为尺度和基础，即司法活动必须具有'依法性'；自下而上的认同则需要司法活动在乡村社会找到立足点，获得生长的基础，即基层法官必须充分调动和运用乡村社会的各种资源，使'法律规则之治'逐渐成为乡民可接受的信念或信仰，最终党和国家因为得到民众发自内心的认同而获得'合法性'。"②需要强调的是，对"社会治理"的理解不能割裂"社会"与"治理"（特别是在社会治理转型时期），正如贺雪峰在实证研究乡村治理时所总结："我意识到要理解制度实践就必须首先理解乡村社会本身，是自上而下的制度与乡村社会本身合谋'制造'了我们调研见到的实践，离开对乡村社会本身的理解就无法理解制度实践。从制度实践社会基础的角度讨论乡村治理，就会获得与仅仅讨论制度完全不同的认识。"③

（二）合法化与合法性

legitimacy，可译为"合法性""正当性"；其形容词为 legitimate，亦即，"合法的""正当的"。而 legitimize，亦即"合法化""正当化"，正是指为获得 legitimacy 所做的努力，对应的名词为 legitimization。与合

---

① 参见贺雪峰《新乡土中国：转型期乡村社会调查笔记》，广西师范大学出版社 2003 年版，第 82—83 页。

② 丁卫：《秦窑法庭：基层司法的实践逻辑》，生活·读书·新知三联书店 2014 年版，第 17 页。

③ 贺雪峰：《乡村治理的社会基础》，生活·读书·新知三联书店、生活书店出版有限公司 2020 年版，"自序"第 3 页。

法性、合法化密切相关的概念乃是合法律性（或曰"依法性"）和合法律化，亦即 legality 和 legalize。所谓合法律性（legality），通常包含如下两层意思：其一，立法符合相应的法定程序要求；其二，个人、法人或其他组织服从法律。需要注意的是，制定或服从的法律本身是否符合社会公平正义，并非该概念所需要追问的。而合法性（legitimacy）中所对应的"法"，既包含国家法律，也包含社会公认的道德准则、民俗习惯或神圣信仰，并且对于这个"法"是否符合社会公平正义的追问，乃是其关键所在。① 简言之，合法律性意味着以现行法律作为标准来衡量相应的规定、行为，据此开展它们究竟是合法（legal）、还是非法（illegal）之评价；而合法性则意味着现行法律本身也是被评价的对象。对此，哈贝马斯归纳道，法律的有效性须在两个方面同时得到保障：一方面，行为的合法律性，在必要情况下可诉诸制裁来强制实施法律；另一方面，规则的合法性，其使得社会公众出于对法律的尊重而让遵守规范成为可能。②

本章"第二节 国内外文献研究综述"部分已对社会治理转型、法治与国家政权建设的相关理论进行了述评。在前文所奠定的基础上，笔者可作出以下理论预设：在基层司法中，合法化与合法律化、合法性与合法律性是相互依赖、缺一不可的。基层法院的结构—功能、基层司法实践均受到法律约束；在此基础上，基层法院所承载的法律和国家审判权，将因基层司法所具备的道义正当性而获得社会公众的接受和认同。亦即，基层司法有效运行，则法律和国家可获得相应的合法性。一言以蔽之，恪守合法律性是实现合法性的前提，合法律化是合法化的必要条件，基层司法的合法化在一定意义上即是法律和国家的合法化。

（三）现代化与现代性

现代化（modernization）是"社会在日益分化的基础上，进入一个能够自我维持增长和自我创新，以满足整个社会日益增长的需要的全面发展过程"③。可以从现代性（modernity）的角度来认识现代化。现代性是一

---

① 参见燕继荣《政治学十五讲》，北京大学出版社 2004 年版，第 143—144 页。
② 参见 [德] 哈贝马斯《在事实与规范之间：关于法律和民主法治国的商谈理论》，童世骏译，生活·读书·新知三联书店 2014 年版，第 37—39 页。
③ 参见郑杭生主编《社会学概论新修》，中国人民大学出版社 2013 年第 4 版，第 331 页。

种发端于17世纪之欧洲,并逐渐席卷整个全球社会的组织和生活方式。它是历史发展的一种非延续性的、断裂性结果。通过全新路径重构时间、空间,使得二者高度延伸,从而让"缺场"和"在场"的连接条件迥异于过去的前现代社会,并且促成社会关系对具体互动情境之脱离,这正是现代社会基本制度的一个本质特征。① 凭借社会结构的不断分化和整合、现代科学技术发展、工业化、城镇化、理性化等过程,现代化得以实现。中国唯有通过不断改革才能主动、有效地迎接现代科学技术革命的挑战,才能不断实现社会主义社会的自我完善和适应社会主义的历史要求。②

因为现代化与社会治理转型存在着直接关联性,并且社会治理转型与法治建设是互为一体的,所以对于基层司法而言,其同时实现着法律和国家的合法化及现代化,合法化和现代化两者之间相辅相成、交融互汇。现代化意味着基层司法需要彰显出相应的现代性色彩。不言而喻,通过司法改革实践不断调整司法结构、优化司法行动;在脱离具体互动的情境下,积极采用现代信息技术手段以适应社会关系的重新建构;以及不断推动司法人员和相关人员的专业化,均是基层司法对法律和国家的持续现代化之缩影。因此,基层司法是与时俱进且因地制宜的,它致力于建构法律与社会、国家与社会、国家与地方之间的良性关系。

二 理论框架

在社会治理转型时期的语境下,本书将基层司法看作既受到社会宏观结构制约,又内含行动者主体能动性的动态的、不断再生产着相应社会结构的实践过程。亦即,将基层法院作为行动者,通过穿梭往返于微观与宏观、行动与结构之间,理解、阐释基层法院在相互关联的不同司法行动中,凭借了哪些策略和择用了何种技术,以及探察、分析它们之间存在的

---

① 参见[英]安东尼·吉登斯《现代性与自我认同:晚期现代中的自我与社会》,夏璐译,中国人民大学出版社2016年版,第14—20页;[英]安东尼·吉登斯《现代性的后果》,田禾译、黄平校,译林出版社2011年版,第14—18页;赵旭东《结构与再生产:吉登斯的社会理论》,中国人民大学出版社2017年版,第133—142页。

② 参见郑杭生主编《社会学概论新修》,中国人民大学出版社2013年第4版,第333—334页。

共性，进而概括出基层司法的实践逻辑。

在关于实践（practice）的社会学研究中，布尔迪厄认为，在由浩繁纷纭的社会世界所联结而成的社会宇宙中，对那些深深埋藏着的结构，以及使得结构能够实现再生产、转化的机制作出探究与揭示，乃是社会学的使命。在其看来，人的实践是在主观与客观、主体与客体、行动与结构、微观与宏观的相互交织过程中进行的，实践可以实现行动与结构、微观与宏观之间的连接和转化。换言之，人的实践发生于社会时空之中，同时又对社会时空进行着源源不断的再生产和修改。这样的社会再生产并非一种机械的自动过程，社会结构的再生产唯有通过实践才能完成。①

与布尔迪厄不谋而合，吉登斯亦提出了以社会实践为核心的，并以二重性的、辩证的观点来考察行动与结构的结构化理论。该理论主张，"实践是具有能知和能动的行动者在一定时空之中利用规则和资源不断改造外部世界的行动过程"②。亦即，行动兼具主体性和生成性，结构兼具制约性和使动性，行动与结构并非固定不变、截然分离的两种既定现象，而是根植于人类实践活动之中相互渗透的两个层面，并且在人类社会实践活动中实现统一。简言之，芸芸众生在受制约中创造了制约自身的世界。③

"从实践出发"同"以中国为方法"之间存在着内在相通性。近年来，海内外学界在研究中国问题时倡导以中国为方法，其中日本学者沟口雄三的观点较具有代表性。沟口雄三主张避免从欧美中心的世界一元化价值观

---

① 参见 [法] 皮埃尔·布尔迪厄《实践理论大纲》，高振华、李思宇译，中国人民大学出版社 2017 年版，第 213—237 页；潘建雷《生成的结构与能动的实践——论布迪厄的〈实践与反思〉》，《中国农业大学学报》（社会科学版）2012 年第 1 期。

② 陆春萍、邓伟志：《社会实践：能动与结构的中介——吉登斯结构化理论阐释》，《学习与实践》2006 年第 2 期。

③ 参见 [英] 安东尼·吉登斯《社会的构成——结构化理论纲要》，李康、李猛译，中国人民大学出版社 2016 年版，第 15—25 页；[英] 安东尼·吉登斯《社会理论的核心问题：社会分析中的行动、结构与矛盾》，郭忠华、徐法寅译，上海译文出版社 2015 年版，第 77—81 页；赵旭东《结构与再生产：吉登斯的社会理论》，中国人民大学出版社 2017 年版，第 89—96 页；李红专《当代西方社会历史观的重建——吉登斯结构化理论述评》，《教学与研究》2004 年第 4 期。

来单向度地看待世界，强调以平等原理和多元世界的观点来看待东方和西方，从中国的历史与社会中发现中国固有的原理。在其看来，以中国为方法，是迈向原理的创造，同时也是世界本身的创造。① 与之异曲同工，黄宗智亦指出，中国社会自近代以来就是一个持续长时间混合不同类型的社会，它迫使我们必须着眼于混合体中的历史演变过程本身。单纯运用已有的资本主义理论、传统社会理论来检视，会发现近现代中国社会这一混合社会充斥着悖论的矛盾现象，乃是一个"悖论社会"；而想要解开这样一种"悖论"之谜，就需要一种"从实践出发的社会科学研究"——从实践的认识出发，进而提高到理论概念，最后再将理论概念验之于实践。②

本书致力于从中国社会中寻找相应原理，并且避免传统的法律、司法研究中过于注重法律、司法的规范性因素之局限，故而选择以实践逻辑视角来考察基层司法的行动与结构、轨迹与规律。诚如先秦思想家商鞅所云："国皆有法，而无使法必行之法。"（《商君书·画策第十八》）法律制度、司法制度并不会自动实践，它们是通过相应主体或曰行动者的策略选择和行动开展得以实现的。因此，基层司法活动即是作为行动者的基层法院的对应实践活动。

综上所述，本书在社会治理转型这一语境下，将基层司法视为既受结构制约，又内含行动者能动性的动态的、不断再生产着结构的实践过程，通过聚焦基层法院这一行动者及其行动背景，观察基层司法行动的策略选择和技术运用，同时揭示它们的结构性条件，从而探究基层司法对于法律和国家的合法化及现代化。换言之，本书以合法化和现代化为主线，将基层法院作为一个行动主体，考察基层司法相应的内部科层和外部结构，并在此基础上解析基层法院在立案、审理、执行与涉诉信访等不同司法行动中所呈现出的实践逻辑，以及由此归纳而出的整体意义上的基层司法实践逻辑。借此对中国社会治理转型与中国法治建设、中国法律与中国社会的关系进行一定的理论总结。

---

① 参见［日］沟口雄三《作为方法的中国》，孙军悦译，生活·读书·新知三联书店 2011 年版，第 125—133 页。

② 参见［美］黄宗智《悖论社会与现代传统》，《读书》2005 年第 2 期。

第四节 资料来源与研究方法

在方法论层面，本书借鉴了学界既往的实践理论，将基层司法看作既受到社会宏观结构制约又内含行动者主体能动性的动态的、不断再生产相应社会结构的实践过程，并且主要通过田野调查方式获取经验材料。本书的资料来源和具体的研究方法如下所述。

一 资料来源

田野调查强调研究者通过较长周期的实地调查，基于研究者在自然情境中与被研究者的互动，使得研究具有过程性、情境性和具体性，从而获得较为丰富的隐秘知识。诚然，不同基层法院的司法实践难免存在一定差异。不过，所谓"一叶知秋""见微知著"，通过对远山县法院进行深描，有助于认知中国当前的基层司法实践和社会治理转型状况。笔者选择在远山县做田野调查的原因如下：

一方面，贵州省是一个近年来经济突飞猛进、社会日新月异的发展中省份，而远山县过去是一个农业县，近年来逐步发展为贵州省工业、旅游业重镇，城镇化水平不断提高，远山县法院系省第二批司法改革试点单位，具有较强的代表性。详言之，远山县隶属北定市，是连接黔、滇两省经济与交通的重要枢纽，平均海拔约1300米，气候温和、降雨充沛。全县总面积近3000平方千米，共辖30余个乡镇及街道，人口约120万，苗族、彝族、白族、布依族等少数民族同胞人数逾总人口45%，境内有溶洞、峡谷等风景名胜和大量人文景观，煤矿、磷矿储备巨大，近年来GDP增速屡次突破10%。可以说，远山县是一个集灯火辉煌的城镇、车水马龙的街道、耸入云霄的商厦、机器轰鸣的工厂和宁静幽美的乡野、小桥流水的村舍、谷穗飘香的耕田于一体的县域，它较好地契合了本书"社会治理转型时期"的语境。

另一方面，笔者曾于2006—2013年在远山县进行过数次社会调查，在此过程中与远山县法院、远山县委政法委的若干工作人员建立起了牢固的友谊，这是笔者得以顺利获准进入田野的重要缘由。同时，从可行性角度分析，由于笔者具备一定法律素养和积累了一定的法律实务经验，并且成长于法官家庭，这样一种特殊的个人经历有助于笔者在田野中有效获取和分析各种资料。

需要说明的是，本书的田野调查主要是在 2015 年 9 月—2018 年 12 月进行，故田野调查资料对应的时间终点为 2018 年 12 月。本书还使用了法院系统及相关部门的统计数据、相关法律法规、司法解释和政策文件，以及最高人民法院的部分工作报告等资料。法院系统及相关部门的统计数据主要源自具有权威性和全面性的《中国法律年鉴》。① 该年鉴系一年一编，各卷均汇编有全国上一度具有法律性质的各类统计数据等重要资料。由于笔者完成田野调查的时间为 2018 年 12 月，在此阶段的最新一卷《中国法律年鉴》为 2018 年卷，故后文图表中对全国性司法统计数据的节选一般以该卷对应的 2017 年为终点。②

二 研究方法

本书主要采用了参与观察、深度访谈、文献研究、案例研究四种研究方法。

第一，参与观察。要想透彻地解读法律的本真，离不开在社会生活中深入地观察法律究竟如何运作。在田野调查期间，笔者通过旁观各种司法活动，以及同业界人士、其他相关人士进行友好交往等方式完成了参与观察。需要指出的是，本书中使用的个别资料源自笔者此前于 2006—2013 年在远山县从事其他相关社会调查时的收获。

第二，深度访谈。笔者是采取以下三种方式来完成的深度访谈，从而获取了若干深度事实和一系列复杂、细微的重要信息。首先，圈定式访谈。从实际需要出发，经过反复的仔细斟酌，选定出确有必要进行访谈的

---

① 相应数据亦可从《人民法院司法统计历史典籍 1949—2016》《中国统计年鉴》《中国法治建设年度报告》等文献中分别查阅。需要指出的是，不同机构和学者因资料来源和计算方法不同而存在个别数据略有出入的情况；但个别数据略有出入并不足以影响对相关诉讼现象的呈现和规律的探究。本书原则上采用《中国法律年鉴》中的原始数据（包括利用其中原始数据和关联数据所进行的计算或遴选），个别数据除外。

② 需要一并说明的是，本书在引用对应的法律条文时，均以当时有效的法律文件为准。

对象，主要包括远山县法院领导及相关工作人员、经常在远山县法院办理业务的律师、多次在远山县法院调研的人大代表。其次，推荐式访谈。让访谈对象推荐另一个访谈对象，既可以有的放矢地提高对话质量和访谈效果，同时又可以了解到一些通过常规方式难以获悉的资信。最后，追溯式访谈。通过访谈得知司法实践中的一些有用信息，从而锁定出对应的相关人士，顺藤摸瓜式地沿着线索访谈下去。该方法有助于客观公正地了解问题，获得第一手资料，从而有望大幅提升访谈效果。通过该方法，往往可能挖掘到深层次的、鲜为人知的事实与真相。

第三，文献研究。以不涉及国家机密为限，笔者所收集到的文献资料大致可分为以下类别：其一，远山县法院院志。该院志详细记录了1950年至近年的远山县法院的重要信息，如历年审判活动概况、重要案件情况、重要人事信息等；其二，法院系统的各类文件。如远山县法院的历年工作总结和最高人民法院的历年工作报告[①]、公函、通知、指示、请示、司法建议、人事任免、统计报告、领导讲话等具有公开性的文件；其三，远山县法院的法律文书，特别是重要典型案例的判决书、裁定书、调解书和执行文书。由于远山县政法系统的档案材料电子化起始于2006年，故笔者对于远山县法院相关司法统计数据的收集和使用通常以该年作为起点。

第四，案例研究。笔者在田野调查中通过参与观察、查阅卷宗、观看视频等方式收集了一系列典型案例。这些案例均源自远山县法院所办理的案件，仅案例4-1陈泽文行政诉讼案存在一定特殊性——该案发生于邻县水西县，但是对远山县产生了显著影响，并且其提供者为远山县法院副院长李永骏和退休法官丁立诚（水西籍，且曾任职于水西县法院）。对于

[①] 本书表述的远山县法院"××年度工作总结"（或曰"××年度工作总结报告"），均是指该院针对当年工作情况进行汇总、梳理，并按程序报、送有关机构和领导的报告材料，如《远山县法院2016年度工作总结》，即表示的是该院对2016年当年工作情况所作的回顾总结。而各级人民法院在同级人民代表大会所作的年度工作报告，则是针对上一年度的工作情况进行报告，如"2020年最高人民法院工作报告""最高人民法院工作报告（2020）""最高人民法院工作报告——2020年5月25日在第十三届全国人民代表大会第三次会议上"等表述，均是指最高人民法院于2020年5月25日在第十三届全国人民代表大会第三次会议上报告上一年度即2019年的工作情况，并请大会予以审议。当然，远山县法院的年度工作总结与其在远山县人民代表大会所作的工作报告在内容上是高度一致的，因为前者正是撰写后者的重要基础。

这些典型案例，本书将主要使用"过程—事件分析"方法予以探究。"过程—事件分析"是一种中国社会学本土创生的、有较大影响力的定性研究方法。一方面，该研究方法是以事件所构成的动态过程为研究对象，它往往涉及一个或多个"有开头、有结尾、有情节的事件"，但研究关注的是事件组成的某个过程，并将这一过程看作需要加以详细描述和解释的对象；另一方面，该研究方法认为社会事实是历史性的、流动的和不断动态建构的，故需要以丰富的相关材料为支撑，用一种具体、动态的形式着重展现"事件性过程"情境中不同行动者的行动策略、策略技术，从而揭示那些在静态研究中"不可见"的却又融入微观互动过程之中的、复杂的宏观机制和结构形态。这意味着该研究方法并不认同微观与宏观之间的截然对立，而是力图深入现象的过程之中去发现"实践的逻辑"，其最终研究成果通常包含对事件性过程生动细致的描述，但不会止步于此，而是结合叙事进行分析解释。[①] 对于此种方法，黄家亮总结道：它是以事件横截面之场景，以及各方行动者所施用的策略、技术为分析横轴；同时，以事件过程为分析推进之纵轴。叙事是深描和复调（polyphony）的结合，既深入事件的实践过程，又勾连外部宏观背景。借此，在深描中揭示事物内在逻辑，在复调中呈现形成内在逻辑的外部环境。[②] 申言之，资料之间的问题关联性及其背后的历史脉络性是本书需要呈现的。毕竟，"我们的社会是一个历史实体，在时间上它超越了任何个人的生命历程"[③]，社会中的任何事情无不与过去存在千丝万缕的联系，黄宗智提出的"历史社会法学"范式正是倡导我们进行既带有社会关怀又带有历史视野的研究。[④]

[①] 参见王汉生、杨善华主编《农村基层政权运行与村民自治》，中国社会科学出版社 2001 年版，第 7—9 页。

[②] 参见黄家亮《法律是如何实践的？——以一起刑事附带民事案件为关键性个案的分析》，《社会中的法理》2010 年第 1 辑。

[③] ［美］彼得·L. 伯格：《与社会学同游：人文主义的视角》，何道宽译，北京大学出版社 2014 年版，第 104 页。

[④] 参见［美］黄宗智、尤陈俊主编《历史社会法学：中国的实践法史与法理》，法律出版社 2014 年版，第 20—24 页。

第五节 研究内容与创新之处

如前所述，本书从法社会学研究视角出发，在社会治理转型的语境下，将基层司法看作既受宏观结构制约，又内含行动者能动性的动态的、不断再生产着相应社会结构的实践过程。亦即，将基层法院作为行动主体，考察基层司法相应的内部科层和外部结构，并在此基础上解析基层法院在立案、审理、执行与涉诉信访等不同司法行动中所呈现出的实践逻辑。故此，对本书的研究内容进行简要介绍，并对本书的创新之处作出概括归纳，可有助于呈现笔者的写作思路和重要发现，从而推动相应学术对话的展开。

一 研究内容

在远山县法院进行田野调查和收集其他相关经验材料的基础上，本书的研究内容由以下各章组成：

第一章，导论。亦即本章，旨在为文章作必要铺垫和背景性交代，包括对本书的问题意识与研究意义、国内外相关文献研究进行介绍，以及对本书的概念界定与理论框架、资料来源与研究方法、研究内容与创新之处作出阐述。

第二章，基层司法的内部科层。基于科层制法院组织模式这一理想类型，通过田野调查发现：基层法院的业务组织以审委会为中心，审委会的规范化以及法庭的设置模式、运作模式影响重大；管理组织以党组和院长办公会为主轴，院长因兼具党组书记、行政首长、审委会主持者三重身份而位居本院科层级序顶端。科层制法院组织模式具有彰显工具合理性之优长，但亦造成基层法院机构繁多、结构关系层级化和管理去人性化等基层司法行政化困境。宏观维度的能动型国家——政策实施型司法定位，微观维度的人员来源复杂性、岗位性质差异性等均是基层司法行政化之动因，而法官员额制改革和司法责任制改革等实践正是旨在破解基层司法行政化难题。

第三章，基层司法的外部结构。该章结合应然、规范、实然三个维度探讨基层司法的外部结构：其一，基层司法嵌入的地方权力结构。亦即，基层法院同当地"四大班子"（县委、县政府、县人大及其常委会、县政协）之间的结构关系，以及同县纪委监察委、县检察院、乡镇领导班子、县政府部门之间的结构关系。其二，基层司法嵌入的政法管理结构。亦即，基层法院作为政法机关之一，同当地其他政法机关（县委政法委、县检察院、县公安局、县司法局）之间的结构关系，以及基层法院作为下级法院时和上级法院之间的结构关系。借由探究基层法院的角色—功能、实际权威和地位等，解读相应的基层司法实践逻辑并对基层司法地方化困境予以揭示。通过对所需人、财、物资源进行保障，在结构层面作出必要的去地方化脱嵌，以及通过阳光司法机制拆除地方不当干预的藩篱，均是旨在摒除基层司法地方化困扰的举措。

第四章，立案程式：冲突解决的司法门户。诉讼意味着将社会冲突诉诸司法，立案程式直接关系到冲突解决的司法门户开启。该章通过分析立案审查制与立案登记制两种程式，发掘立案审查制下的选择性司法现象和立案登记制下的过载性司法难题，从而探讨立案所折射出的基层司法实践逻辑。在始于2015年5月1日的立案程式改革前，法院系统实施的是立案审查制。在此阶段，囿于司法权威不彰、司法能力不足，基层法院通过对案件的立案审查，选择性地将自身难以圆满处置或受到强烈行政干预的案件拒之门外；与之同时，面对立案难所造成的合法化危机，又悖论式地存在着基层法院上门揽案、主动司法的现象。2015年5月1日起，法院系统转为实施立案登记制，当事人的起诉壁垒被破除，然而法院系统特别是基层法院的工作量因此激增，导致"诉讼爆炸"现象进一步加剧，司法过载问题越发突出。作为回应，多元解纷、简繁分流、诉调对接等措施出台并在基层司法实践中广为采用。

第五章，审理运作：依据法律的定分止争。审理运作意味着基层法院依据法律对业已立案的社会冲突定分止争，它是基层司法的重要组成部分。该章通过考察相应"司法产品"（形式上表现为判决书、裁定书、调解书等审理结果）是怎样生产出来的，从而理解审理所呈现出的基层司法实践逻辑。以合法律性为标准，可以由高到低依次将审理运作概括为三种理想类型："遵循法律"的裁判（针对实体问题的判决和主要针对程序问题的裁定）、"基于法律"的调解和"超越法律"的协调（对行政案件的协调处理)。对裁判而言，常规案件的形式化、复杂案件的衡平术和程序正义的显像化是生产合格的司法产品所需。在面对事实与法律均具有高度确定性的案件时，韦伯的形式理性法理论和"法的自动贩卖机"比喻是合理的；然而，在面对事实仅具有相对确定性，或法律条文在特定问题上含混不清、涉案各方利益冲突纷繁复杂等难题时，基层法院需结合逻辑推理之外的方法，积极填补法律漏洞和全面考虑法律因素、社会因素，衡平地处理案件。对调解而言，其本质是一种"构造半自主社会领域"的合作型司法，它通过弥合法律与民俗之缝隙、平衡国家与社会之张力，从而生产出符合社会现实需求的司法产品，并反映出司法对法律的本土资源的探寻和利用；同时，若干案件所显示出的调解偏好与调解可以生产出"模糊的法律产品"具有密切联系，对大量司法默会知识的累积和驾驭往往是调解成功的关键。协调是在司法权威和司法能力不足的情境下，以及特定案件需要避免机械司法的需求下，基层法院通过对法律的"软执行"，相对调谐行政诉讼原被告利益，尽可能地维持司法的合法律性和审判权的合法性。随着新一轮司法改革不断推进，司法权威和司法能力明显提升，以遵循法律为特征的裁判稳步成为行政审判主流，协调逐渐减少并转化为补充机制。

第六章，执行与信访：法律实效的镜像折射。法律实效，亦即法律对社会活动的实际约束力，乃是一个重要的法社会学话题。司法执行和涉诉信访态势在相当程度上反映出法律的有效实施情况，故堪称法律实效的镜像折射。一方面，该章探讨基层司法所面临的执行难困境及其成因，以及法院系统特别是基层法院采取何种行动策略来与失信被执行人博弈，从而破解执行难。执行在本质上是一种社会控制手段，它通过将法律规范所明确的权利、义务转化为社会现实，借规制越轨行为来建构、维系良好的社会秩序；基层法院的执行规制是嵌入司法改革和社会信用体系建设的系统工程中进行的，它依托于对国家与社会、国家与地方、法院系统与其他机构、基层法院与上级法院、法院与双方当事人等多重关系的审视、协调和运用。另一方面，该章结合宏观与微观两个层面探讨基层法院的涉诉信访实践。涉诉信访作为司法与信访的交集，在基层司法实践中具有重要意义。按照分类治理之要求，涉诉信访案件可类型化为有理信访—合法信访、无理信访—非法信访、合理性模糊的信访—合法律性模糊的信访。故可结合典型案例来揭示涉诉信访活动中不同主体的行动逻辑，从而探察其背后的司法信访化困境，以及解读法院系统的因应之道。2013年10月以来实行的涉诉信访与普通信访分流是一道重要分水岭，其推动了司法事项按司法要求而非行政要求处理之变革，有效减少了涉诉信访中的法律利用与法律规避现象。

第七章，结论。社会治理转型时期的基层司法实践逻辑，是基层司法与时俱进、因地制宜地积极回应社会需求，从而实现法律和国家的合法化及现代化，合法化和现代化两者互为依托、相辅相成。无疑，这是一种同实质法治观念和社会治安综合治理模式密不可分的回应型司法，它借由合法律性生成合法性，平衡现代性与地方性，兼顾形式理性与实质理性，调和程序正义与实质正义，建构起法律与社会、国家与社会、国家与地方之间的良性关系。是故，对基层司法而言，既需要优化相应的内部科层和外部结构，以及在现代信息技术手段的基础上进行技术驱动，从而摆脱行政化与地方化的困扰；又需要在恪守合法律性的前提下，适当尊重法律的地方性知识，从而弥合法律与民俗之缝隙、平衡国家与社会之张力、调谐发展与秩序之矛盾。

二 创新之处

本书注重实证分析法律的社会事实，透过法律与社会、国家与社会、国家与地方等不同维度的考察，整合社会学、法学、政治学等学科知识，将宏大理论叙述与微观个体研究相结合，以及将质性资料与数据资料相结合，从而对社会治理转型时期的基层司法实践逻辑予以呈现。本书的创新性体现在以下三个方面：

第一，研究进路具有一定创新性。本书选择以基层法院为研究对象，立体地、关联地、系统地研究基层法院的各类司法行动及其结构性条件，并由此归纳、提炼出基层司法的实践逻辑。比较而言，既往关于基层司法的法社会学研究，特别是专著和博士学位论文形式的研究，多以乡镇派出法庭而非整个基层法院作为研究对象，或旨在专题探讨基层司法中的某个具体领域，例如司法调解、涉诉信访等。为此，笔者力求凭借自身具备的法律素养和对法院文化的耳濡目染，先"融进去"，再"跳出来"。同时，由于本书素材在时间轴上跨越了 2013 年新一轮司法改革之前和改革之后的两个阶段，故还会关注相应的制度与实践变迁。

第二，具体观点具有一定创新性。本书以合法律性为标准，由高到低地将基层法院的审理实践建构为"遵循法律"的裁判、"基于法律"的调解和"超越法律"的协调三种理想类型，并为此进行了详细的述评总结和联系比较。裁判和调解具有正式制度属性，裁判更多呈现出法律和司法刚性的、程序正义的一面，而调解更多呈现出法律和司法柔性的、实质正义的一面，两者特征迥异而又功能互补，对此可详见后文第五章"审理运作：依据法律的定分止争"中的表 5-2。协调则是一种对法律"软执行"的半正式制度。在理想类型的建构过程中，本书对韦伯的形式理性法理论和"法的自动贩卖机"比喻作出了回应。通过实证，笔者发现在面对事实与法律均具有高度确定性的案件时，韦伯的形式理性法理论和"法的自动贩卖机"比喻是合理的；然而，在面对事实仅具有相对确定性，或法律条文在特定问题上含混不清、涉案各方利益冲突纷繁复杂等难题时，基层法院需结合逻辑推理之外的方法，积极填补法律漏洞和全面考虑法律因素和社会因素，衡平地处理案件。

第三，理论总结具有一定创新性。审视远山、放眼全国，穿梭往返于国家—法律—社会三者之间，本书尝试提出了这样的理论总结：社会治理转型时期的基层司法实践逻辑，是基层司法与时俱进、因地制宜地积极回应社会需求，借此实现法律和国家的合法化及现代化，形塑法律与社会、国家与社会、国家与地方之间的良性关系。故而，这是一种同良法善治式的实质法治观念和社会治安综合治理模式密不可分的回应型司法，合法化和现代化两者之间相辅相成、互为依托。这一理论总结，是将诺内特和塞尔兹尼克所提出的回应型法理论，与中国社会治理转型时期的基层司法具体结合，在一定程度上实现了对该理论的延续和深化。

当然，任何研究都不可避免地存在着一定局限。本书的不足首先体现在以下两个方面：其一，虽然本书通过实证研究勾勒出基层司法与时俱进、因地制宜地积极回应社会需求的系列图景，并且进行了回应型司法的理论总结，但是由于本书是以基层法院作为行动主体，在资料使用和理论探讨上更多是以基层法院而非案件当事人或其他相关主体作为焦点，故而在视角上具有一定限制。其二，尽管基层法院是一个具备相应结构—功能，拥有明确组织目的以及受到相关法律和规章调控的正式组织（formal organization），并且现代社会是一个组织社会（organizational society），① 将其作为行动主体具有合理性和必要性；但是该正式组织毕竟是由个体的人所组成，因此需要正视的是，在特定情况下基层法院的司法实践逻辑并不能够绝对等同于个体的法院工作人员的司法实践逻辑。换言之，后者可能体现出鲜明的个人色彩、蕴藏着相应的个人考量，而未必完全是遵循基层法院意志并代表其作为的结果；更何况个体的法院工作人员的能力、素养等存在高下之别。为避免在具体个案情境中陷入"只见树木不见森林"的碎片式研讨之窠臼，本书不得不作适当取舍，仅探讨基层法院的实践逻辑。

---

① 参见［英］安东尼·吉登斯《社会学》，北京大学出版社 2010 年英文影印第 6 版，第 783 页。

第二章 基层司法的内部科层

马克斯·韦伯将社会治理（或曰"统治""支配"）所对应的权威划分为三种理想类型（ideal types）：传统型权威、魅力型权威和法理型权威。① 法理型权威在现代社会中具有主导性，法律、法理乃国家合法性（legitimacy）之基。② 法理型权威虽可呈现出不同结构形式，但其中的纯粹类型是科层制（bureaucracy，或译"官僚制"）。韦伯认为，因为科层制最富效率——其突出的精确性、稳定性、纪律性以及可靠性确保了组织管理者和相关行动者的行为后果得以具备相当之高的可计算性，所以就此意义来说，其在形式上系人们已知的行使权威最为理性的手段。故而，科层制最终的优越性体现在其可以高效、广泛地应用，在形式上能够适用于任一行政任务。③

作为理想类型的科层制，具有以下特征：其一，权限固定且正式，由法律、规章明确规定；其二，将职位建构在一套秩序严格的层级体系中，确保指挥链条中的下级受到上级明确监管；其三，业务运作以文书档案制度为基准；其四，官僚的权威来源于职位而非个人身份，是非人格化的；其五，职位的取得基于专业训练所获的技术资格；其六，官僚不占有相关的生产工具，而只是将其用于工作所需，且在裁量权上受到严格的规则限

---

① 传统型权威建立在领袖的主张、服从者的信念以及神圣的传统规则与权力基础上。魅力型权威，亦译为克里斯马型权威，其往往伴随着社会危机、革命运动而出现，性质是打破传统、破坏既存秩序而建立新的观念和秩序；领袖人物往往具有强烈的使命感，凭借非凡的、超人的品质和出色的感召力而赢得崇敬者和追随者。参见 [德] 马克斯·韦伯《经济与社会》（第一卷），阎克文译，上海人民出版社2010年版，第322页。

② 参见 [德] 马克斯·韦伯《经济与社会》（第一卷），阎克文译，上海人民出版社2010年版，第318—322页。

③ 参见 [德] 马克斯·韦伯《马克斯·韦伯社会学文集》，阎克文译，人民出版社2010年版，第203—205页。

制。可见，作为理想类型的科层制是一种组织类型，其基本单位是由规则、功能、文书、强制手段构成的等级化的办事机构；科层制与官僚（bureaucrat）是一对紧密联系的概念，科层制属于结构，而官僚则是这些结构中的职位。科层制的核心在于理性，科层化反映出一种有效率的、可靠的、可预测的社会组织手段的扩展。故而，科层化乃是社会理性化的一个重要部分，科层化对于现代社会来说是无可避免、坚不可摧的，它不仅具有其他组织形式所不具备的技术优越性，还是现代社会对于经济效率的巨大压力和大规模企业组织出现所带来的必然产物。①

在韦伯奠定的基础上，可将现代国家确立的法院组织模式划分为协作制法院和科层制法院两大理想类型，协作制法院组织模式与英美法系国家的司法现状较为契合，而科层制法院组织模式与我国和欧陆法系国家的司法现状较为契合。②

对于协作制法院而言，在同一法院内部，各法官都是独立平等行使审判权的主体，法院院长（首席法官）尽管需要承担较多的行政事务，但是与其他法官之间并不存在等级高下及控制关系，当数名法官一同办理案件时，采用多数决的方式形成结果；同时，不同审级的法院之间也不存在隶属与统辖关系。换言之，协作制法院对应的是一种扁平化的、平权型的司法事务管理结构，其以审判权而非管理权为主轴来实现法院的运作。法官以自治管理为主，法院院长（首席法官）等组织管理者无权以行政命令方式来对法官的司法活动进行干预，也不能通过掌控任免、考核、奖惩、福利等涉及法官身份和待遇的方式来对法官的司法活动实施隐蔽的行政控制。上下级法院之间的关系也是基于司法职能划分来建构，下级法院更多侧重于事实审（基于证据材料进行事实认定），上级法院则更多侧重于法律审（基于已确定的案件事实进行法律适用和程序审查）。③ 可以说，

---

① 参见［德］马克斯·韦伯《经济与社会》（第一卷），阎克文译，上海人民出版社2010年版，第318—333页。

② 概而论之，英美法系（或曰海洋法系、普通法法系）以判例法和遵循先例为特征；欧陆法系（或曰大陆法系、民法法系）以法典化为特征。参见［美］米尔伊安·R.达玛什卡《司法和国家权力的多种面孔：比较视野中的法律程序》，郑戈译，中国政法大学出版社2015年版，第21—61页。

③ 参见宋远升《司法论》，法律出版社2016年版，第102—106页。

协作制法院组织模式在事实上确立了法官在法院中的核心地位。除此之外，值得注意的是，协作制法院的法官往往通过旁门制（lateral-entrance）或曰二次职业制产生，除治安法官（magistrate）之外，[①] 法官通常从杰出的资深律师中遴选产生，且任命提名由同级政府首长为之。通常认为，协作制法院组织模式的优点在于尊重法官的专业性，从而较为契合法院、法官依法独立行使审判权的司法规律，但是由于法官职位极为尊贵并且法官行业的自治色彩突出，从而滋生了法官不思进取的司法懈怠倾向和刚愎自用的司法垄断弊病。[②]

对于科层制法院而言，存在着阶梯式的权力结构特征。一方面，在同一法院内部，因为法院院长（首席法官）等组织管理者在任免、考核、奖惩、福利、任务分配、岗位调整等方面对普通法官、法官助理、执行员、书记员、法警及其他行政辅助人员拥有较大的支配权力，所以其内组织管理关系存在着明显的等级差序特征。亦即，在科层制法院中，存在着管理者对非管理者的单向控制情况，而两者之间的双向约束则相对缺乏。另一方面，在上下级院之间，科层制法院亦明显具有上级法院管理支配下级法院的行政色彩。此外，科层制法院的法官属于职业制、官僚制法官，担任法官者需要具备司法从业资质但是并不需要拥有相应的律师执业经验，法官群体在一定程度上可理解为从事司法工作的特殊公务员。正如美国学者暨资深法官理查德·波斯纳所概括，职业制法官是一国文官体制（civil service）的重要部分，职业制法官乃是根据贤能（merits）来任命和晋升，而晋升是职业制法官的关键之一。[③] 一般认为，科层制法院组织模式的优点在于通过科层式手段大幅提升司法的效率和精确度，但在部分案件中会存在忽视法官专业性和不当介入法官审判的风险。[④]

故此，下文将立基于科层制法院组织模式这一理想类型，从远山县法院的机构设置及其运作来探究基层司法的内部科层问题。立足于功能和分工，基层法院的内部机构可分为业务组织与管理组织两大类型；其中，业

---

① 治安法官是英美法系负责轻微刑事案件的基层法官。
② 参见宋远升《司法论》，法律出版社 2016 年版，第 102—106 页。
③ 参见［美］理查德·波斯纳《法官如何思考》，苏力译，北京大学出版社 2009 年版，第 121 页。
④ 参见宋远升《司法论》，法律出版社 2016 年版，第 51—59 页。

务组织又可进一步划分为审判组织、执行组织和辅助组织。具体而言，审判组织包括审判委员会（以下简称"审委会"）、业务庭、派出法庭（即乡镇人民法庭）三者；执行组织即执行工作局（以下简称"执行局"）；辅助组织包括研究室、审判管理办公室（以下简称"审管办"）、技术室、对外委托办公室（以下简称"外委办"）、法警大队；管理组织则由党务组织与行政组织共同组成，主要包括党组与院长办公会、政工科、纪检组—监察室、机关党委、办公室以及计划装备财务科。结合法律规范与经验材料可以发现，业务组织的主轴为审委会，管理组织的主轴为党组与院长办公会；基层法院院长由于兼具党组书记、行政首长、审委会主持者三重身份，居于本院科层级序的顶端。

第一节 派出法庭与业务庭的审视

基层法院的法庭系统由坐落于各乡镇的派出法庭与坐落于城区的业务庭共同组成，而各法庭的运作模式则可划分为独任庭审理模式、合议庭审理模式、巡回庭审理模式三大类型。

一 派出法庭及其功能

基层法院的重要组织特点之一在于下设若干人民法庭，亦即分散派驻到各乡镇的派出法庭。派出法庭的职责为审理民事案件（此处"民事"作狭义解；有条件的派出法庭亦可审理商事案件）和刑事自诉案件，[①] 并且所审案件由其自行负责立案和执行；此外，派出法庭还负责办理基层法院交办的其他事项，以及指导本辖区人民调解委员会的工作。由于我国多

---

① 刑事自诉案件是指被害人（或其法定代理人、近亲属）径行向法院提起诉讼，并由法院直接审理的轻微刑事案件。刑事自诉案件具有以下特点：首先，由被害人（或其法定代理人、近亲属）直接到法院起诉，而不经过公安机关、检察机关。其次，法院在审理过程中，可适用调解，原告在法院判决前可以同被告人自行和解，并且可以撤回起诉。再次，被告人在自诉案件审理过程中可以提出反诉（所谓反诉，是指被告人作为被害人控告自诉人犯有与本案有联系的犯罪行为，要求法院进行审判）。最后，自诉人对一审判决不服，有权向上级法院提出上诉。详见《刑事诉讼法》第 204 条和相关司法解释。

数县域都具备着人口众多（多达数十万甚至上百万人口）、辖区较大（辖区数百甚至上千平方公里）的特点，派出法庭的设置是国家司法便民和社会接近正义（access to justice）所必需。①

如果对派出法庭制度进行社会学分析，我们并不难发现它承载着国家如何进入乡村社会、乡村社会如何回应国家这样两组互动关系。一方面，基层法院设置大量派出法庭，乃是通过"送法下乡""送法上门"之方式，在乡村社会进行现代民族国家政权建设的一种重要实践——派出法庭通过基层司法活动，对乡村社会输送国家法律，逐步彰显出法律在现代社会中的重要性，持续强化着法律的权威，让广大乡民感知到国家的存在和影响；另一方面，广大乡民的喜怒哀愁、生活状况、思维习惯与行动模式等不同信息也通过派出法庭开展的基层司法活动反馈给了国家，让乡村社会的民情、民俗、民意为国家所知晓，从而不断推动着法律规定和法律实践的发展变化。从历史沿革来看，派出法庭的设置经历了从"一镇一庭"到"多镇一庭"，再从"多镇一庭"到"中心法庭"的模式变迁。② 无疑，前述三种模式均是特定时期社会城镇化的产物。

（一）"一镇一庭"式设置

我国《人民法院组织法》于1954年起实施并历经数次修订，该法各版均对派出法庭采取了同样的规定：基于辖区内的幅员、人口和案件等情况，基层法院可以按照现实需要来因地制宜地设立若干派出法庭；作为基层法院的组成部分，派出法庭并非像独立机构一样自负其责，它不是以自

---

① 20世纪中叶以来，许多国家经历了相似的司法危机。司法制度尤其是民事司法制度不能满足现实需要成为突出问题。高额的诉讼费用与漫长的诉讼过程成为人们寻求司法救济的重大障碍，法院无法为保障权利与解决纠纷提供有效的途径。在此情势下，20世纪70年代，意大利法学家卡佩莱蒂倡导并提出了各国政府都有义务保护社会公众获得裁判的权利，从实质上帮助公众获得司法资源保障和扫清维权障碍。在这一理论指导下，遍及多国的接近正义（access to justice）运动应运而生。该运动涉及对诉讼费用和律师费用的改革；加强对贫困者的法律援助；放宽起诉条件，建立公益诉讼制度；推动诉讼程序的快速展开；确立多元化的纠纷解决机制（ADR）等方面。参见王荔《司法"接近正义"之实践逻辑转向》，《人民论坛·学术前沿》2017年第16期；齐树洁《司法改革与接近正义》，《司法改革论评》2013年第2辑。

② 参见姜树政《中国城镇化之路与人民法院布局——以三省三市（地区）110处人民法庭为样本的分析》，《山东审判》2015年第4期；胡夏冰、陈春梅《我国人民法庭制度的发展历程》，《法学杂志》2011年第2期。

身的名义而是以基层法院的名义来开展司法活动的。诉讼便民和便于审理是派出法庭的设置原则。20世纪80年代至90年代派出法庭发展迅速,并出现了"每乡每镇建法庭"的趋势。1992年时全国派出法庭已多达18000余个,一镇一庭的格局形成。① 此种设置模式的积极意义在于,派出法庭能够较好地嵌入乡村社会之中。派出法庭从空间上将国家法院与村民联系得更为紧密,并且法庭成员也通常居家生活于所驻乡镇,对当地民俗民情了如指掌。这些因素均有助于派出法庭更好地提供当地公众切实需要的司法产品,以及更好地致力于国家在这些区域的社会动员和资源整合工作。

然而,其弊端也不容忽视:由于彼时法律人才匮乏和基层法院人员编制不足,导致多数派出法庭只能配备一两名法官;同时,由于基层法院经费困难,导致派出法庭的办公条件多由所在乡镇政府提供,办公经费和工资福利也依赖于乡镇财政。如此一来,本为基层法院派出机构的派出法庭,在事实上被异化为相应乡镇政府的一个办事机构,它们不得不频繁参与乡镇的各种中心工作乃至日常工作,司法职能的开展受到乡镇方面的严重束缚。② 最终,在人手方面原本就捉襟见肘的派出法庭势必雪上加霜,难以避免办案效率下滑;当乡镇政府工作人员因为各种利害关系而对派出法庭的案件进行干预时,派出法庭往往得先向远在县城的"院机关"求助,在经由"院机关"的各种协调斡旋后才能突破重重阻碍。

此外,限于当时的城镇化水平和交通条件,对于远山县这样的内陆山区来说,除个别大型乡镇外,多数乡镇的生活水平较为艰苦,在县城与乡镇间往返也殊为不易,这意味着部分法官并不愿意在派出法庭久留,除非其原籍就在该乡镇。不过,任命原籍在此的法官来就职于该乡镇派出法庭并非明智之举。因为乡村社会在很大程度上是一个熟人社会(何况,昔日乡村社会的社会流动性远逊于当下),所以"本乡法官"在当地有着大量亲友,"剪不断、理还乱"的亲友关系将冲击派出法庭的司法活动。对此,远山县法院负责分管派出法庭的副院长李永骏指出:

---

① 参见高其才、黄宇宁、赵彩凤《基层司法——社会转型时期的三十二个先进人民法庭实证研究》,法律出版社2009年版,第475页。

② 参见杜万华主编《依法治国与人民法庭建设》(第一卷),厦门大学出版社2017年版,第3—7页。

在好些乡镇，大家族动辄有几百、上千人之多。法官如果是这个大家族里的人，七大姑八大姨的来打官司，向他托人情，那就麻烦了。总不可能每次都安排回避吧，何况好多案子明面上难以界定为法律硬性规定的需要回避的案件。① 要是一点不讲裙带关系，他自己甚至父母、兄弟姊妹可能会受那些人刁难，甚至会被整个大家族孤立。但他要是讲裙带关系，就会面临违法违纪的危险。即便他秉公断案，一旦和他们大家族对立的另一方当事人败诉了，人家就容易怀疑有猫腻，然后跑进城里面来，到县法院甚至纪委、政法委投诉。两边当事人和他都没有亲友关系的案子相对好办，但有时候仍然会有些潜在的名堂。比如，一方当事人是他家那里有头有脸的人物，或者是胡搅蛮缠型的老油子，人家跑到他家里去勾兑一番或者是去对他家里人使坏……威逼利诱之下，他要是顶不住压力，案子就老火②了。③

由此可见，让本乡人员来做派出法庭的法官尤其是做庭长实属问题重重。因此，远山县法院原则上不会安排本乡人员在其家乡对应的乡镇法庭任职。于是，在过去条件艰苦的时候，不得不形成轮岗机制，要求法官们在乡镇任职数年方能调回城区工作；如果客观上实在安排不过来，就退而求其次，把已在边远乡镇工作过较长时间的人员调到临近县城或者条件较好的派出法庭工作。值得肯定的是，若干基层法官正是这样在大山深处奉献了多年青春，田间地头上满是他们留下的脚印。而令人欣慰的是，随着国家的高速发展，近年来贵州省发生了翻天覆地的变化，已经实现了县县通高速、村村通公路，并且即将实现组组通公路。是故，乡镇的条件大为改善，派出法庭的工作人员目前普遍能够安心在乡镇工作。

---

① 《民事诉讼法》第44条："审判人员有下列情形之一的，应当自行回避，当事人有权用口头或者书面方式申请他们回避：（一）是本案当事人或者当事人、诉讼代理人近亲属的；（二）与本案有利害关系的；（三）与本案当事人、诉讼代理人有其他关系，可能影响对案件公正审理的。审判人员接受当事人、诉讼代理人请客送礼，或者违反规定会见当事人、诉讼代理人的，当事人有权要求他们回避。审判人员有前款规定的行为的，应当依法追究法律责任。前三款规定，适用于书记员、翻译人员、鉴定人、勘验人。"

② "老火"在当地方言中一般指事态严重、问题棘手、病情顽固之意。

③ 访谈编码：LYJ20171201。

(二)"多镇一庭"式设置

如前所述,因为一镇一庭模式存在诸多问题,所以需要重新作出相应调整。① 1999年7月下旬起,对乡镇派出法庭的裁并工作在各地广泛开展,多镇一庭的设置转向发生。一个派出法庭负责管辖2—3个乡镇,而位于县城的城关法庭也大多被裁去。截至2005年4月,全国派出法庭数下降到10392个,减少了42.3%,但派出法庭一审的结案数占全国法院系统的40.81%。② 在多镇一庭设置模式下,基层法院的办案成本普遍得以大幅减少,而各乡镇派出法庭在人员、设施、设备等方面的配置水平也大多获得明显改善,从而达到了《关于人民法庭若干问题的规定》第9条所提出的标准。③ 申言之,在此阶段,派出法庭的人员编制被逐步从各乡镇收回基层法院,办公条件、办案经费等资源也逐步转向由基层法院提供和落实,各乡镇则仅负责提供协助和"补贴",使得派出法庭对其所在地的乡镇政府脱嵌。④

然而,不容回避的是,审判方式改革的浪潮此时也席卷到了广大基层。大规模裁并派出法庭与"一步到庭""当事人举证""立审执分离"等改革在同一时刻进行,两者合力造成局面盘根错节、复杂万分。司法不作为、乱作为现象屡屡发生,当事人的诉讼成本节节攀升。可是,将立案权、执行权从派出法庭一揽子收回"院机关",则又会产生公众为了一个平凡无奇的普通案件在县城和乡镇之间来回奔波的不利后果。对于部分案件来说,甚至出现了当事人交通费、食宿费等费用支出接近乃至超出诉讼

---

① 为此,最高人民法院于1998年11月28日召开了首次全国人民法庭会议,并于次年7月15日颁行了《关于人民法庭若干问题的规定》,其第3条明确指出:"人民法庭根据地区大小、人口多少、案件数量和经济发展状况等情况设置,不受行政区划的限制。"

② 参见杜万华主编《依法治国与人民法庭建设》(第一卷),厦门大学出版社2017年版,第93页。

③ 《关于人民法庭若干问题的规定》第9条:"设立人民法庭应当具备下列条件:(一)至少有三名以上法官、一名以上书记员,有条件的地方,可配备司法警察;(二)有审判法庭和必要的附属设施;(三)有办公用房、办公设施、通信设备和交通工具;(四)其他应当具备的条件。"

④ 参见姜树政《中国城镇化之路与人民法庭布局——以三省三市(地区)110处人民法庭为样本的分析》,《山东审判》2015年第4期;胡夏冰、陈春梅《我国人民法庭制度的发展历程》,《法学杂志》2011年第2期。

标的本身的怪圈。① 无疑，维权成本过高是违背设置派出法庭的便民初衷的。

(三)"中心法庭"式设置

中心法庭模式乃是对多镇一庭模式的进一步升级改造，远山县法院目前采用的即是该模式。中心法庭模式立基于全县各乡镇的人口、经济、地理、交通等因素，选择将相邻的 2—4 个乡镇作为一个司法辖区，并在其中挑选地理位置相对居中、交通相对便利的乡镇作为中心法庭驻地。由于该中心法庭是由原有的 2—4 个乡镇派出法庭进行人、财、物整合而成，司法条件和办案水准得到显著提升。常规而言，中心法庭的工作人员多为 12—20 名，法官、法官助理、书记员、法警、执行人员一应俱全；同时，中心法庭配备了 5 个以上的审判庭以满足办案需要，而专门的办公室、会议室、档案室、资料室、宿舍、食堂、值班室等也可满足便捷工作和业务、管理信息化的需要。

相较多镇一庭模式而言，多镇一庭模式下虽然派出法庭的数量被大幅削减，但是具体到各乡镇来看，这并不直接意味着被保留的派出法庭在人、财、物方面实现飞跃、获得充分保障。换言之，在从一镇一庭向多镇一庭的转化过程中，相当部分的人、财、物是被收回县城的"院机关"而不是被并入"一庭"。相反，在中心法庭模式下，除可能会产生叠床架屋效果的冗员（例如，中心法庭只能任命 1 名庭长，而无法将原来 2—4 个乡镇法庭的庭长一一保留职务）将被调回"院机关"重新安排岗位外，合并前的各乡镇法庭的人员原则上都将作为新的中心法庭的成员，而对应的编制、设备、经费也都会划给该中心法庭。在中心法庭模式下，因为中心法庭有着较强的业务能力和资源储备，所以基层法院可放心地将立案权、执行权一并授予给中心法庭，并且允许中心法庭审理各类民事案件，甚至包括审理部分商事案件。是故，基层司法的亲民性和案件质量均可在中心法庭模式下得到更为有效的保障，这无疑是基层法院系统所尝试的一项重要的合法化（legitimization）实践。

---

① 参见姜树政《中国城镇化之路与人民法庭布局——以三省三市（地区）110 处人民法庭为样本的分析》，《山东审判》2015 年第 4 期；胡夏冰、陈春梅《我国人民法庭制度的发展历程》，《法学杂志》2011 年第 2 期。

二　业务庭及其功能

基层法院的业务庭通常由立案庭、民事审判庭（简称民庭，往往划分为民一庭、民二庭两个法庭）、刑事审判庭（简称刑庭）、行政审判庭（简称行政庭）、审判监督庭（简称审监庭）构成。部分基层法院还根据实际需要，设立了专司某一领域案件审理工作的法庭。例如，成立综合性质的未成年人审判庭，案件无论属于民事、刑事还是行政类别，只要涉及未成年人均归其管辖；以及成立环保审判庭，专门审理涉及环境资源保护问题的各类案件。远山县法院的业务庭如下：

第一，立案庭。我国法院系统最初并没有统一的立案机构。除去有"自立自审"现实需求的乡镇派出法庭外，基层法院在城区的各类案件也都是由各业务庭"自立自审"。2000年左右，法院系统施行"立审分离"改革而普遍成立了立案庭。基层法院立案庭的功能是负责各类案件的受理和立案，以及负责与立案直接相关的程序性工作，例如文书送达、证据保全、财产保全等；对本院受理的或其他法院移送的案件进行开庭排期，组织和参与审判流程管理，开展审限跟踪；处理涉诉信访工作和司法救助申请事宜，以及对各类申诉案件和申请再审的案件进行审查和立案。可以说，立案庭是将社会冲突纳入司法解决轨道的入口。立案庭在必要情况下会进一步拆分为立案一庭和立案二庭两个法庭，由立案一庭负责处理立案事宜，由立案二庭负责处理申诉及再审申请、涉诉信访、司法救助事宜。

第二，民庭。民庭与刑庭是我国法院系统组建之初便设立的主要审判机构。目前，基层法院的民庭通常划分为民一庭和民二庭。民一庭即传统意义上的民事庭，负责审理婚姻家庭、人身侵害、劳动争议、民事合同、农村承包合同、物权纠纷等传统民事纠纷案件；民二庭又可称为经济庭、商事庭，负责审理和现代市场经济相对应的商事案件，亦即商贸活动、公司破产、企业侵权等现代商业纠纷案件。此外，指导乡镇派出法庭和人民调解工作亦是民庭的职责所在。民事案件（广义解，含商事案件在内）是司法案件的主要类型，故而民事司法实践乃是基层司法实践的主体部分。

第三，刑庭。基层法院的刑庭负责审理本辖区内的各类刑事公诉案件

（涉嫌危害国家安全、恐怖活动，以及依法可能判处无期徒刑、死刑的案件除外，前述案件应由中级以上法院一审）和刑事自诉案件。无疑，刑事犯罪是严重的社会越轨行为，基层法院的刑事审判活动发挥着重要的社会控制功能。

第四，行政庭。1987年起，我国法院系统统一设立了行政庭，负责审理普通行政案件、行政赔偿案件以及审查行政机关申请强制执行的案件。行政诉讼是社会主体依法获得权利救济，实现政府权力监督的重要路径。因此，基层法院及其行政庭扮演着权力制约者的角色，良性平衡国家与社会之间的关系，从而推动迈向法治的现代社会治理结构转型是行政审判的题中应有之义。

第五，审监庭。审监庭是法院系统为适应"审监分离"改革之要求，于2000年8月在原有告申庭基础上演变而来。审监庭负责审理上级法院指令本院再审的案件、同级检察院按审判监督程序提出抗诉的案件，以及审查处理经立案庭认定符合立案条件的各类再审案件。可见，审监庭的功能在于确保法律正确实施。此外，部分基层法院的案件质量评查和审判质效管理亦由审监庭负责，而远山县法院则是由审管办来承担这一职能。

三 法庭的运作模式

从实践出发，各法庭的审理运作模式可分为独任庭、合议庭、巡回庭三类。

（一）独任庭审理

独任庭是由一名法官单独负责案件审理的一种司法运作模式。依照《人民法院组织法》第9条、《民事诉讼法》第39条、《刑事诉讼法》第178条、《行政诉讼法》第83条之规定，独任庭的功能是适用简易程序审理相应的简单案件。[①] 显然，独任庭审理模式乃是建立在将案件进行简繁分流的基础上，旨在根据案情复杂程度、法律适用难度、社会影响状况来

---

① 独任庭适用简易程序审理以下简单案件：其一，轻微刑事案件，亦即依法可判处3年以下有期徒刑及以下刑罚的案件；其二，简单民事案件，亦即事实清楚、权利义务关系明确、双方争议不大的案件；其三，简单行政案件，亦即被诉行政行为系依法当场作出的案件，案件涉及款额在2000元以下的案件，以及属于政府信息公开性质的案件。

合理配备司法资源。其通过有效提高司法效率来确保社会公众的法律需求得到及时回应和满足,从而实现国家审判权和法律的合法性(legitimacy)。2016—2018年,除法律要求必须由合议庭审理的民事案件(广义解,含商事案件)外,远山县法院原则上均采用独任庭审理模式来开展民事审判,民事审判简易程序适用率高达82.41%,相应法官的人均年办案数达329件之多;独任庭审理模式在刑事、行政审判中所发挥的作用亦不容忽视,简易程序适用率为64.55%,相应法官的人均年办案数为295件。①

不过,独任庭审理模式也存在着一定的局限性——由于相应判决、裁定通常是法官独立得出的结论,在司法公信力欠佳或者法官个人威望不足的情况下,难免让当事人和社会公众存疑。对远山县法院来说,尽管自2006年以来保持了较高的人大报告通过率(均在95%以上)和社会调查满意率(在多次全县各机关单位群众满意率调查中,远山县法院持续位居前列),但是,一线法官却仍普遍表示独任庭的裁判压力和职业风险偏大。归根结底,社会心理学关于群体行为中风险转移(the risky shift)的研究揭示出这样一个道理:之所以群体能够比个人进行更高风险的决策,是因为人们在群体中寻求集体决策时,可以比个人单独决策承担更少的个人责任。② 正如民事审判团队简易程序组员额法官刘淞所指出:

> 虽说独任庭负责的都是简单案件、小案件,但是,"群众利益无小事"呀!尤其我们年轻法官,压力特别大。有些群众说"嘴上无毛,办事不牢",怀疑我们不靠谱、缺经验。好比看病嘛,大家一般喜欢找经验丰富的老医生。何况我们是在县、乡工作,有时候从省城、外地大城市来的一些精英律师也会问:"你是什么学历?哦,××

---

① 自2015年以来,远山县法院以员额法官为核心组建了民商事审判团队和刑事行政审判团队,两个团队均划分为以独任庭审理模式来负责简单案件的简易组和以合议庭审理模式来负责普通案件的普通组。由于刑事、行政审判由同一团队负责,故刑事、行政审判的数据系合并统计。

② 参见[美]戴维·迈尔斯《社会心理学》,侯玉波、乐国安、张智勇等译,人民邮电出版社2016年第11版,第279—280页。

大学的本科啊?"言下之意,怀疑我们的法律知识储备不行、法律分析判断不准。如果双方利益冲突严重,而其中一方的主张又很难得到法律支持,我们就免不了作出非此即彼、非赢即输的判决;在这种情况下,独任庭的案子是一个人办的,而不是群策群力、集体智慧的结果,难免要面对败诉方非议的风险。因此,我历来都把事实、证据和法律依据在法律文书里写得很清楚。办案时要是感觉气氛不太对,我就赶紧请法警、保安来维持秩序。特别是离婚案件,有些当事人之间矛盾很大、积怨很深,当庭打起来甚至以死相逼的都有。总之,做独任庭法官一定要万分慎重。[1]

是故,法院系统开展司法改革,建立更加完善的司法公开制度和司法责任制度,便成为维系独任庭审理模式合法性的关键。无疑,通过前述努力,一方面可以有效防止司法恣肆;另一方面又可以有效减少来自当事人、社会公众的不必要误解,亦即独任庭法官确实是公正裁判的,然而当事人、社会公众却认为其"只手遮天",存在舞弊之嫌。

(二) 合议庭审理

合议庭是由三名或三名以上且为奇数的审判员(或审判员与陪审员)共同负责案件审理的一种司法运作模式。依照《人民法院组织法》和三大诉讼法的相关规定,除可适用简易程序由独任庭审理的简单案件外,其余案件特别是上诉、抗诉案件均由合议庭进行审理。合议庭由院长或对应业务庭、派出法庭的庭长指定一名审判员担任审判长;在院长、庭长参加案件审理的情况下,则由他们自己担任审判长;在案件审理过程中,一般由审判长负责主持合议庭的审判活动并维持法庭秩序;陪审员不担任审判长职务,但是拥有与合议庭其他成员相等的权利。对于合议庭的评议而言,最终形成的笔录由全部成员联名签署,并对案件负共同的审判责任。申言之,评议实行民主集中制原则,按照多数意见作出裁判,而少数保留意见则如实记录、存入卷宗,如今后该审理结果被认为存在瑕疵,则当时持正确观点、作保留态度的成员可借此免责。

---

[1] 访谈编码:LS20170201。

显然，合议庭与独任庭是功能互补的两种司法运作模式。在案件简繁分流的基础上，案情相对简单、法律适用难度相对低、社会影响相对轻微的案件由独任庭采用简易程序便捷处理，其主要功能在于提升司法效率；案情相对复杂、法律适用难度相对高、社会影响相对重大的案件则由合议庭采用普通程序审慎处理，其主要功能在于确保司法公正。无疑，效率与公正两者不可偏废，均是维持司法的合法性所必需。考察合议庭的正功能，不难得出以下结论。

首先，合议庭有助于提升案件质量，优化司法决策。试想，大千社会何其复杂？法律知识何其浩瀚？对个体的法官来说，无论其专业知识储备如何精深，其见识阅历如何广博，其时间精力如何充沛，面对日新月异的社会、不断变迁的法律，都难免显得力不从心。是故，合议庭可通过集体作业的方式，互相取长补短、凝聚法律智识，突破单个法官在智识、能力、经验、精力上的局限，避免"智者千虑，必有一失"，从而有效降低误判，提升事实认定和法律适用的准确性。无疑，数名法官在一起分工合作、交流争锋，使得一种法律智识筛选机制在观点的碰撞中构建起来——通过证据的梳理，可最大限度排除逻辑上无法自洽的证据，从而确保事实认定的公正性；通过法律的论证，可最大限度避免对法律法规、司法解释、指导性案例的误用和漏用，从而确保法律适用的准确性。

其次，合议庭有助于抑制司法腐败、司法专横的发生。一方面，对于相对复杂、疑难的案件而言——如金融犯罪案件、医疗事故案件、知识产权案件等，由于其高度的专业技术色彩，审理过程必然是由深奥晦涩的法律知识和专业化的司法操作编织而成，势必产生对外界的屏蔽作用。故此，如果案件的当事人系非法律专业人士，且未聘请律师，那么部分职业操守不佳的法官在法律细微之处上下其手，谋求权力寻租、权力滥用的机会便会增加。然而，如果该特定案件是采用合议庭审理而非独任庭审理，由于合议庭实行的是集体责任制，一名法官或出于自我保护的需要，或出于对职业伦理、职业规则的忠诚，往往会选择对合议庭中其他成员所提出的违法、失当观点进行制约和纠正。《关于完善人民法院司法责任制的若干意见》由最高人民法院于 2015 年 9 月 21 日颁布实施。嗣后，错案责任终身追究制在实践探索中逐步建立，在面对诸如事实是否清楚、有责或无责、有罪或无罪这样的定性问题时，一名法官通过坚持原则的方式来制约其他同人、避免案件错判变得更为可能。另一方面，因为合议庭案件的审理结果是多名法官共同评议而成，所以如果案件当事人、利害关系人试图通过违法违规"勾兑"的方式来增进己方利益，合议庭审理模式将会大幅增加其"勾兑"的成本。无疑，操纵一个人的难度和同时操纵三个至七个人的难度对比起来显然悬殊。

最后，合议庭有助于责任分担，对外稀释职业风险。相对个体的单独决策而言，三名甚至五名、七名法官的集体决策对案件质量的保障力和由此宣示的公信力相对更强。正如前文所提到的风险转移原理，群体相比个人更加能够胜任风险决策。由于增加了集体这道屏障，法官所面临的自我心理压力和社会舆论压力均更可能得到有效缓解。

不过，不容忽略的是，合议庭在实际运作中也面临着一些困境。

其一，科层制权力束缚了合议庭的应有功能。前文已述，我国法院属于科层制法院。科层制的职位固化和上下位阶差序等特征也渗透到了合议庭运作中，情形正如同美国学者米尔伊安·R.达玛什卡描述的那样："官员们被组织到不同的梯队之中：权力来自最上方，沿着权力的等级序列缓缓向下流动。不同级别的官员之间的不平等是非常显著的。"[①] 因此，在文本中的法（law in book）这一维度，合议庭成员所拥有的审判权并无不同，无论是事实认定还是法律适用，他们各自的话语是平等的、独立的。然而，在行动中的法（law in action）这一维度，情况不尽如此，合议庭成员的话语权大小很可能存在着悬殊。究其原因，在过去很长一段时间，法院院长、副院长、庭长等行使着案件的指导权和监督权（特别是对于大案、要案而言，合议庭的合议结果往往要经过相应领导的审核、签发后才能转化为加盖本院公章的正式法律文书），这意味着合议庭的合议实际上要受到本院、本庭对应领导者的影响，而在院长、副院长、庭长作为合议庭成员时，他们的话语权自然会高过普通法官。何况，院长、副院长、庭长还拥有着任免、考核、奖惩、福利、任务分配、岗位调整等行政管理权力，当行政管理权力和审判业务权力发生混杂时，担任领导职务的

[①] ［美］米尔伊安·R.达玛什卡：《司法和国家权力的多种面孔：比较视野中的法律程序》，郑戈译，中国政法大学出版社2015年版，第25页。

合议庭成员无疑对未担任领导职务的合议庭成员具有一定优势。

在十多年前以及更早的时间阶段，考虑到当时法院系统特别是基层法院相对较低的职业化程度，① 由业务能力相对较强、办案经验相对丰富的院长、副院长、庭长进行案件指导、监督乃至审批具有一定合理性；但是，随着法院的转型建设不断推进，在法官整体业务水平已有巨大提升的情况下，这一制度渐渐失去继续保留的必要性。相反，它给担任领导职务的法官不当干预合议庭运作提供了空间，在相当程度上不利于合议庭的正常运作。是故，减少科层权力对于合议庭及其成员的不当束缚是2013年开启的新一轮司法改革的一个重要着力点。就目前来看，如远山县法院这样的司法改革试点单位，正逐步有序落实《关于完善人民法院司法责任制的若干意见》中将审判权回归合议庭与独任庭，让裁判者自行负责，从而减少领导者对案件失当干预的系列要求。详言之，独任庭的裁判文书，独任法官自行签署；合议庭的裁判文书，合议庭全体成员签署。裁判文书签署完毕后，即可直接对外印发。对于本人未直接参加审理的案件（不含审委会讨论决定的案件），院长、副院长、庭长均不再负责相应裁判文书的审核签发。

其二，合议庭固定化造成了合议庭功能异化。一方面，对于相当数量的业务庭、派出法庭来说，其成员人数往往十分有限，导致无可避免地出现了在若干不同个案中合议庭成员完全重合的现象。换言之，虽然合议庭在名义上是根据具体的个案临时组建的，但是实际上合议庭的人员往往是固定的。另一方面，审判长选任制度的建立进一步加剧了合议庭固定化的趋势。2000年8月16日，《人民法院审判长选任办法（试行）》颁行，最高人民法院借此对审判长的配备、任职条件、选任程序、职责等作出了明确规范。该制度改变了此前由院长、业务庭庭长、派出法庭庭长在具体个案中临时指定审判长的做法，转而将审判长常任化和行政职务化。如此

---

① 前最高人民法院院长江华同志在1983年6月30日这样说道：（法院干警）"法律专业知识和科学文化水平普遍较低"，"从全国来讲，四川是文化水平较高的省份之一，是西南地区的文化中心。现全省法院干部中，政法院系的大专毕业生仅有四百九十八人，占百分之四点六；而小学以下文化水平的占百分之十五，其中还有相当数量是文盲或半文盲"。参见江华《江华司法文集》，人民法院出版社1989年版，第307页。

一来，审判长成为介于庭长和其他普通法官之间的一个准职务，① 其在合议庭中容易具有一定的优势地位。

更为吊诡的是，审判长常任化推动了整个合议庭成员的固定化。实践中，相当多的业务庭、派出法庭都是以审判长为核心来将本庭人员划分为数个单元组，围绕审判长配备与其搭班子的成员。固定化导致审判长和其他成员之间逐渐形成了一个封闭的"法律熟人社区"，司法行为同质化和部门利益化也就在所难免。法官们坦言道："固定化后，大家整天在一起，关系很好，合议时你可以提一次两次反对意见，三次呢？慢慢地，大家争鸣越来越少，思维模式、司法技术趋同，甚至形成了一种相互配合的默契。"② 因为成员固定化，部分合议庭实际上蜕变为一个休戚与共、利益相关的工作场景，所以合议庭集思广益、群策群力、相互矫正、良性制衡的正功能也就被异化为法官个体对合议庭集体的趋同和服从——法官个体的司法行动将有意或无意地维系着"法律熟人社区"中的机械社会团结。因此，为打破僵局，远山县法院采取的措施是：法官不定期轮岗交流和竞争上岗，以增强流动性和优胜劣汰的方式来避免法官在同一业务庭、派出法庭长期工作，从而防止岗位固定化和部门利益化；同时，按照业务类型来建立大型审判团队，随机抽选人员临时组成合议庭来审理个案，从而防止合议庭的固定化。

（三）巡回庭审理

巡回庭是基层法院（特别是其派出法庭）以司法便民为原则，基于本地实际情况，组织法官和其他人员组成合议庭或独任庭，定期或不定期深入地理位置偏远或交通不便的区域，就地立案、及时开庭，并且尽可能当庭结案的一种司法运作模式。实践中，巡回庭因其所在区域特点而被形象地称为"田间法庭"（农耕区）、"草原法庭"（牧区）、"森林法庭"

---

① 依据《人民法院审判长选任办法（试行）》，审判长的职责是：（1）担任案件承办人，或指定合议庭其他成员担任案件承办人；（2）组织合议庭成员和有关人员做好庭审准备及相关工作；（3）主持庭审活动；（4）主持合议庭对案件进行评议，作出裁判；（5）对重大疑难案件和合议庭意见有重大分歧的案件，依照规定程序报请院长提交审判委员会讨论决定；（6）依照规定权限审核、签发诉讼文书；（7）依法完成其他审判工作。

② 马守敏、闫继勇：《合议庭改革的山东模式探索》，《人民法院报》2000年4月20日第1版。

（林区）、"海上法庭"（渔区）等；根据所用交通工具的特点，巡回庭也可称为"车载法庭""摩托法庭""舟船法庭""马背法庭"等。正如前文在探讨派出法庭时所述，这是一种借由"送法下乡""送法上门"路径，在乡村社会进行现代民族国家政权建设和树立法治权威，同时将乡村社会的乡土民情和法律意识向国家反馈的一种重要司法实践。远山县法院目前以各派出法庭为中心，一共建立了18个巡回审判点，定期组成巡回庭开展巡回审理。巡回庭案件受理范围如表2-1所示。

表2-1　　　　　　　　远山县法院巡回庭案件受理范围

案件性质	受理范围
民事案件	（1）涉及家庭暴力的婚姻家庭纠纷案件；（2）继承、赡养、抚养、扶养纠纷案件；（3）未成年人和老年人权益保障案件；（4）非机动车交通事故责任纠纷案件；（5）人身侵权损害赔偿案件；（6）土地承包经营类纠纷案件；（7）其他适合巡回审判的民商事案件
刑事案件	（1）故意伤害案件；（2）虐待、遗弃案件；（3）婚姻家庭、邻里纠纷引发的轻微刑事案件；（4）交通肇事、危险驾驶案件；（5）放火案件；（6）其他适合巡回审判的刑事案件
行政案件	（1）行政纠纷多发的行政处罚类案件；（2）社会关注度高、与民生联系紧密的房屋登记类、土地征收补偿类、山林土地确权类、非诉行政执行类案件；（3）其他适合巡回审判的行政案件

巡回庭在司法运作中需要做到当事人接待、立案、审理、送达全程覆盖，尽可能通过"一站式"服务来避免辖区居民来回奔波。具体而言，通过以车载巡回庭为平台，① 集诉讼服务、巡回审判、法制宣传、执行指挥功能于一体，从而深入田间地头开展司法服务，减少乡村社会的诉累。自2016年1月以来，远山县法院组织巡回庭审判多达1200余场，其中"车载法庭"600余场。2016年审理的杨芸诉陈华扶养纠纷案可谓典型案例。

案例2-1：杨芸诉陈华扶养纠纷案

远山县荷叶镇柏果村村民杨芸和邻村松林村村民陈华于2005年登记

---

① 由于近年来法院办公条件以及交通条件的大幅改善，远山县法院的巡回庭主要以车载法庭为媒介运行。

结婚，双方均属再婚，婚前各自育有儿女。婚后，两人关系融洽。陈华作为荷叶镇退休教师每月有退休金6000元，而杨芸无固定经济收入。时至2016年，67岁的杨芸和78岁的陈华因年龄较大、体弱多病，各自回到子女身边生活。但是，由于陈华未向杨芸支付相应的生活、医疗等扶养费，双方遂发生矛盾。杨芸向荷叶法庭提起了民事诉讼，请求判令陈华每月支付扶养费3000元。案件受理后，荷叶法庭考虑到双方的年龄和健康状况，同时考虑到柏果、松林两村地势偏僻，于是利用车载巡回庭抵达交通最为便利的两村交界处进行公开开庭审理，当天两村多达上百名村民旁听了本案。庭审中，巡回庭进行了释法明理，并邀请附近德高望重以及与双方关系友好的村邻做了调解工作，但陈华仍坚持拒付扶养费。

经过庭审，巡回庭认为杨芸、陈华的婚姻关系合法有效，依据《婚姻法》第20条之规定，"夫妻有互相扶养的义务。一方不履行扶养义务时，需要扶养的一方，有要求对方付给扶养费的权利"，理当判决陈华向杨芸支付一定的扶养费。综合考虑当地生活水平、双方健康状况及其子女赡养能力等因素，将陈华每月支付的扶养费定为1200元较宜。据此，巡回庭代表远山县法院依法作出了相应判决，在场旁听的两村多位村民均表示该判决合法合理、公平恰当。在此氛围下，原被告双方最终对该判决结果表示认可，判决履行结果较佳。

通过这一案例，我们不难发现，车载巡回庭既可以有效降低两位年老体弱的当事人的诉讼成本，也便于关心本案的双方亲友、村邻前来旁听。详言之，在本案中，车载巡回庭深入到边远山村的田间地头具有以下重要意义：第一，远山县法院得以顺利组织起当地口碑较好的村邻以及同纠纷双方关系紧密的亲友来开展调解工作。第二，多位在场的当地村民可以提供关于当地生活水平、双方子女赡养能力的参考信息，帮助办案法官酌定出较为公平合理的扶养费数额。第三，在巡回庭依法作出判决后，在场上百位村民的理解、支持强化了国家司法判决在这一乡土社区的合法性，从而推动了双方当事人对它的认可和接受。因此，这是一个法律效果与社会效果兼具的成功案例。在此次巡回庭审理活动中，基层法院实现了国家与社会之间的良性互动，在乡村社会有效建构了法律与司法的权威。

第二节 审判委员会的层层迷思

审委会是由法律所确立的实现审判工作集体领导的形式,① 其按照民主集中制原则建立并以院长作为主持者。基层法院的审委会规模一般维持在 11 人左右（须为奇数，以利于投票时形成多数决），院长、副院长为当然委员，其他委员多为各业务法庭庭长或研究室主任。② 审委会通常在发生以下两种情况时召开：其一，对本院确已生效的裁判，如认为确有法律瑕疵与事实错误，基层法院院长可将其提交审委会讨论，由审委会集体决定是否再审；其二，依据相关司法解释，实践中对于疑难复杂案件、社会影响力巨大的案件、受到当地行政干预的案件、受到检察院抗诉的案件，往往会由主审法官逐级请示至院长处，从而提请召开审委会。依照相应规则，审委会讨论案件应当在审判庭审理的基础上进行，并且应当充分听取审判庭成员关于审理和评议情况的说明。审委会讨论案件时，如果有意见分歧，按照少数服从多数的原则进行表决。少数人的意见，应当记入笔录。审判庭须服从审委会决定，但裁判文书以审判庭成员而非审委会的名义发布。

一 审委会设置的争议性

关于审委会这一颇具中国地方性的制度实践,③ 学界与实务界均不乏争议。批评者认为，审委会对案件的定夺侵蚀了程序正义，是对法庭审判程序自治性的破坏——由于审委会的设置方式归根结底是行政式的，这实

---

① 审委会的职能含以下四项：总结审判工作经验；讨论决定重大、疑难、复杂案件的法律适用；讨论决定本院已经发生法律效力的判决、裁定、调解书是否应当再审；讨论决定其他有关审判工作的重大问题。参见《人民法院组织法》第 36 条及《民事诉讼法》《刑事诉讼法》《行政诉讼法》相关规定。

② 在政工科长、纪检组长、机关党委书记三名副院长级领导为资深法官的前提下，三者亦可成为委员人选；由一名至两名资深法官担任专职审委会委员，从而实际扮演院长助理角色的情况也非鲜见。

③ 无论是同为科层制法院的欧陆法院，还是作为协作制法院的英美法院，均无审委会这一设置。

质上是在用行政性的会场来异化司法性的法庭，从而导致出现"审"（查清事实）、"判"（法律适用）分离和"先定后审""走下过场"的情形，明显违背了"让审理者裁判，让裁判者负责"的基本司法规律。特别是考虑到我国法院系统内普遍存在的上级管理支配下级的科层制特点，审委会可为担任领导职务的委员不当干预案件审理提供可操作空间。① 对前述批评意见，确有必要通过经验实证来予以探讨。

下面先讨论关于担任领导职务的委员通过操纵审委会以不当干预案件审理的问题。不可否认，以作为审委会主持者的基层法院院长为例，在过去的审委会会议中，基层法院院长可扮演两种不同的角色：一则，既出于集思广益、更好地处理案件，也出于塑造、维持自己民主、专业形象的考虑，先由其他委员尤其是对该类案件富有经验的委员发言，再由院长最终表态；另一则，迫于外界压力或出于自身利益，院长预先发言表态定好基调，以期实现"一言堂"的效果——毕竟，院长拥有审委会委员的提名权，并且行使着本院人事推荐与人事分工的管理权，因此部分委员违背原则而对院长进行附和的可能性并非微乎其微。然而，必须注意的是，自2013年起，最高人民法院要求"审判委员会讨论案件，委员依次独立发表意见并说明理由，主持人最后发表意见"②。在采取这一制度完善措施后，担任领导职务的委员通过操纵审委会以不当干预案件审理的现象得到有效遏制。在调研中，远山县法院的相应法官也提供了十分具有参考价值的观点。

王鸿雁法官曾任远山县法院审委会委员十余年。在其看来，在大多数案件中，特别是基层法院审理的常规类型案件中，③ 审委会委员的法律适用实际上受到了严格规制。为此，王鸿雁以办理离婚案件、分割夫妻共同财产为例进行了说明：

---

① 参见韩克芳《关于改革和完善审判委员会制度的思考》，《山东社会科学》2000年第3期；陈瑞华《正义的误区——评法院审判委员会制度》，《北大法律评论》1999年第2辑。

② 详见最高人民法院于2013年颁行的《关于建立健全防范刑事冤假错案工作机制的意见》。

③ 在法律实务话语中，"常规案件"是与"新型案件"相对的概念。新型案件是指由于社会飞速发展而出现的法律空白较多、相关背景知识和专业技术要求较高的案件，如网络约车、P2P网络借贷等案件；而诸如故意伤害、婚姻纠纷等案件则属于常规案件。

法律规定，一方转移夫妻共同财产的，在离婚诉讼中可酌情判其少分或不分夫妻共同财产。那么，有这样一个人，他对夫妻共同财产进行了转移，是否对他的转移行为进行惩罚？如果要惩罚，是选择少分还是不分？如果是少分，是分怎样的一个比例？审委会有权根据案情综合判断，集体讨论，最后在这个范围内形成一个相对高或相对低的结论。这是无可厚非的。但如果是这个人最后分得的夫妻共同财产比对方还多，那肯定就说不过去了。①

在此基础上，王鸿雁继续补充道：

进一步说，这个人没有因为抚养子女、照料老人、协助对方工作等而付出较多，他也就没法要求对方进行补偿；同时，对方也没有重婚、和他人同居、家暴，以及虐待、遗弃家庭成员这样的过错，他就不能获得对方的损害赔偿。那么，要是他在本案中最后得到的金额竟然明显比对方多，这恐怕就是个错案了。这种情况实际是很难发生的，你想啊，审委会是集体讨论，那么多有头有脸的领导和业务骨干在场，提出一个明摆着是指鹿为马、错误百出的法律意见，很难服众的。②

现任专职审委会委员的侯志宏法官则指出，审委会的议事程序是持续完善的，在大家彼此监督的场合下，违规操作较难发生并且风险巨大：

我妻子汪敏俐也是这个法院的法官。几年前她办理了一起疑难案件，需要提交审委会讨论，我就按规定进行了回避。当时因为时任院长张一泓出差，所以审委会不是他主持的。张院长回来后，就有同事去报告，说那天审委会讨论的案子有一件是我妻子办理的，让他注意下。张院长随即查看了审委会记录和向大家了解了情况，查实那天在

---

① 访谈编码：WHY20170103。
② 访谈编码：WHY20170103。

讨论这个案子时我的确申请了回避——我刻意走出了会议室，还请担任审委会秘书的书记员李娟把这个情况记录了下来。审委会议事全程都是有会议记录的，而且我们这些委员在记录上是要签字的，一起案件如果是错案，审委会委员同样难辞其咎。[①]

王鸿雁与侯志宏的看法均具有较强的说服力。概言之，在审委会讨论过程中，如果大家对于案件的事实认定是清楚的、一致的，那么即使对法律条款的应用有争论，偏差也不会太大。尽管法官在裁量空间之内可以作出弹性选择，但是这毕竟仍然是在法律所允许的框架内进行的。近年来，法院系统不断推进实施错案终身追究制；同时，随着司法公开力度和社会监督力度日益加大，各级法院的裁判文书需要不断收录到最高人民法院主办的裁判文书网上予以公开。不难想见，一起经由审委会讨论决定的案件，必然是广受社会关注的；在裁判文书面向全国公开的情境下，该案如果出现明显瑕疵，势必会招致曝光和质疑。如此一来，不但办案法官会被追责，对应的审委会委员也难以置身事外。在社会监督和司法责任制的压力之下，审委会委员们更加倾向于积极履职、谨慎判断。值得注意的是，随着司法公开的不断推进，审委会对疑难、复杂案件的讨论决定意见在将来或许也会纳入公开范畴中。若如此，不当干预的问题将会进一步得到有效控制。

接下来探讨关于"审者（办案法官）不判、判者（审委会）不审"，从而违背司法亲历性原则和违背"让审理者裁判，让裁判者负责"规律的问题。批评者认为，对于一起案件的裁判，裁判者理应通过切实参与审理来确保自身所获得的案件信息的全面性、真实性、准确性，再据此进行法律适用，得出相应的法律判断结论。换言之，借由亲身体验以形成内心确信，使得审与判统一于一个主体，从而防止额外增加中间环节而造成的信息传递失真。[②] 无疑，在提交审委会定夺的案件中，审委会的全体委员或多数委员并非该案的办案法官，未曾直接参与其审理过程，故批评者们的批评意见是有合理性的。然而，鉴于在我国现行法制架构中独立行使

[①] 访谈编码：HZH20170104。
[②] 参见景汉朝、卢子娟《审判方式改革实论》，人民法院出版社1997年版，第62页。

审判权的主体是法院而非法官,①由审委会对案件作出实质上的最终判断也是能够逻辑自洽的——既然是将法院视作司法行动主体,那么无论是由审判庭的办案法官还是由审委会委员来作出判断,都是法院在作出司法判断。当然,理论的逻辑并不能替代现实的逻辑,对于问题的探究不能浅尝辄止。

在实践中,审委会可以要求办案法官在汇报时必须给出自己的法律适用意见,以此减小审、判分离的风险。更重要的是,鉴于近年来基层法院普遍存在的诉讼爆炸状况,特别是 2015 年以来远山县法院法官人均办案数已超过 200 件的客观事实,对于多数案件来说,所谓的"借由亲身体验以形成内心确信"更多不过是一种美好愿景。换言之,除个别极为重大、复杂的案件之外,办案法官的亲身体验程度不宜高估。毕竟,在常态之下,办案法官面对的是当事人及其律师利用证据生成的"事实",依赖的是格式化制作的卷宗,所谓亲身体验往往限于浮光掠影。因此,正如储殷所揭示:"在目前的法院司法审判中,法官了解的信息与审判委员会一样,都是来源于卷宗,那种以为审判委员会比法官更加远离事实的说法并不完全符合实际情况。一个仔细的审判委员会委员甚至会比法官对事实有更敏锐的感觉。"②同时,应当注意的是,随着近年来全国法院系统智慧法院建设工程的实施,③远山县法院的庭审活动已实现全程录音录像,

---

① 参见《人民法院组织法》《民事诉讼法》《刑事诉讼法》《行政诉讼法》相关规定。

② 储殷:《转型社会的法律治理——基层法院的结构与运作》,吉林大学出版社 2016 年版,第 184 页。

③ 2014 年 6 月起,人民法院数据集中管理平台正式建成并投入使用,以大数据手段实现了对全国法院系统司法信息资源的采集、管理、分析和应用,拉开了智慧法院建设的帷幕。2015 年 7 月,最高人民法院首次提出"智慧法院"概念。2017 年 4 月 20 日,最高人民法院印发的《关于加快建设智慧法院的意见》进一步明确指出:智慧法院是人民法院充分利用先进信息化系统,支持全业务网上办理、全流程依法公开、全方位智能服务,实现公正司法、司法为民的组织、建设和运行形态。智慧法院的本质在于"现代科技应用和司法审判活动深入结合起来",目标是通过推进法院信息化建设的转型升级,实现审判体系和审判能力的现代化。亦即,各级、各地人民法院积极主动应用司法大数据、云计算、人工智能等现代先进科技,探索实践司法业务网上办理、司法活动全流程依法公开、司法管理全方位智能服务,从而确保立案、审判、执行活动公正高效、透明便民,司法管理全面科学、优质迅捷。可以说,智慧法院是数据信息技术发展的必然产物,是尊重司法规律和尊重客观的技术发展规律的必然结果。参见邓恒《如何理解智慧法院与互联网法院》,《人民法院报》2017 年 7 月 25 日第 2 版。

其中有大量案件还利用法院系统与网络媒体联合开发的互联网平台，进行了互联网庭审直播。因此，对于提交审委会决定的案件来说，如审委会认为确有必要，亦可通过观看庭审视频的方式来减少"判者不审"之风险。

二 审委会组织的正功能

在前述基础上，我们需要进一步思考的是，审委会的设置初衷是什么？审委会相应的制度实践为何延续多年？审委会是否实际发挥着不容忽视的正功能？诚然，"一种制度得以长期且普遍的坚持，必定有其存在的理由，即具有语境化的合理性；因此首先应当得到后来者或外来者的尊重和理解"①。概而论之，一方面，审委会可以通过集思广益、群策群力，起到解决司法难题、提升办案质量的作用，以及起到明晰本辖区司法标尺，确保法律统一、类案同判的作用；另一方面，审委会也是以集体名义抗拒外部压力，分散责任从而加强法官保护的一道屏障。对此，可通过远山县20世纪90年代末的一起典型案例来进行探究。

案例2-2：杨超无罪判决案

20世纪90年代末，在远山县田坎乡的一个边远山村中，14岁的男性村民杨超与13岁的女性村民周红早恋，且双方自愿发生了两次性行为。周红家人发现情况后报警处理。案件经警方刑事侦查后，移交县检察院提起公诉。从侦查直至庭审，杨超态度良好且对案情供认不讳。然而，组成合议庭的三位法官却对杨超的定罪与量刑产生严重分歧，最终不得不将案件提交审委会讨论。依据当时施行的1997年版《刑法》第17条、第236条，可得出以下法律结论：其一，已满14周岁不满16周岁的人，犯强奸罪应负刑事责任，但同时应当从轻或减轻处罚。其二，强奸罪的量刑区间为3年以上10年以下有期徒刑。同时，对于未满14周岁的幼女，无论其

---

① 苏力：《送法下乡——中国基层司法制度研究》，北京大学出版社2011年版，第65—66页。

是否对双方性行为作同意表示，均以强奸论，且应从重处罚。①

对此，合议庭在讨论中形成了以下三种不同意见：第一，刘永法官的意见。该意见认为杨超的行为构成犯罪。尽管其未满16周岁，应当从轻或减轻处罚，但是同时考虑到强奸幼女应从重处罚，故两两相抵，以判处三年有期徒刑为宜，并可对其作缓刑处理。第二，陈磊法官的意见。该意见认为杨超的行为构成犯罪。但是，由于杨超未造成周红怀孕等严重后果，且行为发生在恋爱过程中，情节并非恶劣，所以应当考虑"减轻处罚"（在法定刑期以下量刑）；而强奸幼女对应的"应当从重处罚"是指在法定刑的幅度内偏重量刑，两者的"度"有所悬殊。加之杨超到案后认罪态度好，故应当考虑对其适用比有期徒刑更轻的拘役、管制，同时采用缓刑，甚至可进一步考虑定罪免罚，不予追究刑事责任。第三，审判长张楠的意见。该意见认为，《刑法》第13条要求对于情节显著轻微、社会危害不大的行为不以犯罪论处，故从本案情节来看，宜认定杨超的行为不构成犯罪。② 可对杨超批评教育，并倡导其向周红家庭积极赔礼道歉、求得谅解。

在此基础上，审委会经过激烈的思想碰撞和言语交锋，最终多数意见认为张楠的判决意见更为合理。通过全面、深入的分析论证，多数委员形成了下述审判决定，并记入了审委会会议记录："基于以下因素，理应认定杨超之行为不具有严重的社会危害性：首先，杨超、周红是年龄相近的

---

① 1997年版《刑法》第17条："已满十六周岁的人犯罪，应当负刑事责任。已满十四周岁不满十六周岁的人，犯故意杀人、故意伤害致人重伤或者死亡、强奸、抢劫、贩卖毒品、放火、爆炸、投毒罪的，应当负刑事责任。已满十四周岁不满十八周岁的人犯罪，应当从轻或者减轻处罚。因不满十六周岁不予刑事处罚的，责令他的家长或者监护人加以管教；在必要的时候，也可以由政府收容教养。"1997年版《刑法》第236条："以暴力、胁迫或者其他手段强奸妇女的，处三年以上十年以下有期徒刑。奸淫不满十四周岁的幼女的，以强奸论，从重处罚。强奸妇女、奸淫幼女，有下列情形之一的，处十年以上有期徒刑、无期徒刑或者死刑：（一）强奸妇女、奸淫幼女情节恶劣的；（二）强奸妇女、奸淫幼女多人的；（三）在公共场所当众强奸妇女的；（四）二人以上轮奸的；（五）致使被害人重伤、死亡或者造成其他严重后果的。"

② 1997年版《刑法》第13条："一切危害国家主权、领土完整和安全，分裂国家、颠覆人民民主专政的政权和推翻社会主义制度，破坏社会秩序和经济秩序，侵犯国有财产或者劳动群众集体所有的财产，侵犯公民私人所有的财产，侵犯公民的人身权利、民主权利和其他权利，以及其他危害社会的行为，依照法律应当受刑罚处罚的，都是犯罪，但是情节显著轻微危害不大的，不认为是犯罪。"

未成年人,对于 14 周岁这一重要的年龄标准而言,案发时杨超仅超过 3 个月,而周红则只差 4 个月。其次,杨超的行为发生在双方自愿的恋爱过程中,且仅为两次,周红亦未遭受身体伤害。最后,本县边远山区的早婚早恋现象长期以来较为普遍,居民多持包容态度,对此应予考虑。刑罚是一种严厉的社会控制手段,需要以审慎态度避免对定罪、处刑的不必要滥用。综上,基于罪、责、刑相适应的《刑法》基本原则和保护未成年人之考量,本着不枉不纵的刑法精神,应当依据《刑法》第 13 条之规定作出无罪判决,认定杨超的行为因情节显著轻微、社会危害性不大,不构成犯罪。"在形成决定后,审委会进一步指示合议庭向周红监护人和检察院做好沟通与裁判说理工作,包括表明无罪判决是审委会集体研讨商定的结果,以此促成周红监护人、检察院接受该判决,从而避免检察院抗诉或涉诉信访的发生。经过合议庭一番努力,周红监护人和检察院均接受了本案的判决结果。

应当说,远山县法院审委会在该案中所形成的多数意见是可圈可点的,它切实起到了通过群策群力方式在法律模糊地带建立界标的作用,并且这一界标本身是具有前瞻性和较为恰当的——因为日后最高人民法院制定的《关于审理强奸案件有关规定的解释》和《关于审理未成年人刑事案件具体应用法律若干问题的解释》两部司法解释均对同类案件采取了和远山县法院审委会相同的司法立场。[①] 该案中远山县法院审委会的出场还起到了强化判决结果可接受性和保护合议庭成员的屏障作用。原因在于,假如该判决仅仅是合议庭三名法官合议(无论是基于一致意见还是多数意见形成)的结果而不是审委会集体商议的结果,公诉人、周红监护人便可合理怀疑这是一个草率专断的司法结论,甚至可能是司法腐败的

---

① 《关于审理强奸案件有关规定的解释》规定:"对于已满 14 周岁不满 16 周岁的人,与幼女发生性关系构成犯罪的,依照刑法第十七条、第二百三十六条第二款的规定,以强奸罪定罪处罚;对于与幼女发生性关系,情节轻微、尚未造成严重后果的,不认为是犯罪。"(该司法解释 2000 年 2 月 24 日生效,后因《刑法》修订,于 2013 年 4 月 8 日失效)《关于审理未成年人刑事案件具体应用法律若干问题的解释》第 6 条规定:"已满十四周岁不满十六周岁的人偶尔与幼女发生性行为,情节轻微、未造成严重后果的,不认为是犯罪。"(该司法解释 2006 年 1 月 23 日生效,迄今有效)

产物,从而依法提起抗诉。抗诉一旦得到上级检察院的支持,即会导致案件在上级法院进行二审。如果二审的结果是上级法院将案件改判或者发回重审,便等于宣告了远山县法院在本案中的判决是不恰当的;即便二审的结果是维持原判,这也意味着案件各方再经周折。比较之下,本案作为审委会集体商定的结果,既意味着它代表了远山县法院的整体意志和集体智慧,也意味着发生司法腐败的可能性微乎其微。毕竟,同时贿赂11名委员的难度是较大的,尤其考虑到本案被告人杨超的家庭背景并不优渥。总之,将这一案件提交审委会讨论是十分必要的。正如审判长张楠所述:

> 将这起案件提交审委会讨论是必然的。除了我们合议庭办案法官意见不统一之外,当时全院法官队伍的整体业务能力不够理想也是重要原因。在相当多的案件中,要吃透法律分析论证,就不能不依靠审委会的集体智慧。你想啊,90年代的时候,我们全院上下才七八个大专生、一两个本科生。即便是这十来个凤毛麟角的高才生,也不全是法律科班出身的,其中自考生、函授生还要占一半,其他人就更可想而知了。复杂一些的法律规定、新颖一点的案子,理解分析起来肯定会有难度。由于专业人才大多是审委会委员,所以就需要时不时召开审委会,大家一起研讨,"在战争中学习战争"。①

诚然,将该案提交审委会讨论,对于合议庭法官来说是汲取集体智慧和求助集体权威的必由之路;并且这对于兼顾司法的法律效果和社会效果,从而圆满地实现案结事了是具有积极意义的。经过合议庭法官们的释法明理和沟通安抚,周红父母了解到这一判决结果出自审委会的集体研讨,打消了合议庭是否收受贿赂、"暗箱"操作的顾虑。最终,周红父母念及杨超本性不坏,杨超及其家人也一直在积极赔礼道歉、消除影响;同时,考虑到无论是判处缓刑还是定罪免责,都将造成杨超背负起强奸犯的恶名,会对其今后的读书、工作、成家等产生负面影响,而且杨超已经得到足够教训,因此他们最终选择了达成谅解。远山县检察院方面对此表示认可。是故,本案未引发抗诉或涉诉信访,圆满实现了案结事了。

---

① 访谈编码:ZN20170103。

三 审委会运作的规范化

需要注意的是,正是由于审委会发挥着前述正功能,这也导致部分法官形成了"早请示、晚汇报"的依赖性,出于规避风险、推卸责任的惯性而屡屡请求审委会把关。一旦审委会成为法官怠惰的避风港,便会导致审委会审议的案件过多,造成案件积压和结案率下降的负面影响,也使得各法庭的功能发挥失常、法官队伍成长缓慢。因此,法院系统势必通过建立审委会议事的过滤机制,以及明确审委会的工作任务和议事程序,以期实现审委会运作的有序化。

以提升审判工作效率、节约有限的司法资源为宗旨,远山县法院于2015年5月启动了法官联席会议机制。法官联席会议下辖民事、刑事与行政、审判监督三个专业法官会议,成员为审委会委员、庭长、资深法官。法官联席会议的功能定位为研讨案件审理过程中所发现的法律适用难题或其他重大、疑难、复杂问题,为合议庭、独任庭提供专业咨询服务。法官联席会议不对案件裁判作出决定,研讨过程和结论记录入卷,供合议庭、独任庭参考;同时,对承办法官拟提交审委会讨论决定的案件,法官联席会议将审查其是否符合范围标准,并对审委会决策提出参考意见。法官联席会议运行以来,既起到了为合议庭、独任庭法官办案进行技术指导和促进合议庭、独任庭功能正常运转的积极作用,又起到了为审委会议事建立事前过滤机制的良性作用。自进行这一改革以来,远山县法院审委会现年均会议召开次数12次,较法官联席会议建立前下降约50%;审委会年均讨论案件数为39.5件,较法官联席会议建立前减少约70%。在前述基础上,远山县法院通过制定《远山县人民法院审判委员会工作职责及议事规则》明确了审委会的工作职责与运作程序,具体情况如表2-2所示。

表2-2 远山县法院审委会的工作职责

序号	项目	内容
1	总结审判经验	审委会总结下列审判经验:(1)具有全局性、指导性的审判工作经验;(2)研究典型、突出的审判工作问题及有关案例;(3)疑难复杂和新类型案件的审判经验;(4)需要审委会总结的其他经验;(5)上级法院发回重审的案件,相关审判团队审理完毕后,对原判决、裁定中存在的问题进行梳理后在7日内报审管办备案,并由审管办汇总提交审委会讨论决定,作为类案指导

续表

序号	项目	内容
2	讨论决定事项	审委会讨论决定下列事项：（1）需要请示上级法院的有关审判工作的重大问题；（2）本院院长担任审判长时当事人提出的回避申请；（3）有关审判工作的规章制度和其他规范性文件；（4）需要经审委会讨论的司法建议；（5）需要审委会作出决定的其他审判工作事项
3	讨论决定案件	审委会讨论决定下列案件：（1）宣告被告人无罪、免予刑事处罚的案件；（2）本院发生法律效力的判决、裁定确有错误需要再审的案件；（3）需要向上级法院请示或报请有关机关征求意见的案件；（4）案情重大、复杂，需要报请移送上级法院审理的案件；（5）合议庭有重大分歧、难以做出决定，经法官联席会议讨论需报审委会讨论的案件；（6）处理结果可能产生重大社会影响的案件；（7）院长、分管副院长认为应当提交审委会讨论决定的案件

对于审委会运作程序的有序化，远山县法院则作出了以下要求。

首先，审委会讨论案件时，案件的承办法官应列席会议。承办法官须提前三天将提请审委会讨论案件的登记表、案件审理报告等材料报送负责审委会日常事务的专职审委会委员处登记，在规定时间内登记的案件、报告、方案才可以列入该次审委会会议议程。登记完成后，审管办将相应审理报告和法官联席会议的书面意见发送给审委会各委员。审委会委员在了解承办法官的事实认定和法律适用意见的基础上，可以根据实际需要进一步查询卷宗和调看庭审视频。借此可以增进审委会委员的会前研究，从而提升审委会案件讨论的质量。

其次，承办法官向审委会汇报案件，应当按照最高人民法院制定的法律文书格式要求，认真书写案件审理报告。相应汇报材料，须附有具体引用的法律条款、司法解释等。对于案件证据事实和双方意见争锋，审理报告应当进行全面、客观地如实记录，并且条理性地整理归纳出争议焦点、意见分歧和拟作出的裁判内容。进言之，对于经双方质证认定的证据，须附上认定理由和处理意见，刑事案件还应当附上公诉机关的量刑建议。面对案情错综复杂、法律适用困难或社会影响重大的案件，审委会主持人认为确有必要扩大讨论范围的，还可以邀请有关单位、人员召开联席会议，听取他们的意见，供审委会讨论时参考。例如，对于医患纠纷案件，可以邀请无利害关系的医学专家、公共卫生管理专家，征询他们的专业建议。无疑，高质量的汇报材料和专业垂询更有助于审委会作出正确判断。

最后，审委会讨论的案件、事项，相应文书由分管副院长或院长签发。审委会讨论案件的笔录和会议记录应全面、客观、准确、规范，参会委员在认真审阅后签名。审委会讨论案件必须全程留痕，审管办既需要做好讨论时的文字记录，还需要将讨论的全过程录音、录像制作电子文档并附卷。显然，前述措施可以督促委员认真依法履职，在一定程度上还可以防止权力滥用、集体舞弊等现象的发生。从实践出发，真实完整的书面材料和影音材料，是在相关案件引发涉诉信访、纪检监察投诉时，证明法院是否存在司法腐败、司法不公问题的重要证据。可见，这一制度实践既是对基层司法的良性制约，也是基层法院自我保护的重要方式。

第三节　其他组织的结构—功能

前文对作为审判组织的审委会、业务庭和派出法庭进行了探究。接下来，对执行局与辅助组织、党组与院长办公会、其他管理组织进行结构—功能考察。

一　执行局与辅助组织

执行局是基层法院负责司法执行的职能部门，目前远山县法院执行局由执行一庭与执行二庭组成。最初，我国法院系统并未设立统一的执行机构，改革开放后出于审判与执行分离改革的目的，各级法院陆续成立了执行庭。2000年左右，执行庭进一步升格为执行局。概而论之，执行局负责执行各类业已生效的法律文书。当某一法律文书经司法程序而获生效，但相应义务人并未自觉切实履行自身义务，那么权利人就可以向法院提出强制执行申请，由执行局负责采用查封、扣押、冻结、扣划等强制手段来将权利人在文本上的应有权利转化为现实的实有权利；对于妨害司法执行的行为人，执行局有权采取拘留、罚款等措施予以惩戒。

司法执行在本质上乃是一项重要的法律社会控制工程。法社会学认为，正式的社会控制以专门化的机构系统、标准的技术、制裁的可预测性为特征；而司法执行嵌入了法院这一公共机构，拥有着明确的法律程序和执行规则，并由国家授权以合法的强力来实施制裁，故而是一种正式的社会控制。进言之,它是通过外部压力来实现的"消极制裁"(negative sanctions),亦即用内含强制服从的机制来对违反法律规则的越轨者施以惩罚,恢复社会正义、弥补权利人损失,从而确保个体遵循法律所确立的行为模式,让社会系统在法治轨道中运行。① 因此,司法执行力度,尤其是基层法院的司法执行力度,将关系到有多少拒不履行法定义务的越轨行为得到矫正,法律到底是沦为具文还是获得了生命力——如果"司法白条"泛滥、"老赖"横行无忌,则表明法律失灵、社会失范,司法的公信力和法律的合法性陷入危机之中。一个"礼崩乐坏"的社会显然难以良性发展。

基层法院的业务辅助组织由研究室、审管办、技术室、外委办、法警大队组成。前述各辅助机构及其功能分别如下:第一,研究室。研究室主要为本院的法律适用提供参考建议,以及总结推广司法经验、组织司法调研活动、起草综合性报告等。第二,审管办。在2010年以前,各级法院的审判管理职能由立案庭、审监庭、研究室等部门分散行使。出于规范审判管理职能之需,2010年11月最高人民法院率先成立了审管办。次年1月起,各高级、中级法院和有条件的基层法院陆续设立了审管办。远山县法院的审管办成立于2012年年初,目前负责审委会日常事务、审判流程管理、案件质量评查、审判运行态势分析、典型案例发布等审判管理事务。显然,审管办在基层法院的审判业务结构中发挥着承上启下、桥接各方的交通枢纽作用。第三,技术室与外委办。技术室负责基层法院的司法技术咨询、信息技术支持和技术审核工作;外委办则负责基层法院对外委托评估、鉴定、审计、拍卖等工作。第四,法警大队。法警大队承担着基层法院的司法警察职能,负责法庭警戒和安全保卫,押解刑事案件被告或罪犯,执行司法拘传、拘留等强制措施,以及参与财产查封、扣押、冻结、没收等执行活动。

二 党组与院长办公会

党组与院长办公会居于基层法院管理组织的中心。党组承担着基层

---

① 参见 [美] 史蒂文·瓦戈《法律与社会》,梁坤、邢朝国译,郭星华审校,中国人民大学出版社2011年第9版,第251—253页。

法院的最高决策机构功能，其在县委和上级法院党组的领导下，以民主集中制为原则，确保党的路线、方针、政策、任务和国家法律能够在本院得到贯彻执行，并对重要的组织人事、发展改革等重大事项作出决议。基层法院的党组成员多由院长、副院长、纪检组长、政工科长、机关党委书记组成，部分基层法院的执行局局长亦为党组成员。院长办公会则是基层法院的最高行政管理机构，成员由院长、副院长组成，一定情况下亦可包含执行局长、专职审委会委员；院长办公会的运作按照行政机关管理模式进行，故其以院长作为行政首长，在决议时采用首长负责制，科层制意味较为浓厚；院长办公会的职能在于研究决定本院的规章制度、设施设备建设、财务管理等问题。如果将基层法院所掌控的资源和需要履行的管理事务高度概括为人、财、物三个方面，那么，从职能分工上来看，党组更侧重于人的管理，而院长办公会更偏向于财、物的管理。不过，事实上基层法院的重大管理事项都是由党组召开会议集体讨论决定的，这既是因为在我国政治活动中党的领导具有根本性，也和党组成员与行政领导在人员上的高度重合性具有密切关系。远山县法院时任院领导如表2-3所示。

表2-3　　　　　　　　　远山县法院时任院领导

编号	姓名	职务	分工
1	王冰	党组书记、院长	主持全院工作，分管研究室、审管办
2	李永骏	党组副书记、副院长	负责民商事审判、机关后勤保障，分管民一庭、民二庭、派出法庭、计划财务装备科
3	胡文智	党组成员、副院长	负责执行、安全保卫工作，分管执行局（执行一庭、执行二庭）、法警大队
4	王国武	党组成员、副院长	负责立案及信访维稳、申诉复查工作，以及刑事审判、行政审判工作，分管刑庭、行政庭、立案一庭、立案二庭、审监庭
5	章志伟	党组成员、纪检组长	负责党风廉政建设及反腐败、反渎职工作，分管纪检组—监察室
6	廖国明	党组成员、政工科长	负责全院组织人事、思想政治、宣传、培训等工作，分管政工科①

---

① 据悉，在笔者完成田野调查后，随着司法改革的不断深入，远山县法院进入了政工科与机关党委合并、政工科更名为政治部的机构改革阶段，特此说明。

续表

编号	姓名	职务	分工
7	李晓菲	党组成员、机关党委书记	负责机关党建、日常文秘、目标考核、对外委托、工会、共青团、妇委会、信息技术、网络舆情、统战工作，分管机关党委、办公室、档案室、技术室、外委办

不难发现，上述被称为"院领导"者均系远山县法院党组成员。此外，还有执行局局长张艺云、专职审委会委员侯志宏和陈永新三人具有"准院领导"地位，这既因为他们的行政级别与院长之外的其他党组成员相同，还因为他们在审委会和院长办公会中占有重要的一席之地。基于前述，我们可以发现基层法院内部科层级序的一个重要特征在于院长兼具党组书记与行政负责人双重身份，位居本院权力结构的顶端。换言之，基层法院院长在组织人事管理、经费管理、日常公务管理等方面均享有本院的最高权威，具体如下：第一，通过主持党组会议、院长办公会议，基层法院院长可以对本院的日常公务、经费收支进行统筹安排。第二，基于法律规范与组织条例，基层法院院长在本院组织人事方面发挥着最大作用。首先，组织条例赋予了党组书记向组织部门考察、推荐干部的职权；其次，法律赋予了院长提请同级人大常委会任命副院长、审委会委员、审判员的职权，以及自行任命助理审判员的职权；再次，党组书记兼院长有权决定本院其他副职领导的分工，也有权对各部门负责人、部门成员作出岗位调整；最后，党组书记兼院长可以对同级党委、上级法院提出本院机构调整及人员编制方案。第三，在过去的实践中，法院系统长期采取行政方式来进行审判管理，亦即分派不同副院长分管各业务部门，而院长对此负总责，采用请示、汇报、审批方式完成相应工作。

有鉴于此，对于并非行政机关的基层法院来说，"官大一级压死人"的俗语在一定程度上仍显得贴切。是故，在西方国家，一个人穿上法袍担当法官，会被荣耀地视作法律职业生涯成功的标志；然而，在我国，尤其对欠发达地区的基层法院而言，情况却大相径庭。喻中曾对此批评道："普通法官的身份在原告和被告面前尚可底气充足，唤作'法官'。但在'单位'内部，在这样一个他们长年累月置身其中的人群中，却只能算作'兵'，真正的'官'是院长、副院长们。'官'与'兵'的关系，就是日常生活中的命令与服从关系。"① 无疑，这正是 2013 年开启的新一轮司法改革以法院的去行政化为目标的重要缘故。公允地说，无论是协作制法院还是科层制法院，必然都存在着大量的业务管理和行政管理事务，并需要由专门的机构和人员负责。问题的核心在于，法院作为功能有别于行政机关的一个专门机构，需要避免管理权与审判权混同，尤其避免管理权凌驾于审判权之上。唯其如此，才可能有效避免在审判活动中，"上级法官"通过对各类资源的掌控和对工作任务的分配来向"下级法官"施加压力，从而发生不当干预案件的裁判结果。

三 其他管理组织

从性质和分工上看，其他管理组织可以分为党务管理机构和行政管理机构两个类别。需要指出的是，部分机构同时兼具党务和行政两重属性。基层法院主要的管理机构及其角色—功能如下：其一，政工科。政工科是基层法院的政工部门，在部分基层法院亦称为政治处，② 主要负责各类人员的招录、考核、任免、薪酬、退休，以及法官等级评定、法警警衔评授等组织人事工作；开展宣传教育、人员培训活动，组织评先创优、奖励表彰等思想政治工作。其二，纪检组—监察室。纪检组与监察室合署办公，是同级纪委监察委派驻基层法院的纪检监察机构，主要负责反贪腐、反渎职、反违纪的纪检监察工作，包括检查、监督全院工作人员对党纪、法律、政策和职业规范的执行情况，以及受理社会各界对法院工作人员违法、违纪行为的检举、控诉，在经由调查后向本院党组及相应相关主管机构提出处理意见。其三，机关党委。机关党委是基层法院的党建部门，主要负责本院的党建和群众工作，本院的共青团、机关工会、妇委会均由其协调管理。其四，办公室。办公室主要负责文秘、机要、档案、会务、外联和日常行政事务，充分体现出"业务运作以文书档案制度为基准"的科层制色彩。其五，计划装备财务科。计划装备财务科负责基层法院的经费管理，以及设施、设备的购置、调配、维修等后勤工作。对于众多像远

---

① 喻中：《乡土中国的司法图景》，法律出版社 2013 年第 2 版，第 104 页。
② 中级法院以上称为政治部。随着司法改革的不断深入，远山县法院现已进入政工科与机关党委合并、政工科更名为政治部的机构改革阶段。

山这样的县城而言,计划装备财务科还需要负责管理作为基层法院配套设施的公共食堂、单位宿舍等事务。

通过前述,可以发现一个通常由100余人组成的基层法院,有着完整的结构、协调的功能和细化的分工,堪称"麻雀虽小,五脏俱全"。埃米尔·涂尔干认为,由于社会容量(人口的数量与关系)和社会密度(社会成员之间相互交往的频率和强度)的增加,人们之间的竞争不断加剧;为了避免你死我活式的不必要竞争,劳动分工应运而生。① 因此,作为物竞天择的结果,劳动分工大幅提升了生产效率,并且让一个可以永久将人们相互联结的权利和责任体系建立起来,从而让社会团结之基发生改变。② 申言之,人类社会从传统社会转向现代社会的发展变迁历程,正是一个机械团结不断式微、有机团结逐步兴起的过程。③ 从该角度而言,基层法院是一个在规范的分工和成员的异质性基础上建立起来的正式组织(formal organization),在结构、功能上体现出有机团结的色彩。

然而,如果换一个角度来观察,基层法院(尤其是坐落于县域而非市辖区的基层法院)却又明显保留着"单位社会"或者说熟人社区的痕迹——毗邻的家属区和公共食堂等配套生活设施均是其重要的外在表征。进言之,院长实际上扮演着基层法院这一社区中"大家长"的角色,需要维护整个干警及家属群体的利益。2006—2018年,远山县法院的若干干警先后向前任院长张一泓和现任院长王冰反映了大量情况,请求院长协调解决子女入学、生病就医等各种生活困难,以及请求院长调解干警家庭矛盾或家属区内的邻里纠纷。此外,在重要节庆,院长还会组织登门慰问、联欢会、文娱比赛等活动来增进作为社区成员的干警以及家属的集体感情,强化集体凝聚力。故而,基层法院存在着一定的机械团结色彩。一言以蔽之,作为正式组织的基层法院既遵循着有机团结的原理,同时又兼

---

① 参见[法]埃米尔·涂尔干《社会分工论》,渠敬东译,生活·读书·新知三联书店2017年版,第213—239页。

② 参见[法]埃米尔·涂尔干《社会分工论》,渠敬东译,生活·读书·新知三联书店2017年版,第14—26页。

③ 参见[法]埃米尔·涂尔干《社会分工论》,渠敬东译,生活·读书·新知三联书店2017年版,第135—158页。

具一定的机械团结属性，这正好折射出社会转型和社会治理转型的宏观时代语境。

第四节　基层司法的行政化及其破解

科层制（官僚制）作为一种权威的纯粹类型，获得了韦伯的高度评价。前文已指出，在韦伯眼中科层制乃是法理型权威的最为纯粹的类型，① 并且，"经验在表明，从纯粹的技术观点来看，纯粹官僚制的行政组织类型——独断式官僚制——能够达到最高度的效率，而且就这个意义来说，在形式上也是对人类行使权威的已知最理性的手段"②。支持者认为，"科层制不仅在政府中存在，而且是现代社会所有领域内都存在的特别组织形式。毋庸置疑的是，由于政府也已扩大，其职责范围有所扩张，科层机构开始在政治生活中发挥日渐重要的作用"③。申言之，科层制的无可避免是因为它深具工具合理性，科层制管理意味着通过知识实施统治，它的合理性建立在知识的基础上。④ 相反，批评者则认为：首先，严格的层级控制和规则限制未必能够提升效率，反而可能适得其反。其次，非人性化的科层管理，使得组织成员沦为组织这部机器上的一颗颗螺丝钉，从而缺乏工作热情，导致组织成员的积极性与创造力被抑制。再次，形式主义和繁文缛节造成公共组织对社会公众的需求缺乏回应力。最后，科层制的扩张性导致科层组织规模膨胀和预算攀升。⑤

正是出于对科层制兼具的优缺点之正视，我们有必要审慎看待科层制法院组织模式为我国基层法院及其司法实践所带来的积极影响以及所造成

---

① 参见［德］马克斯·韦伯《经济与社会》（第一卷），阎克文译，上海人民出版社 2010 年版，第 326 页。

② ［德］马克斯·韦伯：《经济与社会》（第一卷），阎克文译，上海人民出版社 2010 年版，第 330 页。

③ ［英］安德鲁·海伍德：《政治学》，中国人民大学出版社 2010 年英文影印第 3 版，第 269 页。

④ 参见苏国勋《理性化及其限制：韦伯思想引论》，商务印书馆 2016 年版，第 208—209 页。

⑤ 参见［美］弗里茨·林格《韦伯学术思想评传》，马乐乐译，北京大学出版社 2011 年版，第 246—251 页。

的局限。在现代化（modernization）水平较高的西方发达国家科层制十分发达，甚至被批评为过于发达。因此，西方发达国家特别是英美法系国家充分认识到了司法权运作有别于行政权运作的特点，①在法院系统管理中有意识地摒除科层制带来的弊端。如前所述，英美法系法院在组织模式上属于协作制法院，而即使是在组织模式上属于科层制法院的欧陆法系法院，也尽可能采取措施防止法院内部管理权力对于司法权力的混同和宰制。

比较而言，我国法院系统采用科层制法院组织模式，并且科层化程度明显高于欧陆法系法院。亦即，我国此前长期采用着与行政机关基本相同的体制，即集权的、等级的、规制的科层体制，这种异化现象往往被称为"司法行政化"。②正如习近平总书记所揭示："司法活动具有特殊的性质和规律，司法权是对案件事实和法律的判断权和裁决权，要求司法人员具有相应的实践经历和社会阅历，具有良好的法律专业素养和司法职业操守。长期以来，我国把司法人员定位于公务员，实行与公务员基本相同的管理模式，带来不少弊端。我看了一些材料，一些法官、检察官为了晋升行政职级，愿意到办公室等非业务部门去工作，或者离开办案一线去做管理工作。"③故此，有必要从现象、成因等维度探究基层司法的行政化问题。

一 司法行政化产生的困扰

俗语云："知其然更要知其所以然。"故此，对于基层司法行政化所

---

① 司法权虽然与行政权同属执行权，但是司法权在本质上是一种判断权。司法判断是针对真与假、是与非、曲与直等问题，根据特定的证据（事实）与既定的规则（法律），通过一定程序进行认识。在体制方面，司法权的特征在于独立性与审级分工；在程序方面，司法权的特征在于被动性、中立性、稳定性、形式性、交涉性、集中性和终结性；在组织方面，司法权的特征在于职业化、专属性、公众参与及合议等。比较而言，行政权则是一种相对积极的、灵活的、主动地具有效力先定性的权力。可参见陈瑞华《司法权的性质——以刑事司法为范例的分析》，《法学研究》2000年第5期；孙笑侠《司法权的本质是判断权——司法权与行政权的十大区别》，《法学》1998年第8期。

② 参见翁子明《官僚制视角下的中国司法管理》，《暨南学报》（哲学社会科学版）2008年第1期。

③ 习近平：《论坚持全面依法治国》，中央文献出版社2020年版，第61页。

产生的困扰，理应结合表征和动因两个层面，由外而内地加以解读。无疑，先"知其然"地搞清楚基层司法行政化的表征，再"知其所以然"地进行动因分析，方可实现"透过现象看本质"。

（一）司法行政化的表征

美国学者戴维·H. 罗森布鲁姆、罗伯特·S. 克拉夫丘克、理查德·M. 克勒肯从结构与程序两个方面对科层制的特征进行了揭示。科层制具有以下结构特征：其一，管辖权、职位和任务的专业化，即根据组织目标来进行劳动分工和权威分配。其二，通过层级化的权威协调专业化职位的活动，并且整合其管辖权威。其三，存在职业阶梯结构，个体成员通过不同的专业和层级逐步晋升。其四，稳定的官僚结构，无论成员进退、流动，官僚结构均维持不变。其五，科层制通常意味着大型组织①。同时，科层制具有以下程序特征：第一，为消除官僚和组织行为中非理性的情感因素，科层制以去人性化（dehumanization）作为"特殊德性"。第二，形式主义。科层制依赖的是职位而非个人，故采用书面形式对其结构和运作都进行了规定。第三，规则限制。科层制组织依据书面的正式规则运作，这些正式规则明确了适当的职权程序，既确保了与外部单位交涉时的规则性，又确保了去人性化。第四，高度纪律化。个体的官僚受到科层体制规则和权威结构的双重束缚，其可能因违反规定、不服命令而招致惩罚。②

在前文基础上，以罗森布鲁姆、克拉夫丘克和克勒肯所概括的科层制特征为线索，通过经验实证，不难发现我国存在着下述基层司法行政化现象：

首先，基层法院组织规模较大，内部机构繁多、专业分工细致。正如前文所述，基层法院的内部机构可分为业务组织与管理组织两大类型。其中，业务组织由审判组织、执行组织和辅助组织共同组成；管理组织由党务组织、行政组织共同组成。并且，审判组织、执行组织、辅助组织、党

---

① 一般认为，如果一个组织机构中的最高级别成员认识不多于一半的其他成员，则该组织机构可称为大型组织机构。关于大型组织机构可参见［美］安东尼·唐斯《官僚制内幕》，郭小聪等译，中国人民大学出版社2006年版，第25—27页。

② 参见［美］戴维·H. 罗森布鲁姆、罗伯特·S. 克拉夫丘克、理查德·M. 克勒肯《公共行政学：管理、政治和法律的途径》，中国人民大学出版社2013年英文影印第7版，第144页。

务组织、行政组织又分别包含若干个机构。基层法院的上百名工作人员被分别配备到大约20个内设机构中，身份上有法官、法官助理、执行员、法警、书记员、行政辅助人员、工勤人员之别，编制上有公务员编制、事业编制、工勤编制之异，① 在此基础上，不同部门、不同岗位各司其职。一般认为，科层制组织的规模是较大的。正如美国学者安东尼·唐斯所指出：如果一个组织的规模小到每个组织成员彼此熟识的程度，成员之间的非正式关系便会宰制正式关系，其必然导致科层制的非人性化控制特征无从体现；同时，规模较小的组织通常也难以发生科层制结构所内在要求的复杂沟通与协作问题。② 毫无疑问，基层法院明显符合前述科层制特征。

其次，基层法院内部结构关系的层级化特征明显。如果将基层法院喻为一座金字塔，可以发现，居于塔尖之上的是党组书记兼院长；院长之下是同为"院领导"的副院长、纪检组长、政工科长、机关党委书记，③ 以及作为"准院领导"的执行局局长、专职审委会委员；再往下是被称为"中层干部"的各业务庭、派出法庭的庭长、副庭长，政工科副科长、机关党委副书记，监察室、办公室、外委办、技术室等部门的主任、副主任，计划装备财务科科长、副科长；最后是"普通工作人员"，而"普通工作人员"这一群体实际上也存在着等级差序——在合议庭固定化和审判长职务化的阶段，担任审判长的法官地位高于普通法官，而法官在身份地位上又相对优越于法官助理、执行员、法警、书记员、行政辅助人员这些正式人员，更优于没有编制的工勤人员。进言之，由于法院是一个专业机构，法官无疑是法院的核心成员，但法官有着担任领导职务与不担任领导职务、担任审委会委员与不担任审委会委员之别，在2013年实施法官员额制改革之前，普通法官甚至还有审判员与助理审判员之别。对于远山县法院而言，法官在行政级别上有着副县级（院长）、正科级（资深的副

---

① 法官、法官助理、执行员、法警、部分书记员、部分行政辅助人员是纳入政法专项编制的公务员，目前远山县法院的政法专项编制人员共138名；部分行政辅助人员（如财会人员）则纳入事业编制，目前远山县法院的事业编制人员共10名；除此之外，还有部分书记员以及驾驶员等勤务人员系面向劳动市场招募，以劳动合同方式聘用的工勤人员。

② 参见［美］安东尼·唐斯《官僚制内幕》，郭小聪等译，中国人民大学出版社2006年版，第25—27页。

③ 按照惯例，前述人员均为基层法院的党组成员；部分基层法院偶有民主党派成员或无党派民主人士担任副院长。

院长等"院领导"与"准院领导")、副科级(新任的副院长等"院领导"与"准院领导",各业务庭、派出法庭庭长)、科员级(普通法官)的悬殊。同时,《法官法》将法官分为四等十二级,[①]虽然它是一种类似于职称的专业职级,但是一定程度上与法官所在法院的等级以及其是否担任领导职务挂钩。具体到远山县法院这样的基层法院来看,在通常情况下,院长是三级或四级高级法官,副院长等其他院领导为四级高级法官或一级法官,资深法官或各业务庭、派出法庭庭长则为二级法官、一级法官或四级高级法官。

再次,基层法院具有科层制组织的永续性和去人性化特征,在人员的考核、晋升方面也明显具有行政官僚色彩。一方面,岗位的专业化分工、职务的分门别类以及程序规制等因素,使得科层制组织的运转是极为牢固的,不因组织成员变动而受到显著影响;而去人性化则是科层制组织理性化的突出表现,它是组织规模大型化和建立正式的沟通网络所必需。尽管法官等工作人员会在内部不同岗位间流动,但是他们都犹如一颗颗螺丝钉铆合在基层法院这台机器上;如果特定铆钉损坏,及时替换即可,并不影响机器照样运转。即使是案件的审理,也可以比拟为"一条流水线式的司法产品生产流程"——尤其是在新一轮司法改革之前,司法案件往往是在独任庭或合议庭审理并提出审理意见的基础上,经由庭长、分管副院长、院长层层审核、签发后才加盖本院公章转化为正式法律文书。简言之,对这一时期而言,审判是由身处不同权力阶梯中的法官历经不连续的阶段作出的。[②]正如罗森布鲁姆、克拉夫丘克、克勒肯所言:"科层制组织将个人变为机器一般的附属物。组织并不去适应个人的人格、情感、心理、心智,抑或生理的特异性;相反,个人被标准化地适配到他被指派的组织位置。组织围绕着职位和职权而非人来运作。"[③]另一方面,包括基

[①] 具体包含:第一等,首席大法官;第二等,大法官,分为两级;第三等,高级法官,分为四级;第四等,法官,分为五级。

[②] 参见翁子明《官僚制视角下的中国司法管理》,《暨南学报》(哲学社会科学版) 2008 年第 1 期。

[③] [美] 戴维·H. 罗森布鲁姆、罗伯特·S. 克拉夫丘克、理查德·M. 克勒肯:《公共行政学:管理、政治和法律的途径》,中国人民大学出版社 2013 年英文影印第 7 版,第 144—145 页。

层法院在内的我国法院系统建立了一套考核、晋升标准,无论是对法官、法官助理还是对其他工作人员而言,考核基本上都是套用行政机关公务员的考核办法。亦即,以德、勤、能、绩为标准,对前述人员设置晋升空间和物质、精神激励。德、勤以遵章守纪为达标前提,而绩是能的重要反映,故此种考核实际上侧重于办案等工作绩效,在实践中也往往被称为"绩效考核"。由于绩效考核很大程度上决定着职务升迁、法官等级或法警警衔晋级、薪酬上涨、荣誉授予,故而它是必要且重要的。

最后,基层司法的形式主义、规则限制(rule-bound)特征日益显现,同时还有着较为严格的纪律要求。形式主义与规则限制有着密切的内在关联性,规则限制可以保证非人性化要求得以实现,还可以增加工作的可预测性,而可预测性正是现代社会经济与法律的重要要求——在韦伯看来,支配现代社会的法理型权威与科层制、形式理性法有着内在亲和性。[①] 近年来,我国法院系统包括基层法院,对规则的重视空前未有,无论是审判还是管理,都有着大量的法律法规和规范性文件加以规制。形式主义亦同时渗透到审判与管理两个方面——伴随着20世纪90年代的审判正规化建设启动,程序正义理念在裁判、执行等司法业务活动中逐渐强化,而程序正义无疑在性质上归属于形式正义范畴;法院系统在管理上对文件的起草、审批、发送、存档等提出了细致要求,而内外正式沟通也要求原则上应以书面(公函、电子邮件等)形式为之。诚然,形式主义与规则限制具有审判规范化、管理科学化的明显优势;不过,从消极方面来说,对"遵章办事"的过度沉湎也意味着繁文缛节、刻板僵化、规避责任、缺乏回应等弊端浮现,故"形式主义"在一定语境下乃是贬义的"官僚做派"之代名词。此外,纪律性与形式主义、规则限制具有一定内在联系,它要求下级服从上级指令,法院系统的各类规章制度必须恪守,而审判纪律正是其中重要一环。严密的纪律要求全面覆盖了法官等工作人员的岗位行为乃至岗位外的相关行为,甚至对他们的配偶、子女也作出一定约束,这被认为是应对司法腐败、职业伦理不彰的必要手段。

---

① 参见 [德] 马克斯·韦伯《马克斯·韦伯社会学文集》,阎克文译,人民出版社2010年版,第205—210页。

综上所述，我国法院系统采用科层制法院模式确有相当的制度合理性，但是过度的科层化也存在着不容忽视的弊端。要言之，一方面，机构臃肿、冗员过多，并且行政管理不时混同于甚至凌驾于司法审判；另一方面，以上令下行、层层审批的单向控制式行政逻辑替代依法独立办案、法官平等商议的司法逻辑。

(二) 司法行政化的动因

立足于前文对基层司法的行政化现象之发掘，接下来将对其发生的动因进行探究。苏力经田野调查认为，我国法院特别是基层法院的审判职能与行政职能的交叉、混合、冲突关系乃是问题的关键。在其看来，现实中的法院势必需要履行一些与司法审判相关的行政管理职能，这不可避免地使得司法审判活动与行政管理活动发生交叉、混合，并在一定程度上影响、束缚审判权运作的客观空间；同时，由于历史、政治、经济等各种原因，我国法院系统的行政性事务相对更为繁重。[①] 无疑，苏力的这一论断是具有说服力的。可是，我们仍然不妨进一步追问，为什么我国法院系统尤其是基层法院会发生司法审判活动与行政管理活动的交叉、混合？为什么我国法院尤其是基层法院的行政性事务相对繁重？笔者认为，基层司法行政化的动因可以结合宏观与微观两个角度揭示。

从宏观角度来看，司法行政化与我国采取能动型国家—政策实施型司法的定位有着密不可分的内在联系。庞德指出，社会文明的实质在于对物质世界和人类本性控制的有机结合——人类的生存和发展必须立足于对物质世界的开发和利用；同时，人类这样一种扩张本性又有着逾越本分，以致损害他人、危害社会的暗面。是故，需要相应的社会规范引导、规制人们的社会行为，凭借外部的控制力量来约束个体扩张本性的无节制膨胀，进而保障社会交往、社会互动的有序化，此即社会控制。[②] 进言之，"今天，社会控制首先是国家的职能，并通过法律来行使。它的最后效力依赖于专为这一目的而设立或遴选的团体、机构和官员所行使的强力。它主要通过

[①] 参见苏力《送法下乡——中国基层司法制度研究》，北京大学出版社2011年版，第44—52页。

[②] 参见 [美] 罗斯科·庞德《通过法律的社会控制》，沈宗灵译，楼邦彦校，商务印书馆1984年版，第8—10页。

法律发生作用,这就是说,通过被任命的代理人系统的和有序的使用强力"①。现代国家普遍由法院来担任这一特定的、专门的机构,故而法院是国家政权组织的一部分,是法律的代理人,是社会控制赖以生成的主体或力量。通过司法实践,法院这一公共组织将文本中的法律源源不断地转化为现实的社会控制。然而,不同的国家有着不同的司法"性情倾向",在理想类型上可将其分为两类:其一,广泛介入并积极管理社会;其二,仅致力于为社会交往铺设相应制度框架。立基于实践,并结合本章及其他各章相关内容,不难发现我国司法明显具有前一类型的特征,亦即,在相当程度上接近于达玛什卡所概括的"能动型国家—政策实施型司法"。②

能动型国家—政策实施型司法倾向于在较大范围内和较高程度上干预和调整社会事务。它依托建构美好社会生活的理论,旨在通过种种努力来为公众丰富经济生活与优化品格涵养。故而,法规政策全面而深入地渗透开来,对社会不断积极地施以改造和形塑;作为国家政权组织的一个重要组成部分,法院也理所当然地通过司法程序贯彻着国家的法律法规和司法政策。③ 据此,法院特别是基层法院,在司法活动中需要觉察、判断、界定该特定案件是否存在着需要引起国家足够重视的情形;如值得重视的情形出现,法院便需要积极采取措施,尽可能切实但又不失因地、因时制宜地贯彻落实国家的各种方针政策,以期实现法律效果与社会效果的辩证统一。用实务界的话语来表达,法院系统必须"牢固树立大局意识""落实好中心任务";具体到个案而言,法院尤其是基层法院,并不能满足于单纯地"依法断案",还需要在此基础上力争"案结事了""促进社会和

---

① [美]罗斯科·庞德:《通过法律的社会控制》,沈宗灵译,楼邦彦校,商务印书馆1984年版,第11页。

② 与此对应的是奉行自由放任思想的回应型国家—纠纷解决型司法。回应型国家—纠纷解决型司法秉持的是无为而治、最小政府理念,法院恪守司法节制主义,宗旨仅限于维持秩序和为无法自行解决纠纷的公众提供一个解决纠纷的公共平台。因此,此处的"回应"乃是一种被动应对性质的消极回应,隐含有限制国家权力、避免主动实施社会控制的意味。故而,达玛什卡笔下的"回应型国家"之"回应"与 P. 诺内特、P. 塞尔兹尼克笔下积极主动回应社会的"回应型法"之"回应"含义殊为不同。参见 [美] 米尔伊安·R. 达玛什卡《司法和国家权力的多种面孔:比较视野中的法律程序》,郑戈译,中国政法大学出版社 2015 年版,第 94—104 页。

③ 参见 [美] 米尔伊安·R. 达玛什卡《司法和国家权力的多种面孔:比较视野中的法律程序》,郑戈译,中国政法大学出版社 2015 年版,第 104—114 页。

谐"——亦即，对双方利害冲突严重、对立情绪十足的案件，要通过调查研究来力求全面掌握信息，准确评估双方到底有哪些争议、哪些共识，案件的处理结果是否会引发新的矛盾，对此应该如何防控和化解。

显然，能动型国家—政策实施型司法这样一种司法定位对资源和效率有着较高要求。进言之，能动主义追求使得国家的行政职能大为强化，第二次世界大战之后各国伴随着"福利国家"趋势而兴起的"行政国家"即是明证；在此追求下，国家职能可以界分为决策和执行两大环节，前者关心价值问题并致力于国家政策的制定，后者关心事实问题并致力于国家政策的执行。执行必须专注于效率，而科层制的价值取向正是效率。[①] 无疑，通过对权力的等级排序、统一指挥和上令下从，国家的能动型目标可以得到极大实现——特别是考虑到在科层制模式下，只要"牵住牛鼻子，管好一把手"，就有可能借助层级化来达成法律和政策为正式组织预定的目标。相反，在平行的、单一层级的结构关系中，正式组织的目标追求就需要被分散到若干松散的个体那里承担，这对统一目标的实现谈何容易。故而，可以认为，"法院体制的行政化有利于保持上下级在处理事务上的高度一致，确保运行的高效率，有助于法院积极主动地完成各项中心任务，这恰恰是作为工具的法院所追求的。"[②]

从微观角度来看，以下几点均可认为是基层司法行政化的动因：

首先，组织规模既是科层制扩张性的结果却也同时是它的动因。正如英国学者帕特里克·敦利威所指出，科层组织不像私人企业那样需要追求利润最大化，故而它追求的是机构规模最大化。[③] 是故，规模业已较大的基层法院等各级法院，在客观上需要进行多重层级化和建立细密的规则体系来实现组织的有效管控。

其次，同一法院内部的人员来源复杂、岗位性质差异明显，采用权力分层的科层制进行行政化管理相对容易操作。前文已述，法院的工作人员按岗位不同分为多个类别，且在编制上有公务员编制、事业编制、工勤编

---

① 参见翁子明《官僚制视角下的中国司法管理》，《暨南学报》（哲学社会科学版）2008年第1期。

② 陈光中：《中国司法制度的基础理论专题研究》，北京大学出版社2005年版，第126页。

③ [英] 帕特里克·敦利威：《民主、官僚制与公共选择——政治科学中的经济学阐释》，张庆东译，徐湘林校，中国青年出版社2004年版，第173页。

制之别；进言之，他们的选任途径还有国家公务员招考、复转军人安置、其他机关及企事业单位调入等差别。这便意味着，法院的工作人员在年龄有老、中、青之别，在学历上有高、低之别，在资历上有深、浅之别，在专业上有科班出身与非科班出身之别，在经验上有丰富、贫乏之别。法院工作人员背景的千差万别和我国社会传统的论资排辈观念结合在一起，导致对司法科层制、司法行政化产生一定需求。

最后，已有的金字塔式的科层结构和首长负责制，致使以院长为代表的法官群体陷入了官僚化的角色困境中。由于在官僚式的层级组织中，权威、薪酬、声望、信息的分配是由低往高层层递增的，故而组织成员实际上被激励去追求职务、级别方面的晋升，以致出现了唐斯所谓的"权力攀登者"（climbers）——他们寻求权力、收入、声望的最大化，渴望更多拥有这些利益。① 因此，一个无奈的问题浮出水面——院长、法官的基础角色、首要角色并非法律家而是从事法律工作的行政官员，以行政化方式办理业务、寻求制度资源并致力于不断向上升迁。并且，前述人员的这样一种行动同时又不断再生产和强化着对应的结构，诚可谓在重重制约中创造出制约自身的世界。

二 破解司法行政化的尝试

回顾前文，在过去一个时期内，作为科层制法院的基层法院为我国法治事业作出了巨大贡献，取得了辉煌成就。同时，不容回避的是，由于科层级序设置上存在一些偏差，基层法院等各级法院出现了明显的司法行政化现象，法院在一定程度上异化为从事法律业务的行政机关，而以院长为代表的法官群体亦陷入了官僚化的角色困境中，这成为国家和社会需要面对、解决的一个难题。是故，为打破当前司法行政化的困境，有必要对基层司法的内部科层作出优化调整，进而实现法院、法官由"从事法律业务的行政机关""法律官僚"向依法独立公正裁判、维护司法正义的司法机关、法律适用者之转化。这无疑是2013年开启的新一轮司法改革的题中之义，而法官员额制、司法责

---

① 参见［美］安东尼·唐斯《官僚制内幕》，郭小聪等译，中国人民大学出版社2006年版，第98—100页。

任制改革正是破局实践。从远山县法院的法官员额制和司法责任制改革情况来看，在遵循司法规律的基础上适当借鉴协作制法院之优长，确保法院运作紧密围绕审判等司法业务展开，从而实现机构精简、层级简化、效率提高、管理权与审判权相分离、法官依法独立行使审判权等一系列目标乃是法官员额制改革和司法责任制改革的实践逻辑。

所谓法官员额制，是以优化资源配置为宗旨，将人员配置向司法业务领域倾斜。在法官员额制下，法院工作人员被划分为审判人员、辅助人员、行政人员三大类型，[①] 并从中确定一定比例的法官员额，唯有通过遴选进入员额者才能够成为真正意义上的法官。三者分类管理，各司其职。借此，让"好钢用在刀刃上"，强化法院专业性和提升司法效率，同时赋予法官以荣誉感和使命感。在此基础上，推动法院扁平化管理，通过减少管理层次、压缩职能部门、精简内设机构，尽量减少中间层级、避免叠床架屋和删除繁文缛节，进而大幅提高组织运行效率。对基层法院的法官员额比例确定，采用的是"以案定员"标准，依据县域幅员、面积、案件量、发展状况等，结合法官工作量、案件类型、难易程度、审理方式、法官队伍素质等实际情况来作出综合测评，确定法官在全体工作人员中所占的比重。结合《贵州法院司法体制改革试点工作实施方案》的相关要求和自身实际，目前远山县法院将审判人员、辅助人员、行政人员三者的比例依次确定为40%、45%、15%，而远山县法院的编制总数为150人，故审判人员、辅助人员、司法行政人员分别为60人、68人、22人，其中审判人员和辅助人员合计128人，占全院总人数的85%。可见，围绕司法业务配置人员和精简行政人员确系关键所在。

从遴选方式来看，远山县法院的院长通过考核方式遴选入额；具有专业职务和法官资格的其他院领导通过考核+答辩方式遴选入额，考核、答辩的权重分别为60%、40%；原审委会委员、庭长、副庭长、审判员、助理审判员通过考核+考试+答辩方式遴选入额，考核、考试、答辩的权重分别为40%、40%、20%。综合管理部门的工作人员如申请入额且获通过，则不再担任行政职务。2016年5月，远山县法院首批员额制法官产

[①] 审判人员即从事审理和执行业务的法官；辅助人员包括法官助理、专技人员、法警和书记员，协助法官办业务；行政人员则是从事相应行政管理工作的人员，包含党务政工、纪检监察、财务后勤等人员。

生，在 29 名首批员额制法官中，一线法官共 22 人，占 75.86%。从学历来看，硕士学历 1 人，本科学历 25 人，大专学历 3 人，法学专业毕业者 21 人、非法学专业毕业者 8 人，法学专业毕业者占 72.41%；从年龄来看，50 岁以上资深法官 6 人，35—50 岁法官 18 人，35 岁以下法官 5 人，35—50 岁的中青年法官占 62.07%。不难发现，专业性是远山县法院采用的一个重要遴选指标。同时，人才梯队的组成体现出老、中、青结合的特点，并且以年富力强、经验丰富、专业知识过硬的 35—50 岁中青年法官占比最大。借此，兼顾了培养青年骨干和尊重资深法官经验的实际需要，避免了法官队伍知识结构的失衡和僵化，以及保障了不同年龄段的法官的发展需求，效果可谓一石三鸟。① 进入员额的法官，将负责本院的案件办理，在薪酬待遇方面比其他人员高出约 40%；故此，他们也将接受能上能下、能进能退的动态管理。在任贤选能的前提下，对考核不合格或职务变动而不再符合任职条件的法官作退出员额处理。

立足于对员额法官的选拔，远山县法院循序渐进地对传统的庭、科、室行政化管理模式进行了改革。通过打破业务部门的限制，对全院人员作出优化重组、进行扁平化管理，组建以主审（办）法官为中心、其他人员分工协作的审判团队和执行团队。远山县法院目前的审判团队和执行团队设置情况如表 2-4 所示。

表 2-4　　　　远山县法院审判团队和执行团队设置情况

序号	团队名称	团队总体职责	团队分组及各组职责
1	人民法庭（派出法庭）团队	负责派出法庭民商事简易案件的审理以及调解结案案件的执行	负责审理各自辖区内适用简易程序的民商事案件以及调解结案案件的执行，除城关法庭统筹纳入院机关办公外，其余 15 个派出法庭整合组建 8 个人民法庭团队，每个团队分别配备 1 名法官、2—3 名辅助人员。各乡镇适用普通程序的民商事案件均移送至院机关；派出法庭适用简易程序审理的民商事案件需转入普通程序轨道的，经分管院领导同意后按程序移送院机关

---

① 关于过去在法官队伍建设中存在的问题，习近平总书记于 2014 年 1 月 7 日在中央政法工作会议上指出道："全国法院系统有近三十四万人，但有法官资格的不到二十万人，在一线办案的更是不足十七万人；不少地方，五十二岁的副科级法官、五十五岁的正科级法官，正是办案经验最丰富、业务能力最强的时候，却为了给年轻人提拔使用腾出位子提前退居'二线'，造成人才资源浪费。"习近平：《论坚持全面依法治国》，中央文献出版社 2020 年版，第 61 页。

续表

序号	团队名称	团队总体职责	团队分组及各组职责
2	民商事审判团队	负责广义的民事案件（即狭义的民事案件和商事案件之和）的审理	（1）普通程序组。负责审理普通程序的民商事案件。配备4名法官、8名法官助理、4名书记员。普通程序组审理原由派出法庭立案受理的普通程序民商事案件时，应充分利用当地人民陪审员组成合议庭就近开庭。 （2）简易程序组。负责审理由院机关受理的简易程序的民商事案件。配备3名法官、3名法官助理、3名书记员
3	刑事、行政审判团队	负责刑事、行政案件的审理	（1）普通程序组。负责普通程序的刑事案件、行政案件之审理，审查行政机关提起的非诉执行申请。配备2名法官、2名法官助理、2名书记员。相应案件需由3名及以上法官组成合议庭审理的，从其他团队调节。 （2）简易程序组。负责简易程序的刑事案件之审理。配备1名法官、2名法官助理、1名书记员
4	立案、申诉复查团队	负责院机关的立案工作和指导派出法庭的立案工作；以及申诉复查和涉诉信访工作	负责对不予受理的案件、诉前财产保全案件以及证据保全等案件作出裁定；同时，负责审查当事人提出的再审申请以及处理涉诉信访相关工作。 该团队不分组，配备2名法官、1名法官助理、1名书记员。相应案件需由3名及以上法官组成合议庭审理的，从其他团队调节
5	执行团队	负责司法执行工作	（1）执行裁决组。负责相关执行案件的审查和裁决。配备3名法官、4名书记员。 （2）执行实施组。负责全县强制执行的各类案件（派出法庭调解结案的案件除外）。该组不单设法官，配备6名执行员、1名法官助理，由执行局局长负责日常管理
6	案件评查团队	负责评查、评议全院已审（执）结的各类案件	负责以合议庭模式对全院审（执）结的各类案件进行评查、评议，评查、评议结果将作为一线法官案件质效考核和法官业绩档案的重要依据。 该团队不分组，配备3名法官、辅助人员若干，由专人负责评查登记、意见汇总、数据报送、评查通报等工作

是故，审判团队和执行团队成为远山县法院的业务主体和基本的管理单元，案件得以实现简繁分流，业务和管理效率稳步上升。不难发现，团队运作模式较大程度吸收了协作制法院的优点，它致力于建构扁平化的、平权型的司法事务治理结构，确保以审判权而非管理权为主轴来实现法院运作，使得基层法院的专业性、效率性和权威性得到彰显。

在法官员额制改革基础上，与之紧密联系、相辅相成的司法责任制改革亦有条不紊地持续推进。所谓司法责任制，是指建立权责统一、权责明晰、权力制约的审判权运行机制，让审理者裁判、由裁判者负责，旨在让法院真正作为一个司法机关而不是行政机关来组织运作，以及让法官切实作为一名法官而不是行政官僚来扮演角色。首先，法官以依法独立办案为行动逻辑。其中，对合议庭审理的案件而言，作为合议庭成员的不同法官在阅卷、庭审、合议等环节共同参与、彼此监督，对争议事项采用多数决，每人表决权相等。其次，法律文书由法官签署后即可印发，无须再经院长、副院长、庭长审核签批。① 院长、副院长、庭长的审判管理和程序监督行动被严格限定在法定范围内，并且必须在远山县法院的办公平台上进行以及在平台、卷宗中全程留痕。最后，对自身未参加审理的案件，有领导职务的法官的倾向性意见仅允许在审委会会议、专业法官会议中发表。

　　此外，正如本章"第二节 审判委员会的层层迷思"中所介绍的那样，目前远山县法院审委会的运作相对过去更加规范化，委员人数也从14名精简为11名。其功能调整为总结审判经验和讨论决定重大事项，其在重大、疑难案件的讨论方面并非"事无巨细"而是"有所取舍"，以确有必要为原则。作为弥补，法官联席会议成为为法官出谋划策、集思广益的机构。类似于医院在对疑难杂症进行临床诊治时的跨科室专家会诊，当办案法官在审理中遭遇重大困难时，他（她）可以提请召开法官联席会议。由不同团队的专家法官所组成的法官联席会议将在集体讨论的基础上为办案法官提供参考意见，但该参考意见不具有强制性。

　　一言以蔽之，正如远山县人民医院是由医护人员们所组成的专业医疗机构，专业医护人员们对自己的诊疗行为自行决断、自负其责，医院院长等管理人员并不享有更高的"医学权威"，而是承担较多的行政事务；那么，在法官员额制改革和司法责任制改革所作的去行政化努力下，远山县法院亦逐步转型为由法官们组成的专业司法机关，专业法官们对自己审理的案件独立判断、自负其责，真正做到"有权、有责、有效"。一种同时结合科层制法院和协作制法院优长的法院组织模式正在成型，而相应基层司法实践也因此更好地获得了合法化和现代化。

---

① 院长、副院长、庭长仅限于签署自身直接参与审理的案件，经审委会讨论决定的案件另当别论。

第三章　基层司法的外部结构

现代社会是一个组织社会（organizational society），基层法院是一个正式组织（formal organization）。学界普遍认为，"社会组织的构成要素一般包括四个方面，即规范、地位、角色和权威，它们的相互关系和联系构成了社会组织的基本结构"①"组织的结构与组织的功能是密切相关的，一定的组织结构，只有具有一定功能才有意义；而一定的功能，又必然依赖于一定的组织结构才能产生一种组织结构是否合理，其标准并不在于安排了多少人员或内部是否相安无事等，而在于这种结构是否能够产生最大的功能"②。吉登斯指出："所谓正式组织，乃是通过理性方式设计以实现其目标，它常常借助明确的规则、规章和程序。"③ 综上，基层法院作为一个正式组织，是嵌入一定的社会结构中运作的，因此本章将结合规范、地位、角色、权威、功能等维度来考察基层司法所对应的外部结构问题。

第一节　地方权力结构中的基层司法

在宪法规范中，审判权与行政权并列平行，法院与同级政府、法院院长与同级政府领导之间互无上下隶属关系，故有"一府两院"或"一府一委两院"之谓。④ 然而，现实状况却与之并非完全一致。诚如瞿同祖所言："条文的规定是一回事，法律的实施又是一回事。某一法律不一定能执行，成为具文。社会现实与法律条文之间，往往存在着一定的差距。如

---

① 郑杭生主编：《社会学概论新修》，中国人民大学出版社2013年版，第209页。
② 刘祖云等：《组织社会学》，中国审计出版社、中国社会出版社2002年版，第251页。
③ ［英］安东尼·吉登斯：《社会学》，北京大学出版社2010年英文影印第6版，第783页。
④ "一府"即政府，"一委"即监察委，"两院"即法院、检察院。

果只注重条文，而不注意实施情况，只能说是条文的、形式的、表面的研究，而不是活动的、功能的研究。"① 在实践中，依托《公务员法》和组织人事制度，各级法院院长的行政级别与同级政府副职领导相同，各级法院的机构地位则与之相应。故而，在县级区域，基层法院院长被定位为副县级领导干部，基层法院被设置为副县级机构。基层司法在当地社会中的角色—功能正是肇始于基层法院的这样一种政治地位，并实现于对应的权力网络中。② 进言之，基层法院在地方权力结构舞台中所扮演的角色可概括为"负责审判的副县级机构"，故而下文将从"副县级机构"和"负责审判"两个关键词展开论述。

需要指出的是，法院的机构编制小于同级政府、法院院长的行政级别低于同级政府正职领导并无不妥，因为法院依法独立公正行使审判权的关键是在党的领导下合理设置相关条条块块关系。正如习近平总书记所指出的："我国司法制度也需要在改革中不断发展和完善。执法司法中存在的突出问题，原因是多方面的，但很多与司法体制和工作机制不合理有关。比如，司法机关人财物受制于地方，司法活动容易受到干扰；司法行政化问题突出，审者不判、判者不审；司法人员管理等同于一般公务员管理，不利于提高专业素质、保障办案质量；司法不公开、不透明，为暗箱操作留下空间；等等。这些问题不仅影响司法应有的权利救济、定分止争、制约公权的功能发挥，而且影响社会公平正义的实现。解决这些问题，就要靠深化司法体制改革。"③

---

① 瞿同祖：《中国法律与中国社会》，中华书局2003年版，导论第2页。

② 严格来说，法院的编制设置介于比政府"低半级"和政府部门之间。对基层法院而言，各部门负责人为副科级，而副院长、政工科长等副职院领导则以副科级为起始，凡任职经历达到年限要求者可评为正科级；并且各地法院的编制、职数受到当地因素影响，呈现出一定的区域差异性。对此，习近平总书记曾指出："特别是在县级法院、检察院、公安局，尽管院长、检察长、公安局长按副处级高配，但仍是科级架构，正副科级就那么几个，基层广大法官、检察官、人民警察一方面任务重、压力大，另一方面职级低、待遇差、发展空间有限，于是有的就提出调往其他党政部门，有的当律师，有的下海经商，造成流失和断层现象比较突出。这样下去，专业队伍的形成、职业素质的提升、办案质量的保障都无从谈起。因此，要通过改革建立符合职业特点的司法人员管理制度，完善司法人员分类管理制度，建立法官、检察官、人民警察专业职务序列及工资制度，增强司法人员的职业荣誉感和使命感。"习近平：《论坚持全面依法治国》，中央文献出版社2020年版，第61—62页。

③ 习近平：《论坚持全面依法治国》，中央文献出版社2020年版，第59—60页。

一 "副县级机构": 基层法院的地位

社会学者强调,"地位和角色是社会结构的首要要素","一个人占有的是地位,扮演的是角色"。① "副县级机构"折射出基层法院在当地公权力系统中对"四大班子"——县委、县政府、县人大及其常委会、县政协的从属地位。

首先,县法院对县委的从属地位。法治是治国理政的基本方式,法院系统在党的领导下通过运行法律程序、适用法律规范来维持社会秩序、实现公平正义。各级法院均受同级党委领导,基层法院院长系县委委员之一,基层法院的司法工作是党和国家对当地社会实施治理的重要一环。因此,县委书记是基层法院院长的上级领导,"在县委的坚强领导下,我院……"是基层法院院长在正式场合常用的郑重表达。同时,县委常委的党内地位高于基层法院院长,基层法院院长在开展相关工作时需要获得常委们的积极支持。例如,基层法院作为政法机关中的一员离不开县委政法委的领导(此点将在后文"第二节 政法管理结构中的基层司法"部分详细探讨),基层法院的组织人事工作(特别是在2013年启动的新一轮司法改革之前)离不开县委组织部的关心。

其次,县法院对县政府的从属地位。长期以来,基层法院在财力、物力方面离不开当地政府的支持。一方面,在2013年启动的新一轮司法改革之前,各级地方法院的经费系部分源于地方财政、部分源于国家财政。无论是薪酬、办公等日常开支,还是基础设施建设、批量增添或更换重要装备设备等大额支出,都离不开充裕的经费保障。回顾历史,20世纪90年代至2000年,我国地方法院的经费状况是以地方财政负担为主,中央和省级财政对贫困地区予以适当补助;2001—2008年转变为以地方财政负担为主,中央和省级补助为辅。全国地方法院经费来源中,中央补助所占比例从2001年的2%逐渐增至2008年的12%;2009年之后则形成"明确责任、分类负担、收支脱钩、全额保障"的新体制,截至2011年,全国法院经费与2008年相比增长了31.88%,其中,中央财政补助给地方人

---

① 付子堂主编:《法社会学新阶》,中国人民大学出版社2014年版,第1页。

民法院的经费增长了 91.08%。① 前述意味着远山县法院需要不时向管理地方财政资源的县政府求助。另一方面，由于在审判及执行活动中基层法院直面着社会压力，为避免产生"司法白条"等状况而导致法律沦为具文，远山县法院需要不时提请县政府协调相关行政部门以期通力合作，从而动员一切可以动员的资源，力争做到"案结事了"。此外，就机关负责人的党内地位而言，县长、常务副县长分别是县委副书记、县委常委，均高于远山县法院院长。

最后，远山县法院对县人大及其常委会、县政协的从属地位。在我国，人大是权力机关、人大常委会是其常设机关。这意味着，远山县法院院长及其他法官须由县人大、县人大常委会任免，远山县法院须接受县人大、人大常委会的监督，远山县法院院长须对县人大进行年度工作汇报。而县政协作为实现参政议政、统一战线的职能机构，则主要对远山县法院进行民主监督。此外，就机关负责人的政治地位而言，县人大常委会主任、县政协主席均为正县级领导，行政级别均高于远山县法院院长。

综合前述，在此种语境下的条条块块关系中，如果将上级法院喻为基层法院的"娘家"，则当地四大班子堪称"婆家"。

不过，问题的另一面也随之浮现。在新一轮司法改革之前的客观环境下，当面临"婆家人"诸如以"为经济发展保驾护航""维护一方安宁""关心诉讼群众切身困难"等名义行地方保护、徇私舞弊之实的时候，基层法院容易被迫陷入哈姆雷特式的"生存或毁灭"两难境地——如果遵循法制统一、公正裁判的法治要求，则可能因为"胳膊肘外拐"而被边缘化，今后步履维艰；如果"胳膊肘里拐"则可能产生违法违纪的责任后果。总之，在人事管理、财力物力均受限于当地的情况下，基层法院依法独立审判所面临的压力不容小觑。

诚然，在新一轮司法改革之前，"我国司法人员和经费实行分级管理、分级负担的体制，司法权运行受制于当地，司法活动易受干扰"②，然而，"我国是单一制国家，司法权从根本上说是中央事权"③，各地法院

---

① 参见最高人民法院司法改革领导小组办公室编写《〈最高人民法院关于全面深化人民法院改革的意见〉读本》，人民法院出版社 2015 年版，第 327—331 页。

② 习近平：《论坚持全面依法治国》，中央文献出版社 2020 年版，第 62 页。

③ 习近平：《论坚持全面依法治国》，中央文献出版社 2020 年版，第 62 页。

在本质上是"国家设在地方代表国家行使审判权的法院"①。"打官司就是打关系""黑头（法律）不如红头（文件）、红头不如笔头（领导批示）、笔头不如口头（领导交代）"现象的发生，是由传统社会法律意识淡薄等历史因素、转型社会司法权威保障不足等结构因素所形成的合力造成的，而加强国家制度建设、增进公众法治信念，才能实现坏人坏事寸步难行、好人好事畅行无阻的局面。无疑，破除基层司法地方化的结构性障碍、全面增强基层司法的公开透明度乃是治本之道。这正是新一轮司法改革致力于实施省级以下法院人、财、物统一管理的结构改革，② 以及建立、健全领导干部干预司法问责制的缘故。

让人欣慰的是，自新一轮司法改革实施以来，特别是自 2015 年 3 月 18 日施行《领导干部干预司法活动、插手具体案件处理的记录、通报和责任追究规定》以来，远山县法院现任院长王冰及其他法官普遍反映案件受到的不当干扰明显减少。其中，远山县法院纪检组长章志伟的看法比较具有参考价值：

> 这几年基层司法确实是越来越公正的。一方面，县法院在人、财、物三个方面所接受的管理，从过去的完全横向、横向为主或部分横向，转化为今天的省级以下法院统一纵向管理；再加上行政案件实施集中管辖、异地审理等措施，滋生地方保护和行政干预的温床被逐步铲除。另一方面，廉政建设对司法公正起到了巨大的推动作用。党的十八大以来，各地吃喝勾兑、乱打招呼的歪风邪气明显得到遏制。特别是监察委成立后，打击司法腐败、司法不作为、违规干预司法这些违法乱纪行为的力度越来越大。远山有好几个科级干部因为对法院办案"指手画脚"、妄图违规操作，被县纪委监察委一一查实，全部进行严肃处分并在全县通报批评。当时在网上发布通报后，评论区全

---

① 习近平：《论坚持全面依法治国》，中央文献出版社 2020 年版，第 62 页。
② 习近平总书记于 2014 年 1 月 7 日在中央政法工作会议中指出："考虑到全国法官、检察官数量大，统一收归中央一级管理和保障，在现阶段难以做到，这次改革主要推动建立省以下法院和检察院法官、检察官编制统一管理制度，法官、检察官由省提名和管理并按法定程序任免的机制，探索由省级财政统筹地方各级法院、检察院的经费。"习近平：《论坚持全面依法治国》，中央文献出版社 2020 年版，第 62 页。

是群众的叫好声。领导干部带头守法，法院公正司法，群众才会真正相信法律、拥护法治，打官司时不再是"托人情"而是"找法律"。①

诚然，基层法院的司法公正程度，和当地其他机关给予的有力支持成正比，并且和当地其他机关施加的不当干预成反比。通过结构调整和环境改善来有效保障司法权威、增强法律意识，从而形成基层法院与当地其他机关之间的良性互动关系，对法院系统和整个公权力系统意义非凡，对当地社会及全国社会影响深远。归根结底，这是提升现代法治建设水平的必由之路。

前文已指出，基层法院在当地权力结构中位次于四大班子。那么，接下来需要思考的是，作为"副县级机构"，基层法院在相较四大班子之外的其他机构时处于何种地位？对于这一疑问的解答可分为两个部分：

其一，县纪委监察委、县检察院与基层法院之间存在的是并列平行、分工合作、监督制衡关系。从地位而言，前述均属于副县级机构，且县纪委、县法院党组、县检察院党组均是当地县委的下属党组织，县监察委、县法院、县检察院的核心人员均由县人大及其常委会负责任免，并接受其监督。②从功能上看，合署办公的县纪委监察委承担着本县的纪检监察工作，其办理的需要追究司法责任的案件，将由县检察院提起公诉和县法院进行审判；同时，县纪委监察委的纪检和监察范围涵盖了本县全体公职人员及有关人员的违法违纪行为，而县法院、县检察院工作人员的违法违纪行为无疑包含在内。县检察院则负责本县范围内的国家公诉和法律监督工作，其与县法院之间的关系是双向的。一方面，县检察院提起公诉的案件需要由县法院依法秉公裁判，"以审判为中心"是近年来司法改革的一个重要原则；另一方面，县检察院有权对县法院审理的、存在争议的相应案件提起检察监督，亦即提请上级检察院进行抗诉、推动案件再审，从而尽可能纠正错误裁判和减少错案的发生。

其二，对于当地各乡镇班子和县政府各部门来说，基层法院拥有相对

---

① 访谈编码：ZZW20160131。
② 含县监察委主任、副主任、委员，县法院院长、副院长、审委会委员、审判员，县检察院检察长、副检察长、检委会委员、检察员。

它们更高的权威和相对独立的地位。原因在于,各乡镇班子和县政府部门的编制级别通常为正科级,低于县法院;并且,各乡镇班子和县政府各部门需要接受县委、县政府的垂直领导,基层法院则拥有较大的自主空间。需要补充说明的是,要充分考察某一基层法院在当地权力结构中是相对处于中心还是边缘,是相对强势还是弱势,往往还需要聚焦其院长的实际情况。正如民谚所谓,"兵熊熊一个,将熊熊一窝"。基层法院的实际地位通常受到其院长威信的明显影响——由于院长对外代表基层法院、象征审判权威,对内则位居本院权力结构的顶端,故一定程度上可通过考察其在当地的政治影响力来认识该院在地方权力结构中的实际状况。表3-1是2006—2018年远山县法院近两任院长的情况简介。

表3-1　　　　　　2006—2018年远山县法院院长情况简介

姓名	学历及法官等级	任期及任内情况（含代院长期间）	备注
张一泓	著名政法院校在职法学硕士研究生,三级高级法官	2006年8月—2014年2月,任期内远山县法院荣获全省优秀法院。远山法院全面完善审判规章和行政管理制度,迅速改变积案较多、二审改判率及发回重审率高于北定市平均水平,以及年度工作报告在县人大通过率持续明显低于远山县检察院的局面;远山县法院案件执结率、一审服判率、二审改判率及发回重审等指标均位居全省前列,工作屡获省、市两级法院和当地四大班子好评	曾在上级法院担任党组成员、副院级领导,北定市著名法律实务专家
王冰	"211"工程高校法学本科,四级高级法官	2014年2月至今,任期内远山县法院再度荣获全省优秀法院并首次荣获全国优秀法院。远山县法院成为本省司法改革试点单位,在数字化管理和信息化建设方面实现重大突破,获得中央政法委、最高人民法院、省委政法委好评	曾在上级检察机关和上级人大常委会从事法律和行政管理工作

可以看出,在张一泓、王冰任期内,远山县法院在当地权力结构中的状况较佳。原因可从以下几个方面予以归纳:

第一,业务及管理能力。张一泓系北定市公认的法律实务专家,拥有出类拔萃的专业水准,并且在上级法院的领导岗位上积累了丰富的管理经验。王冰此前曾从事法律实务和行政管理工作,法律素养较佳且组织、协调能力突出;同时,其具有青年领导干部视野开阔、对新兴事物敏感的优点,这正是其能够确保远山县法院走在司法改革前列,并以大数据、人工智能等信息化手段打造智慧法院,从而大幅提升该院业务能力与管理水平的重要原因。

第二，任职资历。通常，基层法院院长的产生方式如下：从其他基层法院院长、基层检察院检察长中平调；从基层法院副院长、基层检察院副检察长中升任；从中级法院、市检察院部门的负责人或其他符合条件的人员中选拔。此外，在一定情况下亦可能下派中级法院、市级检察院副职领导担任基层法院院长。不难发现，张一泓的资历较佳。鉴于远山县在本省、本市的重要地位，以及此前远山县法院积案较多、二审改判率及发回重审率高于本市平均水平的状况，从上级法院副职领导中遴选合适人选无疑是有助于更好地开展工作的。概而论之，任职资历承载着一名院长的工作经验和协调能力，资历过硬更有利于对内服众和对外赢得认可，并且可能为基层法院争取到更多的资源。

第三，人际因素。运用费孝通的等级差序理论来分析，一名基层法院院长在县领导序列中的实际地位不免被其组织协调能力、履历背景和由此形成的"圈子"所影响——"以'己'为中心，像石子一般投入水中，和别人所联系成的社会关系，不像团体中的分子一般大家立在一个平面上的，而是像水的波纹一样，一圈圈推出去，愈推愈远，也愈推愈薄。在这里我们遇到了中国社会基本结构的特性了"①。与其四面楚歌、频频碰壁，毋宁上下肯定、八方鼎力。进言之，基层法院院长在当地重要官方活动和当地新闻媒体报道中出现的频次，无疑在一定程度上体现出基层法院在当地的司法影响力。

二 "负责审判"：基层法院的权责

"负责审判"可以从两个层面理解：其一，作为法院，负责审判、执行等事务是基层法院的法定职权与职责所在；其二，基层法院实际负责的事务并不局限于前述。事实上，在2017年2月7日颁行《人民法院落实〈保护司法人员依法履行法定职责规定〉的实施办法》（以下简称《实施办法》），以禁止各级法院的法官和其他工作人员违规从事超出法定职责

---

① 费孝通：《乡土中国　生育制度　乡土重建》，商务印书馆2011年版，第28页。

范围的事务之前,① 地方法院普遍在不同程度上参与着当地非司法活动。对此，卢荣荣指出："显然，在能动型司法模式中，法院社会控制功能的边界得到扩展。法院首先是国家政权组织的一部分，其次才是法院本身，最后不必然但很有可能的是，法院有时候甚至扮演着行政部门的角色。"② 因此，在《实施办法》贯彻落实之前，像远山县法院这样的基层法院，除需要负责司法本职工作外，往往还会在不同程度上分担当地县政府的职能。常见的非司法工作有招商引资、整脏治乱、治安执法、普法宣传等。对于这些工作，应实事求是、客观公允地加以认识。正如张一泓所讲述：

> 当时的县委书记说："全县的公共服务，是所有公立单位、全体公职人员都有份的公事。法院作为县里面编制最大、级别最高的单位之一，在搞好本职工作外，做些其他社会贡献不失为扎根一方水土、造福一方百姓。"我们做了哪些社会贡献呢？2008年春天，贵州遭遇百年不遇的凝冻灾害，远山是重灾区，交通阻断、停水停电，全县堪称进入紧急状态。我带着干警们参与巡逻、送水、发放物资。当年夏天，远山负责承办全省旅游发展大会、推动第三产业振兴，城镇卫生变得很重要。城东有个社区成了本院包保片区，干警们利用业余时间搞义务劳动和卫生执勤。2009年春天，天干物燥，远山林场起了大型山火。县里的消防、公安和火场附近的民兵全用上了，还是不够，只好抽调各大单位辅助。我带着几十个干警赶赴现场，为一线人员输送物资和挖掘隔离带。2010年夏天，院机关党委组织募集了大量物资，帮助一个贫困村修了通村公路。此外，普法宣传我们搞得蛮多——从分工角度讲，普法宣传更多属于司法局的职责，但法院毕竟

---

① 最高人民法院《人民法院落实〈保护司法人员依法履行法定职责规定〉的实施办法》第2条："对于任何单位、个人安排法官从事招商引资、行政执法、治安巡逻、交通疏导、卫生整治、行风评议等超出法定职责范围事务的要求，人民法院应当拒绝，并不得以任何名义安排法官从事上述活动。严禁人民法院工作人员参与地方招商、联合执法，严禁提前介入土地征收、房屋拆迁等具体行政管理活动，杜绝参加地方牵头组织的各类'拆迁领导小组''项目指挥部'等临时机构。"

② 卢荣荣：《中国法院功能研究》，法律出版社2014年版，第53页。

是法律工作机构,这个工作比较顺理成章。①

平心而论,对于远山县法院所承担的"其他社会贡献"不宜一概而论、大而化之地加以否定,而是需要具体问题具体分析地正确看待:

第一,诸如2008年春天的凝冻灾害、2009年春天的大型火灾这样事关当地千家万户生命和财产安全的紧急事件,远山县法院应当地县委、县政府之邀而参与防灾抗灾、秩序维持和扶危济困并无不妥。所谓特殊情况特殊对待,远山县法院作为国家政权组织的一部分,在危难之际拓展职责、伸出援手,无疑践行了所有国家机关都应当遵循的"为人民服务"宗旨。

第二,要求远山县法院参加卫生包保、整脏治乱这样的活动,从实际效果来说会造成对宝贵司法资源的不必要浪费和加重司法人员的不必要负担,未免属于投入—产出失衡之举,更值得提倡的做法是根据实际需要增加环卫工人人手或增加工作班次,并为他们发放适宜报酬。

第三,对于扶贫攻坚工作,如果是由基层法院的政工科、机关党委牵头,组织工作人员募集资源和利用业余时间向贫困群体有的放矢地提供帮助,特别是给予像"要致富,先修路"这样授人以渔的帮助,是值得肯定的。考虑到扶贫攻坚这一社会工程的重要意义和工作强度,在必要情况下需要抽调法院的行政人员(通常优先抽调行政人员而非法官)进行协助亦需理解、支持。

第四,关于普法宣传工作,从机构分工的角度来说,法制宣传工作的确更应当属于县司法局的工作范畴。然而,考虑到基层法院属于法律工作机构的事实,特别是考虑到每个司法案件的办理过程在客观上都是一次对法律知识的普及和宣传这一实际情况,在诸如"3·15"消费者权利保护日、"6·26"国际禁毒日、"12·4"国家宪法日这样具有特殊意义的日子,基层法院在县城、乡镇、村居设置普法宣传点、进行法律讲解、发放法制宣传资料也就显得顺理成章。无疑,基层法院及下属乡镇派出法庭在驻所附近和其他相应地点开设的法制宣传栏,以及举办的网站、微信公众号等网络媒体平台均是其普法宣传工作的有机组成部分。

---

① 访谈编码:ZYH20160201。

第五，对于招商引资工作，张一泓没有提及，原因在于张一泓和现任院长王冰均未参与其中。笔者通过田野调查发现，无论是作为单位的远山县法院，还是作为县领导之一的远山县法院院长，近年来均未参与当地招商引资工作。这是值得肯定的，因为基层法院、法院院长参与招商引资工作将有违司法的客观、中立立场——毕竟，当招商引资来的企业、企业家在远山县同其他个人或单位发生争讼时，即使远山县法院秉公断案，也仍难以摆脱瓜田李下、不当偏袒之嫌。

进一步而言，如果以基层法院院长为首的法院干警专业过硬、能力突出，还可能被进一步"人尽其才"。对该阶段的远山县来说，县政府在面对城镇大规模改造、水库移民、重大投资项目、重要规范性文件制定等事关全局、影响深远的工作时，常常会邀请县法院院长张一泓出席，征询其法律建议。可见，值此之际张一泓实际充当了县政府的法律顾问。此外，在当地一次疑似学生食物中毒事件中，① 张一泓以副县级领导身份担任了应急工作组组长，在第一时间有效组织、调配全县资源进行应对，同时进行了及时、全面、深入的信息公开与舆论引导，成功地实现了危机处理与风险防控。

究其原因，一方面，对该阶段而言，远山县从事行政法制工作的公职人员队伍状况并非理想，在人手充足、素质过硬的人才队伍培养成型前，重要法务工作的开展不能不依赖于"外援"；另一方面，当时远山县各机关单位的法律顾问聘任工作尚未全面完成，并且同期全省律师队伍规模较小、服务能力有限，导致符合条件、可供选择的律师数量相当有限。远山县司法局的资料显示，2012年时贵州省律师人数仅约3000名，且近半集中在省会贵阳，而北定市全市律师不足200名、远山县律师不足10名。于是，远山县委、县政府就近向远山县法院寻求帮助，由法律素养较高且不会收取高昂服务费用的法官提供法律参考意见也就成为情理之中的事情。当然，此举存在的一个隐患是，如果这些工作（重要规范性文件的制定除外）所涉及的相对方同县政府下属部门、乡镇政府发生诉讼，② 则

---

① 后经医学检验与事实调查，该事件实为一名山区小学生因初次食用西式营养早餐而有所不适，在食堂用餐时间发生恶心呕吐，并迅速引发周围学生的心理反应。

② 涉及远山县政府本身的行政案件一般由北定市中级法院审理，这是由当时的司法解释《最高人民法院关于执行〈中华人民共和国行政诉讼法〉若干问题的解释》所要求的。

案件将会由远山县法院进行审理；然而，此前相应法官却为这些作为诉讼一方当事人的政府部门、乡镇政府提供过法律建议，那么远山县法院的审理工作也就不免存在着"裁判员和球员合二为一"的瑕疵，从而产生相应的合法律性（legality）和合法性（legitimacy）危机。

无疑，前述活动意味着基层法院院长等干警完成了当地公职群体对其所进行的"人员选择"（person selection）。正如美国学者彼得·L. 伯格所言："每一个社会结构都要挑选维持其运转所需要的人，而且要以这样那样的方式淘汰不合适的人。倘若没有合适的人可供挑选，社会就不得不'发明'这样的人选——更加准确地说，社会要根据具体的需要去生产这样的人选。就这样，通过社会化和'养成'的机制，社会'制造'出维持其运行的人。"①同时，对于基层法院而言，前述活动也意味着基层法院完成了当地公权力系统对它的指令要求，对相应的社会结构关系进行了维持和再生产。究其原因，正如伯格所指出：行动者是由不同角色组成的常备剧目。在一定程度上，一个行动者所能扮演的角色多寡决定着其活动范围。故此，对行动者而言，其行动过程乃是一系列不间断的舞台表演。因为观众不同，所以行动者有时候不得不迅速地将戏服更换。然而，尽管角色千变万化，但是表演者终归会成为他（她）所要扮演的角色。②

诚然，站在现代性（modernity）与社会分工的立场审视，由于传统社会与现代社会在系统形态上存在着结构分化程度与功能专门化程度的显著差别，前述活动无疑是一种社会分工不发达的表征，故其更加适应的是数十年前计划经济体制下的总体性社会（total society）而非市场经济发达的现代社会。③进一步运用场域理论来分析，可认为这是法律场域分化程度不高、相对自主性不强的反映。所谓分化，"是指特定社会内部具有社会意义的各种活动、功能、结构、权力分离，并由不同的角色行使"④。

---

① 参见［美］彼得·L. 伯格《与社会学同游：人文主义的视角》，何道宽译，北京大学出版社 2014 年版，第 124—125 页。

② 参见［美］彼得·L. 伯格《与社会学同游：人文主义的视角》，何道宽译，北京大学出版社 2014 年版，第 120 页。

③ 参见孙立平《转型与断裂——改革以来中国社会结构的变迁》，清华大学出版社 2004 年版，第 31—32 页。

④ 左卫民、周长军：《变迁与改革——法院制度现代化研究》，法律出版社 2000 年版，第 22 页。

从场域理论出发，任何一个场域，其生成、发展都会经历一个为其自身的自主性而斗争的历程。在此过程中，场域自身的逻辑逐渐获取独立性，亦即成为支配场域中一切行动者及其实践活动的逻辑——因此，对法律场域而言，这无疑正是司法活动脱离外部不当干扰因素控制的一个过程。①

第二节　政法管理结构中的基层司法

在我国，"司法"是"政法"的下位概念，②"我们既要坚持党对政法工作的领导不动摇，又要加强和改善党对政法工作的领导，不断提高党领导政法工作能力和水平"③。正如应星所概括："新中国的政法传统由两个方面组成，一方面是政法体制上的党领导司法，司法为中心工作服务；另一方面是司法运作与司法形式上对群众路线的贯彻，这在司法调解、人民陪审制等方面表现尤为明显。"④ 基层法院同时扮演着县委政法委领导下的政法机关和上级法院管理下的下级法院双重角色，这正是政法管理结构舞台中的基层司法之缩影。

一　担纲政法机关的基层法院

"党委政法委是党委领导和管理政法工作的职能部门，是实现党对政法工作领导的重要组织形式。"⑤ 县委政法委会议一经召开，含基层法院院长在内的各成员均需出席，共商政法工作事宜。基层法院院长需要在政法委书记的组织、协调、支持、监督下解决本院的人力、物力与编制等难题，从而实现基层法院的正常运转和基层司法的有效开展。因此，可结合行动—结构两个维度，考察基层法院在当地政法管理结构中的司法行动模式，借此审视相应的基层司法实践逻辑。

---

① 参见李瑜青等《法律社会学理论与应用》，上海大学出版社2007年版，第43页。
② 所谓"政法机关"，包含党委政法委、法院、检察院、公安机关、国安机关（通常不在县一级行政区划设置）和司法行政机关，它们开展的各项工作之总和即"政法工作"。
③ 习近平：《论坚持全面依法治国》，中央文献出版社2020年版，第42页。
④ 应星主编：《中国社会》，中国人民大学出版社2015年版，第182页。
⑤ 习近平：《论坚持全面依法治国》，中央文献出版社2020年版，第44页。

（一）基层法院的司法行动模式

基于远山县的司法实践，可将基层法院在当地政法管理结构中的行动模式划分为扮演合作者和扮演制衡者两大类型。具体而言，基层法院的合作行动可划分为被动合作与主动合作两种情况：其一，被动合作。这是指基层法院根据上级要求，[①]与其他政法机关进行合作以贯彻落实各项工作。因为上级下达的任务并非基于基层法院的意志，所以谓之被动。其二，主动合作。这是指基层法院主动邀请其他同级政法机关共商事宜，通过提请政法委会议、法院院长列席检察院检委会会议、检察长列席法院审委会会议等方式相互沟通协调、共同处理相关事务。主动合作的原因在于该工作机制在一定情况下是极富效率的——既可以群策群力、集思广益，又可以通过对话交流来调和几家政法机关之间的分歧，并且还可能避免将责任集中于特定机关。同时，此举在一定程度上有助于提升政法系统的形象——作为一个富有凝聚力、能够有力完成工作任务的光荣集体，无疑比一盘散沙更容易获得方方面面的认可。

需要指出的是，截至2013年中央政法委、最高人民法院先后颁行《关于切实防止冤假错案的规定》《关于建立健全防范刑事冤假错案工作机制的意见》两个重要文件前，[②]各地政法委在不同程度上领导着具体的司法业务。是故，对于2013年之前的上一阶段而言，在县委政法委会议中无论是宏观政策措施还是微观重要个案，是经含基层法院院长在内的各政法委委员共同商榷出来的。以刑事司法为例，依照法律程序，一起完整刑事诉讼案件的流程应该是公安侦查、检察院立案起诉、法院审判三个线性递进的环节。然而，在此期间，部分重要刑事案件是以召开政法委会议讨论，展开法院、检察院、公安局"联合办案"的方式进行。在此模式下，不同机关一同跨阶段地对案件进行合作处理，甚至在案件上一阶段即预设好下一阶段基调。

诚然，从扬弃的立场看，对于此种合作的积极面应予以正视——它可以对当地社会传递出政法机关不遗余力打击犯罪、全面维持社会稳定的正面信息。同时，效率的提高对于犯罪防控、矫治不无益处。毕竟，"犯罪

---

① 泛指同级或上级党委、同级政法委或上级政法委、上级法院、上级检察院等能够发布指令的上级机关。

② 自此，各级政法委"对事实不清、证据不足的案件，不予协调；协调案件时，一般不对案件定性和实体处理提出具体意见"；禁止法院、检察院、公安机关"联合办案"。

与刑罚之间的时间隔得越短,在人们心中,犯罪与刑罚这两个概念的联系就越突出、越持续,因而,人们就很自然地把犯罪看作起因,把刑罚看作不可缺少的必然结果"①。然而,此种贯穿全程的合作,将线性程序异化为圆形,有违法院、检察院、公安机关分工负责、相互制约的法定要求,其隐患不言而喻。正如习近平总书记所批评的:"我们一些领导干部对怎么坚持党对政法工作的领导认识不清、把握不准,有的该管的不敢管、不会管,怕人家说以权压法、以言代法;有的对政法部门职责范围内的事情管得过多过细,管了一些不该管、管不好的具体业务工作;有的甚至为了一己私利,插手和干预司法个案"②,"党对政法工作的领导是管方向、管政策、管原则、管干部,不是包办具体事务,不要越俎代庖,领导干部更不能借党对政法工作的领导之名对司法机关工作进行不当干预"③。

在各政法机关合作的同时,基层法院对其他政法机关实施的制衡是现实存在的。一方面,在民主集中、分工负责、相互制约的政策和法律框架下,基层法院院长基于责任心、素养、理念等因素,可能会对其他政法机关负责人的意见持保留态度——远山县法院前院长张一泓在任期内,便基于求真务实、践行法治的立场,而在县委政法委会议上多次对县公安局局长侦查中心主义和治安本位式的错误主张提出保留意见,并获得时任政法委书记与检察长、司法局长等多数政法委委员的支持。借此,还可发现在"联合办案"活动中存在的一个隐患在于博弈胜负的关键未必一定是对事实和法律的掌握,而是可能取决于权威和职务的高低。另一方面,政法系统集体利益与共同追求的存在,并不能完全消解各具体机关的部门利益、负责人的个体利益;因此,为了本单位和负责人自身的利益最大化与责任最小化,抑或为了获得在政法系统内更大的话语权,基层法院亦可能对其他政法机关采取制衡措施,此点无疑值得反思。总之,在深化改革、建设法治的进程中,"各级党组织和领导干部要适应科学执政、民主执政、依法执政的要求,支持政法系统各单位依照宪法法律独立负责、协调一致开展工作"④。

---

① [意]切萨雷·贝卡里亚:《论犯罪与刑罚》,黄风译,中国大百科全书出版社1993年版,第56—57页。

② 习近平:《论坚持全面依法治国》,中央文献出版社2020年版,第43—44页。

③ 习近平:《论坚持全面依法治国》,中央文献出版社2020年版,第44页。

④ 习近平:《论坚持全面依法治国》,中央文献出版社2020年版,第44页。

(二) 基层政法管理结构的影响

基层司法行动受到基层政法管理结构的形塑，优化结构、完善行动是司法改革的题中应有之义。对此，习近平总书记指出，"深化司法体制改革，完善司法管理体制和司法权力运行机制，必须在党的统一领导下进行，坚持和完善我国社会主义司法制度。要把党总揽全局、协调各方，同审判机关和检察机关依法履行职能、开展工作统一起来"[①] "推进公正司法，要以优化司法职权配置为重点，健全司法权力分工负责、相互配合、相互制约的制度安排。各级党组织和领导干部都要旗帜鲜明支持司法机关依法独立行使职权，绝不容许利用职权干预司法"[②]。

对于一个县域而言，县委政法委委员通常由下列人员依次构成：县委常委（或县委副书记）兼政法委书记；县法院院长、县检察院检察长；县公安局局长；县委政法委副书记；县司法局局长。[③] 可见，政法委书记在县委政法委中拥有核心地位：其一，政法委书记由县委常委甚至县委副书记担任；其二，单位意义上的政法委的班子成员——政法委书记、副书记（通常为三名）在全体委员中占有较大比例；其三，在2013年之前，各地政法委书记较少由党委常委专任，而是往往兼任着公安机关负责人职务，[④] 或是兼任法院院长、检察长职务。是故，需要进一步探究的是，基层政法管理结构对于基层司法有着怎样的影响？对此，远山县法院前院长张一泓依托其切身经历向笔者提供了素材。[⑤] 详言之，张一泓2006年夏从上级法院党组成员、副院级领导的岗位上调任远山法院党组书记、代院长，2007年春当选为院长，直至2014年春离任，历时近八年。在其担任远山法院院长期间，远山县委政法委前后更换了四任政法委书记，相应的政法工作情况大致可以分为三个阶段：

---

① 《习近平谈治国理政》（第二卷），外文出版社2017年版，第131页。

② 《习近平谈治国理政》（第二卷），外文出版社2017年版，第121页。

③ 需要说明的是，县委政法委副书记与作为县委政法委委员的县法院院长、县检察院检察长之间并无上下级隶属关系。县委政法委副书记多为专职人员，是作为单位而言的县委政法委的副职领导，通常系正科级领导干部；县委政法委副书记在县委政法委会议上的权利与各位政法委委员相同。

④ 参见夏正林《论法院改革中法院院长的角色定位——兼议法官队伍去行政化》，《法治社会》2016年第3期。

⑤ 访谈编码：ZYH20160115。

第一阶段是 2006 年夏至 2009 年秋。前后两任政法委书记均由县委常委专职担任，他们的工作均以宏观管理、组织协调为主；县法院院长、县检察院检察长均致力于维护司法程序和法律权威，意见往往获得政法委会议采纳；而县委常委兼公安局长则数次提出公安本位的不当主张，试图让与会的政法委书记、副书记、委员们接受"公安做饭、检察端饭、法院吃饭"的格局。然而，在县委政法委的书记、副书记和各位委员看来，县委常委兼公安局长的政治地位的确高于法院院长和检察长，但是这并不能够混淆成县公安局是县法院、县检察院的上级单位，本县各政法机关在政法工作中均应接受县委政法委领导。

第二阶段是 2009 年秋至 2012 年秋。县公安局局长由远山县委政法委书记兼任。为避免出现县委政法委书记和县公安局长角色混同的情况，县委、县政法系统均倡导时任政法委书记明确区分政法委书记和公安局长的不同职责，并且建议其在以政法委书记身份主持县委政法委会议时，委托县公安局政委或副局长代表县公安局议事；在其以公安局长身份同其他政法机关进行公务对接时，则仅代表县公安局。

第三阶段是 2012 年秋至 2014 年春。在此期间由县委常委唐永清专职担任政法委书记。唐永清系"985"工程院校毕业的法学硕士，并曾在上级法院、上级党委政府部门担任过领导职务；同时，县公安局长则由一位由公安院校毕业且一直从警的年轻警官担任。唐永清的工作宗旨是保障几家政法机关各司其职、依法履职，积极帮助大家解决人力、物力、编制等难题，并且坚持以超然态度面对司法活动，从不实质处理具体的司法案件。故此，该阶段被远山县里里外外、北定市政法系统上上下下誉为远山县政法工作的黄金时代。

基于前述材料，不难发现，可以从政法管理机制和法院地位建构两个角度来诠释基层政法管理结构对于基层司法所产生的影响。先看政法管理机制的影响。正如封丽霞所言："在中国法治欠发达的法制环境和社会转型期的国情状况之下，客观上需要有一个权威性、综合性的机构牵头出面，组织与协调各个政法部门，形成强大的社会治理的'合力'。"[1] 法治

---

[1] 封丽霞：《政党、国家与法治——改革开放 30 年中国法治发展透视》，人民出版社 2008 年版，第 401 页。

是党治国理政的基本方式,党对于司法的领导具有宪法正当性,"要正确处理坚持党的领导和确保司法机关依法独立公正行使职权的关系。保证司法机关依法独立公正行使职权是我们党的明确主张"①。各级政法委作为党对政法工作实施领导的机构,以政法委书记为核心、法院院长等各政法机关负责人为委员,履行着政治领导、思想领导、组织领导等职能;因此,不断完善政法管理机制从而实现司法的公正与效率乃是社会治理转型和法治建设的一个重要课题。考察实践可知,近年来政法管理机制中的两项重要变迁对于基层司法影响深远:

其一,政法委的职能优化。对此,习近平总书记强调道:"党委政法委要明确职能定位,善于议大事、抓大事、谋全局,把握政治方向、协调各方职能、统筹政法工作、建设政法队伍、督促依法办事、创造执法环境,保障党的路线方针政策贯彻落实,保障宪法法律统一正确实施,推动依法治国基本方略落实,推动法治中国建设。党委政法委要带头在宪法法律范围内活动,善于运用法治思维和法治方式领导政法工作,在推进国家治理体系和治理能力现代化中发挥重要作用。"② 前文已述,在 2013 年中央政法委、最高人民法院先后颁行《关于切实防止冤假错案的规定》《关于建立健全防范刑事冤假错案工作机制的意见》两个重要文件前,各地政法委在不同程度上领导着具体司法业务。部分地方政法委通过其"督促、推动大要案的查处工作,研究和协调有争议的重大、疑难案件"的职能,以"案件协调会议"的方式组织各机关"联合办案",最终实际充当司法个案的裁判者。③ 此种工作机制存在着将党对司法的政治、思想、组织领导与具体的司法工作相混同的问题,在相应政法委书记人选法律素养欠缺的情况下,其局限性更加明显。毕竟,关乎生命、自由、尊严和财产的法律是一门深奥技艺,其掌握并非旦夕之功——因为"司法活动具有特殊的性质和规律,司法权是对案件事实和法律的判断权和裁决权,要求司法人员具有相应的实践经历和社会阅历,具有良好的法律专业素养和

---

① 习近平:《论坚持全面依法治国》,中央文献出版社 2020 年版,第 43 页。
② 习近平:《论坚持全面依法治国》,中央文献出版社 2020 年版,第 44 页。
③ 参见林中梁《各级党委政法委的职能及宏观政法工作》,中国长安出版社 2004 年版,第 561 页。

司法职业操守"①。

从应然角度看，政法委的职能在于领导、支持、监督各政法机关依法履职，研究、指导政法系统的队伍建设，其工作是政治性、政策性、宏观性、组织性、监督性的；②政法委书记的职责在于公正地开展宏观管理，推动党的政治意志、政治路线和政策方针之理解与执行，而非微观处理司法个案。正如前远山县委政法委书记唐永清所表示：

> 我是北定市公认的法律专家之一，但实事求是地说，我不可能精通所有的法律领域；也不可能有足够的精力掌握每个案件的具体情况，因此我从不实质处理远山的司法个案，而是充分尊重其他机关、其他领导的工作。有理由相信相关人员比我更了解案件情况和熟悉相应的具体法律知识。何况，组织、协调工作才是我的职责所在。③

由此可见，如果是按照唐永清所呈现出来的这样一种立场来领导县委政法委工作，则无论该政法委书记是否具备深厚的法律素养、娴熟的司法技能都不会影响到政法委职能的有效实现。

其二，政法委书记的专职化。正如前文所提到，在2013年之前，各地政法委书记通常并非由党委常委或党委副书记专职担任，而是同时兼任着公安局长职务（换言之，公安局长是出任政法委书记的首要人选）。其局限性主要在于以下两个方面：一方面，由于政法委书记直接统辖政法委、公安局两个机关，可能导致公安局地位优位于法院、检察院；另一方面，因为上下级公安机关之间具有领导与被领导关系，所以容易导致上级公安机关与下级政法委之间也产生变相的领导与被领导关系。对此，曾有学者和实务专家提出由法院院长或检察长同时担任地方政法委书记的构想，④其理

---

① 习近平：《论坚持全面依法治国》，中央文献出版社2020年版，第61页。
② 参见韩大元、于文豪《法院、检察院和公安机关的宪法关系》，《法学研究》2011年第3期。
③ 访谈编码：TYQ20140920。
④ 现实中不乏其例，如前最高人民法院院长任建新在任期间同时担任中央书记处书记、中央政法委书记；前贵州省人民检察院检察长胡克慧在任期间同时担任贵州省委政法委书记。参见封丽霞《政党、国家与法治——改革开放30年中国法治发展透视》，人民出版社2008年版，第447页。

由在于：此举可提升司法机关负责人的党内地位，从而有助于司法权监督行政权和消弭公安机关因"超职权主义"造成的不利影响；并且，自《法官法》《检察官法》颁布实施以来，法院院长、检察长普遍具备较高的法律素养，此举还可避免外行领导内行，从而保障司法机关以司法逻辑而非行政逻辑处理司法问题。平心而论，此种建议不无合理性，但政法委书记兼任法院院长或检察长仍存在着维护部门利益、无法超然的风险，故亦不值得提倡。正如封丽霞所言："如果是'三长'兼任政法委书记，往往造成其中的'两长'听任'一长'的单方面决策，使得公检法之间相互制约的关系受到损害，也不利于政法委员会作为一个相对独立的协调机构来处理问题。"[1] 是故，我国自2013年以来逐步推步形成政法委书记专职化的机制，并对地方政法委职能进行优化；与此同时，公安机关负责人一般由同级地方政府副职负责人兼任。[2] 远山县近年来的实践情况无疑是与这一趋势相吻合的。

再看法院地位建构带来的影响。作为人文主义社会学的普遍共识，"身份并不是'与生俱来'的，而是靠他人的社会承认行为赋予的"[3]。因此，基于相关实践可以发现，基层法院在当地政法管理结构舞台中的地位高低、基层法院院长在当地政法委委员中的身份排序，正经历着从"公、检、法"向"一府两院"的变迁。对于政法系统来说，长期流传着"公、检、法"的说法。"公、检、法"之谓，一方面源于刑事诉讼程序的流程；另一方面也折射出过去数十年间国家、社会对于前述机关的一种地位排序——法院、检察院被降格为"部门"，并且权威性低于公安机关。

详言之，"公、检、法"的排序方式诞生于法院职能单一（以刑事审判为主）、审判及执行任务较轻的时代。从源头上来看，"公、检、法"这样一种顺位表述始于1956年党的八大政治报告，尽管在宪法、法律层

---

[1] 封丽霞：《政党、国家与法治——改革开放30年中国法治发展透视》，人民出版社2008年版，第447页。

[2] 这是目前省、市层级和若干县级行政区域的普遍状况，部分县域仍由县委政法委书记兼任公安局局长。

[3] [美] 彼得·L. 伯格：《与社会学同游：人文主义的视角》，何道宽译，北京大学出版社2014年版，第114页。

面这样的表述并未契合国家机关设置的应有逻辑，但是基于当时社会治安形势等客观历史条件，其具有相应的时代合理性。① 地位排序语境下的"公、检、法"，在实践逻辑层面意味着政法工作以治安本位为价值取向，三机关以公安机关为核心，公安机关处于优越地位甚至可以取代法院、检察院的职权，法院的审判工作被化约为制裁犯罪、实施专政，法院的职能职责被强调为"刀把子"。与之相应，20世纪50年代初至70年代末呈现出"大公安、小法院，可有可无检察院"的图景，三机关之间的分工合作较为突出，而监督制衡则显得不足。②

20世纪90年代以来，我国进入了发展社会主义市场经济、全面建设社会主义法治国家的新时期。与此相应，"诉讼爆炸"现象浮现，法院在业务上实现了从单一的刑事裁判向多元的民事、刑事、行政审判以及非诉讼案件执行的跨越；同时，检察院也实现了职能从单一的刑事公诉向多元的刑事公诉、侦查监督、民事行政检查监督及监所法律监督等的转换。③ 在建立社会主义市场经济的第一个五年期间（1993—1997年），全国法院共审结各类一审案件22417744件，年平均递增率11.47%；其中刑事案件2437426件，约占案件总数10.87%，年平均递增率仅为0.75%。④ 换言之，在过去数十年间，党的事业历经了从领导革命到执政建设的变迁，与之相应的司法制度改革具有现实紧迫性与历史必然性。

当社会步入新的发展阶段，法院在继续发挥制裁犯罪的"刀把子"功能同时，更发挥起依法调节人民内部矛盾、实现权力制约的"笔杆子"功能。2000年，法官、检察官从军服式制服转向西服式制服、法袍的换装举措可谓一个重要象征。2013年启动的新一轮司法改革更是明确提出了"优化司法职权配置""依法独立公正行使审判权""以审判为中心的诉讼制度改革"等司法结构转型要求。在此语境之下，政法管理结构中

---

① 参见韩大元、于文豪《法院、检察院和公安机关的宪法关系》，《法学研究》2011年第3期。

② 参见张晋藩主编《中国司法制度史》，人民法院出版社2004年版，第634—645页。

③ 随着2018年国家监察委和各地监察委的正式成立，90年代以来检察院所具有的反贪污贿赂、反渎职侵权职能转为由各级监察委承担。

④ 参见任建新《最高人民法院工作报告——1998年3月10日在第九届全国人民代表大会第一次会议上》，《人民日报》1998年3月24日第2版。

的"公、检、法"次序开始转向"法、检、公"次序，回归宪法、法律所赋予的"一府两院"之应然逻辑。

二 饰演下级法院的基层法院

在法律规范层面，"上级法院""下级法院"表示的并非不同级别法院之间的领导与被领导关系，而是它们之间的审级分工和业务指导关系。申言之，上级法院通过司法解释、审判监督（审判监督程序、二审程序）、案件指导、审判经验交流、法官教育培训等方式来实现对下级法院的指导和监督。不过，恰如黄宗智所言："研究法律不能就文本论文本，一定要看到文本之外的司法实践。法律表达与法律实践之间既有相符之处也有相悖之处，这是因为法律在实际运作之中，必须在一定程度上适应社会实际。正是表达与实践之间和法律与社会之间的既矛盾又抱合的关系，组成了法律体系的整体。"① 在实践中基于下列因素，上下级法院之间在事实上存在着领导与被领导关系，基层法院饰演着被上级法院领导的下级法院角色：

第一，基层法院的经费和组织人事管理实践。在过去很长一段时间内，法院的部分办公经费源于国家专项资金。该类经费在法院系统中系从上往下地层层下拨，故上级法院对下级法院具有经费领导关系。同时，在"党管干部"的制度语境下，法官、书记员、法警、行政辅助人员等均属"干部"范畴，而在该阶段，对基层法院实施组织人事管理的部门为当地党委组织部以及中级法院政治部，加之司法系统作为一个专业性较强的系统，法院人员流入政法系统以外的概率并不大，这就意味着上级法院对下级法院具有组织人事领导关系。正如达玛什卡在探究科层制法院系统中的上下级法院关系时所言："虽然下级法院不再负有服从上级法院意见的法定义务，它们还是继续寻求上级法院的指导。虽然这种服从上级的态度是在许多因素的共同作用下得到保存的，但其最显著的原因和推动力量却是录用、培训和晋升的政策，所有这些都亲和于科层式组织。"② 依照2013

---

① ［美］黄宗智、尤陈俊主编：《历史社会法学：中国的实践法史与法理》，法律出版社2014年版，第1页。

② ［美］米尔伊安·R.达玛什卡：《司法和国家权力的多种面孔：比较视野中的法律程序》，郑戈译，中国政法大学出版社2015年版，第48页。

年新一轮司法改革之要求，省级以下地方法院所需经费转由中央和省列入财政预算全额保障，在此基础上逐步实施统一管理，以免受到当地财政束缚；并且，省级以下地方法院的编制与人事亦逐步实施统一管理。在此趋势下，上级法院对下级法院的经费和组织人事领导关系将得到一定强化。当然，从克服司法地方保护主义的角度出发，这是值得肯定的。

第二，基层法院的审判业务管理实践。法律赋予了上级法院对下级法院的业务指导权力，在实践中，此种权力一定程度上异化为上级法院对下级法院的业务领导权力。一方面，基层法院审理的任何个案都存在着上诉至中级法院进行二审的可能性，因此便存在着被中级法院发回重审或改判的可能性；另一方面，基层法院的权威性以及审判队伍的整体业务水平往往不及中级法院。因此，对于疑难复杂案件、社会影响力巨大的案件和受到当地行政干预的案件，基层法院往往会向上级法院请示、汇报，寻求上级支持乃至定夺。应当说，这样一种制度实践是具有相当程度的合理性的，正如达玛什卡所言："上级审查不仅是常规的，而且还是全面深入的。下级机构决策的方方面面都难以避免上级的监督：事实、法律和逻辑都可能受到仔细的复审和纠正。在上级审核变得几乎无所不及的情况下，要求下级权威明确表述自己作出了何种决定以及为何如此决定就变得十分必要了。在理由陈述部分中马马虎虎或者轻易给出结论，这种情况在普通法法系的初审法官中十分常见，但在科层式的司法体系中就注定会招致驳回或推翻。"① 然而，不容忽视的是，此举存在着混同一审、二审，实质上消解二审法律监督功能的弊端，而且两级法院之间互相推诿的情况也时有发生。同时，由于远离当地，上级法院的业务管理、业务指导也未必能够完全符合基层实际。例如，对立案、结案、调解等工作任务量的下达以及对相应考核指标设计要求过高的情况并非鲜见。② 当发生前述情况时，

---

① ［美］米尔伊安·R.达玛什卡：《司法和国家权力的多种面孔：比较视野中的法律程序》，郑戈译，中国政法大学出版社2015年版，第64页。

② 在距今约十年前，出于对"大调解"的倡导，北定市司法系统中短暂出现过民事案件调解率不得低于80%的要求。然而，事实上并非所有类型、所有性质的民事案件都适宜于调解结案，而应该是"调解的归调解，裁判的归裁判"。更何况，各地的实际情况有所不同，存在着纠纷类型及其比值的差异性。采取此种一刀切的高标准要求，很可能导致不适宜调解的案件被强制调解，或者特定基层法院院长因无法完成调解指标而被上级不当地批评、问责。

基层法院可能会陷入"白加黑、五加二"式奋战，或者对各种数据、报告进行"技术性处理"的两难境地。

第三，基层法院的涉诉信访管理实践。由于法院系统需要承担一定的涉诉信访维稳任务，而涉诉信访工作以"属地管理、分级负责"为原则，因此，基层法院需要接受上级法院的相应管理。详言之，涉诉信访工作依照信访人所在的县级行政区划分配任务，而非完全依照谁审理谁负责的原则。例如，一起由北定市中级法院一审、贵州省高级人民法院二审终审判决的案件，与远山县法院并无直接关系。然而，由于信访人为远山县居民可使得该案归由远山县法院负责。在此逻辑之下，远山县法院院长需要对远山县辖区内的涉诉信访维稳工作负责，而北定市中级法院院长则对本市各区、县的涉诉信访维稳工作负总责。应当注意的是，随着2013年启动的司法改革与信访改革不断深化，前述情况正逐步发生改变。

第三节　基层司法的地方化及其摒除

马克思指出："法官除了法律就没有别的上司。法官有义务在把法律运用于个别事件时，根据他在认真考察后的理解来解释法律"[①]，"独立的法官既不属于我，也不属于政府"[②]。不言而喻，社会赋予法院及其法官的角色期望，是依法公正审判、维护司法正义的法律适用者。[③] 不过，角色演出无疑受限于剧本和舞台，基层法院的实际角色表现是多重社会合力之果。回顾前文，不难发现，在过去的一个时期内，基层司法同时存在着外部权威不足和内部权力集中的矛盾，司法的地方化已经成为国家和社会需要面对和解决的一个突出难题。

一　司法地方化造成的难题

要言之，由于基层法院在人、财、物三方面均受到地方权力结构的限制，既造成其在面临当地的地方保护主义（local protectionism）等压力时

[①] 《马克思恩格斯全集》（第一卷），人民出版社1995年版，第180—181页。

[②] 《马克思恩格斯全集》（第一卷），人民出版社1995年版，第181页。

[③] 参见胡玉鸿《马克思恩格斯论司法独立》，《法学研究》2002年第1期。

较为乏力，还造成其承担着大量超出本职的其他事务；基层法院的相应行动往往又是对这样一种结构的持续再生产。是故，2013年开启的新一轮司法改革明确将司法的去地方化作为一个重点。同时，应当注意的是，司法的地方性（locality）和地方化（localization）乃是两个有所联系但又有明显区别的概念。从相关理论与实践可知，我们既需要正视和尊重司法的地方性，同时又必须反思和避免司法的地方化。

（一）正视司法的地方性

基于下述因素，基层司法的地方性有着内在的逻辑必然性。

其一，从法院权属关系来看，基层司法具有一定地方性。一方面，按照《宪法》和《人民法院组织法》的架构，基层法院等各级地方法院是按照以地域为基础的行政区划来设定的，并且基层法院等各级地方法院是由对应地方权力机关依法定程序产生，需要向对应地方权力机关负责。① 另一方面，按照《中国共产党章程》的架构，党的地方组织亦是按照以地域为基础的行政区划来设立的，基层法院等各级地方法院的党组由相应层级的党的地方组织领导。②

其二，从法院管辖范围来看，基层司法具有一定地方性。基层法院等地方法院的案件管辖范围和行政区划存在对应关系，这与司法案件的特性具有内在的紧密联系。这是因为，"任何一个案件都是发生在具体时空中的，这种空间的特殊性要求法院在审判时将特定空间及其延伸因素考量进去。即案件的地方性使得实施中的法律有一定的差异，需要地方性的法院发挥其能动性来实现。以法院所在地区为主要依据实行法院的地域管辖，是世界各国法院的基本属性之一"③。

由此可见，司法的地方性具有不容忽视的重要价值。法律要想得到社会公众的普遍认同和尊奉，既需要建立在它是一部充分反映民意与民益的良法基础上，也需要建立在它得到良善的运用实施这一基础上。此即亚里士多德所提出的"法治乃良法善治"之命题。④ 有鉴于此，对于我国这样一个历史悠久、幅员辽阔、人口众多的国家来说，不同地理区域之间的经

---

① 参见《宪法》第133条，《人民法院组织法》第2、10、17、22、25条。
② 参见《中国共产党章程》第四章"党的地方组织"。
③ 李小萍：《论法院的地方性》，《法学评论》2013年第3期。
④ 参见［古希腊］亚里士多德《政治学》，吴寿彭译，商务印书馆1965年版，第199页。

济文化发展水平和民情民俗有着明显的差异,这就意味着基层法院等各级地方法院有必要将国家统一的法律规范与特定的社会生活联结起来,避免单纯就法律而法律的机械司法,如此才能真正实现"良法善治"。① 毕竟,"法律的生命不是逻辑,而是经验"②。例如,京津、长三角、珠三角一带是经济繁荣、国际化程度较高的发达地区,应对金融风险、处理大量现代商贸纠纷无疑是该区域司法活动的重要特点;而对于大山环绕、农业人口众多的远山县这样的内陆县域来说,围绕农业、农村、农民组成的"三农"问题所展开的案件在司法活动中占有较高比重。

历经40多年的持续改革开放,中国社会在总体上处于转型巨变之中,市场经济的迅猛发展、社会成员的加速流动使得繁华都市中的陌生人社会与宁静乡村中的熟人社会或半熟人社会并存,这也需要基层法院等各级地方法院结合当地实际在法律的框架内有的放矢、对症下药。正如美国学者克利福德·吉尔兹所揭示,法律某种程度上乃是一种地方性知识,"这种地方性不仅指地方、时间、阶级与各种问题而言,并且指情调而言——事情发生经过自有地方特性并与当地人对事物之想象能力相联系"③。可以说,隐蔽在法律理论和法律实践中的乃是一系列政治、社会和经济生活的不断重现或者说"地方志";亦即法律以各种形式依赖于有关历史的主张,故而它既界定又依赖一系列复杂的地方志和区域理解。④

就本质而言,由社会冲突所带来的司法争讼乃是特定场域中的法律社会行动,而场域正是地方性的一种体现。布尔迪厄指出:"一个场域可以被定义为在各种位置之间存在的客观关系的一个网络(network),或一个构型(configuration)。正是在这些位置的存在和它们强加于占据特定位置的行动者或机构之上的决定性因素之中,这些位置得到了客观的界定,其根据是这些位置在不同类型的权力(或资本)——占有这些权力就意味

---

① 显然,国家授权各地在不抵触国家法律要求的前提下,根据本地实际进行地方立法,制定地方性法规、地方性规章同样也是出于正视和尊重地方性这样一种考虑。
② [美]小奥利弗·温德尔·霍姆斯:《普通法》,冉昊、姚中秋译,中国政法大学出版社2006年版,第1页。
③ [美]克利福德·吉尔兹:《地方性知识:阐释人类学论文集》,王海龙、张家瑄译,中央编译出版社2000年版,第273页。
④ See Nicholas K. Blomley, *Law, Space, and the Geographies of Power*, New York: Guilford Press, 1994, p.14.

着把持了在这一场域中利害攸关的专门利润（specific profit）的得益权——的分配结构中实际的和潜在的处境（situs）以及它们与其他位置之间的客观关系（支配关系、屈从关系、结构上的对应关系，等等）。"① 故基层司法活动作为特定场域中的法律社会行动，离不开基层法院对抽象的法律规范作出地方性的理解，从而平衡国家法律的统一性、普遍性与具体个案的地方性、特殊性之张力。从实际出发，法律规范的具体内容并非仅仅由立法宣告产生，它同时还产生于法院的司法活动之中，其理解不能脱离于权力关系和话语网络。在特定场域中适用法律，具有地方性色彩的基层法院应当正视当地社会现实，对当地的特定关系网络和社会背景充分考虑，从而及时、妥善地生产出合格的司法产品，有效满足当事人和社会公众对公平正义的需求。② 总而言之，法律是特定时空的产物，需要正视基层司法的地方性。基层司法与时俱进、因地制宜，借此取得良好的法律效果与社会效果，方能更好地实现法律与国家的合法性。

（二）反思司法的地方化

立足前文，此处的"地方化"是在这样的语境下使用：基层司法被地方公权力或社会权力不当干扰，以致危及落实宪法、法律所作的依法独立行使审判权之要求。基层司法地方化的一个突出表现是基层法院陷入地方保护主义困境之中。正如前文所指出，在过去的一个时期内，基层法院被深深嵌入当地权力结构之中，在人、财、物等方面均明显受限于当地，加之以审判为中心的政法工作格局尚未全面形成，致使其在面对地方保护主义等压力时显得较为乏力，并且还需要承担大量超出其本职范畴的其他事务。

从根本上说，地方保护主义的浮现有着深层次的社会根源。从经济角度来看，县、区一级基层政府在经济、社会发展方面的激烈竞争，被认为是中国经济高速发展的重要原因之一。③ 详言之，始于 20 世纪 80 年代的"GDP 绩效锦标赛模式"，亦即地方政府围绕 GDP 增长而展开的公共管理

---

① [法] 布尔迪厄、[美] 华康德：《反思社会学导引》，李康、李猛译，商务印书馆 2015 年版，第 122—123 页。

② 参见李小萍《论法院的地方性》，《法学评论》2013 年第 3 期。

③ 参见张五常《中国的经济制度——中国经济改革三十年》，中信出版社 2009 年版，第 158—166 页。

竞赛,乃是理解地方政府激励与增长的关键线索之一,由此带来的激烈的地方竞争被认为与形形色色的地方保护主义之间存有密切关联。各地高产值、高税收的行业往往会得到地方保护主义的不当支持,而不同区域的地方保护主义程度也存在着显著差别。一般来说,经济发达程度和地方保护主义程度成反比,因而越是经济欠发达的省份,受地方保护主义的束缚也越严重。[①] 司法的地方化正是地方保护主义弊病的主要表征之一,诸如立案难、裁判不公、执行白条等现象在各地有所浮现,侵蚀了国家法制的统一性、法律的权威性和司法的自治性,并且损害了国家与地方之间良性循环的统合协作关系。

从被指存在司法地方化之弊的相关司法个案来看,基层法院在司法中屈从于地方保护主义时所袒护的对象未必是当地"土生土长"的自然人或者企业、其他组织。[②] 因为其行动逻辑乃是向在本区域有重要社会影响力、对就业岗位的创造和税费缴纳有突出贡献的个人或单位进行倾斜,而这样的个人或单位对于经济欠发达的西部内陆县域来说,往往是通过对外招商引资引进而来的,在招商引资过程中,一些基层行政机关又存在着违背法制要求而作出失当优厚承诺的情况,所以并不能简单地将"地方保护主义"同"关门打狗"之批评画上等号。追根溯源,这是由于过去基层法院在人、财、物等方面对当地有关部门过度依赖,而对应的当地有关部门则凭借对资源的控制等方式来向基层法院施加压力,要求基层司法偏向地方利益之需而超出法律允许的框架,或者虽未突破法律允许的裁量空间但是违背法律本身的立法精神、立法原则来进行立案、审理和执行。

同时,在社会治理转型时期,法律权威的地位尚未完全稳固,"人熟好办事""权大于法"的落后观念仍占据较大市场。不少当事人利用自身在当地社会中千丝万缕的关系网络向基层法院法官请托,"官司未进门、关系找上门"等妨碍司法公正的现象客观存在,"大盖帽,两头翘,吃了原告吃被告"的司法腐败之风影响恶劣。这正是基层司法地方化的另一个突出表现。毋庸赘言,司法不公、司法腐败将造成法律权威不彰,并且

[①] 周黎安等学者将该种模式称为"政治锦标赛模式"。参见周黎安《转型中的地方政府:官员激励与治理》,格致出版社、上海人民出版社2008年版,第87—102页。

[②] 参见丁卫《秦窑法庭:基层司法的实践逻辑》,生活·读书·新知三联书店2014年版,第310—321页。

严重动摇国家审判权的合法性。由于对一些越轨行为"司空见惯",错误的认知导向在基层社会中蔓延开来,社会公众的法律意识内卷化趋势有所加剧,甚至出现了"不吃不喝,心里没底,吃了喝了,心才能安"这样的心态。是故,2013年开启的新一轮司法改革正是旨在通过结构优化和制度创新的方式来铲除地方保护主义土壤、破除司法地方化藩篱,从而建构法律和国家的合法性,推动社会法治进程。

二 摒除司法地方化的努力

明代政治家张居正在《请稽查章奏随事考成以修实政疏》中深刻地指出:"天下之事不难于立法,而难于法之必行。"最大限度减少有法不依、有令不行、有禁不止的违法违规行为,是法治建设的题中应有之义。故而,新一轮司法改革将摒除司法地方化作为其中一个重要突破口。借由结构优化和制度创新,实现资源保障和阳光司法,乃是去除基层司法地方化之弊的实践逻辑。

(一) 资源保障:结构层面的适度脱嵌

先贤孟子云:"徒法不能以自行。"(《孟子·离娄上》)基层司法的正常有序运作离不开充分的资源保障,否则基层法院将会在相应县域陷入"巧妇难为无米之炊"和"人在屋檐下哪能不低头"的窘境。通过对含广大基层法院在内的省级以下地方法院进行人、财、物统一管理,以适当调整条条块块关系的策略在结构层面实现基层法院的去地方化脱嵌,有助于提升基层司法能力和强化基层司法权威。从人事领域来看,所谓"统一管理"包含着机构编制统管、法官及其他人员统管、领导干部统管三个维度。基于相关政策和远山县法院等改革试点单位的探索实践,可将目前所形成的趋势概括如下:

首先,省级以下地方法院的机构编制,由省级机构编制部门统一管理,而省高级人民法院则负责协调省级机构编制部门开展法院系统内设机构的编制管理工作。原市、县两级机构编制部门不再参与相关工作。省级以下地方法院的机构编制规模和具体职数等安排,将结合当地人口总量、经济社会发展状况以及当地司法工作强度和难度进行综合考量,力求科学化、精准化地"量体裁衣"。

其次，在省一级设立法官遴选委员会和法官惩戒委员会。一方面，省级以下地方法院法官由法官遴选委员会进行专业把关、择优推荐，在此基础上开展相应的提名、管理工作，按照法定程序向对应层级的人民代表大会及其常务委员会提请人事任免。同时，预备法官需接受省高级人民法院组织的统一培训方可上岗，并且地方法院的工作人员亦由省高级人民法院负责统一招录。另一方面，省级以下地方法院法官的惩戒工作由法官惩戒委员会负责。根据相应法院的提请，法官惩戒委员会将从专业角度对所涉法官的争议行为作出审查，根据相关证据事实和法律、纪律规范形成审查意见，相应法院则基于法官惩戒委员会的这一审查意见作出处理决定。从性质上来说，法官惩戒委员会是落实司法责任制的一个重要组织载体，其系具有高度专业性的司法责任评定机构，其宗旨在于通过实事求是、客观公正地评价司法行为，督促和保障地方法院及其法官依法履职、不受外界不当干预。需要补充说明的是，法官遴选委员会、法官惩戒委员会的委员由专门委员、专家委员和代表委员共同组成。专门委员一般由省人大常委会及其下设内务司法委员会、省纪委监察委、省委政法委、省高级人民法院、省人民检察院、省司法厅所推荐的分管领导中产生；专家委员一般由省人大常委会、省政协、省法学会、省律师协会所推荐的人大代表、政协委员、法学专家、律师专家中产生；代表委员则是从省法官协会推荐的资深法官中产生，并且全省三级法院均应有其代表。不难看出，两个委员会在人员组成上是同时兼顾专业性与民主性、法院系统内部自律和社会外部监督的，充分体现出对司法规律的尊重。

最后，地方法院的领导干部实施的是双重管理体制，过去更加侧重于分级管理，亦即由相应地方党委主管（例如远山县委之于远山县法院），而上一级法院党组及其政治部进行协管（例如北定市中级法院党组及政治部之于远山县法院）。在维持双重管理体制不变和坚持党管干部原则的前提下，从尊重司法专业性和遵循司法规律的角度出发，提高省高级人民法院党组及其政治部在本省地方法院系统中的领导干部管理权限之改革具有合理性。毕竟，省高级人民法院党组及其政治部相对于对应地方党委更加了解司法工作和熟悉法院领导干部的实际情况。

由此可见，省级以下地方法院在人事领域的统一管理改革，并不能简单地理解为是将"块"关系全部转变为"条"关系的垂直管理。原因在于,如果是实施一刀切式的垂直管理,司法将会从地方化的困境中转移到行政化的窠臼中。

从财物领域来看,省级以下地方法院的财物统一管理与完善法院系统预算保障体系、国库收付体系和财务管理体系具有密切联系。采取"收支两条线"严格管理是其中一个重点,该措施要求地方各级法院收取的诉讼费、罚金、没收的财物、追缴的赃款赃物等,统一上缴省级国库而非自行留存。此外,建立法院系统装备标准体系和加强法庭等场所建设也是财物资源保障的一个表征。司法的财物资源保障主要取决于经费是否充分,而法院系统的经费保障状况则取决于经济发展水平、财政体制变化和司法改革进程等因素。近年来,随着市场经济不断发展、国家财政日渐充盈,为司法特别是基层司法提供充分的财物资源保障的基础性条件已经成熟。2009年至今,我国法院系统逐渐形成"明确责任、分类负担、收支脱钩、全额保障"的财物保障体制。以2011年为例,全国法院经费与2008年相比增长了31.88%;其中,中央财政补助给地方各级法院的经费增长了91.08%。[1] 之所以出现这样一种新格局,无疑是旨在对过去存在的地方财政保障总体水平欠佳,从而造成地方法院经费不足的这一难题的治标治本——在此之前,由于地方法院特别是基层法院的经费来源在很大程度上依赖于地方财政,故而地方财政的支持水平将从根本上影响到基层司法的财物保障水平。

正如前文所指出,20世纪90年代至2000年,我国地方法院的经费状况是以地方财政负担为主,中央和省级财政对贫困地区予以适当补助。2001—2008年则转变为以地方财政负担为主、中央和省级补助为辅,在全国地方法院经费来源中,中央补助所占比例从2001年的2%逐渐增至2008年的12%。[2] 显然,基层司法的财物保障水平受到当地县域经济发展状况和当地政府财政支持力度的束缚。申言之,在当地政府具有为基层法院积极提供财政支持的意愿的前提下,地方财政支持能力的大小将决定基层司法财物保障的瓶颈高低;在当地政府财政经费相对紧张、支持态度不

---

[1] 参见最高人民法院司法改革领导小组办公室编写《〈最高人民法院关于全面深化人民法院改革的意见〉读本》,人民法院出版社2015年版,第327—331页。

[2] 参见最高人民法院司法改革领导小组办公室编写《〈最高人民法院关于全面深化人民法院改革的意见〉读本》,人民法院出版社2015年版,第327—331页。

够积极的情况下，基层法院对当地政府的依赖性和基层司法的地方化程度将会加剧，这显然是不利于依法独立行使审判权的。

比较而言，2009年之前，在经济相对发达的东部沿海地区，由于当地政府的地方财政收入较高，基层法院所获得的财物资源配置相对理想；在经济相对欠发达的西部内陆地区，特别是工商业、旅游业欠发达的县域，税种单一、税源薄弱，财政收入较低，财政支出捉襟见肘，因此基层法院所获得的财物资源往往不足。当地政府如对基层法院的经费支出持消极态度，则基层法院的处境会雪上加霜。正如远山县法院分管财务的副院长胡文智所言：

> 2009年之前，基层法院的经费主要是依靠地方财政。2001—2008年的情况相比之前好一些。一方面是因为全国经济发展快，像远山这种内陆县份的财政收入水平都明显提高了。远山因为矿产丰富，所以建有不少工业项目；加上风景好，利用"多彩贵州"舞台搞旅游业，财政比较宽裕。另一方面是因为中央财政的补助专款发挥了一定作用。2001年之前，远山的工商业、旅游业还没发展起来，全县财政困难，法院干啥都要精打细算。县法院坐落在一栋小楼里，办公、审案全挤在巴掌大的地方。开庭时旁听的人连站都成问题，过道上更是水泄不通。2001年之后，县里面不那么缺钱了，但我们跑经费时人家也免不了为难，说手心手背都是肉——给法院的钱多了，给别的单位的钱就少了。何况，那些局和乡政府是县政府的"亲儿子"，我们算"兄弟"单位——兄弟辈分高、儿子关系亲。有时候财政口的人给我们办的案子打招呼，就反过来变成我们为难了。①

胡文智的这番话语是相当写实的。在2009年之前，县域之间的财物保障水平相差甚大，将部分基层法院形容为"穷得揭不开锅"并非夸大其词。根据胡文智介绍，同属北定市的桃林县，在此期间仍然是一个经济结构单一的传统农业县。当地财政收入较为紧张，分配到桃林县法院的经费十分有限，以致仅能勉强维持法院工作人员的工资发放和最为基本的工

---

① 访谈编码：HWZ20160701。

作运转。然而，基层法院的基础设施、技术升级、装备更新等实际需求是与日俱增的，于是桃林县法院连续数年出现负债情况。为了应对负债问题，桃林县法院不得不挤占、牺牲掉一些"次要"经费，进行拆东墙补西墙，同时通过"上门揽案"的办法广开案源，以及依靠收取诉讼费、罚金、没收财物、追缴赃款赃物等方式来减轻压力。① 其弊端可想而知。

2009年开始，我国法院系统逐渐形成了"明确责任、分类负担、收支脱钩、全额保障"的财物保障体制。立足于此，对省级以下地方法院的财物统一管理的改革开启。在这一趋势下，省级以下地方法院所需要的财政经费将由中央财政和省级财政按照分类保障的责任要求列入预算，从而予以全额保障。省、市、县三级法院均被列为省级政府财政部门的一级预算单位，它们向省级政府财政部门编报经费预算，所需预算资金由国库集中支付系统来拨付。省高级人民法院就地方法院预算编制、大案要案办案经费、特殊专项经费安排等问题向省级政府财政部门提出意见和建议；同时，省级政府财政部门会同省高级人民法院共同组织实施预算执行监督、专项检查考核等事务。从远山县法院作为贵州省第二批司法改革试点单位的相关经验来看，其经费基数是以上一年度的经费支出数额为基础，同时参考近三年的平均实际支出数额来进行确定。远山县法院的经常性支出得到了充分保障，并且随着经济发展、案件数增长等情况变化而得到了适配。

除此之外，需要看到的是，除通过资源保障来实现脱嵌外，实现从立案审查制到立案登记制的转向，对行政案件、重大民事案件进行集中管辖和异地审判，以及建立领导干部干预司法问责制等改革也都是基层司法去地方化所不可或缺的配套措施。首先，立案登记制确保符合法律规定的受案范围的案件均能得到基层法院立案，从而避免基层法院受到不当干预而选择性立案，将部分本应受理的案件拦阻在法院门外。其次，行政案件、重大民事案件的集中管辖和异地审判同样是一种对地方化的脱嵌制度，毕竟由异地法院来审理这些在原所在地存在着"剪不清、理还乱"的利害关系的案件，更能够有效避免选择性立案、偏袒性司法状况的出现。最后，领导干部干预司法问责制亦可在相当程度上对违法乱纪者形成威慑，

---

① 访谈编码：HWZ20160701。

从而有助于摆脱基层司法的地方化困境。据悉，自 2013 年以来，远山县已有多名行政系统的领导干部因不当干预司法而被县纪委监察委追责。

(二) 阳光司法：拆除不当干预的藩篱

确保正义以看得见的方式实现，是拆除不当干预藩篱、挣脱司法地方化枷锁的重要举措。从 2014 年 6 月起，人民法院数据集中管理平台正式建成并投入使用，以大数据手段实现了对全国法院系统司法信息资源的采集、管理、分析和应用。正如习近平总书记所强调："阳光是最好的防腐剂。权力运行不见阳光，或有选择地见阳光，公信力就无法树立。执法司法越公开，就越有权威和公信力。涉及老百姓利益的案件，有多少需要保密？除法律规定的情形外，一般都要公开。要坚持以公开促公正、以透明保廉洁。要增强主动公开、主动接受监督的意识，完善机制、创新方式、畅通渠道，依法及时公开执法司法依据、程序、流程、结果和裁判文书。对公众关注的案件，要提高透明度，让暗箱操作没有空间，让司法腐败无法藏身。"[①] "要坚持以公开促公正、树公信，构建开放、动态、透明、便民的阳光司法机制，杜绝暗箱操作，坚决遏制司法腐败。"[②] 依托现代信息数据技术，建设审判流程公开、庭审直播公开、裁判文书公开、执行信息公开四大网络平台，同时探索建立法院系统之外的第三方评价机制，让司法活动广泛、有效地接受社会监督，是最大限度压缩暗箱操作空间和提升司法质量，从而杜绝司法地方化不当干扰的必由之路。无疑，以阳光司法为宗旨的智慧法院建设工程，是通过推动司法现代化（modernization）来实现法律和国家的合法化（legitimization）的重要表征。自 2013 年以来，依托全国各地、各级法院，特别是远山县法院等司法改革试点单位，审判流程公开、庭审直播公开、裁判文书公开、执行信息公开四大网络平台的建设进程不断加速。前述平台社会功能发挥良好，切实起到了对司法活动从立案到审判再到执行的全程覆盖作用：

其一，2014 年 11 月 13 日，作为审判流程公开平台核心的中国审判流程信息公开网（https://splcgk.court.gov.cn/gzfwww/）正式开通。目前，对全国绝大部分区域而言，自案件受理之日起，诉讼当事人及其代理

---

① 习近平：《论坚持全面依法治国》，中央文献出版社 2020 年版，第 49 页。
② 《习近平谈治国理政》（第二卷），外文出版社 2017 年版，第 121 页。

人可以凭借有效身份证件、手机号码和查询码、密码，随时登录前述网站来查询相应案件的进展信息，了解相关司法解释、指导案例，知悉审理法官情况，以及进行司法文书签收和向审理法院反馈意见；社会公众亦可通过该网站获取诸如法院通信地址、联系电话、开庭公告、诉讼指南（包含诉讼程序、文书模板等内容）等公共信息。原则上，开庭公告、听证公告，不得晚于开庭、听证三日前在审判流程公开平台作出信息披露。

其二，2016年9月27日，作为庭审直播公开平台中枢的中国庭审公开网（http：//tingshen.court.gov.cn/）正式运行，全国各地、各级法院采用公开开庭程序审理的案件均须在该网站进行互联网实时直播。按照最高人民法院要求，全国各地、各级法院对所有庭审活动必须全程同步录音录像，并通过电子数据方式予以集中储存、定期备份，以便长期保存、随时接受上级法院和社会公众的监督。回顾这一峥嵘历程，2016年9月27日当天该平台一共联结了427家法院，约占全国法院数量的12.13%；短短15个月后的2017年12月31日，全国各地、各级3520家法院全覆盖的目标已经迅速达成。2017年底，全国各地、各级法院的庭审直播案件数超过50万场；2018年6月12日，相应庭审直播案件数突破100万场大关，标志着全国法院系统的庭审直播公开进入加速轨道；2018年11月27日，庭审直播案件数超过了200万场，并以每天1万场以上的增速持续递增。[①]

其三，2013年11月27日，中国裁判文书网（http：//wenshu.court.gov.cn/）实现了同各省、直辖市、自治区高级人民法院裁判文书传送平台之间的联通，宣告全国四级法院裁判文书统一发布的技术平台正式建成。截至笔者即将结束田野调查的2018年12月6日，中国裁判文书网一共收录了57667867篇裁判文书，其中刑事裁判文书7215315篇、民事裁判文书36444770篇、行政裁判文书1764245篇、国家赔偿文书47578篇、司法执行文书12066387篇；访问总人数超过211.57亿人次。[②] 除涉及国家机密、商业秘密、个人隐私而依法不予公开的特定情况外，以及对

[①] 参见最高人民法院《扎实推进庭审公开 全面助力阳光司法——中国庭审公开网直播庭审突破200万场》，中国法院网，https：//www.chinacourt.org/article/detail/2018/11/id/3586983.shtml，2018年11月30日访问。

[②] 该数据源于中国裁判文书网（http：//wenshu.court.gov.cn/）首页实时公示，笔者2018年12月6日24时许访问。

当事人双方合意签署的调解书不作强制要求外，全国各地、各级法院的各类生效裁判文书均统一在中国裁判文书网上公布。利用这一公开平台，当事人、社会公众还可以检索到大量与审判密切相关的函、令、批复、答复等重要文件。

其四，2014年11月1日，中国执行信息公开网（http：//shixin.court.gov.cn/）正式开通。在此基础上，2016年9月14日，"中国执行"微信公号启用；2018年4月13日，全国法院决胜"基本解决执行难"信息网（http：//jszx.court.gov.cn/）上线。通过前述三个平台，社会公众可以查询执行案件流程、司法执行文书、被执行人信息、失信被执行人黑名单、限制消费人员名单、执行风险提示、执行悬赏公告、执行拍卖公告等信息；执行申请人及其代理人还可凭借有效身份证件、手机号码和查询码、密码，了解相应案件的进展情况以及办理相应手续。同时，执行申请人、社会公众还可以从前述平台获得法律法规解读、政策法规公布、典型案例披露等服务。其中，"中国执行"微信公号发挥的功能不容小觑，仅仅在其启用三个月后的2016年12月底，该平台即累计公布失信被执行人644万人次，被执行人信息4065万条，以及提供执行案件信息查询2916万人次。①

除上述四大平台之外，各地、各级法院举办的官网及其微信微博公号、12368电信诉讼服务平台、司法移动新闻客户端、院长信箱等其他资讯平台也进一步拓展了社会公众获取司法信息的渠道。远山县法院正是这一潮流中的弄潮儿，其近年来在立案、审理、执行、听证、司法文书和审判管理六个领域都实现了较高水平的信息公开。自2015年6月被选定为贵州省第二批司法改革试点单位以来，截至2018年11月23日，远山县法院通过网络立案400余件，当事人及代理律师通过阅卷平台查阅案件500余件，外聘专家通过E调解网络平台远程调解民事案件60余件；利用庭审直播平台直播案件2953件，收看人次逾600万；除依法不予公开的案件外，生效裁判文书100%上网公开；官网及微博、微信公号发布1300余条信息，并因微信公号影响力卓著于2018年11月荣获全国中基

---

① 参见最高人民法院《中国法院司法公开》，中国法院网，https：//www.chinacourt.org/article/detail/2017/03/id/2579926.shtml，2018年11月30日访问。

层法院新媒体 30 强殊荣；开展 200 余次网络拍卖，成交 40 余件、金额近 3000 万元；网络发布失信被执行人名单 1600 余例。正是通过这些努力，基层司法地方化的趋势得以遏制和扭转，远山县法院等基层法院的司法水平得到锤炼，司法公信力明显增强。结合相关实践经验，孔伟东和许才智两位法官先后向笔者表达了自己的切身感受。孔伟东主要是围绕庭审直播公开来谈自己的看法的：

> 庭审直播公开平台对我们带来的冲击很大。原来庭审公开是局限在审判庭内的，主要是接受到场旁听的群众监督，少则几人、多则几十人。法官在庭上交头接耳、偷偷使用手机等不规范现象屡屡发生，甚至拉偏架这种情况也并不鲜见。现在，庭审公开是面向整个社会的，法官的一举一动都被摄像头记录下来并且存档。你想，如果是大点的案子，成千上万的观众在网上看直播或者重播，哪容你态度敷衍甚至违规偏袒？前些日子，我们对一件涉案金额上千万元的职务犯罪案公开庭审，除两百多人在现场旁听外，还有 3 万多名网友通过直播平台同步观看。法官在庭审中的言行举止和着装仪态都曝光在众目睽睽之下，有压力也就有动力，可以鞭策我们不断提高业务素养和规范办案。①

许才智则主要是基于裁判文书公开表达自己的观点：

> 裁判文书上网的意义很大。阳光是最好的防腐剂嘛。面向全社会公开裁判文书，猫腻就少了，指鹿为马、颠倒黑白的判决书是没办法服众的——当事人不一定擅长法律，但是整个社会中的"明白人"是很多的。别说是出现证据事实不清、法律适用错误这样严重的问题了，就是发生裁判说理粗枝大叶、错别字过多这样的情况都会被群众诟病的。以前裁判文书没上网时，我们院查处过一起违规案件——原被告收到的判决书内容竟然略有出入，当事人质问到底以哪个为准？审判监督庭通过全面排查卷宗材料才搞清楚情况并作出纠正。换作今

---

① 访谈编码：KWD2018119。

天，裁判文书是要晒到网上去的，这种事情发生的概率也就越来越小。换个角度讲，裁判文书上网也是对法官的保护。我们可以理直气壮地回绝那些打招呼的人——就算他（她）在远山是地头蛇，总不能面对全国都还能要横吧？①

从上述两段话语中，我们不难感受到阳光司法所带来的深远影响。司法越公开，则司法公信力越强、司法权威性越高。当地社会和全国社会的有效监督乃是平衡、遏制地方保护主义和司法腐败的重要力量。正是在这样一次又一次的责任倒逼改革的社会行动中，基层法院的司法能力不断成长、基层司法的裁判尺度日益公平。对比更早一个阶段的裁判文书，不难发现基层法院在文书格式的规范性、法律适用的精准性、逻辑推理的严谨性和解释说明的充分性上均有显著提升。

秉持阳光司法的理念，既尊重基层司法的地方性，又去除地方化之弊，远山县法院还从以下两个方面进行了努力：

第一，从2006年开始，远山县法院便形成了定期发布典型案例的机制，同时还建立了新闻发言人和新闻发布会制度。借此，就重大、疑难案件的情况及时向社会公众进行通报，对相关司法工作作出阐释、说明，答疑解惑，从而避免不必要的误解和错误的舆论炒作。据悉，在远山县2009年审理的一起故意伤害致人死亡案件中，案例新闻发布会起到了至关重要的作用。尽管被告被判处十年有期徒刑，但是被害人父母深表不满，为此多次提起涉诉信访，并在当地网络论坛反复以"欠债还钱，杀人偿命"的话语质问远山县法院是否司法舞弊、轻纵凶手，一时引起轩然大波。在此期间，甚至有该被告系"官二代"而未被实际收监，迄今仍逍遥法外乃至入读本省某高校的流言传出。时任院长张一泓立即为此组织了新闻发布和网络回应工作。通过对裁判文书等司法材料进行公开，并结合《刑法》相关规定，远山县法院指明本案的起因是被害人与被告人因琐事互殴，被告人时年未满18周岁且有自首情节，故对被告人不适用死刑且应对其从轻处罚，判处10年有期徒刑并无不当。② 同时，监狱部

---

① 访谈编码：XCZ20181120。
② 参见《刑法》第17条第3款、第67条、第234条。

门和公安部门出具相应材料，证明被告人确已收监服刑，且并非传闻中的"官二代"；该高校也提供了学籍信息，证明读书一事子虚乌有，并表达了依法维护学校名誉的严正立场。值得一提的是，被卷入传闻的公职人员在网上作回应时，除提供了户籍资料外，还提供了一张其亡父的墓碑照片。其指出：如果该被告人确系自己的子女，那么按照风俗习惯，作为嫡孙的被告人姓名理应也出现在数年前所立的这一碑文上，然而情况并非如此。结合以上释法明理和多方证据，本案遭受的质疑迅速得到解除。

第二，兼顾专业性与民主性，既加强案件交叉评查，又注重第三方评价。案件交叉评查是指远山县法院与其他基层法院展开合作，将已经办结的案件卷宗互相交换、彼此评审，在互相监督的基础上发现瑕疵、查漏补缺以及启动审判监督程序对错案予以纠正。以2016年为例，远山县法院和清溪县法院进行了案件交叉评查，远山县法院将近年办理的5064件案件交予清溪县法院，其中13起案件被指出具有较为严重的瑕疵，并因此依法启动了审判监督程序。由于双方均具有必备的司法专业水准，故评查案件具有可行性和效率性。第三方评价，则是指在中国社会科学院所设计的第三方评估指标体系基础上，由贵州省高级人民法院委托贵州省社会科学院作为中立第三方机构，独立对远山县法院的司法公开状况作出动态监测和评估，从而调查诉讼当事人和社会公众对其相应工作的满意度。诉讼当事人系随机挑取，社会公众则是从未在远山县法院直接参与过诉讼的当地居民、人大代表、政协委员和法律专家中随机选定。2017年的第三方评价结果显示远山县法院的阳光司法指数较好，位居全省前列。

总而言之，循序渐进地调整司法结构、优化司法职权、完善管理体制，从而摒除基层司法的地方化，是推动现代法治建设的题中应有之义。组合好对应的条条块块关系，确保基层司法能够获得必要的人、财、物资源保障，以及通过阳光司法渠道建构司法权威乃是重中之重。

第四章　立案程式：冲突解决的司法门户

冲突解决（conflict resolution）是一个重要的法社会学概念。① 资源的稀缺有限导致冲突普遍存在于人类社会中。冲突解决具有不同层次的意义：其一，冲突得到化解和消除。亦即，冲突主观效果的全部内容于外在形态上被消灭，社会既定秩序恢复，但是不涉及冲突解决的实体结果。其二，要求合法权益得到实现和法定义务获得履行。这是冲突解决在实体层面的要求，它力求弥补冲突给社会既定秩序造成的损害。其三，要求法律或统治秩序的尊严和权威得以恢复。其四，在更高的层次上，冲突解决要求冲突主体摒弃、改变其藐视、对抗社会统治秩序和法律制度的心态，增进自身与社会的共容性，减少、避免冲突的反复出现。②

依据有无第三方在场以及第三方的性质，冲突解决方式可以类型化为以下三种：第一，仅有冲突双方参与的谈判、磋商、交涉；第二，向中立的调解方寻求帮助，调解方将自己作为一座信息传递的桥梁，并借此来实现对冲突双方的积极斡旋，但是调解方的宗旨是帮助双方寻求相互折中、达成合意的机会，而非强加一个结果给冲突双方；第三，将冲突提交给中立的裁判方来进行裁判，裁判方作出独立的判断并且其裁判结果对冲突双方具有拘束力。③ 可见，将冲突纳入法律轨道加以解决，通常会使得双向的冲突向三方的纠纷转变。调解（人民调解、行政调解、法院调解）属

---

① 冲突解决亦可称为冲突规制（conflict regulation）、冲突管理（conflict management）、纠纷解决（dispute resolution）、纠纷处理（dispute processing）、纠纷化解（dispute settlement），有鉴于此，本书中的"冲突"与"纠纷"可作同义解。参见［美］史蒂文·瓦戈《法律与社会》，梁坤、邢朝国译，郭星华审校，中国人民大学出版社2011年第9版，第203页。

② 参见顾培东《社会冲突与诉讼机制》，法律出版社2016年第3版，第29—32页。

③ See Simon Roberts, *Order and Dispute: An Introduction to Legal Anthropology*, New York: St. Martin's Press, 1979, pp.69-71. 亦可参见该书中译本，［英］西蒙·罗伯茨《秩序与争议——法律人类学导论》，沈伟、张铮译，上海交通大学出版社2012年版，第49—50页。

于前述第二种冲突解决方式,而裁判(法院的判决、裁定)、仲裁属于前述第三种冲突解决方式。进言之,定分止争是司法的核心功能,可诉性是法律纠纷区别于其他纠纷的重要标准。正如苏力所言:"法律的主要功能在于建立和保持一种可以大致确定的预期,以便利于人们的相互交往行为。"[1] 立案意味着为冲突解决开启司法门户,故本章将立足于立案审查制和立案登记制两种程式来对相应的基层司法实践逻辑加以探究。

第一节　冲突多元解决中的诉讼

考察历史,可知以文明的诉讼程序替代前现代社会暴力复仇等手段,极大降低了社会维系和发展的成本,故而现代社会乃是法治社会,司法诉讼在冲突解决中的地位至关重要。美国学者劳伦斯·弗里德曼指出,现代社会日益"法律化":一方面,现代社会以复杂的、高度专业化和技术化的方式进行生产,需要法律来确保其稳定性和可预测性;另一方面,现代社会是多元的,传统权威趋于减弱并日趋分散,而地域和职业的流动性则日趋增强,人们之间的关系越来越简单和疏离,个人信用也被不断弱化。凡此种种,导致了现代社会对国家法律和司法诉讼的需求增大、使用频率增加。[2]

同时,需要警醒的是,法律并非现代社会冲突解决所仰赖的唯一资源,司法亦非现代社会冲突解决所依靠的唯一方式。如若片面追求以司法诉讼方式解决各种各类冲突,则势必导致相当数量的社会成员之实际需求无法得到有效满足。无疑,法院是一个正式的公共组织,司法是一种公共物品,法院的司法活动需要以社会成员的财富作为支撑,这种财富必定是有限的,因此必须充分考虑到司法的效率问题,将"好钢用在刀刃上"。于是,对于国家和社会来说,合乎规律的司法实践是:解决某一特定社会冲突所投入的司法成本与该社会冲突所涉及的司法资源成比例。例如,英国 20 世纪 90 年代所进行的民事司法改革建构了"分配正义"(distributive justice)的实践逻辑,要求司法的资源配置、时间消耗和金钱

---

[1] 苏力:《法治及其本土资源》,北京大学出版社 2015 年版,第 7 页。
[2] 参见宋冰编《程序、正义与现代化——外国法学家在华演讲录》,中国政法大学出版社 1998 年版,第 97—105 页。

花费必须符合案件的办理难易度、社会影响力和历史重要性,亦即要贯彻比例原则(principle of proportionality)。① 是故,冲突多元化解决机制被世界各国广泛认同。有鉴于此,应首先对冲突多元化解决机制进行必要的分析和探讨,再在此基础上进一步考察司法诉讼在冲突多元化解决机制中扮演的角色及其实践逻辑。

一 冲突解决的四个理想类型

概而论之,冲突解决的基本结构由以下四个要素组成:冲突的主体、冲突的内容、冲突的解决者和冲突解决所依据的规则。立足于此,可以将冲突解决的基本方式归纳为协商、调解、裁判、仲裁四个理想类型。

协商,即冲突双方当事人自行直接交流和协商权利义务分配,这是一种非司法的冲突解决方式。该理想类型具有以下特点:首先,从主体方面来看,协商没有第三方参与,是当事人基于自愿而展开的谈判磋商。其次,从程序方面来看,协商具有灵活性,它没有统一的制度和形式要求,只要双方认为便利、乐于接受即可。最后,从实体方面来看,协商对于冲突的处理是状况性的,冲突各方基于自身利益最大化的理性策略来进行博弈,最终达成的结果在本质上乃是具体情境中的合意。总体而言,协商不必然以国家法律作为冲突解决所依据的规则,在实践中很可能是以各类民间规范为凭,而民间规范有着充分尊重地方性的优点,但也同时存在着可能与国家法律的强制性规定相冲突的风险。无疑,协商具有便捷、灵活的优势,如果冲突双方的法律知识储备、法律运用技能较为有限,此举还可以起到规避相对陌生的国家法律而运用彼此熟悉的民风民俗之效。毕竟,对不具法律专长者而言,与其在陌生的司法场域运用无法驾驭的法律技术博弈,不如在熟悉的日常生活场域运用精熟的日常技术博弈。当然,协商也具有一定缺陷。假如冲突双方并无互信,或者怨憎程度颇深,双方便很难进行协商;同时,由于合意需要依靠自觉履行,权利方如果对义务方缺乏足够的牵制能力,也会导致

---

① 参见齐树洁主编《英国民事司法改革》,北京大学出版社2004年版,第7—8页。

协商无从开展。特别是对于冲突双方并非同一熟人社区的成员来说，采用协商解决冲突的可能性便会更小。

调解，即冲突双方请求独立的第三方进行沟通、斡旋、引导、劝说，从而促成冲突双方达成合意。在我国，基于主持者和法律效力的不同，调解可以分为人民调解委员会组织的人民调解、行政机关组织的行政调解和法院在诉讼中组织的司法调解。对于前两者来说，达成的调解协议在性质上属于合同，而对于后者来说，法院制作并经冲突双方签署的调解书与通过裁判作出的判决书、裁定书具有同等效力。该理想类型具有以下特点：其一，从主体方面看，调解有第三方参与，调解方的身份性质、参与程度不一而论；其二，从程序方面看，调解相较裁判具有更高的灵活性、便捷性，但是调解需要遵循《人民调解法》《民事诉讼法》等法律法规的程序要求；其三，从实体方面看，调解的基础是冲突双方达成的合意，但是此种合意不能与国家法律的强制性规定相抵触，乃是"法律光影中的合意"。整体而言，调解的制度化、形式化程度高于协商但低于裁判，其依托国家法律作为程序和实体的框架，但是亦允许将民间规范作为准据，只要这种准据不违背国家法律的强制性规定之要求即可。从性质上看，司法调解乃是司法诉讼的一个有机组成部分，而人民调解、行政调解所达成的调解协议也可以通过司法确认方式获得相应的法律效力，故比协商更能得到保障。

裁判（判决、裁定），即冲突双方将争端提交到有管辖权的法院（多为基层法院）进行解决，该理想类型与司法调解共同组成了社会冲突的司法诉讼解决方式。裁判和协商刚好处于"对极"状态，两者特征迥然相异：第一，从主体方面看，裁判需要求助法院这一独立的第三方，而且该第三方在较大程度上主导着冲突解决的方式、进程和结果。第二，从程序方面看，裁判必须遵守《民事诉讼法》《刑事诉讼法》《行政诉讼法》对于程序、证据等一系列严格要求，具有高度的制度化、形式化、规范化属性。第三，从实体方面看，裁判可能会参考、尊重但不受限于冲突双方所达成的合意，因为裁判对于冲突双方的权利义务之分配、处置乃是基于国家事先业已公布的法律。此种分配、处置在形式上表现为判决（针对冲突当事人的实体性权利）或裁定（通常针对冲突当事人的程序性权利）；待判决、裁定生效后，它们对相应社会关系的调整和对相应社会利益的确定即具有终局性，并以国家强制力作为执行保障。

仲裁，即冲突双方经过协商一致，将争端（通常仅限于民事领域）提交到共同选定的仲裁机构进行解决。该理想类型具有以下特点：一则，从主体方面看，仲裁依赖作为独立第三方的仲裁机构，并且仲裁机构可以极大影响乃至单方面决定冲突解决的结果，并对冲突双方的权利义务作出界分。仲裁机构的仲裁员多为经贸、工商、法律领域中具有知识特长和深厚经验的专家，具有高度的专业素养。二则，从程序方面看，仲裁必须遵守《仲裁法》等法律法规在证据事实、规则选定上的严格要求，与裁判一样具有高度制度化、形式化、规范化的性质。不过，对于仲裁而言，冲突双方可以在仲裁员的遴选以及部分程序环节自主决断，这是仲裁与裁判的一个显著区别。三则，从实体方面看，冲突双方的合意受到仲裁机构尊重，但如果双方不能协商一致，那么仲裁机构便会按照国家业已公布的法律法规进行处置。此外，仲裁机构作出的仲裁裁决原则上是一裁终局、不能上诉的，并且具有强制执行力。除非违背了法律规定的权限、程序要求，否则司法机关不能对仲裁裁决予以撤销。由此可见，仲裁兼具裁判和调解的特点，可谓社会冲突的"准司法诉讼解决方式"，并且仲裁具有更加高效和专业的优长。

日本学者棚濑孝雄揭示道，社会冲突解决方式的特点可归纳为两组变量：一是决定性与合意性；二是规范性与状况性。详言之，决定性意味着冲突解决结果是决定性、强制性的，合意性则意味着冲突解决结果是基于当事人之间的合意产生，而非外部强加；规范性表示冲突解决以事先存在的规范（如国家法律）为准据，而状况性表示冲突解决取决于当事人之间的利益权衡、力量对比、价值观念等，对具体的个案情境有所依赖。无须赘言，协商体现的是合意性与状况性，调解体现的是规范性与合意性，裁判体现的是决定性与规范性，仲裁体现的是决定性与状况性。如图 4-1 所示。①

美国学者斯蒂芬·戈尔德堡等将前述四种冲突解决方式的不同特点归

---

① 参见［日］棚濑孝雄《纠纷的解决与审判制度》，王亚新译，中国政法大学出版社 2004 年版，第 7—10 页。

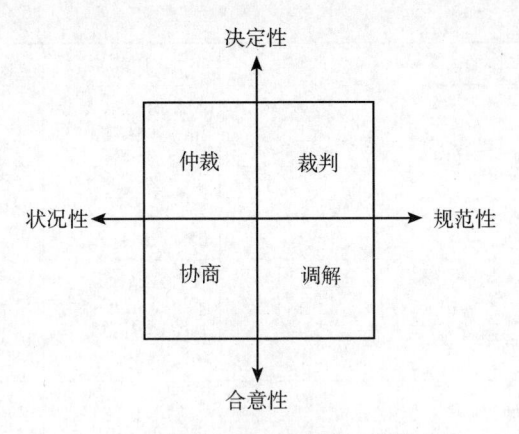

```
              决定性
               ↑
        ┌──────┼──────┐
        │      │      │
        │ 仲裁 │ 裁判 │
        │      │      │
 状况性 ←┼──────┼──────┼→ 规范性
        │      │      │
        │ 协商 │ 调解 │
        │      │      │
        └──────┼──────┘
               ↓
              合意性
```

图 4-1　四种冲突解决方式的变量对比

纳到了七组变量中。结合我国法律制度,可将对应内容概括如表 4-1 所示。[①]

表 4-1　　　　　　　四种冲突解决方式的详细比较

特征	协商	调解	仲裁	裁判
启动	自愿	自愿	自愿	非自愿
第三方	无	由当事人自愿选择的第三方,其目的是促成冲突双方和解	第三方(仲裁机构)由当事人自愿选择,系冲突解决的决定者,多为冲突所涉具体领域的专家	第三方(法院)系强制性、中立性的冲突解决决定者,但未必一定是该冲突所涉具体领域的专家
正规化程度	一般是非正式且非组织化的	一般是非正式且非组织化的	程序上较少制度化,当事人可对程序规则及实体规则有选择权	由事先颁布的、严格的规则(法律)来形成正规化、高度制度化的程序
程序特点	证据提交、意见表达和利益主张无固定形式,不作硬性要求	证据提交、意见表达和利益主张无固定形式,不作硬性要求	当事人各方均有平等机会提交证据、发表意见	当事人各方均有平等机会提交证据、发表意见

---

① See Stephen B. Goldberg, Frank E. A. Sander, Nancy H. Rogers, *Dispute Resolution: Negotiation, Mediation and Other Processes*, 2nd ed., Boston: Little, Brown, & Company, 1992, pp. 3-5. 亦可参见该书第四版中译本,[美]斯蒂芬·戈尔德堡等《纠纷解决——谈判、调解和其他机制》,蔡彦敏等译,中国政法大学出版社 2004 年版,第 3—4 页。

续表

特征	协商	调解	仲裁	裁判
结果达成	寻求达成各方当事人均可接受的协议	寻求达成各方当事人均可接受的协议	或按照事实根据和法律依据作出富有原则性的裁决,或按照当事人双方的合意作出裁决	按照实施根据和法律依据作出富有原则性的判决、裁定
结果拘束力	如达成和解协议,具有合同效力	如达成调解协议,具有合同效力①	具有强制执行力,不可上诉但基于特定原因可提请司法审查	具有强制执行力,可向上级法院上诉
公共属性	私人的	私人的②	私人的,除非提请司法审查	公共的

综上所述,协商、调解、裁判、仲裁四种社会冲突解决方式各有优长,彼此不可相互替代,并且可以形成功能互补。故此,由司法裁判和司法调解所共同组成的司法诉讼,是现代社会冲突解决机制中的重要组成部分,但并非唯一的、具有垄断地位的社会冲突解决方式。

二 嵌入多元机制的司法诉讼

冲突多元化解决机制更符合社会实际需求。从社会冲突解决实践出发,以下因素均会使得当事人倾向于选择非司法诉讼的路径来定分止争:

首先,冲突形态具有复杂多样性,并且冲突解决受到传统的无讼文化的影响和熟人社会中盘根错节的社会关系制约。一般而言,程度轻微、性质简单的矛盾冲突,比如一些琐碎的、私人的、行业内部或者社团内部的问题,可以通过非司法诉讼的方式予以过滤;与之相反,较为严重、性质复杂的矛盾冲突则可以递交到法院寻求司法诉讼方式解决。同时,"抬头不见低头见""远亲不如近邻""一场官司十年仇"等现实原因会使得当事人注重自己的口碑和人缘,珍视其所置身的社区集体对自己的看法,顾虑自己不能很好地融入社区,从而选择避免因司法诉讼使得自己与同一社

---

① 对我国而言,如果是经由法院主持的司法调解所达成的调解协议,和判决、裁定具有同等法律效力。

② 对我国而言,如果是法院主持的司法调解,则应认为具有公共属性。

区的成员陷入长期的纷争状态。

其次，冲突解决方式的可选择条件不同。通常来说，当事人更为关心的是"谁能够实际解决问题"而非"由谁来解决问题"，并且这实际取决于当事人谈判能力的高低、重复博弈的可能性和胜诉的可预测性三个因素。详言之，如果当事人对法律驾轻就熟或者有良好的经济条件足以承担诉讼所需要的时间、人力、金钱成本，则他们更倾向于选择司法诉讼来解决冲突。如果当事人彼此之间的人际距离近、亲密程度高，他们之间纠纷冲突的重复率亦相对更高，重复博弈的可能性大，则会更倾向于通过非司法诉讼来解决冲突。比较而言，陌生人之间的偶发冲突选择通过司法诉讼来解决的可能性较高。同时，如果当事人认为选择和解的收益会高于裁判，则其会更倾向于选择协商、调解方式来化解矛盾。

最后，对冲突解决成效的追求也会影响对冲突解决方式的选择。比较而言，非司法诉讼的冲突解决方式具有程序的非正式性、准据的非法律化、形式的多样化、构造的平等性、过程与结果的互利性、主体的非职业化、成本的低廉性之特点。亦即，非司法诉讼的冲突解决方式相对更加简捷便利，没有严苛的繁文缛节；对定分止争的规范可以灵活选择，包括地方民俗、行业规则、交易习惯等民间规范均可适用，高度尊重当事人的意思自治，充分显现了民间性与社会性；当事人具有高度的自由处分权，可以通过对话沟通、讨价还价等途径来满足自己的基本诉求，冲突解决将以和平方式进行，力求定分止争、息事宁人；主持冲突解决的人士也不需要是法律专业人士，所涉各方的经济成本、时间成本相对较低。[①]

鉴于司法诉讼具有公正性、权威性、程序性突出但成本最高的特点，从应然层面讲，它更应该是社会正义的最后一道防线而非第一道防线；从实然层面讲，它实际是嵌入社会冲突多元化解决机制中的一个环节。对此，左卫民概括道："司法掌握的应是纠纷的最后裁断权而不是最先解决权，甚至也不是最优解决权。我们应当摒弃司法中心化的立场，更多强调非司法性纠纷解决机制的建设。"[②] 通过分析近年来全国和远山县的相关法律统计数据，可以对左卫民的观点作出验证。鉴于以下原因，笔者选择

[①] 参见汤唯《司法社会学的原理与方法》，法律出版社2015年版，第196—197页。

[②] 左卫民等：《变革时代的纠纷解决：法学与社会学的初步考察》，北京大学出版社2007年版，第10页。

将 2000 年以来全国法院民事诉讼一审收案情况、全国人民调解委员会收案情况和全国仲裁委员会收案情况进行对比：其一，通过协商方式解决的案件客观上无法统计；其二，刑事、行政案件原则上只能进行司法诉讼，故司法诉讼部分宜选择民事诉讼一审案件数作为比较对象；其三，刑事案件与民事、行政案件在本质上殊为不同。如刑事案件增长过快，很可能是因为治安形势欠佳，而非法治水平有所提升。详见表 4-2、图 4-2、图 4-3。

表 4-2　2000—2017 年全国民事诉讼一审、人民调解、仲裁收案情况①

年份	全国法院民事诉讼一审收案数（件）	全国人民调解委员会收案数（件）	全国仲裁委员会收案数（件）	人民调解与民事诉讼比	仲裁与民事诉讼比
2000	4710102	5030619	9577	1.068	0.002
2001	4615017	4860695	12127	1.053	0.003
2002	4420123	4636139	17959	1.049	0.004
2003	4410236	4492157	28835	1.019	0.007

---

①　关于本表说明如下：(1) 2000 年的全国仲裁收案数载于《中国法律年鉴》2002 年卷，而非《中国法律年鉴》2001 年卷。(2)《中国法律年鉴》2017 年卷、2018 年卷中的全国人民调解收案数不够明晰（所载为 2016 年及 2017 年 1—10 月而非全年的全国人民调解收案数），故笔者于 2018 年冬结束田野调查之际所作的酌情处理是，采用《中国法治建设年度报告》(2016) 中业已公布的 2016 年全国人民调解收案数 901.9 万件这一数据；同时，据《中国法律年鉴》2018 年卷所载 2017 年 1—10 月全国人民调解收案数 699.2 万件，计算出月平均数 69.92 万件并乘以 12，从而将 2017 年全年人民调解收案数估算为 839.0 万件。现本表统一以《中国统计年鉴》2017 年卷、2018 年卷为准，确定 2016 年、2017 年的全国人民调解收案数分别为 901.9 万件［与《中国法治建设年度报告》(2016) 相同］、883.3 万件。参见中国法学会编著《中国法治建设年度报告》(2016)，法律出版社 2017 年版，第 34 页；中华人民共和国国家统计局编《中国统计年鉴》(2017)，中国统计出版社 2017 年版，表 24-25；中华人民共和国国家统计局编《中国统计年鉴》(2018)，中国统计出版社 2018 年版，表 24-22。(3) 关于全国民事诉讼一审收案情况，不同机构和学者因资料来源和计算方法不同而使得个别数据略有出入；但个别数据略有出入并不足以影响对民事诉讼现象的呈现和规律的探究。2017 年在最高人民法院编写的《人民法院司法统计历史典籍 1949—2016·民事卷一（1950—2004）》的"1950—2016 年民事案件一览表"部分，2000 年、2003 年的全国民事诉讼一审收案数分别为 4710123 件、4411489 件，与《中国法律年鉴》2001 年卷、2004 年卷中的数据略有出入，其余数据无差别。本表以《中国法律年鉴》为准（《中国统计年鉴》2001 年卷、2004 年卷中相应数据与之相同）。参见最高人民法院编《人民法院司法统计历史典籍 1949—2016·民事卷一（1950—2004）》，中国民主法制出版社 2018 年版，第 5 页。

续表

年份	全国法院民事诉讼一审收案数（件）	全国人民调解委员会收案数（件）	全国仲裁委员会收案数（件）	人民调解与民事诉讼比	仲裁与民事诉讼比
2004	4332727	4414233	37304	1.019	0.009
2005	4380095	4486825	48339	1.024	0.011
2006	4385732	4628018	60844	1.055	0.014
2007	4724440	4800238	61016	1.016	0.013
2008	5412591	4981370	65074	0.920	0.012
2009	5800144	5797300	74811	1.000	0.013
2010	6090622	8418393	78923	1.382	0.013
2011	6614049	8935341	88473	1.351	0.013
2012	7316463	9265855	96378	1.266	0.013
2013	7781972	9439429	104257	1.213	0.013
2014	8307450	9404544	113660	1.132	0.014
2015	10097804	9331047	136924	0.924	0.014
2016	10762124	901.9万	208545	0.838	0.019
2017	11373753	883.3万	239360	0.777	0.021

资料来源：中国法律年鉴社《中国法律年鉴》2001—2018年各卷；《中国统计年鉴》2018年卷。

从表4-2、图4-2、图4-3可知，2000—2017年，除2008年、2009年、2015年、2016年、2017年外，全国人民调解委员会的收案数在其余年份均高于全国法院的民事诉讼一审收案数；在此18年间，全国人民调解收案数与全国民事诉讼一审收案数的平均比值为1.061；而2015年以来全国民事诉讼一审收案数呈现出逐渐多于全国人民调解收案数的趋势，很大程度上是因为立案登记制改革对民事诉讼的提起产生了鼓励作用，导致民事诉讼案件数激增。

对仲裁而言，由于仲裁委员会的数量远少于基层法院，以及仲裁在受案范围上比民事诉讼要狭窄、受理费用相对较高等因素，[①] 仲裁案件数量长期远远少于民事诉讼案件数。然而，可以明确的是，仲裁在冲突多元化解决机制中扮演的角色已经越来越重要。通过表4-2、图4-2、图4-3可

---

① 《仲裁法》第2条："平等主体的公民、法人和其他组织之间发生的合同纠纷和其他财产权益纠纷，可以仲裁。"《仲裁法》第3条："下列纠纷不能仲裁：（一）婚姻、收养、监护、扶养、继承纠纷；（二）依法应当由行政机关处理的行政争议。"

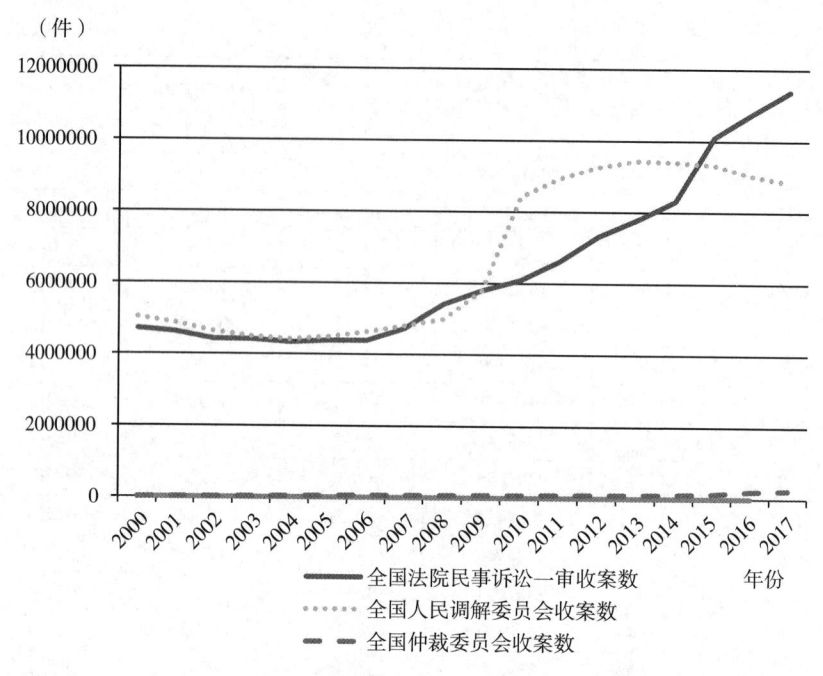

图 4-2　2000—2017 年全国民事诉讼一审、人民调解、仲裁收案数变化趋势

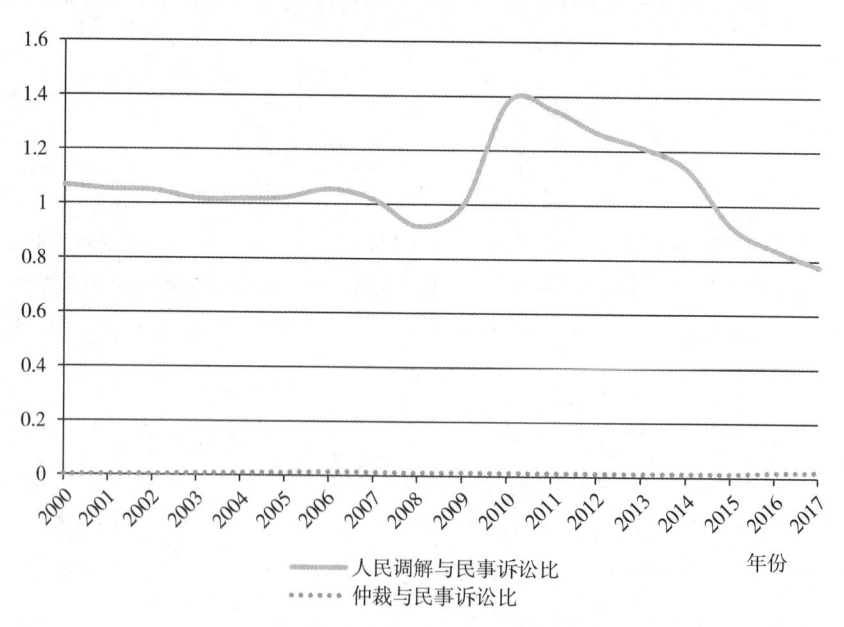

图 4-3　2000—2017 年全国人民调解与民事诉讼比、
全国仲裁与民事诉讼比变迁

以发现，2017 年全国仲裁委员会的仲裁收案数已达 239360 件，乃是 2000 年收案数 9577 件的 24.99 倍之多。2016 年度堪称一道重要分水岭，当年仲裁收案数较 2015 年的增幅为 52.31%，创下历史纪录。显然，仲裁在商贸方面的高度专业性、一裁终局的高效性，以及不按行政区划设置而获得的去地方保护主义性是其获得社会青睐的重要原因。可以预见，随着交通日益便利、商贸日益发达，仲裁在社会冲突解决中承担的功能将会愈加突出。从社会分工角度来看，仲裁委员会和法院之间是一种合作关系：一方面，仲裁帮助法院减轻了司法负担；另一方面，仲裁裁决生效后若义务人不履行该生效裁决，则权利人可向相应具有管辖权的法院申请强制执行。同时，司法对仲裁也有一定的监督规制作用，当事人如能提交证据证明仲裁裁决存在相应法定情形，则可申请由仲裁委员会所在地的对应中级法院撤销该裁决。①

关于民事诉讼和人民调解的比较研究，下文将结合远山县的相应情况进一步展开讨论。远山县法院自 2006 年以来的民事诉讼一审收案情况和同期远山县人民调解委员会的收案情况亦可证实社会冲突多元解决机制的相关原理。需要说明的是，之所以选取 2006—2018 年的数据，是因为远山县政法系统从 2006 年起将对应材料电子数据化，笔者可直接调用，而且这些数据也更能反映出近年来的发展变迁趋势。同时，由于仲裁委员会并非按照行政区划来设置，远山县境内未设仲裁委员会，故远山县境内的个人、组织如选择以仲裁方式解决民事争议，需赴异地进行。因此，发端于远山县境内的仲裁案件较少，在客观上亦无从统计。详见表 4-3、图 4-4、图 4-5。

表 4-3　　2006—2018 年远山县民事诉讼一审及人民调解情况

年份	远山县法院民事诉讼一审收案数（件）	远山县人民调解委员会收案数（件）	人民调解与民事诉讼比
2006	1136	3433	3.02

---

① 依据《仲裁法》第 58 条之规定，具体包含以下六种情形：(1) 双方当事人之间无仲裁协议；(2) 裁决的事项不属于仲裁协议的范围或者仲裁委员会无权仲裁；(3) 仲裁庭的组成或者仲裁的程序违反法定程序；(4) 裁决所根据的证据是伪造的；(5) 对方当事人隐瞒了足以影响公正裁决的证据；(6) 仲裁员在仲裁该案时有索贿受贿，徇私舞弊，枉法裁决行为情形。

续表

年份	远山县法院民事诉讼一审收案数（件）	远山县人民调解委员会收案数（件）	人民调解与民事诉讼比
2007	1326	3301	2.49
2008	1179	2929	2.48
2009	1135	1696	1.49
2010	1010	3442	3.41
2011	1013	2520	2.49
2012	1322	4783	3.62
2013	1620	4200	2.59
2014	1964	4323	2.20
2015	2879	4330	1.50
2016	3704	4473	1.21
2017	4485	4735	1.06
2018	5533	5021	0.91

资料来源：远山县法院、远山县司法局 2006—2018 年度工作总结。

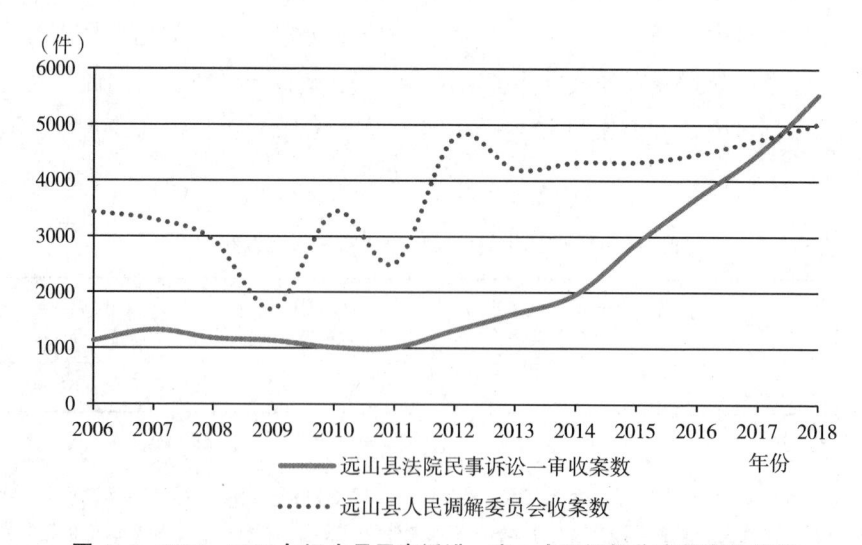

图 4-4　2006—2018 年远山县民事诉讼一审、人民调解收案数变化趋势

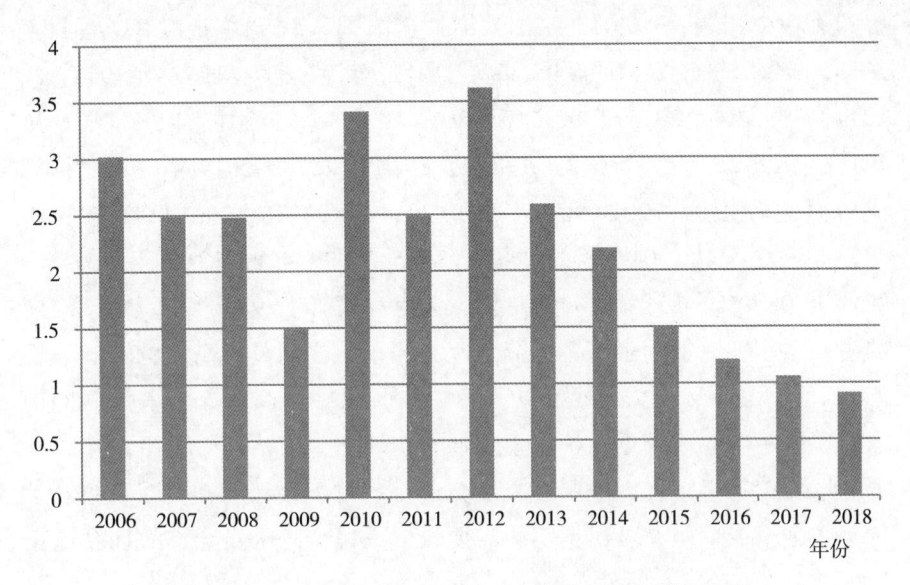

图 4-5　2006—2018 年远山县人民调解与民事诉讼比变迁

从表 4-3、图 4-4、图 4-5 可知，2006—2018 年，除 2018 年之外，远山县人民调解委员会的收案数均高于同期远山县法院的民事诉讼一审收案数，在此 13 年间，远山县人民调解收案数与远山县民事诉讼一审收案数的平均比值为 2.19。进一步而言，2012 年以来远山县民事诉讼一审收案数呈现出持续稳步上升的态势，特别是在 2014—2018 年堪称节节攀升，2014 年远山县民事诉讼一审收案数达 1964 件，历史性地接近 2000 件大关；而接下来的 2015 年、2016 年、2017 年、2018 年四年更是分别突破了 2000 件、3000、4000 件、5000 件的关口。是故，自 2012 年以来，远山县人民调解收案数与远山县民事诉讼一审收案数日趋接近，远山县人民调解收案数与远山县民事一审收件数之比从 2012 年时的最高值 3.62 迅速降至 2018 年时的最低值 0.91，在 2012—2018 年七年间远山县人民调解收案数与远山县民事诉讼一审收案数的平均比值为 1.87。对于 2006—2011 年这一期间而言，远山县人民调解收案数与远山县民事诉讼一审收案数之比的最高值是 2010 年时的 3.41，最低值是 2009 年时的 1.49，六年期间的平均比值为 2.56。

人民调解与司法诉讼是相辅相成的，人民调解在冲突多元化解决机制中起到了为法院民事诉讼分流的重要作用。从实际效果来看,人民调解的成功率相当高。2010—2017 年,全国的人民调解成功率分别为:2010 年 96.8%、2011 年 96.9%、2012 年 97.6%、2013 年 97.7%、2014 年 98.2%、2015 年 98.2%、2016 年 97.5%,2017 年 98.0%,历年均超过 90%,八年均值为 97.6%;远山县 2010—2017 年的人民调解成功率则分别为:2010 年 97.0%、2011 年 98.1%、2012 年 97.3%、2013 年 97.5%、2014 年 97.8%、2015 年 97.4%、2016 年 96.7%、2017 年 98.9%,历年均超过 90%,八年均值亦为 97.6%。① 人民调解的高成功率和以下因素密不可分:双方当事人之间具有高度的和解意愿(否则他们不会选择人民调解方式解决矛盾冲突);双方当事人之间的人际关系距离往往较近,争议事项通常也属于事实清楚、金额较小、法律关系简单的事宜;人民调解委员会遍及各村委会、居委会、乡镇和社区,在企事业单位亦可根据实际需要设置人民调解委员会,故而具有高度的便利性。

人民调解有效化解了大量社会冲突,为法院大幅减轻了压力,使得司法资源能够用于更加专业、复杂、重大的事项。正因此,近年来法院系统特别是远山县法院这样的基层法院,普遍致力于开展"诉调对接"实践,通过司法确认工作来依法认定人民调解所达成的调解协议的效力。对于当事人在人民调解委员会自愿达成的调解协议,凡不属于违背法律禁止性规定和社会公德、不损害他人合法权益的,即可确认其合法律性(legality)。可以说,法院与人民调解委员会之间存在着协作关系,而且依照《人民调解法》第 5 条之规定,基层法院还扮演着对当地人民调解委员会的业务指导者角色。

综上所述,通过同人民调解、仲裁的联系对比,我们可以知悉司法诉

---

① 数据源自中国法律年鉴社《中国法律年鉴》2011—2018 年各卷、远山县司法局 2006—2017 年度工作总结,唯 2016 年的人民调解成功率以《中国法治建设年度报告》(2016)为准。原因在于,《中国法律年鉴》2017 年卷中载明的是 2016 年 1—10 月的人民调解成功率 98.2%,故以《中国法治建设年度报告》(2016)中所载的全年调解成功率 97.5% 为准(《中国法律年鉴》2018 年卷中的 2017 年人民调解成功率虽系当年 1—10 月的人民调解成功率,但与《中国法治建设年度报告》(2017)中的 2017 年全年人民调解成功率一致)。参见中国法学会编著《中国法治建设年度报告》(2016),法律出版社 2017 年版,第 34 页。

讼是嵌入社会冲突多元化解决机制中的重要一环，但它绝非唯一的、垄断性的冲突解决方式，它和其他冲突解决方式之间存在着有机的联结和协作关系。

第二节　审查制下的选择性司法

作为新一轮司法改革的重要内容之一，立案登记制于2015年5月1日启动，从而为立案审查制画上了句号。在立案审查制下，经实质审查后法院方定夺是否立案。① 在立案登记制下，法院仅作形式核对，除法律、司法解释明确规定不予立案的情形外，法院对当事人提交的诉状一律接收，当场登记立案并出具书面凭证。理论界与实务界普遍认为，立案审查制下存在着选择性司法丛生之弊，而选择性司法与立案难现象可谓表里关系。

一　藏在"诉讼爆炸"中的立案难

改革开放后，经济发展加速、社会流动性加强等社会因素使得全国各级法院受理的案件数量持续增长。自20世纪末以来，法院系统面临着"诉讼爆炸"态势，各地各级法院的收案数量大幅攀升。社会对法院特别是基层法院的司法需求在不断扩大，然而关于立案难的批评声却不时浮现。通过审视全国和远山县的民事诉讼、行政诉讼一审收案数统计情况，我们可以窥见其中端倪。需要说明的是，之所以未将刑事诉讼一审收案情况纳入讨论，是因为刑事案件绝大多数是由检察院提起的公诉案件，而少量由当事人自诉的轻微刑事案件，较少出现立案难状况，故与民事、行政诉讼情况殊为不同。此外，2015年5月1日起，与立案登记制实施相同步，北定市法院系统对行政案件进行集中管辖，远山县境内的行政一审案件均转由邻县湖畔县法院进行立案和审理。2000—2017年的全国法院民事诉讼、行政诉讼一审收案情况统计，可见表4-4、图4-6、图4-7。2006—2018年的远山县民事诉讼、行政诉讼一审收案情况统计可见表4-

---

① 审查内容涵盖案件的主体资格、法律关系、诉讼请求、法院管辖权等一系列实质内容。

5、图4-8、图4-9。

表4-4　　2000—2017年全国民事诉讼、行政诉讼一审收案情况①

年份	全国法院民事诉讼一审收案数（件）	全国法院行政诉讼一审收案数（件）	年份	全国法院民事诉讼一审收案数（件）	全国法院行政诉讼一审收案数（件）
2000	4710102	83533	2005	4380095	96178
2001	4615017	98372	2006	4385732	95617
2002	4420123	80728	2007	4724440	101510
2003	4410236	87919	2008	5412591	108398
2004	4332727	92613	2009	5800144	120312

---

① 关于全国民事诉讼、行政诉讼一审收案情况，不同机构和学者因资料来源和计算方法不同而使得个别数据略有出入；但个别数据略有出入并不足以影响对民事诉讼、行政诉讼现象的呈现和规律的探究。其一，在最高人民法院编写的《人民法院司法统计历史典籍1949—2016·民事卷一（1950—2004）》的"1950—2016年民事案件一览表"部分，2000年、2003年的全国民事诉讼一审收案数分别为4710123件、4411489件，与《中国法律年鉴》2001年卷、2004年卷中的数据略有出入，其余数据无差别。本表以《中国法律年鉴》为准（《中国统计年鉴》2001年卷、2004年卷中相应数据与之相同）。其二，鉴于《中国法律年鉴》不同年卷（同类文献亦存在相应情况）对于行政赔偿（含单独提起和附带提起两种类型）一审收案数是否计入、如何计入行政诉讼一审收案数之中，所采标准不尽一致，故本表原则上遵循将行政赔偿一审收案数（尤其是单独提起类型）另行计算的做法，对个别数据进行了酌情处理（诚然，绝对统一各年计算标准较为困难）。详言之，《中国法律年鉴》2001年卷、2002年卷，以及《人民法院司法统计历史典籍1949—2016·行政及赔偿卷》的"1987—2016年行政案件一览表"显示2000年、2001年全国行政诉讼一审收案数为85760件、100921件，应系计入当年相应的行政赔偿一审收案数后得出。因此，本表对2000年、2001年单独提起的行政赔偿一审收案数2227件、2549件予以减除，将2000年、2001年全国行政诉讼一审收案数计算为83533件、98372件。这一计算结果与《人民法院司法统计历史典籍1949—2016·行政及赔偿卷》的"2000年行政一审案件统计表"和"2001年行政一审案件统计表"中"合计"一栏数据相吻合，亦与何海波在最高人民法院研究室调研所得的数据，以及最高人民法院行政审判庭在《行政执法与行政审判参考》2001年第1辑、2002年第1辑中整理的数据相一致。参见何海波《实质法治：寻求行政判决的合法性》，法律出版社2009年版，第63—64页；最高人民法院行政审判庭编《行政执法与行政审判参考》（2001年第1辑·总第2辑），法律出版社2001年版，第247—248页；最高人民法院行政审判庭编《行政执法与行政审判参考》（2002年第1辑·总第4辑），法律出版社2002年版，第226页；最高人民法院编《人民法院司法统计历史典籍1949—2016·民事卷一（1950—2004）》，中国民主法制出版社2018年版，第5页；最高人民法院编《人民法院司法统计历史典籍1949—2016·行政及赔偿卷》，中国民主法制出版社2018年版，第3、64、74页。

续表

年份	全国法院民事诉讼一审收案数（件）	全国法院行政诉讼一审收案数（件）	年份	全国法院民事诉讼一审收案数（件）	全国法院行政诉讼一审收案数（件）
2010	6090622	129133	2014	8307450	141880
2011	6614049	136353	2015	10097804	220398
2012	7316463	129583	2016	10762124	225485
2013	7781972	123194	2017	11373753	230432

资料来源：中国法律年鉴社《中国法律年鉴》2001—2018年各卷。

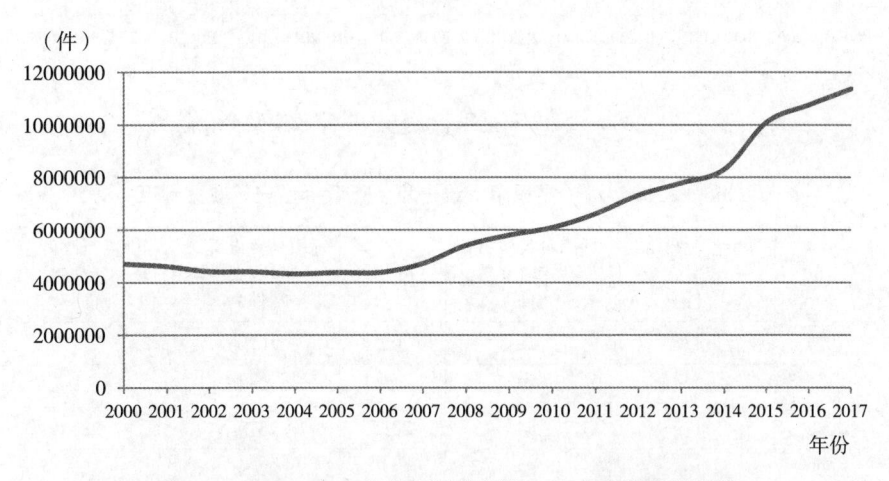

图 4-6　2000—2017 年全国民事诉讼一审收案数变化趋势

从表 4-4、图 4-6、图 4-7 可以看出，对民事诉讼而言，2000—2007 年，全国民事一审收案数均在 430 余万件至 470 余万件之间浮动，八年间的平均值为 4497309 件；2008 年全国民事一审收案数超过 500 万件，并呈现出一路攀升态势，2013 年新一轮司法改革以来这一趋势更加明显。特别是 2015 年实施立案登记制改革后，全国民事一审收案数首次突破 1000 万件的大关，并且仍保持不断增长。

对行政诉讼而言，2000—2006 年，全国行政一审收案数均在 8 万件以上 10 万件以下，七年间的平均值为 90709 件；2007 年起，全国行政一审收案数首次超过 10 万件，并呈逐年递增趋势。在 2015 年实施立案登记制后，全国行政一审收案数首次突破 20 万件大关，2015 年较 2014 年的增幅高达 55.34%。下面再看远山县的相应情况。

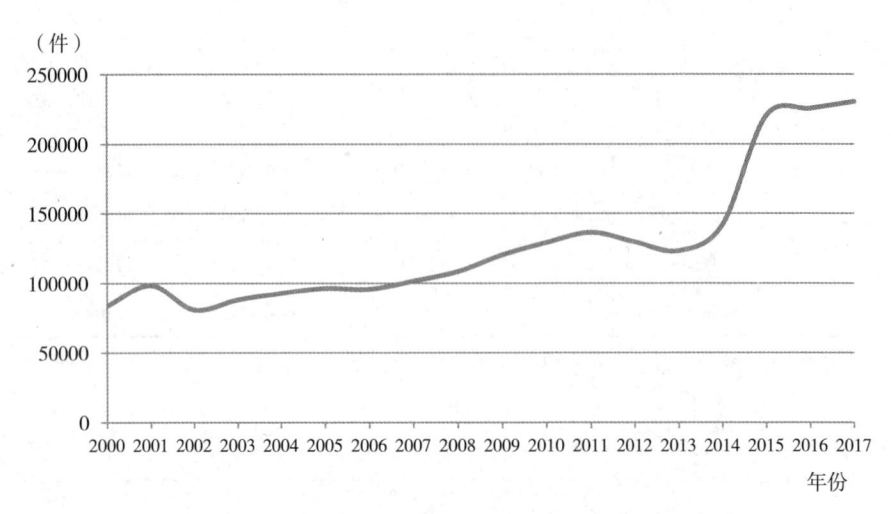

图 4-7　2000—2017 年全国行政诉讼一审收案数变化趋势

表 4-5　2006—2018 年远山县民事诉讼一审、行政诉讼一审收案情况

年份	远山县民事诉讼一审收案数（件）	远山县行政诉讼一审收案数（件）	年份	远山县民事诉讼一审收案数（件）	远山县行政诉讼一审收案数（件）
2006	1136	20	2013	1620	21
2007	1326	39	2014	1964	22
2008	1179	34	2015	2879	28
2009	1135	62	2016	3704	66
2010	1010	48	2017	4485	88
2011	1013	42	2018	5533	97
2012	1322	26			

资料来源：远山县法院 2006—2018 年度工作总结、湖畔县法院行政庭远山县辖区 2015—2018 年行政审判统计信息。

从表 4-5、图 4-8、图 4-9 可以看出，对民事诉讼而言，2006—2012 年，远山县民事一审收案数均在 1000 余件至 1300 余件之间浮动，七年间的平均值为 1160 件；2013 年起，亦即新一轮司法改革开始后，远山县民事一审收案数节节攀升。特别是在 2015 年立案登记制实施以来，远山县民事一审收案数堪称一路飙升。详言之，2013—2018 年，来年较上年的增幅分别为 2013 年 22.54%、2014 年 21.23%、2015 年 46.59%、2016 年 28.66%、2017 年 21.09%、2018 年 23.37%，平均增幅高达 27.25%；

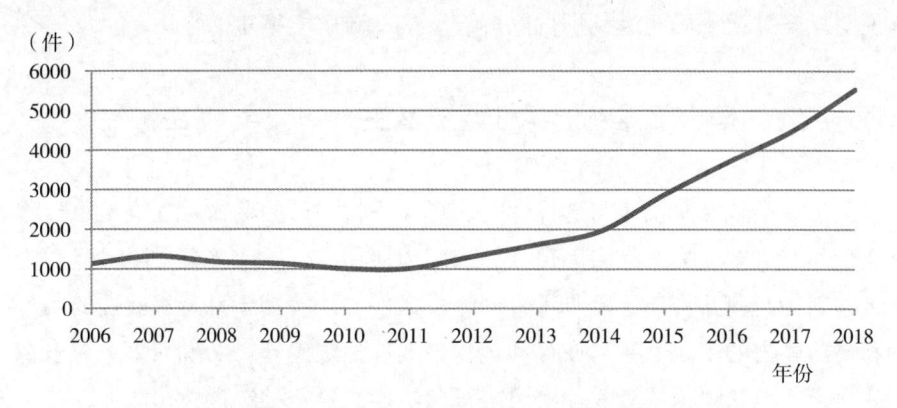

图 4-8　2006—2018 年远山县民事诉讼一审收案数变化趋势

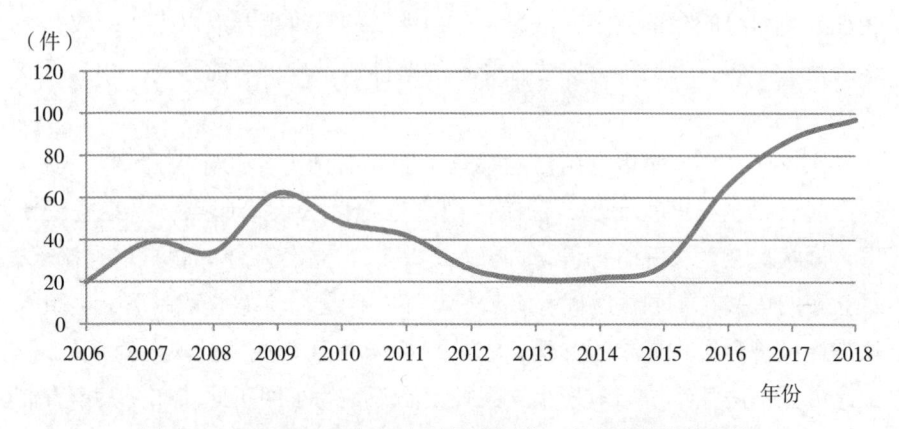

图 4-9　2006—2018 年远山县行政诉讼一审收案数变化趋势

2018 年的收案数高达 5533 件，已是 2006 年时 1136 件的 4.87 倍。对行政诉讼而言，2006—2014 年，远山县仅有 2009 年的行政一审收案数超过 60 件而达到 62 件，九年间的平均值为 34.89 件。2015 年立案登记制以后，行政一审收案数持续攀升，2016 年、2017 年、2018 年三年的行政一审收案数均创历史新高，分别达到 66 件、88 件、97 件之多。2015—2018 年，来年较上年的增幅分别为 2015 年 27.27%、2016 年 135.71%、2017 年 33.33%、2018 年 10.23%，平均增幅为 51.64%。

由此，我们可以发现，立案难问题确然潜藏在法院的"诉讼爆炸"态势之中，无论是全国的统计数据还是远山县的统计数据均呈现出同样一种情形：在 2013 年开启的新一轮司法改革开始后，尤其是在立案登记制实施后，法院的民事和行政一审收案数均明显增加，增幅不容小觑。这正说明立案登记制确实起到了拆除诉讼壁垒、破解立案难的作用。

二 为何立案难：选择性司法丛生

考察实践，立案难与选择性司法可谓一枚硬币的两面。立案难意味着法院不愿立案或立案受阻。那么，法院为何不愿立案或立案受阻？概而论之，因为对应案件属于困难重重的棘手案件，法院囿于自身权威性的欠缺和司法能力的不足而主动或被动地将该案件拒之门外，劝说当事人寻求行政渠道、信访渠道或者其他渠道进行解决。这样一种选择性司法往往是在立案审查制程式下得以实现的。朱景文曾对此批评道："我们缺乏法院不受理这类纠纷的具体数字，但由于它们涉及的是改革开放以来所形成和积累的社会矛盾，恐怕不会比法院受理的案件数量少，可能是一个相当可观的数字。"①

比较而言，立案审查制与立案登记制具有两方面的显著区别：其一，诉讼起点。立案审查制下，法院决定立案之际为诉讼起点；立案登记制下，诉状提交至法院时，诉讼即开始。其二，立案条件。立案审查制下，对立案的审查在不同法院间存在着标尺不一问题；立案登记制下，当事人仅需提供符合形式要求的诉状，法院一律接收且在规定时限内完成处理。由此可见，法院系统当前采用立案登记制正是为了纠正此前在立案审查制运作中出现的偏差，通过破除立案限制之壁垒，确保当事人能够依法无障碍地行使诉讼权利。在立案审查制程式下，涉及强势行政机关作为被告的行政案件和受到地方保护主义干预的民商事案件更容易陷入"立案难"的牢笼。

笔者田野调查发现，在实施新一轮司法改革前，远山县法院受理的行政诉讼案件均是以乡镇政府和政府各局为被告，而不包括以县政府本身作为被告的案件，并且前述各局之中公安局、财政局、发改局、工业能源局（当地俗称"四大局"）作为被告的案件也相对较少。如果对此作出解释，一种可能是以县政府为被告的案件，通常由北定市中级法院来审理，

---

① 朱景文：《中国法治道路的探索——以纠纷解决的正规化和非正规化为视角》，《法学》2009年第7期。

这是由当时的司法解释所提倡的;① 同时，当地公安局、财政局、发改局、工业能源局这样的"大局"执法合规性较高，行政违法行为相对较少，并且这些行政违法行为更多是通过纪检监察、行政复议渠道进行纠正。然而，如果换一个角度分析，另一种可能则是基层法院在主动或被动地避免贸然进行行政诉讼立案——受限于各种客观存在的阻力，基层法院更希望这类棘手案件优先通过其他途径解决，或者是在得到相应上级机关或者当地县委、县人大及其常委会、县政府支持的前提下启动立案和审判。

对此，远山县法院副院长、前行政庭庭长李永骏和退休法官丁立诚（水西籍，且曾任职于水西县法院）共同讲述了一起发生在邻县水西县（同属北定市）的行政诉讼案，② 该案曾对远山县及北定市其他区县的行政案件和受到地方保护主义干预的民商事案件之立案产生过较大影响。下面请看陈泽文行政诉讼案。

案例 4-1：陈泽文行政诉讼案

1998 年某日，远山邻县水西县居民陈泽文因不服县公安局行政拘留决定，依法向水西县法院提起行政诉讼并获得受理。然而，在开庭前夕，水西县公安局分管副局长黄永然以陈泽文涉嫌违法、需要配合调查为由，派出警力将其强行扣留，迫使庭审无法进行。水西县法院院长王汉民闻讯即刻带员前往水西县公安局严正交涉。不料，黄永然断然拒绝释放原告陈泽文，并且反问道："县法院有何权力管辖公安局？居然区区行政庭都敢白纸黑字要求公安局负责人到庭？法院与公安局同为政法机关，为何非要胳膊肘外拐，偏袒一个在违反治安管理处罚规定后还要对公安局反咬一口的'刁民'？"更有甚者，面对法院方面"法大还是县公安局权大"的据理力争，黄永然竟下令驱散王汉民及随行法官、法警。王汉民一行在激愤中返回水西县法院，由一位沉着冷静的法官紧急拨打电话向北定市中级法院进行了汇报请示。北定市中级法院立刻协调水西县委、水西县政府，

---

① 参见《最高人民法院关于执行〈中华人民共和国行政诉讼法〉若干问题的解释》第 8 条。

② 访谈编码：LYJ20170121、DLC20170121。

以期尽快妥善处置此事。旋即,水西县委书记、县长赶赴现场与县法院沟通,同时指示县公安局及时释放原告并对县法院、原告陈泽文分别赔礼道歉,支持县法院依法管辖、审理本案,从而化解了此次庭审危机。该案在当地及远山县等相邻各县引发了社会各界的广泛关注和强烈反思。

不难发现,在该案中,北定市中级法院、水西县委、水西县政府的先后出场是水西县法院获得支持的关键因素。这正说明在全面实现"优化司法职权配置""依法独立公正行使审判权""以审判为中心的诉讼制度改革"的司法改革目标之前,在部分案件中,法院尤其是基层法院的处境不够理想,难以单凭自身力量完满地履行法律所赋予的司法职能。试想,由于特定案件的立案、审理、执行三个阶段均可能遭遇当地一层又一层的阻力,那么部分基层法院采取选择性司法的策略,从一开始便利用立案审查制来消极对待该案件的立案工作也就不难理解。王汉民院长的据理力争,北定市中级法院的协调,水西县委、县政府的支持,共同使得这场行政诉讼危机圆满解决。

据悉,该案当时在北定市范围内产生过一定的积极影响,此后相当长一段时间内,各县公安局都更能够正确理解公、检、法之间的分工制衡关系,其他各局、各乡镇也比之前要更加尊重县法院。丁立诚对该案所浮现出的立案难问题发表了看法,平心而论,这是一个当时远山县法院、水西县法院等基层法院都面临着的、不能不思考的问题:

> 北定市中级法院作为我们基层法院的娘家,肯定是倾向于确保司法案件的立案、审理、执行等各个环节都是依法依规的,不然法院就不能称为法院了;可是,假如当时水西县方面不是那么积极支持北定市中级法院呢?情况是否会产生一定变化?依法治国是党的战略方针,是整个国家和社会的共识,但我们也需要正视法治建设是一个长期的奋斗过程,"罗马不是一天建成的"。①

诚然,对于 1998 年时的北定市而言,各县、区领导的法律意识、法

---

① 访谈编码:DLC20170121。

律素养是参差不齐的,在类似案件中,他们的态度不一而论;在同一时期,也并不是每个基层法院院长、每个法官都能像王汉民那样坚定执着地面对这些存在巨大阻力的案件。对于2013年新一轮司法改革开启前的远山县行政诉讼立案情况,丁立诚是这样评价的:

> 我们远山县法院情况算相对好的。我调到远山工作时是张一泓同志在担任院长,他是北定市的法律权威之一,又是北定市中级法院的领导出身,资历老、威望高、能力强。他总是竭尽所能支持我们对这些"老大难"案件立案,并且想方设法让它们得到圆满解决,而不是轻易地通过立案审查把这些案件过滤出去,移交给其他机关处理。相比之下,有些基层法院就未必是这样的态度了。①

所谓"未必是这样的态度",无疑是指过去某些基层法院秉持的是多一事不如少一事的态度,将"麻烦"尽可能往外推——在相应人员看来,如果案件收进来又消化不了,那就是啃不动的硬骨头,还不如不收。这样的做法,被上级法院和系统外界批评是"选择性立案""选择性司法",长此以往,弊病丛生。无疑,通过推进制度建设、不断改革创新,法院系统才能逐步突破立案难的困境,从而给社会一份满意的答卷。基于该案,同时结合远山县的立案工作等司法实践,李永骏也讲述了自己对立案难和选择性司法的看法。李永骏的观点同丁立诚极其接近并且可以互为补充:

> 这个案子距今差不多20年了,当时行政机关包括公安机关这样的执法机关在内,相当部分人员法律意识淡薄、法律素养欠缺,我们基层法院的司法环境远远没有今天良好。想想看,在过去的实践中,我们远山县有多少局长、乡镇领导和水西县的黄永然是一样的心态呢?当他们所在的机关作为行政诉讼被告时,或者当他们管辖的支柱企业陷入经济纠纷作为民事诉讼被告时,他们是否会干扰法院的立案和审判?②

---

① 访谈编码:DLC20170121。
② 访谈编码:LYJ20170121。

李永骏的这一质问是掷地有声的。从实践出发,对于普通的局和乡镇来说,对应的局长、乡镇领导多数是配合法院的立案、审理工作和尊重判决结果的。退一步说,即使他们本不情愿,但是只要基层法院将案子进行了立案和裁判,他们是不能不认账、不能不执行的——毕竟基层法院作为副县级单位、院长作为县领导之一,是能够"镇得住"这些单位和人员的。可是,对于那些重要的局和乡镇来说,情况则有所差别。正如李永骏所指出:

> 公安局就不消说了。财政局、发改局、工业能源局这三个局的规模很大、职能很重要,在县里面的地位是远远高过其他局的;而有的乡镇因为人口众多、经济发达,所以是本县发展的支柱,其中个别核心乡镇的党委书记有时候还是由县委常委来担任。这些局和乡镇的话语权很大,如果对应的局长、乡镇领导出于不当维护部门利益、地方利益的目的来干预法院工作,要求法院搞选择性司法,法院的压力是比较大的。①

换言之,在发生讼争的情况下,他们希望法院尽可能不立案;如果法院立案,他们就转为希望在审理中司法的天平向自己那头倾斜;如果法院在判决、裁定中没有向他们倾斜,他们往往还会消极履行义务,甚至会想办法躲避和拖延法院的执行工作。这些人员有时候甚至会请出一些县领导来过问案件,并美其名曰这是司法"支持中心工作""为地方经济社会发展保驾护航"。在这种情况下,基层法院不得不向上级法院和县委、县人大及其常委会进行工作汇报,以及向县政府协调工作,寻求前述机构的理解、支持。上级法院出于确保司法的合法、合规,通常也愿意尽可能支持基层法院。因此,李永骏表达了对立案登记制的肯定:

> 基层法院就是这么一步一步走过来的,有时堪称"在夹缝里求生存"。要想摆脱"选择性司法",对各个案件一视同仁,归根结底要靠制度建设。从立案审查制转向立案登记制就是为了对"立案难"

---

① 访谈编码:LYJ20170121。

治标治本。作为配套制度，省级以下法院在人、财、物管理上去地方化；行政案件集中管辖、异地审理，落实行政机关负责人出庭制度，部分重要案件还可以提级审理、移交上级法院裁判；同时，由纪检监察部门支持推进领导干部不当干预司法问责制。新一轮司法改革的这些措施都有助于我们摆脱选择性司法困境，破解立案难。[1]

通过进一步调查，我们还可以发现选择性司法背后存在着一个"不愿立案"和"主动揽案"的循环圈；同时，法院系统对于结案的绩效考核在一定程度上也会诱发立案难。相对来说，行政诉讼领域的立案难和选择性立案现象确实更突出一些。下面先探讨"不愿立案"和"主动揽案"的循环问题。从前文表4-4、表4-5中的统计数据可知，无论是对全国而言，还是对远山县而言，行政诉讼案件的立案数长期仅仅是民事诉讼案件的立案数的零头。故而，在远山县法院进行田野调查时可以感受到，民一庭、民二庭的场景堪称"门庭若市"，而行政庭则可谓"门可罗雀"。究其原因，一是因为民事纠纷在客观上比行政纠纷要多得多，毕竟民事纠纷和日常生活更挂钩，而且当事人出于种种考虑往往不是优先选择行政诉讼来解决行政纠纷，而是选择信访、纪检监察、行政复议等等方式来维护权益；二是因为行政诉讼相对容易受到外界干扰，有时候甚至从立案开始就容易遇到障碍，再加上如果胜诉的把握不是很大，当事人势必从一开始就选择其他方式来解决问题。

于是，基层法院对一些行政案件不愿意立案，当事人也尽可能避免行政诉讼；长此以往，社会公众对法院的行政审判工作评价便不太理想，法院系统通过行政审判承担的权力制约功能就发挥得很不充分。然而，如此一来，法院系统为了改变行政诉讼案件过少的状况，却又反过来出现了推行各种考核办法、制定行政审判指标来敦促县、市两级法院积极为行政案件立案、开拓案源的现象。正如曾任远山县法院立案庭庭长的王鸿雁法官所述：

> 如果行政诉讼一审收案数太少，我们基层法院的立案庭、行政庭

---

[1] 访谈编码：LYJ20170121。

就会在辖区加大行政诉讼的宣传力度，倡导群众积极维权，甚至通过调查走访、上门服务的方式了解他们有怎样的行政诉讼需求，"主动出击、积极揽案"，从而确保本院的行政案件立案和结案数维持在一个相对正常的水平。①

无疑，王鸿雁的叙述是符合客观事实的，并且可以得到来自其他区域的相关材料佐证。例如，河南省平顶山市中级人民法院曾采用在年初与各基层法院签订行政诉讼责任目标的做法，从案件数量、案件质量、调研宣传、新类型案件处理、人员配备等方面进行量化管理。对平顶山市各基层法院来说，凡行政庭人员编制不足四人的不得纳入年终的先进评选；行政诉讼案件数量按照辖区人口数的万分比确定，凡高于万分之六的给予奖励，低于万分之六的则批评甚至惩戒。对于行政审判工作考核连续两年排名倒数第一的基层法院，中级法院将建议撤换该基层法院行政庭庭长，有两家基层法院的行政庭庭长因此遭到撤换。在种种奖惩机制作用下，平顶山市每年的行政诉讼案件立案数维持在了较高水平。②

接下来探讨结案的绩效考核诱发立案难的问题。法院系统出于积极履职、方便管理的考虑，采取了绩效考核措施，督促各级法院在法定期限内办结相应案件，立案数和结案数之间必须维持较高的正比。这一制度在整体上是十分值得肯定的，但是它也带来一个问题：由于近年来诉讼案件数不断激增，基层法院、中级法院的办案压力很大，对于一些审理难度较大、时间周期较长的案件，如果是在岁末年终之际收案是难以顺利完成审理和执行工作的；也就是说，在考核时这些案件会显示为"未结案"。对此，王鸿雁指出：

显示为"未结案"案件多了，统计数据就不太好看，显得对应法院、法官的办案绩效不高。有的法院、法官为了数据好看，就会劝说当事人过段时间再来立案，只要不超过诉讼时效就行。换句话说，请对方多多理解包涵，同时取个号、排好期给人家，过了考核的时间

---

① 访谈编码：WHY20170122。
② 参见邓玮《法律场域的行动逻辑——一项关于行政诉讼的社会学研究》，博士学位论文，上海大学，2006年。

节点就正式给人家立案。于是，这些复杂、费劲的案件就转变成下一司法年度的案件了，到时候可以有充裕的时间跨度来完成工作。①

王鸿雁所讲的这种现象被一些当事人和司法工作者称为"年关立案难"或"年关选择性立案"。在远山县多次出庭代理案件的贵州省著名律师肖乾坤即向笔者表示存在年关立案难现象的基层法院并非个例，并且在立案登记制实施前这一情况相对更为普遍。② 一言以蔽之，在立案审查制阶段，基层法院面临着选择性司法及其循环的难题，而打破"立案难"的牢笼是基层司法维持合法性（legitimacy）的内在要求。

第三节　登记制下的过载性司法

立案登记制于 2015 年 5 月 1 日起实施。在这一阶段，立案难问题和选择性司法之弊得到有效纠正。然而，立案登记制也在一定程度上触发社会公众优先选择司法诉讼而非人民调解等方式来解决矛盾纠纷，导致"诉讼爆炸"现象加剧，法院系统特别是基层法院普遍面临着过载性司法的难题。

一　立案登记制的纠偏成效

本章"第二节　审查制下的选择性司法"部分已结合全国法院和远山县法院的司法统计数据，对潜藏在"诉讼爆炸"中的立案难现象进行了初步揭示。在此基础上，我们可以进一步以实施立案登记制的 2015 年为一个中心点，围绕其选取全国法院和远山县法院近年来的司法统计数据进行重点考察，借此探究立案登记制实施前后的情况差异，展现立案登记制实施后所发生的变化。出于这样的考虑，下列表 4-6、图 4-10、图 4-11 以及表 4-7、图 4-12、图 4-13 分别反映的是全国法院、远山县法院自 2010 年以来的情况变迁。从全国法院、远山县法院司法统计数据来看，

---

① 访谈编码：WHY20170122。
② 访谈编码：XQK20170123。

立案登记制实施后的民事诉讼和行政诉讼收案数激增。

表 4-6　2010—2017 年全国法院民事诉讼、行政诉讼一审收案情况

年份	全国法院民事诉讼一审收案数（件）	全国法院行政诉讼一审收案数（件）
2010	6090622	129133
2011	6614049	136353
2012	7316463	129583
2013	7781972	123194
2014	8307450	141880
2015	10097804	220398
2016	10762124	225485
2017	11373753	230432

资料来源：中国法律年鉴社《中国法律年鉴》2011—2018 年各卷。

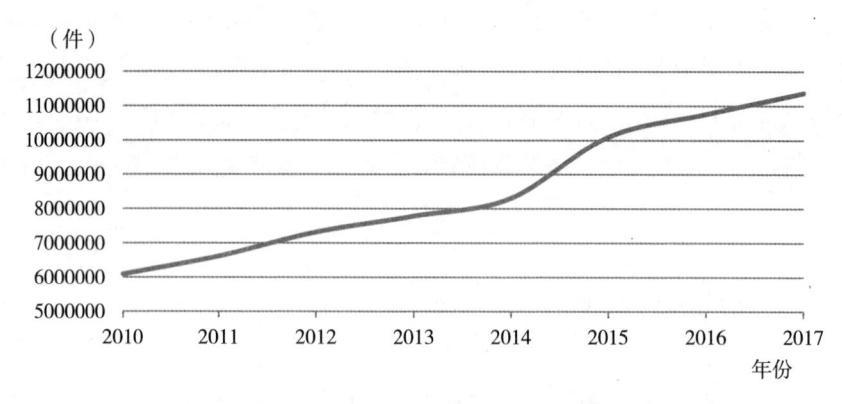

图 4-10　2010—2017 年全国民事诉讼一审收案数变化趋势

从表 4-6、图 4-10、图 4-11 可以发现，在民事诉讼方面，全国法院 2017 年民事一审收案数高达 11373753 件，是 2010 年民事一审收案数 6090622 件的 1.87 倍，八年的年平均增长率为 8.27%。在实行立案审查制的 2010—2014 年，次年较头年的民事一审收案增幅分别为 8.59%、10.62%、6.36%、6.75%，平均增幅为 8.08%。2015 年实行立案登记制以来，次年较头年的收案增幅分别为 2015 年 21.55%、2016 年 6.58%、2017 年 5.68%，平均增幅为 11.27%。显而易见，2015 年是民事诉讼的一道重要分水岭，全国法院民事一审收案数首次突破 1000 万件大关，2015 年民事一审收案数较 2014 年增加 1790354 件之多，增幅更是高达前所未

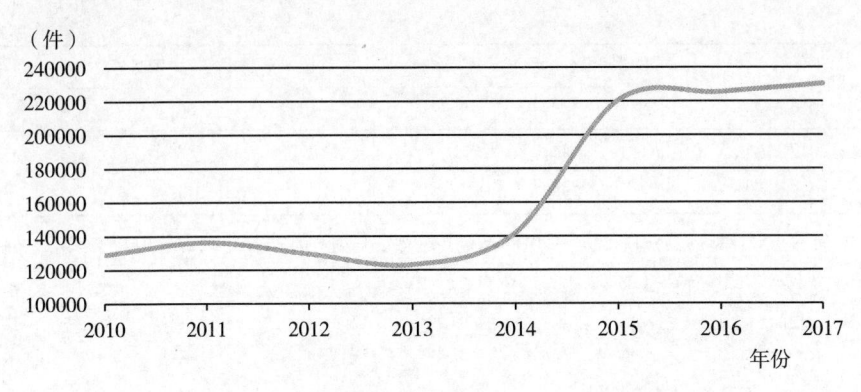

图 4-11　2010—2017 年全国行政诉讼一审收案数变化趋势

有的 21.55%。

在行政诉讼方面，全国法院 2017 年行政一审收案数 230432 件是 2010 年行政一审收案数 129133 件的 1.78 倍，八年的年平均增长率为 8.84%。在实行立案审查制的 2010—2014 年，次年较头年的行政一审收案增幅分别为 2011 年 5.59%、2012 年 -4.97%、2013 年 -4.93%、2014 年 15.17%，平均增幅仅为 2.72%，并且 2012 年、2013 年两年均出现了负增长现象。在 2015 年实行立案登记制以来，次年较头年的行政一审收案增幅分别为 2015 年 55.34%、2016 年 2.31%、2017 年 2.19%，平均增幅为 19.95%。毋庸置疑，对于行政诉讼而言，2015 年同样是一道重要的分水岭，全国法院行政一审收案数首次突破 20 万件大关，2015 年行政一审收案数较 2014 年增加 78518 件之多，增幅高达整整 55.34%。总而言之，自实施立案登记制改革以来，全国民事、行政一审收案均呈大幅攀升态势，充分反映出立案登记制所发挥的摒除选择性司法、破解立案难的正功能。

表 4-7　2010—2018 年远山县民事诉讼、行政诉讼一审收案情况

年份	远山县民事诉讼一审收案数（件）	远山县行政诉讼一审收案数（件）
2010	1010	48
2011	1013	42
2012	1322	26
2013	1620	21
2014	1964	22
2015	2879	28

续表

年份	远山县民事诉讼一审收案数（件）	远山县行政诉讼一审收案数（件）
2016	3704	66
2017	4485	88
2018	5533	106

资料来源：远山县法院2006—2018年度工作总结、湖畔县法院行政庭远山县辖区2015—2018年行政审判统计信息。

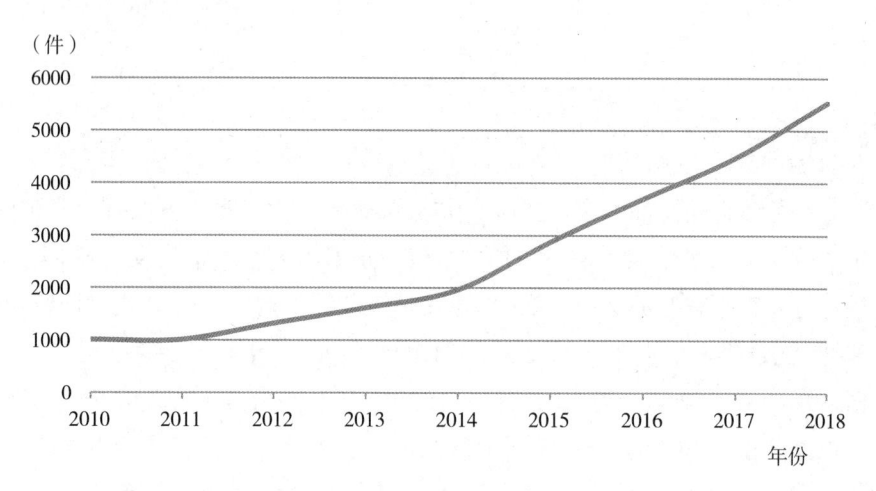

图4-12　2010—2018年远山县民事诉讼一审收案数变化趋势

远山县的民事诉讼、行政诉讼一审收案情况可对前述全国法院的相应情况进行进一步印证。从表4-7、图4-12、图4-13可知，在民事诉讼方面，远山县的民事诉讼一审收案数呈连年递增趋势。2018年的民事诉讼一审收案数为5533件，达到2010年收案数1010件的5.48倍，九年期间的年平均增长率为24.29%。在实施立案审查制的2010—2014年，次年较头年的民事一审收案增幅分别为2011年0.3%，2012年30.50%、2013年22.54%、2014年21.23%，平均增幅为18.64%。在2015年实行立案登记制以来，次年较头年的民事一审收案增幅分别为2015年46.59%、2016年28.66%、2017年21.09%、2018年23.37%，平均增幅为29.93%。整体而言，2010—2018年，远山县的民事一审收案数持续快速增长，这与远山县的工商业日益繁荣、人口流动性日渐增加具有密切联系。同时，值得注意的是，2015年以来远山县的民事一审收案情况堪称"一年一个台

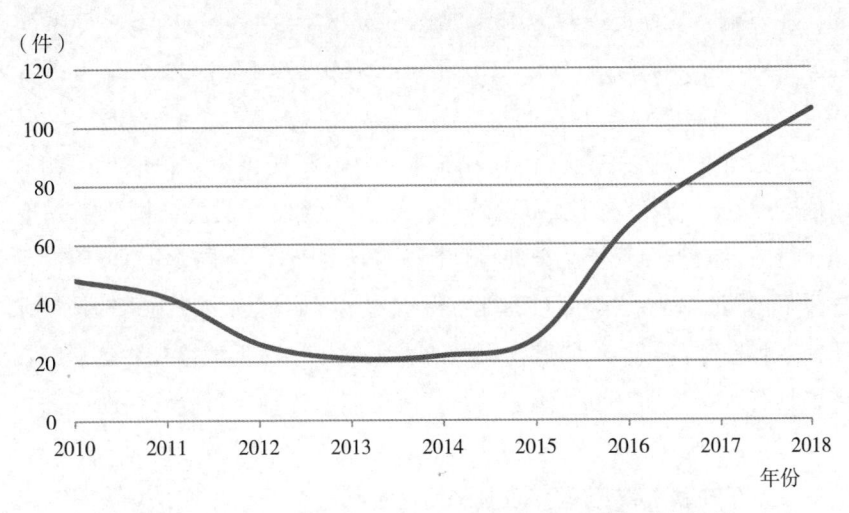

图 4-13 2010—2018 年远山县行政诉讼一审收案数变化趋势

阶",呈现出显著的高增长态势,2015 年、2016 年、2017 年、2018 年分别实现了收案 2000 件、3000 件、4000 件、5000 件的重大历史性突破。

在行政诉讼方面,远山县 2013 年的行政一审收案数仅为 21 件,系 9 年间的最低值;而 2018 年的行政一审收案数则激增至 106 件,系 9 年间的最高值,分别达到 2013 年行政一审收案数 21 件的 5.05 倍和 2010 年行政一审收案数 48 件的 2.21 倍。在实施立案审查制的 2010—2014 年,次年较头年的行政一审收案增幅分别为 2011 年-12.5%、2012 年-38.10%、2013 年-23.81%、2014 年 4.76%,平均增幅为-17.41%。换言之,远山县的行政一审收案数在 2011 年、2012 年、2013 年三年均出现了负增长现象,其中 2012 年最为突出,负增长率达到-38.10%。究其原因,由于 2011 年之前远山县的行政案件数相对较多(2009 年的收案数为 62 件, 2010 年的收案数为 48 件),故当地行政机关感受到了压力。对此,一种可能性为相应行政机关在之后数年间注重提升自身行政行为的合法律性(legality)和合理性(rationality),从而降低了行政诉讼案件的发生率;另一种可能性则为当地行政机关力求行政案件优先通过双方协商或者行政复议方式进行处理,从而避免行政纠纷径行立案而直接通过司法渠道加以解决。在 2015 年实施立案登记制之后,远山县行政一审收案数情况发生了明显变化,四年间的行政一审收案数大幅攀升,其中 2016 年、2017 年、2018 年均刷新历史纪录,分别达到 66 件、88 件、106 件之多。详言之，在实施立案登记制的 2015—2018 年，次年较头年的行政一审收案增幅分别为 2015 年 27.27%、2016 年 135.71%、2017 年 33.33%、2018 年 20.45%，平均增幅为 54.19%。

综上所述，立案登记制自 2015 年 5 月 1 日实施以来，取得了明显的纠偏成效。以立案登记制为突破口，结合省级以下法院人财物统一管理制、行政诉讼集中管辖及异地审理制、领导干部不当干预司法问责制等司法改革措施，基层法院面对的地方保护主义障碍被逐步攻克，选择性司法现象得到控制，立案难问题得到缓解。无疑，这对于满足社会公众的司法需求具有重要意义，也是法院及其代表的国家建构自身合法性所必需。

二 挣脱过载性司法的枷锁

立案登记制改革在取得一定纠偏效果的同时，也不可避免地造成"诉讼爆炸"现象加剧，法院系统特别是基层法院普遍面临着案多人少的难题。远山县法院自 2015 年以来收案数量大幅攀升，司法压力显著增加。作为过载性司法的表征，远山县法院立案大厅在工作时间屡屡出现当事人等待立案的长队，在工作最为紧张时甚至需要像医院、银行一样进行"挂号""排号"；为便于当事人立案和提高立案工作效率，远山县法院选择致力于网络立案平台建设，借此分流立案大厅的部分人流。远山县法院 2015—2018 年的工作总结显示：2015 年度，全院共受理各类案件 4515 件，同比上升 23.53%；审（执）结 4066 件，同比上升 14.12%，结案率为 90.06%。2016 年度，全院共受理各类案件 5235 件，同比上升 15.92%；审（执）结 5064 件，同比上升 6.68%，结案率 96.73%。2017 年度，2017 年共受理各类案件 6446 件，同比上升 23.13%；审（执）结 6307 件，同比上升 24.55%，结案率为 97.84%。2018 年度，全院共受理各类案件 7652 件，同比上升 18.71%；审（执）结 7386 件，同比上升 17.11%，结案率为 96.52%。然而，2015 年以来远山县法院的人员配置并未有所增加，政法专项编制人数始终为 150 名。

进言之，按照新一轮司法改革的要求，法院系统将在 2015 年开始的五年内逐步完成法官员额制改革。此举旨在逐步推行严格的分类管理，将法院工作人员划分为员额法官、法官助理、司法行政人员、法警、执行员几大类别,员额法官通常占本院编制名额的33%左右,不从事审判业务的人员将不能选任为员额法官;而按照《贵州省司法体制改革第二批试点法院员额制法官首次遴选规定》的要求,"基层法院控制在政法专项编制数的40%以内",远山县的员额法官最高仅能达到60名。以60名法官为基准测算远山县法院当前的司法工作强度,在2018年时,平均每位法官需要受理127.53件案件,办结123.1件案件;而2018年共计232个工作日,这也就意味着每位法官平均要在两天不到的时间中办结一件案件——对于简单案件来说,这或许不是难事;但是对于复杂案件来说,在如此短暂的时间内完成卷宗阅读、审理、司法文书制作则困难重重。

在笔者田野调查期间,远山县法院的一线法官加班加点工作乃是常态,有时候甚至堪称"白加黑、五加二"。在2018年夏季的多起复杂民商事案件中,远山县法院的法官均在征得当事人同意后一同努力实现"当日事当日毕"——尽管已经超过法院的正常下班时间,但是在经过短暂休庭后,匆匆吃完晚饭的法官和双方当事人又重新返回审判庭继续恢复庭审,挑灯夜战直至法庭调查、法庭辩论流程全部完成。并且,这些案件大都是当庭宣判,或者是法官在闭庭后继续一鼓作气完成司法文书制作,并于次日将司法文书送达双方当事人。

无疑,一个棘手的难题确已浮现:刚刚告别立案审查制、突破选择性司法牢笼的基层法院,需要挣脱立案登记制阶段的过载性司法之枷锁。是故,审视远山县法院的相关实践,近年来基层法院普遍是通过搭建"诉调对接"平台,以及启动案件简繁分流程序和利用信息数据技术来降低司法成本、提升司法效率,从而缓解过载性司法的压力。远山县法院近年来是通过以下一系列措施来努力挣脱过载性司法的枷锁的。

(一)搭建"诉调对接"平台

前文已指出,司法诉讼是镶嵌在社会冲突多元化解决机制中的,为有效减轻法院系统特别是基层法院的司法过载压力,积极发展、运用社会冲突多元化解决机制成为一个必然选择。所谓多元化,乃是冲突解决主体和冲突解决方法的多元化。"诉调对接"平台的搭建正是出于这一考量。"诉调对接"平台可以衔接司法诉讼与人民调解,整合法院所拥有的国家司法资源与人民调解委员会所拥有的社会纠纷解决资源,从而通过功能互补、良性互动的方式来有效缓解法院的工作压力和提升司法的冲突解决水平。

"诉调对接"平台的诞生，是以立法和司法解释方式赋予人民调解所达成的调解协议以合同效力，并且建立相应司法确认制度的结果。详言之，在相关司法探索基础上，最高人民法院通过司法解释对人民调解达成的调解协议进行了合法律化（legalization），主张视其为民事合同性质，解决了此前民间调解协议缺乏法律保障的难题，① 使得社会公众在面临纠纷冲突时可以安心选择人民调解而不必径直诉讼，从而为"诉调对接"上升为一种正式制度奠定了基础。是故，此后《人民调解法》于2010年修订和《民事诉讼法》于2012年修订时，均吸收了前述司法解释的相应规定，并且赋予了当事人对调解协议提请司法确认的权利。申言之，经过审查，法院认定该调解协议合法有效的，可据此作确认裁定；如一方当事人拒不履行该调解协议所载义务，则另一方当事人可依法申请强制执行。从本质上来说，这意味着立法机关对司法机关的司法改革成果的正式认可，是对司法实践与改革实践的立法回应。无疑，这正是一种苏力所强调的对法律本土资源的开发和运用，它是对优良传统和当前实践的精华汲取。②

"诉调对接"平台的搭建，使得大量民事纠纷冲突被分流到人民调解渠道加以解决，对于经过人民调解而又诉至法院的纠纷冲突，法院仅需要在人民调解的基础上作出确认或强制执行即可结案。透过分工合作的方式，法院避免了重复劳动、减省了对时间和人力、物力的消耗，而人民调解委员会则获得了司法后盾，提升了自身的权威性和合法性。作为"诉调对接"平台的外在显现，远山县法院由立案庭负责成立了诉讼服务中心，并在本院立案大厅及所属各乡镇派出法庭设置了调解工作室。在此基础上，远山县法院与远山县司法局合作建立起司法裁判、司法调解、人民调解有序协调的工作网络，由远山县司法局负责人民调解资源的组织协调工作，远山县法院则负责人民调解员的指导、培训工作。在法院、司法局、人民调解委员会的互动过程中，三方一齐总结、交流、分享冲突解决

---

① 详见《关于审理人民调解协议的民事案件的若干规定》。
② 参见苏力《法治及其本土资源》，北京大学出版社2015年第3版，第15—22页。

和法律适用的经验、智识。

作为对"诉调对接"平台的进一步打造，远山县法院等基层法院近年来积极探索建立了委派调解制度和委托调解制度。委派调解制度，是指在立案登记前，法院基于双方当事人申请，将纠纷冲突委派给特邀调解组织或特邀调解员调解。如委派调解成功，则双方当事人签订调解协议，并可向法院申请司法确认；如委派调解不成，则当事人可向法院提出立案申请，案件转由司法裁判方式解决。委托调解制度，则是指法院对于已登记立案的案件，委托给特邀调解组织或者特邀调解员调解。如委托调解成功，则由法院出具司法调解书，为案件画上句号；如委托调解不成，则案件转入裁判程序定分止争。显然，"诉调对接"平台在司法业务上覆盖了诉前调解与诉中调解，实现了人民调解—司法裁判、司法调解—司法裁判之衔接。前述特邀调解组织和特邀调解员，系由法院按照一定标准通过筛选、选拔方式，将具备法律素养或其他专业素养的组织、人员纳入花名册后产生；法院可根据实际需要将特邀调解组织、特邀调解员组合成商事纠纷调解团队、婚姻家庭调解团队、劳动争议调解团队、知识产权调解团队、侵权纠纷调解团队等专业类型化团队。在发生纠纷冲突时，当事人可从中作出遴选。

从实践出发，特邀调解组织、特邀调解员的选择，或基于便捷性，优先从双方当事人居住地所对应的人民调解委员会、双方当事人共同隶属的企事业单位所设立的人民调解委员会中进行选择；或基于专业性，根据纠纷冲突的特性，优先从专业调解组织、法律专家型调解员、行业专家型调解员中选择。对远山县法院而言，其特邀调解员队伍由资深退休法官、知名法学教授，以及财经、医学、建工等领域的专家共同组成，他们在知识结构和经验阅历方面各有千秋。2016年，远山县法院与新浪网签约开发了"E调解"平台，特邀西南政法大学、贵州大学、北京科技大学、贵州省社会科学院等院校的16名教授、研究员作为平台专家为当事人提供远程委派调解、委托调解服务。在远程系统中，当事人对平台专家自主选择，虽然身处远山这样较为偏远的内陆山区，但是却可以获得知名专家的优质法律服务和其他专业服务，从而使得双方矛盾冲突得以专业化、便捷化地化解。2016年的何凯建设工程纠纷案正是一起具有代表性的委托调解案例。

案例 4-2：何凯建设工程纠纷案

2015 年 11 月初，远山县珍宝镇居民何凯为承接远山县黔中大道某路段施工项目，与远山和源建筑工程有限公司（以下简称和源公司）签订了《通城大道工程项目合同》（以下简称《项目合同》），并向和源公司支付了 100 万元定金。然而，何凯因自身原因未承接该施工项目。嗣后，和源公司诉至远山县法院，要求解除《项目合同》，并将 100 万元定金作为己方损失予以赔偿。2016 年 11 月 26 日，本案双方当事人在远山县法院诉讼服务中心的"E 调解"室内进行了委托调解。民法专家、西南政法大学袁舒涛教授作为特邀调解员，在联系相关典型案例和法律条款基础上，向双方当事人解释了定金和订金的区别。订金原则上是一种预付款而不具备担保性质；定金则是一种债权担保，对于给付定金的一方不履行所约定债务的，无权要求返还定金。① 定金数额由当事人自行约定，但是不能超过主合同标的额 20%。鉴于《项目合同》的标的额为 800 万元，故 100 万元定金的数额并未超出法律要求。

最终，综合考虑和源公司的实际损失状况和双方的既往合作关系，双方决定和解，由和源公司从 100 万元的定金中返还 25 万元给何凯，剩余 75 万元则作为和源公司因何凯违约所受损失的弥补。在袁舒涛所作委托调解的基础上，远山县法院当天制作了司法调解书，并由双方当事人进行签收。何凯感叹道："这样的调解令人信服，专家的解释易懂权威，'E 调解'平台也方便我们办事。如果个人要找法律专家专门解释一件案子，恐怕不太容易。有了'E 调解'平台，我们在诉讼服务中心触摸屏上就可以自主选择专业调解组织、特邀调解员答疑解惑，还能打破地理空间的限制，这对当事人、对法院都是很有意义的。"

需要注意的是，"诉调对接"是建立在法院立案庭进行预判分流基础

---

① 《担保法》第 89 条："当事人可以约定一方向对方给付定金作为债权的担保。债务人履行债务后，定金应当抵作价款或者收回。给付定金的一方不履行约定的债务，无权要求返还定金；收受定金的一方不履行约定的债务的，应当双倍返还定金。"同法第 91 条："定金的数额由当事人约定，但不得超过主合同标的额的百分之二十。"

上的。对于进入远山县法院的民事纠纷冲突，立案庭经验丰富的工作人员将结合卷宗材料和双方当事人意愿来进行判断，如案件适宜，则建议当事人选择委派调解。如当事人不同意委派调解，或初步判断该纠纷冲突难以进行诉前调解，则为当事人进行立案登记，使案件顺利进入审理程序。如在审理过程中，案件出现转机、当事人表示和解意愿，则审理法官可建议当事人选择由法官主持司法调解或由特邀调解组织、特邀调解员进行委托调解。

作为经验总结，具有多发性、私人性或现行法律规定不够明晰特点的纠纷冲突往往更适宜于调解，案由多集中在劳动纠纷、家庭纠纷、消费纠纷、交通事故和医疗事故纠纷等领域。申言之，劳动纠纷涉及的当事人人数众多、原因复杂、社会影响大，且关乎社会公共利益，采用调解方式往往比复杂、冗长的裁判方式更加利于矛盾冲突的解决；家庭纠纷涉及当事人的个人隐私、亲情、伦理道德，在相当多的情况下并不适宜采用简单粗暴、非此即彼的"分清是非"逻辑径直裁判；消费纠纷具有厂商和消费者之间力量不平衡的特点，通过灵活简便的调解往往更有利于维护消费者维权；交通事故纠纷和医疗纠纷具有专业性突出、当事人对立情绪大的特点，相对于严肃的法庭讼争氛围，委派调解和委托调解可以通过借助特邀调解组织、特邀调解员的专业特长，以及调解室相对更为舒适、平和的环境布局，促成冲突双方的对话、交流、和解。

从理想类型建构的角度出发，相应调解可以分为判断型调解和治疗型调解：

其一，判断型调解。判断型调解以理性分析为要旨，退休法官、专业人士担任特邀调解员的委派调解、委托调解案件往往属于这一类型。它可以满足当事人既希望节约费用、提高效率，又希望纠纷冲突获得接近裁判的权威性解决之需求。以前述案例4-2为例，调解员袁舒涛教授扮演着向当事人普及法律知识和其他专业知识的知识传递者角色，经其指引，双方当事人在法律允许的框架下，对自身的预期目标和所愿支出的成本进行计算、权衡，最终协商一致。交通事故纠纷、医疗侵权纠纷、商事纠纷多以判断型调解方式加以解决。其二，治疗型调解。治疗型调解以情理疏导为要旨，人民调解员主持的委派调解、委托调解往往属于这一类型，它可以满足当事人希望恢复和谐人际关系和保障纠纷冲突解决私密性的需求。

由于特邀调解员扮演的是一个富有社会生活经验的倾听者、沟通者角色，旨在发现并且解开双方的心结，实现对双方之间受到伤害的社会关系的弥合、治疗，故无须具备深厚的法律知识。家庭、邻里纠纷多以治疗型调解方式解决。①

同时，"诉调对接"要求充分考虑委派调解、委托调解未能成功时与司法裁判的衔接问题。作一个形象的比喻，尽管委派调解、委托调解未能实现，但是法院的司法裁判这一"大厦"是在委派调解、委托调解先期打好的"地基"上兴建的，司法裁判因而得以事半功倍。考察远山县法院的相关实践，无异议调解方案认可机制和无争议事实记载机制是两种常见的避免重复劳动、提升司法效率、减轻当事人讼累和缓解法院司法压力的举措，两者的运作及功能如下：

第一，无异议调解方案认可机制。它适用于在当事人已对主要权利义务达成共识，但是对赔偿、补偿金额存在分歧，或囿于积怨而不愿继续磋商的情形。在此种情形下，经当事人双方书面同意，特邀调解员将为他们制作出文本方案，并且告知提出异议的方式、期限和法律后果。如果当事人在期限内提出异议，视为调解不成，双方之间的纠纷冲突转入司法裁判程序处理，远山县法院将参考此前调解阶段中当事人所达成的共识和特邀调解员所提供的调解方案作出裁判。如果当事人未提出异议，则由特邀调解员督促他们进行签署。可以认为，无异议调解方案认可机制发挥着"减压阀"的功能，有利于实际分歧小而对立情绪大的纠纷冲突获得有效处置，它既可以为双方当事人提供一个缓和的机会，又可以为必要情况下转入裁判程序的案件提供铺垫，使得法院的后续司法工作得以大幅减省。

第二，无争议事实记载机制。在当事人未能达成协议的情况下调解程序终结，征得双方当事人同意后，特邀调解员以书面形式记载双方无争议的事实（确认身份关系和涉及案外第三方利益的除外），并且告知双方当事人相应法律后果。双方当事人签章后，该无争议事实记录即可在接下来的裁判过程中作为证据使用。

通过运用上述两种机制，远山县法院在后续裁判工作中所需的时间成

---

① 关于判断型调解和治疗型调解的研究，可参见［日］棚濑孝雄《纠纷的解决与审判制度》，王亚新译，中国政法大学出版社1994年版，第52—73页。

本和当事人的诉讼负担均大为降低。目前，无异议调解方案认可机制和无争议事实记载机制已在全国法院系统中广泛采用，最高人民法院以相关文件对此表示了认可和鼓励。① 故此，可以预期在不久的将来它们会获得国家立法的正式承认，从目前的半正式制度上升为一种正式的司法制度。

综上所述，"诉调对接"平台实质上是对社会冲突多元化解决机制的利用和发展，它既是法院系统特别是广大基层法院缓解诉讼压力、摆脱过载性司法困境的行动策略，又是法治建设的重要战略布局。齐树洁指出："当代社会的多元化纠纷解决机制必然是社会生成（自然形成）与国家理性建构的产物——其需求来源于社会，其形式往往是对传统资源的创新，其运作则须适应特定社会或社区公众的生活习惯以及精神文化需求，满足当代社会纠纷解决和社会治理的需要。这种机制及具体制度建构或改革，通常是针对现实问题，通过局部或自下而上的实践和尝试而开始的，当经验积累达到一定程度后，决策者就应当对这种需求及时作出反应：或者通过立法加以确认，或者进行合理的制度设计，通过政策自上而下地加以推广，从而将个别和局部的经验纳入制度化的多元化纠纷解决机制之中。"② 公允地说，远山县法院的相应实践效果良好。2013 年新一轮司法改革以来，远山县法院的民事诉讼一审委托调解结案情况可见表 4-8、图 4-14、图 4-15。

表 4-8　2013—2018 年新一轮司法改革以来的远山县民事诉讼一审委托调解结案情况

年度	结案数（件）	调解结案数（件）	调解结案占比（%）	委托调解结案数（件）	委托调解结案占比（%）
2013	1563	722	46.19	262	16.76
2014	1913	735	38.42	324	16.94
2015	2879	1003	34.84	472	16.39
2016	3627	1210	33.36	559	15.41
2017	4485	1626	36.25	697	15.54
2018	5427	1967	36.24	912	16.80

资料来源：远山县法院审管办 2013—2018 年司法统计数据。

---

① 具体可见最高人民法院于 2016 年发布的《关于人民法院进一步深化多元化纠纷解决机制改革的意见》和《关于人民法院特邀调解的规定》。

② 齐树洁：《我国多元化纠纷解决机制的新发展》，《东南司法评论》2016 年卷。

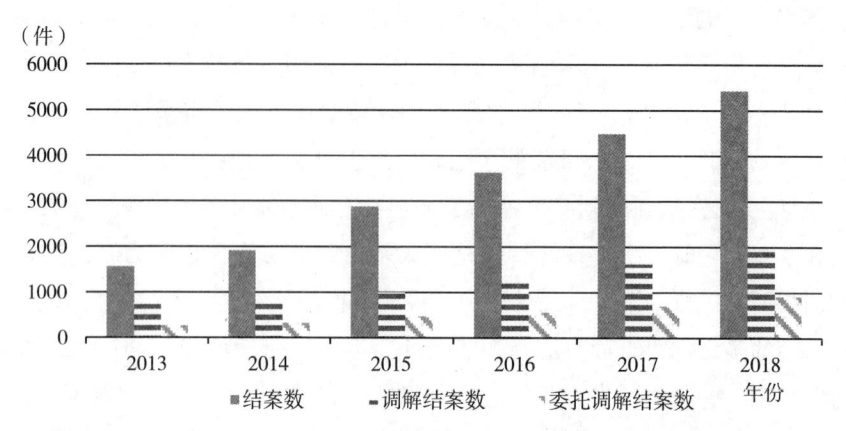

图 4-14 2013—2018 年新一轮司法改革以来的远山县民事诉讼一审委托调解结案数变化

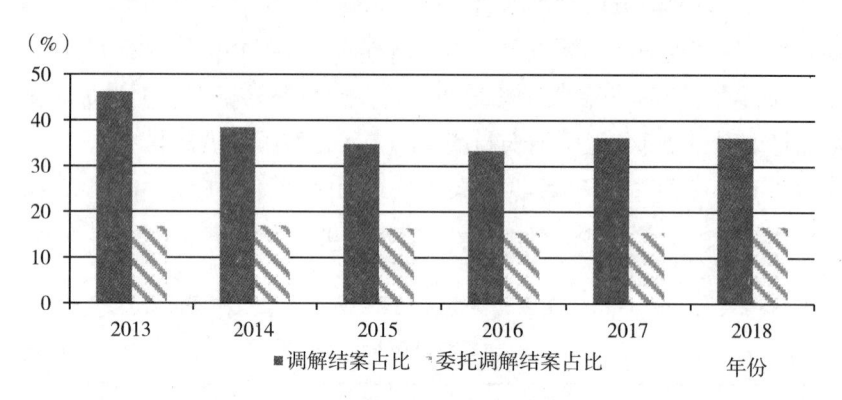

图 4-15 2013—2018 年新一轮司法改革以来的远山县民事诉讼一审委托调解结案占比变化

从表 4-8、图 4-14、图 4-15 可见,2013 年以来委托调解为远山县法院分流了大量民事一审案件,2013—2018 年民事诉讼一审平均委托调解结案比为 16.31%。需要指出的是,由于委派调解属于法院立案之前的诉前调解,并且是以司法确认方式进行结案,故远山县法院未专门统计相应年份的委派调解案件数。是故,如果将委派调解实际分流的民事纠纷冲突考虑在内,则"诉调对接"平台对减轻远山县法院的过载性司法压力所起到的作用更加不容小觑。

(二) 简繁分流与信息化驱动

除搭建"诉调对接"平台外,案件简繁分流与信息化驱动是提升司法效率、降低司法成本的两条重要渠道。

案件简繁分流是指在立案阶段，由立案工作人员根据当事人所递交的民事、行政案件材料或者检察院所递交的刑事案件公诉材料，经分析判断后将案件划分为简易案件与疑难案件，提示相应业务庭、乡镇派出法庭对证据事实复杂、法律适用较难的案件采用合议庭方式审理，而对证据事实清楚、法律适用简明的案件采用独任庭方式审理。此举的目的在于确保将"好钢用在刀刃上"，从而实现司法资源的优化配置。正如前文第二章"基层司法的内部科层"中所指出，根据案情复杂程度、法律适用难度、社会影响状况来决定对应案件的司法资源投入量，可以有效提高司法效率、及时回应社会公众的法律需求，从而建构法律和国家的合法性。2015年以来，除法律要求必须由合议庭审理的民商事案件外，远山县法院原则上均采用独任庭审理模式来开展民事审判，目前民事审判中的简易程序适用率为82.41%，相应法官的人均年办案数高达329件；而刑事、行政审判中的简易程序适用率亦高达64.55%，相应法官人均年办案数为295件。

信息化驱动则是指在建设智慧法院的背景下，借助信息数据技术等现代科技手段，将立案、审理、执行等工作所需的司法材料电子化、数据化、网络化，从而便利当事人、律师、法官、检察官办理司法业务，提高司法效率。近年来，远山县法院共建立了当事人网上立案、律师网络阅卷、"E调解"、网络庭审直播等33个平台。信息数据技术的使用，使得当事人及其代理律师既避免了来回奔波的车旅劳顿和金钱消耗，也避免了在法院工作时间无法到访的难题，使得法院的审判管理更加灵活、方便，法院的审理进度也由此大幅加快。正如在远山县法院多次出庭的于小伟律师所言：

> 过去立案必须亲自到立案大厅递交材料。远山县法院做得比较超前，他们开通网上立案平台后，我们这些来自外地的当事人和律师就不用风尘仆仆地驱车几百里过来了。按照立案网络平台的提示准备好材料，网上点下提交键就完成工作了。如果有什么问题，或者有什么材料需要补正，就和立案庭的法官在网上沟通，很方便。实际上，我们提交电子版材料对法院的工作也是很有帮助的，因为他们可以直接

留存电子档备案，方便档案管理，在接下来的诉讼流程里也可以直接打印纸质版材料出来，中间省去了扫描的环节。①

与此相应，另一位在远山县法院多次出庭的刘晓桦律师也对远山县法院的信息化驱动措施表示认可。刘晓桦律师分别讲述了律师网络阅卷平台开通前后的不同情形。对于开通律师网络阅卷平台之前的情形，刘晓桦律师如是说：

> 有些案子因为客观原因所限，时间特别紧迫，最紧急的情况可能是第二天就要开庭了，但我只能在这个时候才无可奈何地赶到受诉法院来。有次因为道路上有车辆发生严重交通事故造成堵车，我等交通恢复后就一路飞奔到法院，结果抬手一看手表，已经下午四点半了，再过半小时人家就要下班了，第二天却要开庭。我只好硬着头皮去协调法院的工作人员，讲清楚情况，恳请人家谅解，耽误人家下班后的业余时间等我阅卷和复印卷宗材料。这样的情况确实会加重双方的工作负担、提高司法成本。②

对于开通律师网络阅卷平台之后的发展变化，刘晓桦律师则说道：

> 现在的话，越来越多的法院像远山县法院一样建设数字化的"智慧法院"，我可以通过律师网络阅卷平台来远程完成阅卷工作。这样一来，我能够既不受空间限制，也不受时间限制，结合当事人的需要以及案件客观情况来灵活安排阅卷时间——即使是在法院的工作时间之外，哪怕是凌晨两三点，我都可以从网络平台调取相应的卷宗材料来开展工作，只要确保在对应时间节点到来之前完成任务就好。③

从于小伟、刘晓桦两位律师的话语中，我们可以充分感受到信息化

---

① 访谈编码：YXW20161103。
② 访谈编码：LXH20161104。
③ 访谈编码：LXH20161104。

驱动对于减轻工作负担、节约司法成本和提高司法效率的重要意义。究其本质，信息化驱动实践是基层司法的现代性的一个折射——显而易见，智慧法院是建立在对立案等司法活动的时间与空间分离基础之上的。社会学界普遍认为，现代性是一种发端于 17 世纪欧洲，并逐渐席卷整个全球社会的组织和生活方式，是历史发展的一种非延续性的、断裂性结果。通过全新路径重构时间、空间，使得二者高度延伸，从而让"缺场"和"在场"的连接条件迥异于过去的前现代社会，并且促成社会关系对具体互动情境之脱离，这正是现代社会基本制度的一个本质特征。①

诚然，唯有在信息得以被广大范围的人们所知晓的前提下，跨越社会系统的互动才能够得以真正形成。时至今日，各种交流媒介日益发达，信息和知识可以通过现代科技手段被便捷有效地传递，从而为社会公众所知晓；现代社会超越了原始部落社会，互动不再需要被局限在面对面的情境中来获得实现。从这一角度来说，现代社会的"时空延伸"乃是信息能够被大众广泛利用和储存的一个直接后果。② 时空分离和社会体系的脱域（dis-embedding）对于现代社会之所以至关重要，原因有二：其一，时空分离是脱域过程的初始条件，"虚化的时间"与"虚化的空间"共同提供了使社会关系从地域性中脱离出来的前提，这主要是通过一些制度性机制得以使然。其二，时空分离为现代社会生活的独有特征及其合理化组织提供了运行机制。社会组织是现代社会得以正常运转的关键要素之一，但社会组织不得不面临着地域化的束缚，而时间越往前追溯，这样的束缚也越明显。时空分离既为社会组织从地域性中的脱嵌做好了准备，也使得社会组织的运作范围跨越了有限的时间与空间范畴，在更为广阔的世界舞台中

---

① 参见［英］安东尼·吉登斯《现代性与自我认同：晚期现代中的自我与社会》，夏璐译，中国人民大学出版社 2016 年版，第 14—20 页；［英］安东尼·吉登斯《现代性的后果》，田禾译、黄平校，译林出版社 2011 年版，第 14—18 页；郑杭生主编《社会学概论新修》，中国人民大学出版社 2013 年第 4 版，第 311 页；赵旭东《结构与再生产：吉登斯的社会理论》，中国人民大学出版社 2017 年版，第 133—142 页。

② 参见［英］安东尼·吉登斯《现代性与自我认同：晚期现代中的自我与社会》，夏璐译，中国人民大学出版社 2016 年版，第 14—20 页；［英］安东尼·吉登斯《现代性的后果》，田禾译、黄平校，译林出版社 2011 年版，第 14—18 页。

得以运转。①

　　回顾前文，我们不难发现，信息化驱动实践使得远山县法院得以从远山县域的"小舞台"，积极地迈向更为广大的贵州省乃至全国社会、全世界的"大舞台"；远山县法院的立案等司法活动因为获得现代科技手段的支撑，突破了时间、空间的藩篱，使得当事人、法官、检察官等参与人员的互动变得更为便捷高效。一言以蔽之，在"诉讼爆炸"的时代语境下，案件简繁分流与信息化驱动两项举措切实发挥了便利法院和诉讼参与人的正功能，有效提升了司法效率和大幅降低了司法成本。毋庸置疑，它们是法院系统特别是广大基层法院力图挣脱过载性司法之枷锁的两项重要实践，对于法律和国家的现代化（modernization）及合法化（legitimization）具有极为重要的积极意义。

---

　　① 参见［英］安东尼·吉登斯《现代性与自我认同：晚期现代中的自我与社会》，夏璐译，中国人民大学出版社 2016 年版，第 14—20 页；［英］安东尼·吉登斯《现代性的后果》，田禾译，黄平校，译林出版社 2011 年版，第 14—18 页；刘少杰《后现代西方社会学理论》，北京大学出版社 2014 年第 2 版，第 277—283 页；杨善华、谢立中主编《西方社会学理论》（下卷），北京大学出版社 2006 年版，第 100—101 页。

第五章 审理运作：依据法律的定分止争

审理运作意味着依据法律对业已立案的社会冲突定分止争，它是基层司法实践的重要组成部分。通过审理运作，基层法院生产出对应的司法产品，从而满足社会公众的需求。从类型学角度出发，基层法院的审理运作模式或者说案件制作术可以分为裁判（针对实体问题的判决和主要针对程序问题的裁定）、调解、协调（对行政案件的协调处理）三大理想类型。审理运作受到社会治安综合治理观念的指引，相应的司法产品在形式上表现为调解书、判决书、裁定书等。需进一步指出的是，裁判与调解是由法律所明确规定的审理运作模式，因此具备正式制度之属性；协调则并非依托法律的明文规定，而是在实践中为法院系统所认可，并针对特定种类的案件广泛采用，故而在性质上属于半正式制度。尤伊克、西尔贝基于实证研究认为，人们的法律意识可划分为敬畏法律（before the law）、利用法律（with the law）和反抗法律（against the law）三种类型，三种法律意识对法律—司法的信任程度依次递减。[①] 有关于三者的具体内容，在本书第一章"导论"中"国内外文献研究综述"部分已详细讲述，此处不再重复。借鉴尤伊克、西尔贝提出的这一思路，我们需要追问的是，在司法过程中，法律在多大程度上被基层法院以及当事人遵守或者规避，发生遵守或者被规避的原因是什么？立足于相应的司法实践，以对法律的恪守程度（亦即合法律性，legality）和倚重程度为标准，可以由高到低依次将审理运作的三种理想类型概括为："遵循法律"的裁判、"基于法律"的调解和"超越法律"的协调。

[①] 参见［美］帕特里夏·尤伊克、［美］苏珊·S. 西尔贝《日常生活与法律》，陆益龙译，商务印书馆2015年版，第74—76页。

第一节 "遵循法律"的裁判

裁判作为审理运作的一种理想类型,其在案件制作上是高度遵循着国家法律的。从历史角度看,裁判是审判正规化进程的产物,并且反映出现代法律合理性(rationality)的一面。韦伯认为,现代社会法理型权威所对应的是形式理性法。详言之,形式理性法是指"由现代的立法机关以严格的程序制定,又由专门的司法机关予以适用的、一套逻辑上严谨的、可为人操作的和由明确的规则所组成的法规体系","它像一个结构合理的精密机器一样,能准确地预测人的行为,解决一切社会纠纷"。① 对于形式理性法来说,"工作被限定在单只是对条文和契约作解释,就像是个法的自动贩卖机,人们从上头丢入事实(加入费用),他自下头吐出判决(及其理由),这在近代的法实务家看来显得低级而有失身份,尤其是当法典化的形式的制定法愈来愈普遍化时,这种感觉定然愈益不堪"。②

概而论之,形式理性法特征如下:其一,由一套形式化、意义明确的法律条文组成,而非由宗教命令、伦理规范和风俗习惯组成。因此,它是由代议制的立法机关依法律程序自觉制定的,并且是实体法与程序法、法律问题和法律事实、立法工作和司法工作相分离的。其二,法律条文是体系化的,表征着一切经分析得出的法律判断之统合,这些法律判断构成了逻辑清晰、内在一贯,至少是在理论上非常严密的法规体系。一切可以想见的实际情况均须从逻辑上被包含其中,故行动主体有效预见自身社会行动的法律后果的可能性大幅提高。其三,构成法规体系的法律概念须语义明确且经得起逻辑分析。其四,这些法规能够被理智地加以控制,摆脱了诸如宗教仪式、巫术等神秘的方法和手段。③ 形式理性法在现实中映射的是源自古代罗马法的近现代大陆法系法律。在韦伯看来,逻辑的合理性法

---

① 严存生:《西方法律思想史》,中国法制出版社2012年版,第293页。

② [德]马克斯·韦伯:《法律社会学 非正当性的支配》,康乐、简惠美译,广西师范大学出版社2011年版,第327页。

③ 参见严存生《西方法律思想史》,中国法制出版社2012年版,第292—293页;程苗《韦伯形式理性法理论之评析——兼论建构充分理性的中国法》,博士学位论文,吉林大学,2011年;程德文《形式理性与刑事诉讼中的事实裁判》,《学习与探索》2007年第6期。

是法律理性化的最高阶段，国家制定的实在法（positive law）规则体系滴水不漏，堪比无缝天衣。显然，韦伯如椽巨笔下的"逻辑"乃是受西方文明推崇备至的"演绎逻辑"。美国法律形式主义（legal formalism）代表人物克里斯托弗·兰德尔也同样强调现代法律所具备的形式的、演绎逻辑的特性。在其看来，法律可等同于古希腊的欧几里得几何学，能够从有数的法律公理（axioms）中得出众多的法律定理（theorems），而后通过演绎逻辑施加于一应情况。[1]

众所周知，改革开放以来，我国持续开展的法制现代化建设在一定程度上吸收、借鉴了欧美先进经验，大陆法系法律法规和司法运作模式一直是我国的重要参考对象。其中，以裁判为主要载体的审判正规化改革极为强调形式正义，要求审理运作严守法律规定。有鉴于此，下文需要立足于远山县法院近年来的司法实践，同时结合韦伯的形式理性法理论，检视何为"遵循法律"的裁判。亦即，通过考察"行动中的法"（law in action）与"文本中的法"（law in book）、"事实上的法"（law as fact）与"纸面上的法"（law in paper）之间的契合与疏离，从而理解基层司法的实践逻辑和实践理性，并对韦伯的理论进行回应和反思。

一 常规案件的形式化

通常而言，多数案件的裁判均可直接通过形式化，亦即演绎逻辑推理的方式完成，而三段论又是其中最基本、最简便、最有效，从而最受信赖的审理公式。因此，三段论推理可谓常规案件的首要案件制作术。正如韦伯、兰德尔等前人所已经揭示的那样，三段论推理有赖于法律体系的公理化和法律命题的形式化。三段论推理过程可用逻辑语言表述如下：M→P，S=M，S→P。详言之，如果所有的M都是P，并且所有的S都是M，则所有的S都是P。将三段论应用到司法领域，可以对常规案件进行这样的推理：第一步，确定大前提——法律规则：如任何案件的事实符合M，则

---

[1] 参见［美］黄宗智《实践与理论：中国社会、经济与法律的历史与现实研究》，法律出版社2015年版，第286页；［美］安索尼·T. 克罗曼《迷失的律师：法律职业理想的衰落》，田凤常译，法律出版社2010年版，第171—176页；严存生《法的合理性研究》，《法制与社会发展》2002年第4期。

应赋予其法律效果 P；第二步，确定小前提——案件事实：特定案件事实 S 符合 M，或者说，S 恰为 M 的一个事例；第三步，确定结论——司法裁判：对 S 应当赋予法律效果 P。

显然，这正是形式理性法所勾勒的司法产品的生产过程——法院从业已确定的法律规则和案件的客观事实出发，即可得出对应的裁判结果。美国学者杰罗姆·弗兰克将前述公式化表述为：R（Rule，法律规则）×F（Fact，案件事实）= D（Decision，司法决定，即裁判结果）。[1] 原因在于，现代法治必须是规则之治，法律的确定性与稳定性是建构法治所必需，司法必须追求"类案同判""事断于法"。故而，法治要求司法活动遵循预先设定的一般性规则，并且以内在于规则体系的准则来审理案件，而非游走于个案之间进行就事论事。在任何大型社团中，社会控制的主要工具都是一般化的规范，而并非对每个个体、特定事例所下的特别指示。在这些一般性规范即法律规则、标准和原则之中，规则又因其构造和功能，具有举足轻重的地位。[2]

然而，如果我们对司法实践进行深入调研，便能够发现常规案件的三段论推理在事实上可以划分为"具有高度确定性的裁判过程"和"具有相对确定性的裁判过程"两大类型。进一步而言，此处的"确定性"实际还可以细分为"事实确定性"与"法律确定性"。通过下文，我们可以发现韦伯、兰德尔针对形式合理性法、法律形式主义所提出的"法的自动贩卖机"，以及"从有数的一些法律公理得出众多的法律定理，而后通过法律逻辑适用于任何实施情况"之论断，较契合于具有高度确定性的裁判过程；但如果是面对仅具有相对确定性的案件和复杂案件时，这一论断不够符合实际，有失为一种对审理运作的化约主义畅想。

（一）具有高度确定性的裁判过程

从远山县法院的司法实践来看，在审理运作中，尤其是对于那些证据事实清楚、法律关系明了的常规案件来说，三段论推理是极富成效的。远山县法院自 2016 年 10 月 20 日启动大数据智能管理系统协助法官审理案

---

[1] 参见姚小林《司法社会学引论》，厦门大学出版社 2014 年版，第 89 页。
[2] 参见陈林林《司法裁判中的演绎推论》，《浙江大学学报》（人文社会科学版）2007 年第 1 期。

件以来,"遵循法律"的裁判更是被上升到前所未有的高度。这一举措使得远山县法院相关案件的裁判过程在事实认定与法律适用两个维度上都具有高度的确定性,胡庆隆故意伤害案一案正是其体现。

案例 5-1:胡庆隆故意伤害案

胡庆隆系胡东强之堂叔。2015 年 9 月 15 日凌晨,胡庆隆在远山县城路遇酒醉的胡东强,遂规劝其回家,两人发生口角。因胡东强辱骂胡庆隆,胡庆隆情绪失控殴打了胡东强,致胡东强面部受伤。经司法鉴定,胡东强伤势为轻伤二级。案发后,胡庆隆向公安机关主动投案并如实供述犯罪事实,悔罪态度较好。远山县法院经审理后认为,胡庆隆故意伤害胡东强并致其轻伤的行为构成故意伤害罪。鉴于案发后胡庆隆主动投案并如实供述犯罪事实,属自首性质,依法可从轻或减轻处罚;同时,其在胡东强住院期间支付了所需部分医疗费,获得胡东强谅解,依法可酌情从轻处罚。据此,在大数据智能管理系统的技术支持下,远山县法院依法判决如下:胡庆隆犯故意伤害罪,处有期徒刑六个月、缓刑一年。胡庆隆服判未上诉,附带民事诉讼原告人胡东强亦对附带民事诉讼表示服判。

在本案中,远山县法院刑庭利用大数据智能管理系统对全部证据项进行了表格式列举。由于系统中提示本案可能存在"被告人经公安机关电话传唤后主动到案的量刑情节"以及可能存在"被告人积极赔偿被害人经济损失并获得谅解的量刑情节",办案法官对此进行了核实。在此基础上,系统自动提供了相关法律条文和最高人民法院制定的《关于常见犯罪的量刑指导意见》中的对应裁判依据,并由此推送了法律允许的量刑幅度和类似案例的判决结果,法官据此作出了有期徒刑六个月、缓刑一年的判决。当这一结果输入大数据智能管理系统时,系统显示裁判偏离度为"0"。此举依据精密的法律规范和司法解释,结合先进的现代科技手段,有效框定了法院司法裁量权的运作空间,防止了司法裁量权的滥用,并使得案件当事人更加信服裁判结果,从而有力提升了司法的公信力、建构了司法的合法性(legitimacy)。如果回归前文所提到的司法产品生产过程之公式:R(Rule,法律规则)×F(Fact,案件事实)= D(Decision,裁判

结果),我们可以将本案的法律规则、案件事实、裁判结果分别作以下格式化(见表5-1):

表5-1　　　　　　　　　胡庆隆故意伤害案的格式化

类　别	内　容
法律规则	(1)《刑法》第234条第1款,关于故意伤害罪之规定;① (2)《刑法》第67条第1款,关于自首之规定;② (3)《最高人民法院关于常见犯罪的量刑指导意见》中关于故意伤害、自首、积极赔偿被害人经济损失及取得谅解之规定③
案件事实	(1) 胡庆隆故意殴打胡东强,造成胡东强轻伤二级、十级伤残的伤害后果; (2) 胡庆隆犯罪较轻、有自首情节,其如实供述罪行且悔罪表现较好; (3) 胡庆隆积极赔偿了胡东强经济损失,并取得其谅解
裁判结果	胡庆隆犯故意伤害罪,处有期徒刑六个月、缓刑一年

综上所述,如对本案进行一个三段论推理,可将本案的司法过程还原如下:

步骤1,确定大前提——法律规则:故意伤害致他人身体,造成轻伤及以上后果的构成故意伤害罪。故意伤害致一人轻伤,可判处两年以下有期徒刑或拘役;有自首情节且犯罪较轻的,可减少基准刑的40%以上或依法免除处罚;积极赔偿被害人经济损失并取得谅解的,可减少基准刑的40%以下。

步骤2,确定小前提——案件事实:被告胡庆隆故意伤害被害人胡东强身体,造成胡东强轻伤二级、十级伤残;胡庆隆犯罪较轻、有自首情

---

① 《刑法》第234条第1款:"【故意伤害罪】故意伤害他人身体的,处三年以下有期徒刑、拘役或者管制。"

② 《刑法》第67条第1款:"【自首】犯罪以后自动投案,如实供述自己的罪行的,是自首。对于自首的犯罪分子,可以从轻或者减轻处罚。其中,犯罪较轻的,可以免除处罚。"

③ 《最高人民法院关于常见犯罪的量刑指导意见》作如下规定:(1) 故意伤害致一人轻伤的,可以在二年以下有期徒刑、拘役幅度内确定量刑起点。(2) 对于自首情节,综合考虑自首的动机、时间、方式、罪行轻重、如实供述罪行的程度以及悔罪表现等情况,可以减少基准刑的40%以下;犯罪较轻的,可以减少基准刑的40%以上或者依法免除处罚。恶意利用自首规避法律制裁等不足以从宽处罚的除外。(3) 对于积极赔偿被害人经济损失并取得谅解的,综合考虑犯罪性质、赔偿数额、赔偿能力以及认罪、悔罪程度等情况,可以减少基准刑的40%以下;积极赔偿但没有取得谅解的,可以减少基准刑的30%以下;尽管没有赔偿,但取得谅解的,可以减少基准刑的20%以下;其中抢劫、强奸等严重危害社会治安犯罪的应从严掌握。

节，其如实供述罪行且悔罪表现较好；胡庆隆积极赔偿了胡东强经济损失，并取得其谅解。

步骤3，确定结论——司法裁判：被告胡庆隆所为的故意伤害行为犯故意伤害罪，判处六个月有期徒刑、缓刑一年。

毋庸置疑，由于事实认定和法律适用的双重高度确定性，三段论推理使得常规案件能够为基层法院稳定而高效地生产制作。日新月异的信息时代带来一系列前所未有的科技突破，通过引入大数据智能管理系统打造智慧法院，以人工智能等技术手段有效识别常规案件裁判结果的偏离度，将有效防止法官办案的恣肆性和大幅减轻法官的工作压力，从而推动审判正规化和司法规范化。显然，这是通过司法现代化（modernization）以及最大化追求合法律性的方式，来实现法律和国家的合法化（legitimization）。诚如美国学者哈罗德·J.伯尔曼所述："以'形式合理'（formal rationality）为特征的法律的理想类型是这样一种类型：其中法律表现为一种逻辑一致的抽象规则的结构，根据这种结构，能够认定案件和问题中的有效事实并解决这些案件和问题"①，"它强调的是通过逻辑的方法搜集全部法律上具有效力的规则并使之合理化，再把它们铸造成内部一致的复杂的法律命题。相比之下，实质合理突出的方面不是符合逻辑的一致性，而是符合道德考虑、功效、便利和公共政策"②。

（二）具有相对确定性的裁判过程

不容回避的是，部分常规案件在事实认定和法律适用方面仅具有相对的确定性。尽管它们同样通过三段论推理方式制作而成，却印证了业界所提出的"法之理在法内，也在法外"之命题。力主引入社会学方法来进行审理运作的美国大法官本杰明·卡多佐指出，除去大量可以凭借形式逻辑进行推理从而完成裁判的简单案件外，"还剩下一定比例的案件，事实上这种案件数量并不多，然而也并非少得可以忽略不计，这些案件的决定对未来很有价值，他们将推进或延滞法律的发展，这种影响有时会很大，有时则很小。这些案件就是司法过程中创造性因素发现自己的机遇和力量

---

① [美]哈罗德·J.伯尔曼：《法律与革命——西方法律传统的形成》，贺卫方等译，中国大百科全书出版社1993年版，第653页。

② [美]哈罗德·J.伯尔曼：《法律与革命——西方法律传统的形成》，贺卫方等译，中国大百科全书出版社1993年版，第654页。

的案件","司法过程的最高境界并不是发现法律,而是创造法律"。①2017 年的周世芬非法种植罂粟案恰好是一个典型案例。

案例 5-2:周世芬非法种植罂粟案

2016 年秋,远山县骏马乡凤凰村六旬村民周世芬在上山割猪草时发现一株成熟罂粟,遂摘下罂粟植株,将种子撒在家中进行栽种,准备待罂粟长出秧苗后食用秧苗。2017 年 2 月 17 日,周世芬与其夫张泉明因琐事发生激烈争吵,张泉明向骏马乡派出所举报周世芬非法种植罂粟。经民警现场清点及权威机构检验,嫌疑人周世芬共种植罂粟原植物共 693 株。远山县法院经审理认为,周世芬非法种植罂粟原植物,数量较大,其行为触犯《刑法》第 351 条非法种植毒品原植物罪。鉴于被告周世芬种植罂粟的目的系作蔬菜食用,主观恶性较小,且到案后悔罪表现较好,对其适用缓刑无再犯罪危险、对其所居住社区无重大不良影响,故远山县法院依法判处其拘役 4 个月、缓刑 6 个月,并处罚金 1000 元。

对于本案而言,关于非法种植罂粟问题的法律规范是明确的、具体的,被告周世芬非法种植罂粟且数量较大的事实也是清楚的,但是本案的判决却并非像韦伯所说的"就像是个法的自动贩卖机,人们从上头丢入事实(加入费用),他自下头吐出判决(及其理由)"那样直截了当。原因在于,《刑法》总则还强调刑法的适用需要遵循罪、责、刑相适应的原则,对犯罪行为的制裁要不枉不纵、轻重适度。本案对应的法律条款分别为《刑法》第 351 条(非法种植毒品原植物罪)②、第 5 条(罪责刑相适

---

① [美]本杰明·卡多佐:《司法过程的性质》,苏力译,商务印书馆 1998 年版,第 100—101 页。

② 《刑法》第 531 条:"【非法种植毒品原植物罪】非法种植罂粟、大麻等毒品原植物的,一律强制铲除。有下列情形之一的,处五年以下有期徒刑、拘役或者管制,并处罚金:(一)种植罂粟五百株以上不满三千株或者其他毒品原植物数量较大的;(二)经公安机关处理后又种植的;(三)抗拒铲除的。非法种植罂粟三千株以上或者其他毒品原植物数量大的,处五年以上有期徒刑,并处罚金或者没收财产。非法种植罂粟或者其他毒品原植物,在收获前自动铲除的,可以免除处罚。"

应)①、第 52 条（罚金数额的裁量）②、第 61 条（量刑的事实根据与法律依据）③、第 72 条（缓刑适用条件）④。结合前述条款，可知远山县法院对于周世芬的量刑需要在五年以下有期徒刑、拘役或者管制之间进行判断取舍；对于周世芬的罚金额度也需要界定一个相对合理的标准。因为《刑法》是打击犯罪、维护社会秩序的法律，而适用刑法制裁犯罪离不开对构成犯罪的主体、主观、客观、客体四个维度之衡量，所以对周世芬的量刑和罚金裁量指向了以下关键问题——怎样分析、界定周世芬犯罪行为的情节严重性和社会危害性。

无疑，周世芬种植的罂粟数量是 693 株，更接近于《刑法》第 351 条第 1 项中规定的下限 500 株；其到案后的悔罪表现也是客观存在的。然而，对其犯罪情节是否较轻、有无再犯罪危险、宣告缓刑对社区有无重大不良影响等问题的理解判断却可谓"一千个人眼中有一千个哈姆雷特"。试问，远山县法院是基于何种理由认为被告周世芬所言"在上山割猪草时发现有一株成熟罂粟，遂摘下罂粟植株，将种子撒在家中进行栽种，准备待罂粟长出秧苗后食用秧苗"属实，从而认定其主观恶性较小？周世芬的辩解，对本案的关注者、旁听者（特别是异乡人）而言是否具有说服力？在格式化的判决书背后，隐藏着怎样的司法过程？

通过对本案的全程旁听和对办案法官的调查走访，笔者发现远山县法院是在充分运用地方性知识、进行深入田野调查的基础上得出这一结论的。经由仔细查阅本案侦查机关（远山县公安局）、公诉机关（远山县检察院）提交的卷宗材料，同时检索远山县志、相关司法档案等资料，以及调查走访当地群众，远山县法院刑庭的办案法官获悉，在晚清、民国

---

① 《刑法》第 5 条："刑罚的轻重，应当与犯罪分子所犯罪行和承担的刑事责任相适应。"
② 《刑法》第 52 条："判处罚金，应当根据犯罪情节决定罚金数额。"
③ 《刑法》第 61 条："对于犯罪分子决定刑罚的时候，应当根据犯罪的事实、犯罪的性质、情节和对于社会的危害程度，依照本法的有关规定判处。"
④ 《刑法》第 72 条："对于被判处拘役、三年以下有期徒刑的犯罪分子，同时符合下列条件的，可以宣告缓刑，对其中不满十八周岁的人、怀孕的妇女和已满七十五周岁的人，应当宣告缓刑：（一）犯罪情节较轻；（二）有悔罪表现；（三）没有再犯罪的危险；（四）宣告缓刑对所居住社区没有重大不良影响。宣告缓刑，可以根据犯罪情况，同时禁止犯罪分子在缓刑考验期限内从事特定活动，进入特定区域、场所，接触特定的人。被宣告缓刑的犯罪分子，如果被判处附加刑，附加刑仍须执行。"

时期,远山县曾烟毒泛滥,是本省主要的鸦片产地之一,而骏马乡一带正是当年大量种植罂粟的区域。自 1949 年以来,远山县通过长期不懈的禁毒工作取得了巨大成效,但是在部分山野中仍无可避免地散落有因当年种植罂粟而留下的种子,而这些种子繁衍生息至今,故村民在山中劳作、游玩时确有可能偶遇这样的"漏网之鱼"。同时,由于清末、民国时期大量种植罂粟,村民在当时形成了以罂粟秧苗充作蔬菜煮食的习俗。正是这样的缘故,本案被告周世芬在庭审中供述道:

> 老辈人都说鸦片秧苗味道好,比茼蒿菜、荠荠菜啊这些菜香多了,特别是煮活菜火锅时安逸得很。① 据说吃了还可以治肚子痛。所以我一时鬼迷心窍就把在山上看到的那棵鸦片取了种子拿回家种,到时候收了秧苗好煮活菜火锅吃。我家老伴张泉明一直说这是违法的,但是我听不进去。后来那天和他吵架吵得很凶,他一气之下就去派出所检举了我。我确实不怪他,是我不对,就像派出所民警说我的,"法律意识太淡薄"。

有鉴于此,远山县法院结合骏马乡派出所、凤凰村村委会所出具的相关材料,确认被告周世芬在过去从未有违法犯罪记录,既往各方面表现一向良好,故综合分析得出了其主观恶性较小、犯罪情节较轻、社会危害性较小、有悔罪表现、没有再犯罪的危险、宣告缓刑对所居住社区没有重大不良影响等一系列结论,并依法作出了拘役 4 个月、缓刑 6 个月、罚金 1000 元之判决。周世芬对判决结果表示接受,不再提起上诉,而在场旁听的公众也对本案的裁判过程和结果纷纷表示认可。不言而喻,这一案件的审理运作是远山县法院通过穿行于事实与规范之间,全面考虑法律内外各种因素,积极发挥办案人员的司法能动性而实现的。

在这样一起看似证据事实清楚、法律关系简单明了的常规案件中,无论是事实认定还是法律适用都并不具备十足的确定性。这正像是文豪陆游在《示子遹》一诗中所说的:"汝果欲学诗,工夫在诗外。"从某种意义上来说,前述司法产品生产过程之公式:R(Rule,法律规则)×F

---

① 活菜火锅是当地一种以豆豉辣椒、猪油为底料,煮食各种新鲜蔬菜和肉食的特色菜肴。

(Fact，案件事实) = D（Decision，裁判结果），修正为：R（Rule，法律规则）×SF（Subject Fact，主观事实）= D（Decision，裁判结果）或许更符合实际。① 因此，严存生总结道："司法过程绝对不只是一个逻辑思维的过程，它夹杂许多的因素，理性的和非理性的，主观的和客观的，是这许多因素综合作用的过程，其中有理性的思考，有直觉，有经验，一个个登台亮相，而其中经验起着关键的和根本的作用。"②

二 复杂案件的衡平术

法律是社会的法律，它并非是在真空中运行的，这势必涉及各种社会因素的作用和对各种社会利益的衡平。通过准确的、合乎逻辑的逻辑推理来作出裁判，是司法运作所必需；然而现实的司法运作特别是对于复杂案件的裁判，却并非单纯就法律而法律即可生产出合格的司法产品从而满足社会需求。归根结底，司法是一种社会冲突解决活动，它必须面向社会、扎根社会，所以生产合格的、优良的司法产品需要对法律效果和社会效果进行兼顾。天平之所以作为司法的象征，正是因为它具有的衡平性。

相对而言，司法的衡平性或者说法院的衡平术在复杂案件中更能够得到显现——毕竟，一件案件之所以被称为复杂案件，是因为具有证据事实的繁芜性、利益冲突的复杂性或法律适用的疑难性。正如卡多佐所言，"法律产生于存在于事物之间的事实的一些关系。和这些关系本身一样，自然的法律也处于永恒不断的新生之中。我们不再必须从理性推演出来的文本或体系之中，而是从社会效用中，从某些后果会追随某些假定而来的必然性中来寻找法律的渊源"，"当需要填补法律的空白之际，我们应当向它寻求解决办法的对象并不是逻辑演绎，而更多是社会需求"。③ 在复杂案件中恰当运用衡平术以满足社会需求，正是裁判的实践逻辑使然。

（一）合理填补法律的漏洞

"法律必须保持稳定，但又不能静止不变。"④ 法律扎根于社会生活，

---

① 参见姚小林《司法社会学引论》，厦门大学出版社2014年版，第89页。
② 严存生：《西方法律思想史》，中国法制出版社2012年版，第339页。
③ [美] 本杰明·卡多佐：《司法过程的性质》，苏力译，商务印书馆1998年版，第73页。
④ [美] 罗斯科·庞德：《法律史解释》，邓正来译，商务印书馆2013年版，第4页。

并随之不断发展,"人们必须根据法律应予调整的实际生活的各种变化,不断地对法律进行检查和修正"①。鉴于法律条文在本质上是立法者对过去社会生活的一种总结概括,对一些新现象、新问题,法律难免出现不能完全覆盖、弥合的状况,因此通过衡平术填补法律的漏洞,结合时代语境合理地解释法律,从而克服现有法律条文的僵化问题势在必行。远山县法院2017年审理的张明诉高梅离婚案充分说明了这一道理。

案例5-3:张明诉高梅离婚案

2017年3月,远山县城区居民张明起诉其妻高梅要求离婚。张明诉称双方婚前缺乏感情基础而草率结婚,婚后常因琐事争吵,后高梅负气远赴浙江务工,双方无法继续共同生活。远山县法院遂依法将相应司法文书邮寄给高梅。然而,高梅未在开庭当日按时到庭,办案法官立即与其电话联系。原来,高梅没有积蓄,外出务工时间尚短也未获足够收入,故缺乏路费回来参加庭审。按现行法律规定,离婚案件原则上必须本人出庭,确因特殊情况无法出庭的,应向法院递交书面意见。② 经向双方了解情况,远山县法院发现以下难题:其一,高梅经济严重困难,其近期内较难承受在浙江与远山两地往返所需的费用,并且其刚找到工作便请假确有不便。张明也经济窘迫,表示无法提供帮助。其二,如认定高梅系因特殊情况无法出庭而让其出具内容翔实、表意准确的书面意见,这对于文化程度不高的高梅难度较大。

出于司法便民、降低讼累之宗旨,远山县法院决定以网络庭审方式办理本案。办案法官添加了高梅微信,视频的一端是远山县法院的庭审工作人员、原告张明以及旁听公众,另一端是被告高梅,高梅以视频对话的方式参加庭审,审理过程全程录制。离婚案件依法须先行调解,但由于双方对夫妻共同财产和共同债务问题有所争议而未达成调解,故远山县法院以

---

① [美]罗斯科·庞德:《法律史解释》,邓正来译,商务印书馆2013年版,第4页。
② 《民事诉讼法》第62条:"离婚案件有诉讼代理人的,本人除不能表达意志以外,仍应出庭;确因特殊情况无法出庭的,必须向人民法院提交书面意见。"《最高人民法院关于适用〈中华人民共和国民事诉讼法〉若干问题的意见》第93条第2款:"离婚案件当事人确因特殊情况无法出庭参加调解的,除本人不能表达意志的以外,应当出具书面意见。"

判决方式结案。经法庭调查和法庭辩论,远山县法院确认双方夫妻感情确已破裂,当庭作出准予离婚之判决,并对财产和债务问题妥善处理。双方均表认可,并对法院的便民之举由衷感谢。旁听公众亦对此次裁判作出好评。

这是一起看似简单却又十分具有代表性的案例。按照现行法律条文之规定,离婚案件以双方当事人必须到庭为原则。这一设计是出于离婚案件具有高度的人身专属性。然而,由于现代社会的飞速发展,社会流动性不断增强,夫妻双方分处两地是常见现象。正如前文所指出,无论是要求高梅到庭还是要求其撰写书面意见对其来说都是非常困难的。因此,通过审视机械执行法律文本而带来的法院司法成本和当事人诉讼成本攀升,以及评估案件由于无法顺利在审限内审结而造成的一系列被动后果,以能动性的态度解决问题方为明智之选。从本质上来说,采取视频对话方式替代高梅赶赴远山县法院诉讼,是一个对司法的法律效果和社会效果的衡平举措。

当然,不容回避的是,既然裁判是以"遵循法律"为要旨的,那么需要怎样看待以视频对话方式进行庭审这一衡平措施的合法律性?对此,远山县法院是通过对相应法律条文进行合理解释来解决这一问题的。法律条文里的"出庭",并不需要机械地理解为必须是当事人亲身来到法庭这个建筑空间里。与其说"庭"是物理空间意义上的法庭,不如说它是抽象的法律意义、社会意义上的法庭,也就是庭审活动,这才是它的实质。采用远程视频的方式,尽管当事人并没有置身在这间叫作"第五审判法庭"的房间里,但是她的的确确代表自己实时全程参与了这个法庭的审理活动,法律要求的任何一个程序、任何一个环节都没有省略。正如远山县法院院长王冰所言:

> "出庭"是参加庭审的意思,而不是强求当事人必须走进法庭。我们需要与时俱进地合理解释法律条文、填补法律漏洞,兼顾司法的法律效果和社会效果。法袍上印着天平,就是提醒大家做好平衡,避免偏颇狭隘。司法不但要遵循法律,还要致力于发展和完善法律。①

---

① 访谈编码:WB20170402。

现代社会是信息社会，远山县法院的这样一种法律解释是符合时代语境的，它既遵循了法律条文本身的原则和精神，又解决了当事人的难题，满足了社会的现实需求。正如美国学者埃德加·博登海默在研讨法社会学和法律现实主义时所言："一个法律制度之所以成功，乃是因为它成功地在专断权力之一端与受限权力之另一端间达到了平衡并维持了这种平衡。这种平衡不可能永远维持下去。文明的进步会不断地使法律制度失去平衡；而通过把理性适用于经验之上，这种平衡又会得到恢复，而且也只有凭靠这种方式，政治组织社会才能使自己得以永久地存在下去。"①

（二）案里案外的全盘考虑

在复杂案件中运用衡平术，往往意味着法院需要对案里案外的各种因素进行全盘考虑，既确保裁判以遵循法律为目标，同时又注重遵循法律这一过程本身的平稳性。下面请看远山县法院 2011 年审理的郑淼、林桂森等人故意伤害案。

案例 5-4：郑淼、林桂森等人故意伤害案

2011 年，凌云镇的富源煤矿在开采时因诱发地质灾害，致使附近多户村民房屋下陷，产生损害赔偿等诸多问题。由于富源煤矿未能就赔偿事宜和受损村民顺利达成共识，双方矛盾逐渐升级。为此，远山县相关部门积极介入，引导双方按照法律途径解决纠纷。令人遗憾的是，一天午后，部分村民路遇富源煤矿工作人员，双方发生激烈争吵，富源煤矿一方竟拔拳相向。当附近民警奔赴现场时，已有数位村民受伤（经法医鉴定，均构成轻伤或重伤）。

本案进入司法程序后，鉴于富源煤矿经营者郑淼系斗殴组织者，保安林桂森积极参与斗殴且造成的伤害后果最为严重，两人均在公诉中被列为该故意伤害罪案主犯。本案在当地社会影响巨大，远山县法院特地选派精兵强将组成合议庭，并选择在建筑空间最大的审判庭公开审判以满足公众

---

① ［美］E. 博登海默：《法理学：法律哲学与法律方法》，邓正来译，中国政法大学出版社 2004 年版，第 156 页。

旁听需求。同时，案件审理情况由当地媒体、法院宣传平台及时披露，积极回应各方关切。从法律的内部视角来看，本案的复杂性在于涉案人员较多，举证、质证烦琐。基于公开透明、严格有序、有理有据的事实调查和法庭辩论，相应难题得以解决并获得公众广泛认可。出于慎重，合议庭未选择当庭判决。

在判决作出前的某天上午，林桂森之父林大松在法院信访接待大厅请求接访，表达了恳请从轻处理林桂森的诉求。林大松表示：主犯的处理重，林桂森只是普通员工，老板郑淼才是唯一主犯。分管副院长胡文智接待了林大松并答复如下：对林大松的心情表示理解，林桂森作为成年人需对其行为自负其责。法院的立场是"以事实为依据，以法律为准绳"，严格按照责罚相当、不枉不纵的原则秉公审判。由于这是一起多人涉案的共同犯罪案件，按照《刑法》第26条第1款之规定，在共同犯罪中起主要作用的是主犯，故公诉机关将斗殴组织者和积极参与者一并列为主犯。林大松通过旁听应当能感受到本案司法过程的严谨、透明。希望林大松多站在被害人的角度换位思考，如能积极争取被害人的谅解，将有助于林桂森从轻处罚。届时如对一审判决结果不服，林桂森可依法提出上诉。

爱子心切的林大松未能接受胡文智的释法明理，反而在当天下午以自伤的过激行为向远山县法院施压。远山县法院被迫采取措施妥善处理，并协调其家人对其善加照顾和抚平情绪。相应受害人及其家属闻讯后赶往法院，在了解情况后表达了是否会因林大松过激行为而致林桂森轻判的担忧。远山县法院表示会在公开透明的前提下，以一份证据事实清晰全面、法律适用准确恰当的判决书来接受社会检验。最终，远山县法院履行了自己的郑重承诺，在判决书中以全面周密、逻辑清晰的论述阐明了相关证据如何被认定或排除，彰显出事实建构的合理性；以详细完整、条理分明的法律条文引用和解释，证成了法律适用的合法律性。林桂森被认定为两名主犯之一，但鉴于其认罪态度较好和在共同犯罪中作用亚于郑淼，故其量刑轻于郑淼而重于各从犯。本案附带民事诉讼对赔偿事宜亦作出妥善处理。① 各被告均未提起上诉；被害人对案件审理结果表示满意，广大公众

---

① 相应村民房屋下陷的赔偿问题，将通过协商、人民调解或另行民事诉讼解决。

亦予以认可。

前文已述，一件案件之所以被称为复杂案件，是因为具有证据事实的繁芜性、利益冲突的复杂性或法律适用的疑难性。就本案而言，故意伤害罪案在法律适用方面相对清楚明了，而且随着量刑规范化工作的不断推进，常见犯罪量刑的裁量空间被尽可能明确和限缩，故基层刑事司法中滥用裁量权的可能性被大幅降低，办案效率则大幅提高。因此，本案作为一个复杂案件是因为其兼具证据事实的繁芜性和利益冲突的复杂性。证据事实的繁芜性，可以通过形式化的、逻辑推理的方式予以应对；而利益冲突的复杂性，则需要依靠全面、周密地考虑各种案内案外因素，运用衡平术来加以解决。在这样一起案件中，远山县法院并非单纯地在证据事实基础上，依照相应法律条款径行作出判决——如果是那样，相应司法产品的合法律性虽然无可挑剔，但是来自涉案各方和社会公众的种种疑惑与诉求未得到明确与合理地回应，这势必导致该司法产品的社会认可度较低而最终未能有效生成合法性。换言之，对于复杂案件来说，单纯实现法律效果并不能满足法律和国家的合法化，而只有同时实现社会效果才能达致合法化之目的。

既要确保法律得到贯彻执行，又要确保该贯彻执行过程本身的平稳性，则远山县法院需要在结果和过程两方面都衡平若干因素：其一，从裁判结果上看，远山县法院需要在事实清楚、证据确凿的基础上，通过罚当其罪、轻重适宜的制裁，既还被害人及其家属以公道，恢复因故意伤害犯罪行为而受到侵蚀的社会秩序，又确保被告人获得的是不偏不倚、不枉不纵的处置，其合法权益未受不当剥夺。这就意味着需要对被告人及其家属、被害人及其家属、社会、国家等多个维度进行衡平。其二，从办案过程来看，远山县法院需要有力回应被告人及其家属、被害人及其家属两方的疑问和诉求，积极面对社会公众与上级有关部门的关注和监督，给方方面面以公开公正、有理有据、有礼有节、合理合法的答复和交代，从而强化本案的裁判过程和结果的可接受性。

一方面，对被告人及其家属和被害人及其家属来说，他们的诉求是有差别的，前者希望罪行被从轻、减轻甚至免于处罚，后者则希望罪行被严格处罚甚至处罚得越重越好。我们不难发现，在相当多的案件中，存在利害冲突的双方都并非消极地等待法院作出裁判,而是希望通过自身作用力使得法院的司法天平更加向己方倾斜。某种意义上,正如主张以现实主义而非形式主义立场审判的美国大法官小奥利弗·霍姆斯所言:"如果你们仅想知道法律而不是别的,那么你们就必须从一个坏人而不是好人的角度来看法律;坏人只关心法律知识允许他预测的物质后果,而好人却从更为模糊的良知命令去寻找其行为的理由——不论在法律之内或之外。"① 因此,在当事人所希望的那样一种倾斜违背法律要求时,法院就需要设法增加砝码来平衡司法天平以防其不当倾覆。在本案中,远山县法院通过积极妥善处理,林大松未再以自伤等过激行为进行不当施压,其自伤行为在当天引起的不实流言和不当猜测也被及时平息。无疑,避免该自伤行为形成错误的示范效应,无论是对该个案本身,还是对远山县法院的公信力维持和当地社会的长治久安都显得十分重要。

另一方面,对作为关注者、监督者的社会公众和上级有关部门来说,尽管他们都希望案件能够依法裁判、公正审理,但侧重点并非可以一概而论——他们或重在案件的程序和实体是否严格遵循了法律规定,从而形成了司法的"规则之治";或重在案件是否圆满的尘埃落定、案结事了,从而实现了司法的"定分止争";或重在裁判说理是否与当地社会习以为常的情理等地方性知识相契合。这同样意味着法院的司法天平要对此衡平处理。

总而言之,既然法律根植于社会生活,那么司法必须在法律和社会两个维度都具有充分的说服力。是故,在复杂案件中,无论是对冲突双方博弈的调整,还是对"规则之治""定分止争""契合地方性知识"要求的回应,都离不开在全盘考虑案里案外因素的基础上积极运用衡平术。复杂案件的衡平术在一定程度上与我国古典文化对平衡、中庸、中极的强调相契合。所谓"过犹不及"(《论语·先进》)"允执厥中"(《尚书·大禹谟》)"决狱折中,不杀不辜,不诬无罪"(《管子·小匡》)等均说明了中庸和衡平之理。因此,高其才总结道:"当代中国法律适用具有平衡性有其积极意义。在法律适用中讲求平衡,符合中国社会发展阶段和政

---

① [美] 小奥利弗·温德尔·霍姆斯:《法律的道路》,张千帆、杨春福、黄斌译,《南京大学法律评论》2000 年第 2 辑。

治、经济、法律状况,与民众的意识相适应,有利于全面、彻底地解决纷争,提高裁判的社会接受性",此种法律适用的平衡性是一个动态过程,故要将其"奠基在理性之上、实现法律效果与社会效果的统一"。①

三 程序正义的显像化

裁判与调解是由法律所明确规定的两大审理运作模式,裁判更侧重于彰显程序正义(formal justice),调解则更侧重于强调实质正义(substantive justice)。在哲理层面,程序正义要求按照类似情况类似处理的要求,将法律所确定的规范以相同方式平等适用于类似情况,它更注重达到目的或产生正当结果的过程、手段和方式;实质正义则是按照不同的具体情况,产生符合一定价值观念的分配和处理结果,它更注重所要达到的目的或所要实现的正当结果本身。进言之,程序正义是最主要的形式正义,程序是产生合法性的重要路径,具有极为重要的合法化功能。②德国学者尼克拉斯·卢曼认为,法律程序是为了得到约束力的司法裁判而在短期或暂时形成的一个特定种类的社会系统,它形成了一般机制和特定机制的结合,与物理暴力一同维护着法院司法裁判的合法性。③概括而言,裁判是通过正当程序、审判公开、裁判说理等途径来实现程序正义的显像化的。

(一) 理性商谈的正当程序

通过考察远山县的基层司法实践,可以发现,无论是在县城的"院机关"还是在乡镇的派出法庭进行"坐堂问案",抑或是通过"马背法庭""车载法庭"这样的"送法下乡""送法上门"方式到边远山村的田间地头开展巡回审理,对应的裁判工作均呈现出高度的程序正义特征。从器物上看,高悬的国徽、法官法袍上的天平、维持秩序的法槌都是充满法律意义的象征符号;从空间上看,原、被告双方平等地落座于法庭(或者露天)两侧,而法官则高居双方的正中位置。这一系列的仪式化举措表征出法律的庄严和司法的神圣,国家主权在这样一个场域中被潜移默化

---

① 高其才:《法社会学》,北京师范大学出版社2013年版,第152—153页。
② 参见胡水君《法律的政治分析》,中国社会科学出版社2015年版,第24—25页。
③ 参见 [德] 尼克拉斯·卢曼《法社会学》,宾凯、赵春燕译,上海人民出版社2013年版,第141—148页。

地建构和显现出来。

比较而言，调解在程序上更为灵活简便，并且更加尊重当事人双方所达成的合意，故而更富于"江湖之远"的生活气息，在很大程度上呈现出"田间地头""下里巴人"的色彩。与之相反，裁判在程序上更为正式严格，并且更加强调国家法律的意志性和法院的单方决定权，故而更富于"庙堂之高"的官方气质，在很大程度上呈现出庄重肃穆、"阳春白雪"的色彩。在裁判中，当事人双方需要在法官的主持下有条不紊地循序开展调查、质证、抗辩，所谓的法律事实乃是由双方共同认可、不存争议的事项，众所周知的公理、常识，以及有证据支撑的事项共同组成。在环环相扣的证据事实基础上，当事人双方将结合相关的法律规定进一步唇枪舌剑、针锋相对，而法官则最终代表法院"以事实为依据，以法律为准绳"地对本案作出裁判，制作出相应的司法产品。

由此可见，裁判过程乃是基于正当程序所设置的舞台，由法院居中主持并由当事人双方有理有据、有礼有节理性商谈而演出的一场法律话剧。哈贝马斯认为："在后形而上学世界观的条件下，只有那些产生于权利平等之公民的商谈性意见形成和意志形成过程的法律，才是具有合法性的法律。"① 对于现代法治社会而言，法律的合法性乃是立基于民主商谈，法律必须通过合理的立法程序制定。换言之，现代法律的合法性在于其自身的程序，而法律程序的基础来自人民主权；法律规范的合法性程度取决于它们的规范有效性主张的商谈可兑现性。依照这样一种认识，司法作为纸面上的法、文本中的法向事实上的法、行动中的法转化的桥梁，它也应当同生产、制作法律文本本身的立法一样，需要通过商谈来让法律创生。故此，"法律应该在生活世界中的人们的相互商讨中产生，应该根植于生活世界的秩序中，需要从生活世界中获得合法性的力量"②，而正当程序正是裁判赖以确保当事人、法院及公众之间的理性商谈得以展开的重要媒介，其对于法律和国家的合法化所具有的重要意义不言而喻。

以哈贝马斯的交往行为理论为视域，裁判的合法性取决于法院所适用的法律规范本身的合法律性，更取决于裁判所依托的程序是否合乎理性商

---

① ［德］哈贝马斯：《在事实与规范之间：关于法律和民主法治国的商谈理论》，童世骏译，生活·读书·新知三联书店2014年版，第505页。

② 任岳鹏：《哈贝马斯：协商对话的法律》，黑龙江大学出版社2009年版，第114页。

谈的标准。在理想的司法商谈情景中，任何当事人都有资格参与辩论；他们的各种主张都可以被问题化地交付法院考量，而他们所主张的事项都能够被加以评论。因而，裁判与理性商谈的正当程序是密不可分的，并且裁判的正当程序需要满足以下条件：首先，诉讼参与人均有权进行辩论。其次，当事人均可表达主张并为此附上证据。再次，法院严格遵守法定诉讼程序进行审理，对双方保持中立、不作偏袒。最后，法院须在裁判文书中详尽、明了地阐释理由，进行理性论证。

借由正当程序，程序正义的显像化从角色分化、阻隔恣肆、直观公正和对立意见的交涉等方面得以实现。① 按照民事、刑事、行政三大诉讼法，裁判活动中如法官、原告、被告、公诉人、辩护人、证人、代理律师、证人等各种角色的程序性权利与义务被合理设置，它们在审判舞台中的角色扮演从而得以实现。前述各主体作为程序参加者，在角色就位（role taking）后便依法各司其职、各尽所能，既相互配合又相互制衡，理性商谈得以实现，混乱恣肆则被遏制，司法的公正被直观地展示给参与诉讼的各主体以及旁听人员、社会公众。正如季卫东所指出："程序规定的内容在很大程度上是一种角色规范，是消除角色紧张（role strain）、保证分工执行顺利实现的条件设定。例如，保证当事人的对话性和平等发言机会，以使争论点能够集中、明确，使论证更加均衡、完整。程序使参加者都有平等的表达机会和自由的选择机会，同时也使责任范围更明确。这种可以向外部社会开放的负责体制、规则方式也会限制恣意。"②

必须注意的是，裁判是以明确分出双方的是非曲直、结果胜败为特征的，冲突双方之间通过合意方式而寻求折中的空间较为狭窄，此点与注重实质正义和当事人意思自治的调解殊为不同。这是因裁判以程序正义为圭臬而使然。2008年的欧氏兄妹借款纠纷案较为充分地体现了裁判所具有的程序正义特性。

案例 5-5：欧氏兄妹借款纠纷案

欧春梅与欧寒枫系兄妹。2008年10月2日，欧春梅出借3万元给欧

---

① 参见季卫东《法治秩序的建构》，商务印书馆2014年版，第15页。
② 季卫东：《法治秩序的建构》，商务印书馆2014年版，第16页。

寒枫，欧寒枫在借条中承诺1年后归还本金及利息共计3.36万元。2009年11月，欧春梅诉至远山县法院，请求判令欧寒枫如约归还本息以及支付因逾期而额外产生的利息。在庭审中，欧寒枫辩称其已于2009年10月1日归还本息给欧春梅，但因双方为兄妹关系，故未要求欧春梅归还借条或以开具收条、发送短信等方式提供债务清偿凭证给自己。同时，欧寒枫出示银行取款记录，表明自己在2009年10月1日当日取出3.5万元，用于偿还该笔借款之本息。欧春梅则称3.5万元与3.36万元是不同的数目，即使3.5万元多于3.36万元，但没有证据足以证明欧寒枫所支取的3.5万元是用于归还对应借款本息，而非作为他用。

双方因此爆发激烈争执，欧寒枫怒斥欧春梅品行败坏、不顾亲情讹钱，并发誓自己所言句句属实；欧春梅亦拍案而起，指责欧寒枫赖账不还血口喷人。旁听席上听众均为欧氏亲友，顿时议论纷纷，其中有人大声表示欧寒枫为人忠厚、有口皆碑，欧春梅则人缘不佳、信誉堪忧。对此，其他听众纷纷附和。独任庭法官陈涛在敲击法槌提示肃静后，出于血浓于水、亲情可贵的考虑，再次询问双方是否愿意调解，但双方均表拒绝。最终，远山县法院作出判决，原告欧春梅胜诉。独任庭表示：司法裁判必须立基于证据材料，由于欧寒枫确无收条等充分证据证明自己切实履行了还款义务，故作出本判决；同时，希望原、被告双方珍惜亲情、互爱互助。原告欧寒枫虽败诉，但表示服判。

对于本案及其所彰显的程序正义观，正如独任庭法官陈涛所述：

> 打官司，特别是判决、裁定方式结案的官司，很大程度上打的就是证据，比拼的是双方提交证据、形成完整的证据链来支持自己主张的能力。毕竟办案要讲程序、讲证据、讲法律，无规矩不成方圆嘛。我给大家的建议是加强证据意识，借此提高运用法律自我保护的能力。到时候如果迫不得已需要走诉讼程序，也好用证据说话，做到公平博弈、理性商谈。①

---

① 访谈编码：CT20160113。

西方的司法女神塑像堪称这种程序正义观的隐喻。司法女神用蒙眼布蒙着双眼、手持天平，寓意是她要不偏不倚地平等对待争讼双方，只根据他们各自提供的证据来依法裁判。在欧氏兄妹一案中，尽管欧寒枫所说的很可能是客观事实，但是因为他没有足够的证据证明其真实性，所以远山县法院必须判他败诉。进言之，英语中的司法、正义、大法官都是同一个词：Justice。按照司法女神或者说正义女神的隐喻，司法裁判就是正义，更准确说是程序正义，毕竟法律事实是构建在证据基础上的，对于缺乏证据支持而对方当事人又拒绝认可的事情，即使法官内心深处倾向于相信它在客观层面上是真的，也只能爱莫能助。

（二）审判公开与裁判说理

裁判高度遵循着审判公开原则，除非法律要求或允许不公开审理的案件外，裁判的整个过程和结果都必须对社会公开。比较而言，调解更能够尊重当事人的个人私密性，因为调解的过程并不需要全程在法庭这一舞台向社会公众展示，而仅仅是达成的司法调解协议具备外部公示性。① 此外，调解协议的内容也往往较为简洁，在篇幅上远远短于裁判所生产的判决书和裁定书。随着近年来司法改革的不断深入，审判公开这一要求在远山县法院的裁判活动中得到了贯彻。

在裁判之前，远山县法院需要通过官网、报刊、位于立案大厅的公告栏和电子显示屏等各种媒介，提前向社会公众发布案件的开庭信息。在裁判之际，远山县法院需要保障当事人亲友及社会公众的旁听权利，以及新闻媒体如实关注和报道的权利。随着智慧法院建设工程的推进，对相当多的重要案件来说，社会公众还可以通过与法院系统展开合作的相关网络平台来进行实时观看或者庭审回放。在裁判之后，远山县法院需要将对应的判决书、裁定书进行张贴公告，而按照新一轮司法改革的要求，这些裁判文书还将陆续录入最高人民法院主办的中国裁判文书网平台，向全国进行公开。一方面，此举有助于杜绝暗箱操作、根除司法腐败，让裁判生成的司法产品接受全体社会公众的监督，通过确保裁判的合法律性进而维护司法的合法性；另一方面，此举有助于向社会公众传播、普及法律知识，促进社会公众对法律的正确理解和有效运用，提高社会公众对法律和司法的

---

① 不含因涉及个人隐私、商业秘密或者国家机密而依法不予公开的情形。

接受和信赖水平。

可见，审判公开是法院与社会良性互动所必需，它是建构法律和国家的合法性的重要路径，对于营造社会的理性商谈氛围以及强化社会成员的法律意识和法治信念具有不可估量的积极作用。正是这样的缘故，远山县法院在其审判大楼入口处用显眼的大字书写道："有话说在庭上，有据呈在庭上，有理辩在庭上。"

裁判说理与审判公开有着密切的关联。毋庸置疑，公开的审判之所以能够让人信服，很大程度上是因为法院所作的裁判说理（亦即，对证据事实的整理、归纳和对法律规范的应用、阐释）是逻辑自洽、入情入理的。进言之，裁判说理通常集中体现在判决书、裁定书中的"本院认为……"部分。下面请看远山县法院2017年审理的胡全胜滥用职权一案的判决书中的裁判说理部分：

> ……本院认为，被告人胡全胜身为远山县公安局秀山派出所聘用的协警，在协助户籍警办理相关户籍业务期间，违反公安机关户籍管理规定，在未经所领导及户籍民警的审批下，为有犯罪前科的潘某、晏某、谢某、贺某和已经有户口的胡某、邓某办理重复户籍登记，属故意逾越职权。公安机关作为户籍管理机关，其登记、发布的户籍信息具有权威性和公共性，故社会公众对此信息会产生信赖。被告人胡全胜逾越职权，先后收受贿赂2.8万元，违规为前述人员办理入户登记，使得有犯罪前科的潘某、晏某、谢某、贺某取得本不应该取得的新身份，并使得已有户籍的胡某、邓某同时拥有多个身份，严重侵害了公安机关户籍管理的权威性、公共性和社会公众对公安机关的正常信赖，故应认定其行为"致使国家和人民利益遭受重大损失"。……

由上可见，远山县法院的判决书并非简单地叙述被告人胡全胜有何行为，这些行为是《刑法》上规定的犯罪行为，因此对他课以何种刑罚。相反，远山县法院细致而凝练地阐释了背后的法理，清楚明了地向被告人胡全胜和社会公众表明：公安机关的户籍信息具有权威性和公共性，社会公众对此产生必要的信赖。故而，滥用职权违规办理户籍登记的行为，扰乱了公安机关应有的户籍管理秩序，侵蚀了社会公众对户籍信息的正常信赖，使得国家和人民利益遭受重大损失，因此这是需要依照《刑法》承担刑事责任的犯罪行为。在此基础上，远山县法院进一步结合法律条文明晰了被告人胡全胜所应该课以的刑罚，并且阐明刑期如何计算和赃款追缴等细节问题。无疑，全面、周延、细致的裁判说理既有效彰显了判决的合法律性，又通过娓娓道来的方式增强了被告人和社会公众的心理认同，从而极大提升了法律和司法的合法性。在一定意义上，这样一种裁判说理印证了先贤荀子所说的："不教而诛，则刑繁而邪不胜。"（《荀子·富国》）毕竟，裁判是具有实践理性的司法活动，裁判与社会多数成员之间产生理性的共鸣是司法实践理性、司法民主与司法合法性的内在要求。通过裁判说理，可以让司法产品转化为"正常智力和良心的人都可能合乎情理地认为是正确的东西"①。

　　需进一步指出的是，裁判说理的主要载体是裁判文书，但并不限于裁判文书，而是可能反映为现场的话语交流。在相当多的案件审理中，除非当事人本身对法律烂熟于胸，法院在审理过程中以及裁判文书中都需要对基本的法理进行阐述，不但要指出法律是怎样规定的，还要诠释法律为什么是这样规定的，借此让当事人和关注者心悦诚服，从而确保案结事了，使社会冲突得到彻底解决和社会秩序得到真正修复。例如，远山县法院在2010年审理的一起团伙盗窃案中（偷盗农户耕牛以及供电部门的公用电缆）进行了当庭宣判，然而宣判之际被告人却哭诉合议庭是否量刑过重，在场的部分旁听人员也表达了同样的疑问。令被告人感到委屈和令旁听人员不解的是，为什么偷来的耕牛、电缆"只卖了这么点钱"，而盗窃者竟然会各自面临为期数年甚至十余年的牢狱之灾？面对庭下的喧嚷，审判长敲击法槌要求肃静并进行了下述解释：

　　　　赃物理应按照其实际价值进行计算。盗窃者销赃时的价格或因为其自身认知偏差，或因为销赃商人压价，往往是以远低于实际价值的价格成交的，但这并不构成从轻或减轻处罚的理由。法院在司法审判中需要全盘考虑被告人犯罪行为对社会所造成的实际危害。

---

① ［美］本杰明·卡多佐：《司法过程的性质》，苏力译，商务印书馆1998年版，第54页。

在此基础上，审判长进一步对该案具体涉及的偷盗耕牛与偷盗电缆两个问题分别作出了进一步释法明理。关于偷盗耕牛问题，审判长阐释道：

> 远山作为一个内地山区欠发达县份，耕牛是农民的重要生产资料。农民为养育耕牛付出了巨大的辛劳，而盗窃团伙猖獗的盗窃活动，导致多户农民被迫采取人畜共居的方式将耕牛饲养在家中而非牛棚中。即便如此，仍有五位农户的六头耕牛为被告人所入室盗取，这样的罪行对相应农户造成的伤害是巨大的，在当地农村造成的社会影响是十分恶劣的。

关于偷盗电缆问题，审判长则阐释道：

> 被告人盗割电缆的行为造成了较大面积区域长达两天时间的停电，使得该片区的工厂、商店无法正常生产营业，居民的生活也受到明显影响，所以其犯罪行为造成的代价远非电缆线本身的价值或销赃时的售价可以比拟。因此，本着不枉不纵、罚当其罪的原则，合议庭作出了本判决。如果被告人对此不服，可在法定期限内向北定市中级人民法院提起上诉。

在审判长进行现场裁判说理后，在场的旁听人员纷纷表示认同，而数名被告人则默然地低下了头，此后亦未提出上诉。本案判决书在法定期限内送达了各被告人，判决书上的裁判说理部分再次明确、细致、严谨地重申了合议庭在当庭宣判时所阐述的观点。于是，远山县法院这一判决的合法律性和合理性跃然纸上，在关注本案的社会公众中产生了良好的示范效果，裁判在法治中承载的程序正义通过审判公开和裁判说理实现了显像化。总而言之，在公开审判中进行必要的裁判说理，基层法院既达致了司法的程序正义，也实现了国家法律向基层社会的输送。特别是对于各乡镇派出法庭的辖区而言，广大乡民的法律知识储备和法律意识水平相对欠佳，对他们来说，"法院的程序是神秘的，他们不懂得法言法语，不知道如何用法律语言表示自己的期望，不知道要和谁接触，如何理解在他们周围所发生的一切"①。是故,基层法院在裁判中对法律进行必要的诠释说明,为乡民们答疑解惑,就显得更加弥足珍贵。

通过在远山县的田野调查可以发现,"乡民的法律想象"和基层法院的"现代法律宣示"乃是中国基层司法图景中的一道风景线。在远山县法院所辖乡镇派出法庭的裁判活动中,笔者曾遭遇过下述场景,而这样的场景在基层并非罕见:

场景5-1:对"开庭"的误解

法官(就座):现在开庭!

旁听乡民(第一次参加旁听):法官,我们到法庭里面都坐了有一会儿了,大门一直敞开的呀!咋个还要"开"庭哟?

法官(笑了一笑):老乡,我说的"开庭"意思是现在正式开始审案了。

旁听乡民(大笑):懂了!②

场景5-2:"法人"不是"法定代表人"

法官:(法庭调查阶段)……麒祥公司是一个法人,在法律上是以它自己也就是公司的名义来从事民事活动,并且承担相应的法律后果。所以,这件事到底是麒麟公司的行为,也就是单位层面的公事公办,还是办事员陈榕的个人行为?

原告乡民(一脸茫然):麒祥是一个"法人"?"法人"不是他们老总汤志先吗?反正陈榕肯定不是"法人"!

法官:我解释一下,法人,也就是"法律上的人"。公司在法律上属于法人的一种,是当作一个"人"来看待的。它能够用公司自

---

① 朱景文:《现代西方法社会学》,法律出版社1994年版,第80页。
② 该段材料源自笔者于2016年7月2日在远山县法院荷叶人民法庭旁听庭审的经历。无独有偶,喻中在田野调查中也遭遇了类似情况。参见喻中《乡土中国的司法图景》,法律出版社2013年第2版,第52页。

己的名义来做生意，而且是由公司本身来承担责任。日常生活中说的"法人"，实际上是"法定代表人"的简称，通常是单位的一把手。这件事是陈榕用他个人的名义，还是以麒祥公司的名义做的？他有没有出示相应的手续？

原告乡民（恍然大悟）：噢，是这样子回事！我晓得他是麒祥公司的人，而且他当时拿了这个盖有公章的文件……①

场景5-3：何谓限制"行为"能力人

原告乡民（乡镇中学老师，有一定法律知识）：……被告，你签了这份合同，白纸黑字、合法有效，可是你一直不履行合同，这是违约，理应赔偿我方损失！虽然你年纪很轻，但是你已经年满18岁了，是完全行为能力人，做事情的时候是要把握是非、自负其责的！

被告乡民（19岁，初中文化程度）：我是限制"行动"能力人！

法官（大为不解）：限制"行动"能力？你是限制行为能力人？你有精神、智力方面的问题？看起来不像啊？有没有证据呢？

被告乡民（指着自己右腿）：法官你看嘛，我腿摔断了，行动不方便，不是"限制行动能力人"是啥？

法官：你这个情况不妨叫"肢体行动能力"，但不是法律上的行为能力。法律上的行为能力是说你能够独立自主地以你自己的名义、自己的行为做事情，在这个过程中行使权利、履行义务、承担责任。你是成年人，精神状况正常，不管腿脚受不受伤、走路方不方便，你都是完全行为能力人，做事情时得自己把该挑的担子挑起来。②

---

① 该段材料源自笔者于2016年7月10日在远山县法院枫树人民法庭旁听庭审的经历。

② 参见《民法总则》第22条："不能完全辨认自己行为的成年人为限制民事行为能力人，实施民事法律行为由其法定代理人代理或者经其法定代理人同意、追认，但是可以独立实施纯获利益的民事法律行为或者与其智力、精神健康状况相适应的民事法律行为。"以及《民法通则》第13条："不能辨认自己行为的精神病人是无民事行为能力人，由他的法定代理人代理民事活动。不能完全辨认自己行为的精神病人是限制民事行为能力人，可以进行与他的精神健康状况相适应的民事活动。"

被告乡民：那我懂了！①

由上可见，基层法院的法官们在裁判活动中用朴素易懂的生活语言对神秘晦涩的法言法语进行了有效翻译，深入浅出的裁判说理如同润物无声的春雨，使得国家法律这株大树在乡村社会不断深入扎根、茁壮成长。相比之下，远山县法院副院长王国武在访谈中讲述的一起事例则堪称反面教材：

> 法院系统习惯将中级法院简称为"中院"。20世纪末的一天，远山县法院的一位新法官是这样答复老乡的案件咨询的："你的案子马上判决了。到时如果你对判决结果不服，可以向'中院'上诉。"结果老乡一头雾水地说："啥子？我要是不服结果就去中医院？中医院啥时候不看病倒管起老百姓打官司的事了？"场面一下变得很尴尬。我当时是庭长，赶紧过去解释道："老乡，他是说，假如你到时候对案子的结果不满意，还可以在规定的时间里面向市法院交一个上诉状，这样就可以把官司打到市里面去了。'中院'就是北定市中级人民法院，我们的上级法院。上诉以后，你的案子就归市法院最终处理。"老乡这才恍然大悟。之后我又进一步阐明：远山县对应的是基层法院，北定市对应的是中级法院，贵州省对应的是高级法院，国家的是最高法院。"中院"是个简化的叫法，官司是两审终审。②

毋庸置疑，在基层法院特别是在乡镇派出法庭办案的时候，法官一定要接地气，设身处地的考虑当事人的信息接受能力，方便当事人理解。实际上，基层法院的每次审理工作都可能是一次普法工作。在相当多的情况下，毋宁选择"下里巴人"式的生活语言，而非采用"阳春白雪"式的专业术语。如果不注重话语的表达，则可能出现前述这一事例中对当事人的答复效果与预期南辕北辙的结果。

---

① 该段材料源自笔者于2016年7月11日在远山县法院枫树人民法庭旁听庭审的经历。
② 访谈编码：WGW20170201。

第二节 "基于法律"的调解

调解作为审理运作的一种理想类型,其在案件制作上可谓"基于法律"——作为调解者的法院和作为冲突双方的当事人是在国家法律的"光影"中进行磋商、博弈的。调解的过程和结果以不超出国家法律限定的框架和不违背国家法律的强制性规定(往往是禁止性规定)为原则,在此区间内,法律程序的简易化和民间规范的准据化都是允许的,当事人自身的意愿表达和合意达成乃是关键。因此,调解更多呈现出的法律和司法柔性的、实质正义的一面,是对刚性的、程序正义的裁判之互补。从建构理想类型的角度出发,调解与裁判的差别对比如表5-2所示。

表5-2　　　　　　　　　调解与裁判的差别对比

差别	调解:基于法律	裁判:遵循法律
司法准据	国家法律作为后盾和框架;民间规范可作为重要准据,只要其不违背国家法律的强制性规定即可	国家法律作为准据,特定情况下允许参照行业规范、公序良俗等非法律规范
程序要求	灵活、简便的程序要求	正式、严格的程序要求
技术要求	日常生活技术占有重要地位,强调对民间规范、生活情理等"地方知识"的运用,被打上一定的"社区"烙印	主要依靠法律技术,强调对作为举国统一的"普遍知识"的国家法律之推理、论证、解释
侧重方面	侧重司法的社会效果,通过达致个案实质正义来实现定分止争、案结事了,实质理性法特征显著	侧重司法的法律效果,通过确保案件的程序正义和合法律性来实现规则之治,形式理性法色彩浓厚
地理空间	更多流行于内陆、乡村,呈现出乡土社会、熟人社会特征	更多流行于沿海、都市,呈现出都市社会、生人社会特征
政治空间	调解主要在基层法院开展,尤其是其下辖的各乡镇派出法庭。调解也因此更多见于一审案件中	从中级法院开始,层级越往上,受案法院越偏向于以裁判方式而非调解方式来进行审理运作
承载主体	主要是基层法官,特别是乡镇派出法庭的法官和年龄较大、社会阅历丰富的资深法官	各级、各地法院的法官均需进行裁判,但裁判专家多为就职于城市区域、学历较高、理论水平精深的"都市法官"
源流追溯	古代的"调处";自革命根据地时代所逐步形成的、以司法为民为主旨的群众路线;为构建社会主义和谐社会而探索创新的纠纷多元化解决机制	近代以来的变法图强追求;改革开放以来不断推进、完善的法制现代化事业,特别是以司法现代化、审判正规化为特征的历次司法改革

续表

差别	调解：基于法律	裁判：遵循法律
代表人物	马锡五法官①	邹碧华法官②

进入21世纪以来，调解在全国法院民事一审结案中的比例情况如表5-3、图5-1、图5-2所示。

表5-3　　2000—2017年全国民事诉讼一审结案中的调解情况③

年份	结案数（件）	调解结案数（件）	调解占比（%）
2000	4733886	1785560	37.72
2001	4616472	1622332	35.14
2002	4393306	1331978	30.32
2003	4416168	1322220	29.94
2004	4303744	1334792	31.01
2005	4360184	1399772	32.10
2006	4382407	1426245	32.54
2007	4682737	1565554	33.43

---

① 马锡五（1899—1962）：原最高人民法院副院长。马锡五长期从事司法工作，在革命时期兼任陕甘宁边区高等法院陇东分庭庭长时，经常携案卷下乡，为当地人民群众排忧解难。马锡五主张深入群众、调查研究、巡回审理、就地办案，实行裁判和调解相结合，反对主观主义作风，坚持和法律原则和忠于事实真相。由于马锡五司法公正严明，深受当地人民群众欢迎，故其审判方式被誉为"马锡五审判方式"。

② 邹碧华（1967—2014）：原上海市人民法院副院长。邹碧华生前曾主持起草《上海法院司法改革试点工作实施方案》，致力于推进司法改革，并提出构建"法律职业共同体"，以及主持开发上海律师诉讼服务平台、涉诉信访监控管理系统。其以概括总结"要件审判九步法"和研究探索法庭心理学而闻名于世。

③ 关于全国民事诉讼一审结案情况，不同机构和学者因资料来源和计算方法不同而使得个别数据略有出入；但个别数据略有出入并不足以影响对民事诉讼现象的呈现和规律的探究。在最高人民法院编写的《人民法院司法统计历史典籍1949—2016·民事卷一（1950—2004）》的"1950—2016年民事案件一览表"部分，2000年、2003年的全国民事诉讼一审结案数分别为4733901件、4417556件，与《中国法律年鉴》2001年卷、2004年卷中的数据略有出入，其余数据无差别。本表以《中国法律年鉴》为准（《中国统计年鉴》2001年卷、2004年卷中相应数据与之相同）。参见最高人民法院编《人民法院司法统计历史典籍1949—2016·民事卷一（1950—2004）》，中国民主法制出版社2018年版，第5页。

续表

年份	结案数（件）	调解结案数（件）	调解占比（%）
2008	5381185	1893340	35.18
2009	5797160	2099024	36.21
2010	6112695	2371683	38.80
2011	6558621	2665178	40.64
2012	7206331	3004979	41.70
2013	7510584	2847990	37.92
2014	8010342	2672956	33.37
2015	9575152	2754843	28.77
2016	10763889	2787475	25.90
2017	11651363	2885318	24.76

资料来源：中国法律年鉴社《中国法律年鉴》2001—2018 年各卷。

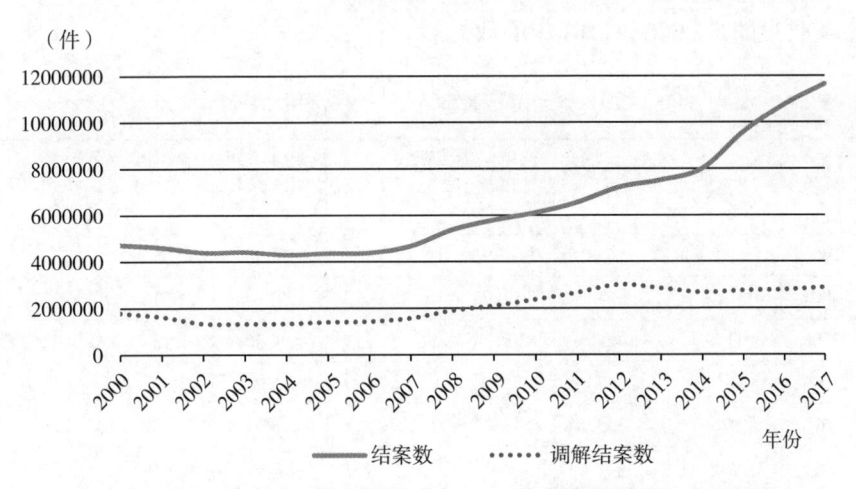

图 5-1　2000—2017 年全国民事诉讼一审结案数及调解结案数变化趋势

从表 5-3、图 5-1、图 5-2 可知，2000—2017 年，全国法院民事一审结案中的平均调解结案率为 33.64%。2017 年度的调解结案率最低，为 24.76%；而 2012 年度的调解结案率最高，为 41.70%。除 2003 年、2015 年、2016 年、2017 年之外，其他年份的调解结案率均高于 30.00%，其中 2011 年和 2012 年更是超过了 40.00%。全国法院系统在司法实践中对调解的倚重可见一斑。

远山县法院 2006 年至今的民事一审结案调解比例情况如表 5-4、图

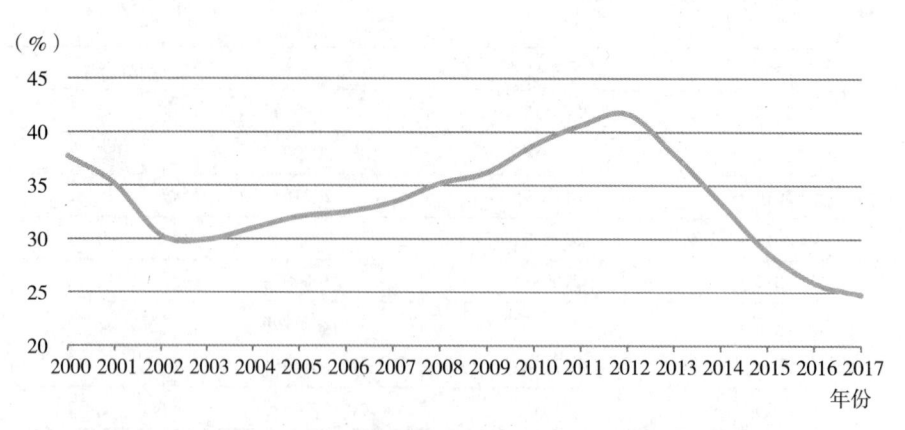

图 5-2　2000—2017 年全国民事诉讼一审结案中的调解占比变迁

5-3、图 5-4 所示。由于远山县政法系统从 2006 年起将相应档案资料电子数据化，且下述数据相对更能反映出近年趋势，故表 5-4、图 5-3、图 5-4 收集的是 2006—2018 年的数据。

表 5-4　　2006—2018 年远山县民事诉讼一审结案中的调解情况

年份	结案数（件）	调解结案数（件）	调解结案占比（%）	调解后自愿撤诉案件数（件）	调解后自愿撤诉率（%）	调撤案件数（件）①	调撤率（%）②
2006	988	543	54.96	232	23.48	775	78.44
2007	1260	564	44.76	352	27.94	916	72.70
2008	1100	425	38.64	312	28.36	737	67.00
2009	1065	387	36.34	308	28.92	695	65.26
2010	976	395	40.47	292	29.92	687	70.39
2011	985	417	42.34	272	27.61	689	69.95
2012	1293	595	46.02	389	30.09	984	76.10
2013	1563	722	46.19	469	30.01	1191	76.20
2014	1913	735	38.42	562	29.38	1297	67.80
2015	2879	1003	34.84	912	31.68	1915	66.52
2016	3627	1210	33.36	1010	27.85	2220	61.21
2017	4485	1626	36.25	1143	25.48	2769	61.73

① 调撤案件数即调解结案数与调解后自愿撤诉案件数之和。
② 调撤率即调解结案数与调解后自愿撤诉案件数之和除以当年结案数所得出的比值。

续表

年份	结案数（件）	调解结案数（件）	调解结案占比（%）	调解后自愿撤诉案件数（件）	调解后自愿撤诉率（%）	调撤案件数（件）①	调撤率（%）②
2018	5427	1967	36.24	1359	25.04	3326	61.28

资料来源：远山县法院研究室2006—2018年民事司法档案材料。

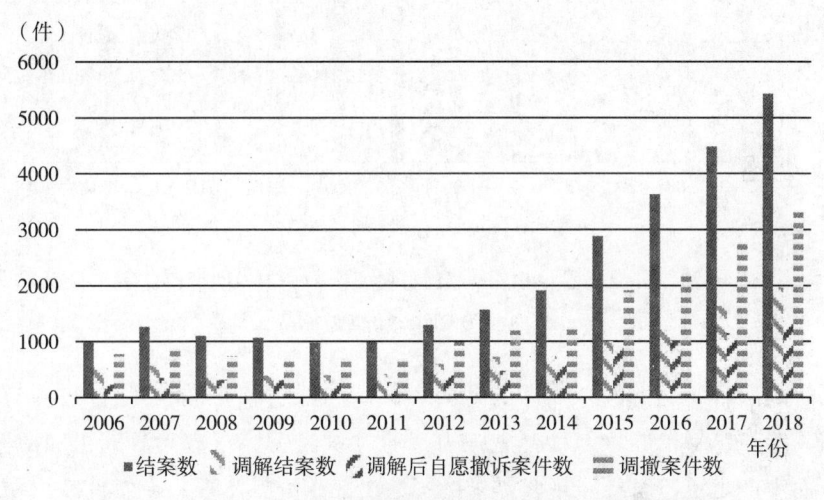

图 5-3　2006—2018 年远山县民事诉讼一审中的调解结案数
及调解撤诉案件数变化

从表5-4、图5-3、图5-4可知，2006—2018年，远山县法院民事一审结案中，调解结案率最高的是2006年度的54.96%，最低的是2016年度的33.36%，平均调解结案率为40.68%。调解后自愿撤诉率最高的是2015年度的31.68%，最低的是2006年度的23.48%，平均调解后自愿撤诉率为28.14%。调撤率最高的是2006年度的78.44%，最低的是2016年度的61.21%，平均调撤率为68.81%。这意味着，相对于全国整体的平均状况而言，作为基层法院的远山县法院对调解更加青睐，其连续十多年来超过半数的民事案件均是以调解方式完结。

综上所述，我们有必要进一步追问的是，"基于法律"的调解缘何如此重要？它凭借何种优长得以维持自身长盛不衰的生命力？要想回答这样的疑问，需要通过相关经验材料来探究法院调解的行动逻辑和生成机制。基于在远山县所获田野资料，可以发现，调解呈现出"熨平法律的皱折"和生产"模糊的法律产品"的行动逻辑；同时，它在生成上有赖于主持

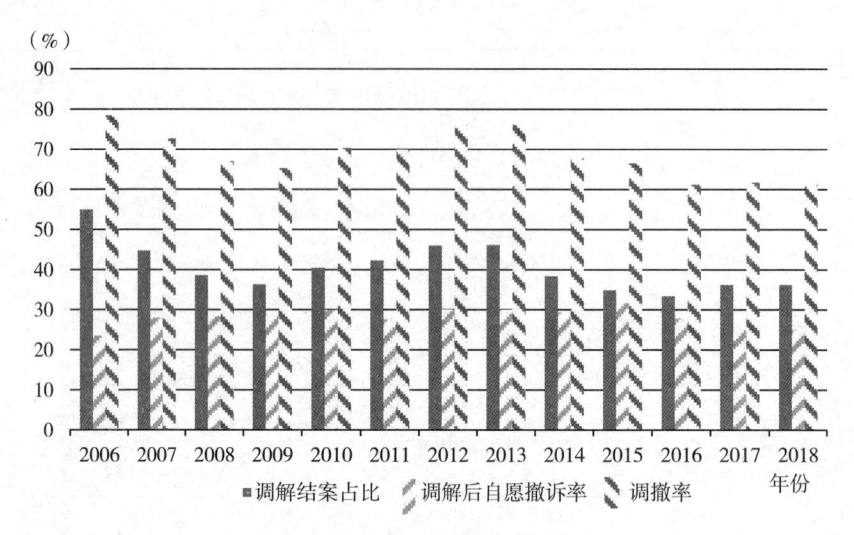

```
(%)
90
80
70
60
50
40
30
20
10
 0
    2006 2007 2008 2009 2010 2011 2012 2013 2014 2015 2016 2017 2018
                                                                年份
         ■ 调解结案占比   ▨ 调解后自愿撤诉率   ▨ 调撤率
```

图 5-4　2006—2018 年远山县民事诉讼一审中的调解结案
占比及调解撤诉率变迁

调解的法官所拥有的"司法的默会知识"。是故,调解能够弥合法律与民俗之缝隙、平衡国家与社会之张力,通过积极引导双方当事人正和博弈,从而生产出更符合社会现实需求的司法产品。究其本质,调解反映出司法对法律的本土资源的探寻和利用,它既笼罩在"法律的光影"之中,又尊重了当事人的生活事实,是一种法院、原被告双方当事人共同建构出一个半自主社会领域的合作型司法。

一　熨平法律的皱折

比较而言,大千社会是包罗万象、日新月异的,而法律文本是容量有限、相对静止的。申言之,法律在很大程度上是立法者于立法之际对当时社会的思考判断,它不是完美无缺、无所不包的;而社会却是持续变迁、无限繁复的,法律与社会之间无可避免地存在着一定的抵牾或脱节。正如英国著名法官丹宁勋爵在阐述司法之道时所言:"我想作个简单的比喻,就是,法官应该向自己提出这么个问题:如果立法者自己偶然遇到法律织物上的这种皱折,他们会怎样把它弄平呢?很简单,法官必须像立法者们那样去做。一个法官绝不可以改变法律织物的编织材料,但是他可以,也应该把皱折熨平。"①

是故,在司法中创造性地适用和发展法律,从而使得国家和法律能够积极地回应并服务社会,是法院的重要使命之一。归根结底,在法社会学看来,因为社会本身是法律发展过程中的决定因素,社会秩序本身才是真正的法律,所以要避免单纯就法律而法律的机械司法,而应当致力于让纸面的、静态的、有限的法律去适应鲜活的、流动的、无限的社会。在缺乏具体的既定法律规范可供适用时,或法律条文在特定问题上显得含混不清时,调解正是法院弥合法律与社会的缝隙、熨平法律皱折的有效手段。远山县法院堰塘人民法庭在2016年年初受理的张青礼侵权纠纷案是一个典型案例。

案例5-6:张青礼侵权纠纷案

近年来,随着贵州省县县通高速、村村通公路建设工程的不断推进,位于远山县交通要道的堰塘镇及所辖各村日益繁荣,居住在公路沿线的广大村民纷纷将自家院落改造为农家乐、商铺、客栈等。2016年年初,堰塘镇桂花村的七旬村民张青礼一家经过数月紧张劳作,用作农家乐的新屋在自家宅基地上即将竣工。张青礼满怀欢喜,准备挑选良辰吉日邀请亲朋好友来庆贺一番。出乎意料的是,一天夜里,张青礼因吃酒而晚归,行至新屋附近时发现屋里有人影晃动。张青礼寻影走近一看,竟是自己雇请来装修新屋的工人巫军夜不归宿,并且正在和邻村女子陈燕行云雨之事。张青礼愤然斥责了两人,两人悻悻而去。

按照当地习俗,外人在家行云雨之事乃是对主人的巨大冒犯,并且认为主人家会因此遭受厄运。要想消灾渡劫,犯错之人就得在房屋上披红挂彩、鸣放鞭炮,向神明敬香谢罪。张青礼越想越气,于是上门找两人理论,并索赔两万元。巫军和陈燕承认己方理亏,但认为张青礼要价过高,故未应允。张青礼遂至远山县法院堰塘人民法庭提起民事诉讼。由于在《侵权责任法》中无法找到具体的对应权利,因此张青礼主张的是巫军、

---

① [英]丹宁勋爵:《法律的训诫》,杨百揆、刘庸安、丁健译,法律出版社2011年版,第16页。

陈燕损害自己的名誉权,并要求两人赔偿损失、赔礼道歉,以及消除影响、恢复名誉。①

堰塘人民法庭当天立案并随即进行了审理。在听取双方的事实陈述后,堰塘人民法庭庭长、独任庭法官段忠诚掌握了双方冲突的原委,建议采用调解方式解决本案,双方表示同意。段忠诚先采用"面对面"的办法,当面对巫军、陈燕的失范行为进行了批评教育,指出该行为会对张青礼家造成名誉损害和心理负担。两人诚恳地表示这一行为确实有违当地普遍遵循的社会习俗,并为自己的失德之举表示万分抱歉。在此基础上,段忠诚责令两人对张青礼赔礼道歉,以此平复老人所遭受的心理创伤。张青礼表示接受,但是仍坚持两人需要披红挂彩、鸣放鞭炮,做一场法事,给自己家驱邪祛晦、消灾保安。巫军、陈燕面露难色,张青礼则出于民俗对幽玄之事感到不安。

段忠诚根据国家的法律和政策耐心细致地对张青礼解释道:对"破风水""冲神灵"之说不宜太过在意。早在两千多年前,先贤孔子就说过"子不语怪力乱神",贵州耳熟能详的谚语"饭软怪筲箕,人穷怪屋基"也是说明同样的道理。② 一个家庭的兴旺发达靠的是遵纪守法、积德行善、勤劳致富。搞农家乐,秉善心、结善缘,做到科学管理、诚信经营,自然会客流滚滚、生意源源。在段忠诚的循循善诱之下,张青礼的心结逐步被解开。段忠诚因势利导地指出:张青礼关于"风水"、法事的要求于法无据,远山县法院难以支持,但是考虑到巫军、陈燕的失良行为的确不符合社会道德准则、有悖公序良俗,在客观上也给张青礼带来了心理伤害,作为弥补,建议两人购买新春时节所需的鞭炮、对联、灯笼等喜庆用品,用作张青礼届时举办新屋落成喜宴的贺礼。对此,双方均表接受。

最后需要解决的是损害赔偿问题。双方经反复磋商未能就赔偿金额达

---

① 参见《侵权责任法》第2条:"侵害民事权益,应当依照本法承担侵权责任。本法所称民事权益,包括生命权、健康权、姓名权、名誉权、荣誉权、肖像权、隐私权、婚姻自主权、监护权、所有权、用益物权、担保物权、著作权、专利权、商标专用权、发现权、股权、继承权等人身、财产权益。"同法第15条:"承担侵权责任的方式主要有:(一)停止侵害;(二)排除妨碍;(三)消除危险;(四)返还财产;(五)恢复原状;(六)赔偿损失;(七)赔礼道歉;(八)消除影响、恢复名誉。以上承担侵权责任的方式,可以单独适用,也可以合并适用。"

② 贵州当地的这句民谚是十分形象生动的,正如饭煮软了并不能归因于盛饭的筲箕,人的窘困当然也不能归因于房屋风水这样的幽玄之事。

成一致。于是，段忠诚采取了"背对背"的技术，将张青礼单独请到一旁，探讨关于赔偿金额的问题。张青礼表示索赔两万元，一是因为自己气不过，二是因为两人的经济收入还不错，如果钱赔得太少，未免让人感觉两人的错误不大，或自己有"老不正经"之嫌，被邻里非议为是对伤风败俗之举搞睁一只眼闭一只眼的纵容。段忠诚对此表示理解，同时提供了以下参考意见：其一，巫军、陈燕都是未婚年轻人，金无足赤人无完人，张青礼老人作为长辈，对知错就改的年轻乡邻多包容、多谅解，是高风亮节。其二，从定性的角度讲，两人有所赔偿即是表明了国家和社会对此事是非曲直所秉持的态度，金额相对多、少都不影响界定张青礼是维权而两人是有伤风化的侵权。考虑到两人都是年轻人，经济压力较大，而且远山县属于经济欠发达地区，两万元在堰塘一带来说是一个不小的数额，建议张青礼适当减少金额。

张青礼对段忠诚点了点头，表示需要再作斟酌。段忠诚建议张青礼先单独思考，同时又到巫军、陈燕处了解了双方愿意赔偿的金额。几经磋商，双方将赔偿金额定在5000元，由巫军和陈燕各负担2500元。双方就此言和，段忠诚端了一杯热茶敬张青礼，对老人的通情达理表示赞赏，张青礼则感谢段忠诚合法合情合理的秉公断案，巫军、陈燕对张青礼、段忠诚也分别致意。在段忠诚主持下，当事人双方签收了相应的民事调解书。

数日之后，张青礼正式举行新屋落成仪式。巫军、陈燕不但将赔偿款如数奉上，还各自额外送上300元红包表示心意，并且在欢宴中鸣放鞭炮、礼花，挂上了灯笼和对联。前来监督调解协议履行的段忠诚等堰塘镇人民法庭工作人员看到对联上的字句，深表欣慰：人和屋梁正（上联），国泰家业兴（下联），满堂喜（横联）。无疑，这一案件得到了圆满解决。

对于本案而言，被告巫军、陈燕的不良行为在法律层面确系侵权行为，原告张青礼的赔偿损失、赔礼道歉，以及消除影响、恢复名誉是可以得到法律支持的。然而，在依照法律而被格式化的起诉书背后，却隐藏着国家法律与民俗规范的一定冲突，以及国家法律在对社会现实的覆盖面上的局限性。如果远山县法院纯粹依照纸面上的法律而简率地作出裁判，则张青礼的诉由、诉求势必难以得到直接、完满、有效的回应。我们不妨结合该案例的叙事部分和国家相关的法律规范来进行一次抽丝剥茧：

其一，公序良俗是国家法律与司法解释所保障的对象，① 巫军、陈燕在张青礼家私自发生性行为无疑是有悖公序良俗的侵权行为。进言之，在远山当地（我国西南地区多地均有此习俗）的传统习俗中，即使出嫁的女儿在回娘家时、已分家的兄弟姐妹相互做客时，均需要和配偶分房居住，而外人在主人家私自与人发生性行为更是属于冒犯主人、侵害主人名誉的禁忌范畴。然而，有关于此的"破风水""扰神灵"等厄运、灾难之说，却难以纳入现代社会的公序良俗范畴之中，并且与国家法律倡导科学、对传统文化承其精华而去其糟粕的宗旨相悖。换言之，对张青礼来说，"赔礼道歉""消除影响、恢复名誉"包含着巫军、陈燕以披红挂彩、鸣放鞭炮、做法事，从而为自己家驱邪祛晦、消灾祈福的要求，而这一要求既是巫军、陈燕所难以接受的，更是难以得到国家法律支持的。

其二，尽管法律支持被侵权人的损害赔偿要求，但是相应的数额未作具体的规定，远山县法院如果是采取裁判方式来审理此案，则需要衡量一个相对适当的金额，确保双方均能够接受，这无疑难度较大。与其由法院单方面决定，不如交由当事人双方通过合意达成，法院居中斡旋、积极引导即可。故此，在本案中选择调解方式进行审理，更有助于远山县法院积极回应乡村社会，克服具体个案中法律资源不足的缺失，通过"熨平法律的皱折"来同时兼顾司法的法律效果和社会效果，从而彻底地化解矛盾冲突，践行司法为民的社会主义法治理念。

不难发现，本案的成功调解与远山县法院的办案法官驾轻就熟的案件制作术有着紧密联系。在某种意义上，基层司法是一门从正义而生活的艺术。司法技艺既是对法律规范进行逻辑演绎的技艺，又是对社会生活的纠纷化解技艺；基层法院不只是在形式上"处置冲突"，而是要从根本上消除矛盾、修复双方受损的社会关系，从而真正地"解决冲突"。正如强世功所主张：细致耐心的调解工作追求的是法律的社会效果。在此意义上，法律并不仅是一门体现在案卷中的逻辑演绎技艺，而更是社会生活中化解

---

① 《民法总则》第8条、《民法通则》第7条、《合同法》第7条、《物权法》第7条、《最高人民法院关于适用〈中华人民共和国民事诉讼法〉的解释》第106条及第360条等均有对公序良俗加以保护的内容。

纠纷冲突的技艺。① 对于本案来说，调解无疑是立基于原被告双方所达成的合意，此点正是调解与裁判的重要分水岭；但是，此种合意的达成势必依赖于法院、法官的循循善诱和因势利导。可以说，法律是一项被规定的制度，更是一种被实践的权力技术。在调解中，基层法院通过对知识、技术、策略妥善运用而实现了对双方当事人的法律知识性权力支配。

米歇尔·福柯指出：权力无所不在、渗透于人类诸领域，知识和真理亦概莫能外，故需要将权力放置在关系中进行考察。在其看来，任何权力首先都是一种策略，并且权力具有不同形态，使用不同技术来运作。知识的真理性、实用性决定了其权力性，故而知识越来越拥有权力、权力越来越依靠知识，由此形成了知识性权力。② 因而，法院凭借对法律技艺和案件信息的全面掌握，建构起了法律知识性权力——在本案中，段忠诚法官既拥有作为法律专业人士才能够具备的法律素养，又拥有作为远山县本地人而拥有的关于风土人情的地方性知识，两种知识的结合运用使得其能够得以支配案件调解的进程，以公正、中立的立场实现了对当事人双方的积极引导，从而确保了原被告双方的正和博弈、互让共赢。

申言之，基层司法不但是流连于事实与规范之间的，而且在一定程度上是穿梭于司法场域与生活场域之间的，因此特定案件中基层法院所仰赖的"规范"实际上是法律规范与民间规范之合，两者各有千秋、各有长短，可以相互补正。借此，远山县法院熨平了法律的皱折，弥合了国家与社会的缝隙，平衡了法律与民俗的张力。诚然，民俗的力量是不可忽视的。正如让·卢梭所言，民俗乃是一个民族所崇尚的对象，是被该民族视作美好的事物，故而一定意义上亦可将民俗视作法律："这种法律既不镌刻在大理石上，也不镌刻在铜表上，而是铭刻在公民们的

---

① 参见强世功《法制与治理：国家转型中的法律》，中国政法大学出版社 2003 年版，第 231 页。

② 参见罗骞《所有的力量关系都是权力关系：论福柯的权力概念》，《中国人民大学学报》2015 年第 2 期；胡水君《法律的政治分析》，中国社会科学出版社 2015 年版，第 411—419 页；[美] 艾莉森·利·布朗《福柯》，聂保平译，中华书局 2014 年版，第 38—44 页；杨生平《权力：众多力的关系——福柯权力观评析》，《哲学研究》2012 年第 11 期；孙运梁《福柯权力理论探析》，《求索》2010 年第 4 期。

心里。只有它是国家真正的宪法。它每天都将获得新的力量;在其他法律行将衰亡失效的时候,它可以使它们获得新生或者取代它们。它能使一个国家的人民保持他们的创制精神,用习惯的力量不知不觉地去取代权威的力量。"①

段忠诚在代表远山县法院调解时所运用的策略可概括为"抓大放小"以及"面对面""背对背"。所谓"抓大放小",是指法院要在国家法律、政策的框架下进行司法调解,而不是生搬硬套对法律条款进行机械运用。一方面,司法调解不能和国家法律的强制性规定特别是禁止性规定相冲突,因为司法调解是基于法律来操作的,这是司法调解和民间自发的私人调解的根本区别。另一方面,法律不是面面俱到、穷尽一切的,在一些具体个案中难免有法律涵盖得不到位、规定得不具体或者和社会有所脱节的地方。基层法院需要做的是在"宏观战略方向"上恪守法律的精神、框架和原则,同时又积极地通过调解方式适当引入公序良俗、民间规范来作为"微观战术细节"上的支撑,这样就可以填补法律条文的漏洞和避免它僵化难行的地方了。毕竟国家的民事法律、民事司法是充分尊重当事人的意思自治和社会的善风良俗的。段忠诚对此总结道:

> 借用下理论界的说法,调解是在"法律的光影下"进行的;而按照我个人的看法,这也可以叫作"抓大放小"。如果是为了执行法律而执行法律的机械司法,恰恰才是背离了良法善治的法治精神。如此一来,案件审理的结果是引发了更多的社会矛盾而不是从根本上化解和预防社会冲突,相应的社会秩序非但没有得到恢复,反倒是给当地社会制造出一个"法律更多却秩序更少"的怪圈。②

"面对面"和"背对背"往往是联系运用的。在调查事实、双方讨价还价的时候,"面对面"可以让当事人开诚布公,也彰显出法院的不偏不倚、公正无私。"背对背",是在双方僵持难下的时候,法院通过分头做工作的方式,暂缓双方的激烈冲突,同时发掘难题所在,进行重点攻坚。

---

① [法]卢梭:《社会契约论》,李平沤译,商务印书馆2011年版,第61页。
② 访谈编码:DZC20160210。

通过"背对背"地沟通、洽谈，当事人可以打消顾虑，说出在对方当事人面前不方便说的一些话，法院借此了解到他（她）的真实想法、实际诉求，从而帮助其解开心结。在同双方都进行这样的磋商、劝慰后，法院对双方的观点共识、意见分歧、谈判底线做到了心中有数，进一步利用对双方信息的全面掌握再分头做工作，促进双方互相靠拢。段忠诚是这样看待"面对面"和"背对背"的要旨的：

> 民间有两句话叫"打蛇打七寸""杀猪只一刀"，"面对面""背对背"的了解情况后，可以抓住要害，引导双方求同存异、互相尊重、彼此谅解。张青礼老人的心结在于担心巫军、陈燕的行为给自己带来厄运，以及担心如果自己降低姿态，会被乡里乡亲误解为纵容年轻人失德，被人议论自己为老不尊。这就得靠我们积极妥善地做工作，打消其顾虑。①

概而论之，调解确实是"基于法律"的，而且它呈现出了法院和法官的"两种知识"与"两种忠诚"。通过本案，这种二重性并不难以理解：一方面，基层法院是国家的司法机关、基层法官是国家的司法工作人员，他们必须忠诚于国家法律、精熟于法律知识，因为法院解决社会冲突时归根结底是据法而行的，否则法院、司法便不能称为法院和司法；另一方面，基层法院也是镶嵌在其所坐落的县域之中的，基层法官也是当地社会的成员，对当地群众来说，远山县法院是说理的地方、法官段忠诚是主持说理的人。② 故而，基层法院、基层法官理应对所在县域——当地社会亦保持一片赤诚，而在诸如张青礼侵权纠纷案这样的案件解决中，势必牵涉诸如民俗习惯等地方知识的运用。在这样的司法过程中，基层法院通过对国家和地方、国家法律和民间规范、法律知识和地方知识、法律推理技术和日常生活技术进行衡平和调谐，同时兼顾了国家立法层面的普遍公正

---

① 访谈编码：DZC20160210。
② 日本学者高见泽磨在研究现代中国的纠纷解决时，通过考察调解过程而提出其存在着一种"说理—心服"结构。参见［日］高见泽磨《现代中国的纠纷与法》，何勤华、李秀清、曲阳译，法律出版社 2003 年版，第 212—224 页。

和语境化的地方公正。① 是故，司法实务界常说的案件审理要"追求法律效果与社会效果的统一"也就能够为我们所理解。审理运作的确是一个"两手抓，两手都要硬"的过程，法院致力于兼顾司法的法律效果、社会效果的实质，正是法院对代表全国这一社会整体的意志的国家立法负责，同时又是对当地社会特别是具体社区（此点在乡镇派出法庭体现得尤为突出）公众的合理期待负责。

可见，所谓"基于法律"的调解，在本质上是一种"构造半自主社会领域"的合作型司法。所谓"半自主"，是指当事人可以在一定程度上自由选择程序与实体规范，但其自主性受到国家法律规制，故而是不充分的"半自主"，它正好对应着调解"基于法律"的特性。对作为冲突双方的诉讼当事人来说，调解相对裁判更容易给他们一种掌控程序的参与感，使得他们更积极地进行协商对话。与重在对抗式审理和严格按照法定证据规则而堪称"遵循法律"的裁判不同，调解由于注重国家法律规范与社会生活事实之间的沟通关系，可以更好地让当事人融入司法过程。调解既笼罩在"法律的光影"中，又尊重了当事人的生活事实，于是法院、双方当事人共同造就了一个具有利益兼得色彩的半自主社会领域。② 借此，国家、社会、法律、民俗实现了良性互动，个案的实质正义、"和为贵"的优良传统得到尊重，而各地司法实践中所收获的法律知识、司法信息亦被有效反馈给国家，从而推动了立法的不断修订完善。③ 故而，在此意义上，以"熨平法律皱折"和"基于法律"为特征的调解乃是司法对法律本土资源的探索和运用，"从一个更加开放的视野去理解法律的逻辑，我们就会发现对于后发性法制现代化国家来说，其法治的发展正是现代性与

---

① 早在两千多年前的古希腊，思想家亚里士多德即揭示了法律普遍性与个案特殊性之间可能存在的冲突："法律是一般的陈述，但有些事情不可能只靠一般陈述解决问题。"对于这一难题，亚里士多德认为有赖于法院、法官通过"衡平"的手段来进行补救，此时司法者更把自己看成立法者，以设身处地、身临其境的方式来理解立法者在这一时空情境会何去何从。参见［古希腊］亚里士多德《尼各马可伦理学》，廖申白译，商务印书馆2003年版，第161页。

② 参见李瑜青、雷明贵《合作型司法及其权威——以法院调解实践为视角》，《中国农业大学学报》（社会科学版）2011年第4期。

③ 基层司法中产生的大量经验被最高人民法院总结成司法解释或列为指导性案例，从而具有准法律性质；而法院系统向权力机关兼立法机关、行政机关反馈的法律建议也成为人大立法工作、行政立法工作的重要参考。

地方性相互建构、彼此形塑，最终形成新的法律传统的过程"①。

二 模糊的法律产品

通过前文，我们对调解所具有的优长和特性有了一定了解。接下来需要思考的是，作为审理运作的一种理想类型，调解为何会得到基层法院和相应法官的青睐？这背后的动力机制是什么？考察实践，部分案件所显示出的调解偏好与调解可以生产出"模糊的法律产品"具有密切联系。2017年的远山芳草商贸有限责任公司（以下简称芳草公司）房屋租赁合同纠纷案即可谓一件"模糊的法律产品"。

案例5-7：芳草公司房屋租赁合同纠纷案

芳草公司系远山县的一家民营企业，拥有一处临街院落。2013年时芳草公司在未经相应行政许可的情况下，将院落中原有的露天车棚改建为一间房屋。芳草公司于2014年9月16日将该房屋出租给居民姜瑞林，并在租赁合同中约定如下：该房屋用途为餐厅经营，租期三年（截至2017年9月15日）；年租金9万元，一年一付，于每年9月之内付清。租赁合同签订后，姜瑞林按时支付了前两年（2014年9月16日至2016年9月15日）的房租。

时至2017年8月初，在远山县城市管理局、房屋管理局、市场监督管理局、城乡规划局、公安消防大队加强城市管理、整顿违章建筑的联合行政执法行动中，芳草公司用作餐厅出租的房屋被认定为违章建筑，并被依法要求限期整改。嗣后，姜瑞林在2017年9月租期届满时未支付当年租金给芳草公司。芳草公司遂多次向姜瑞林进行交涉，姜瑞林均以"手头不宽裕，稍再缓一缓"为由回应。2017年11月，芳草公司几经权衡，向远山县法院提起民事诉讼，要求姜瑞林履行租赁合同所约定的租金给付义务，及时偿还其拖欠的9万元租金。姜瑞林以用作餐厅的房屋系违章建

---

① 郭星华、黄家亮：《社会学视野下法律的现代性与地方性》，《中国人民大学学报》2007年第5期。

筑为由，主张该租赁合同属无效合同，拒绝支付所欠9万元租金。芳草公司则主张即使该房屋确系违章建筑，但由于姜瑞林实际使用了该房屋，故仍理应向自己支付一定的占有使用费。为此，双方僵持不下。

根据案件事实和双方主张，远山县法院民庭负责审理本案的独任庭法官王亚辉在经过查证相应法律规范后，得出了下述判断：其一，依据《合同法》第52条第5项、《城乡规划法》第40条第1款、《最高人民法院〈城镇房屋租赁合同案件解释〉》第2条之规定，如在本案一审辩论结束前，芳草公司仍未取得建设工程规划许可证，或者经主管部门批准该房屋建设，则该涉案房屋确系违章建筑，并将会导致该租赁合同因违反法律（即《城乡规划法》第40条第1款）的强制性规定而构成无效合同。其二，依据《合同法》第58条、《最高人民法院〈城镇房屋租赁合同案件解释〉》第5条第1款之规定，姜瑞林需交还该房屋给芳草公司（此点已履行）；同时，尽管该租赁合同无效，但是芳草公司有权要求姜瑞林参照合同约定的租金标准来支付房屋占有使用费，且法院原则上应予支持。①

有鉴于此，王亚辉法官代表远山县法院将前述法律信息反馈给双方，并建议双方通过调解方式来解决本案，芳草公司和姜瑞林在各自经过深思熟虑后均表示同意。几经磋商，双方对房屋占有使用费的金额并未顺利达成共识。一方面，在姜瑞林看来，双方各有理亏之处，故"各打五十大板"比较合理——详言之，从诚信的角度讲，自己确实使用了三年房屋，

---

① 《合同法》第52条第5项："有下列情形之一的，合同无效：……（五）违反法律、行政法规的强制性规定的，合同无效。"《城乡规划法》第40条第1款："在城市、镇规划区内进行建筑物、构筑物、道路、管线和其他工程建设的，建设单位或者个人应当向城市、县人民政府城乡规划主管部门或者省、自治区、直辖市人民政府确定的镇人民政府申请办理建设工程规划许可证。"《最高人民法院〈城镇房屋租赁合同案件解释〉》第2条："出租人就未取得建设工程规划许可证或者未按照建设工程规划许可证的规定建设的房屋，与承租人订立的租赁合同无效。但在一审法庭辩论终结前取得建设工程规划许可证或者经主管部门批准建设的，人民法院应当认定有效。"《合同法》第58条："合同无效或者被撤销后，因该合同取得的财产，应当予以返还；不能返还或者没有必要返还的，应当折价补偿。有过错的一方应当赔偿对方因此所受到的损失，双方都有过错的，应当各自承担相应的责任。"《最高人民法院〈城镇房屋租赁合同案件解释〉》第5条第1款："房屋租赁合同无效，当事人请求参照合同约定的租金标准支付房屋占有使用费的，人民法院一般应予以支持。"

白占便宜是不恰当的；而芳草公司明知该房屋是违章建筑却仍将其出租是违法的，对违法行为不应该鼓励，因此原定租金自己承担一半即4.5万元比较合适。另一方面，芳草公司认为虽然该房屋是违章建筑，但是客观上并未因此造成姜瑞林的租用受到实质影响，其餐厅经营的利益得到了充分实现。考虑到联合执法行动认定该房屋系违章建筑的时间是2017年8月初，故愿意减去一个月的租金即7500元，姜瑞林仍需支付8.25万元。

面对僵局，独任庭向冲突双方提示道：在法定审理期限内，双方可继续洽谈，但如届时仍未达成合意，则远山县法院将依法作出判决。由于法律和司法解释只是原则性地规定"参照合同约定的租金标准支付房屋占有使用费"，而未明确给出具体的比例，故法院有着较大的自由裁量空间。因此，判决结果存在着不符合一方或双方预期的可能性。即使将案件上诉到北定市中级法院，双方仍需面对此种"结果不确定性"，而彼此消耗的时间、精力、金钱成本却势必增加。双方经过郑重考虑，均表示"不愿太过麻烦"，并请求独任庭为彼此提供一个调解方案。在此基础上，独任庭建议将双方提出的金额进行折中，得出6.375万元的数值，并且本着双方既往的友好关系和互谅互解的精神，可进一步将零头去掉，以6万元作为和解金额为宜。双方对此表示满意，其中芳草公司表示自愿负担本案诉讼费（原为1650元，因系调解结案故依法减半收取）。随即，双方在独任庭主持下签收了相应民事调解书。

立足于本案，之所以说调解生产出的是"模糊的法律产品"，原因如下：

第一，相对裁判所生产的判决书、裁定书而言，作为调解最终产物的调解书在写作上就是具有模糊性的。调解书乃是填充式的，法院仅需要对原被告双方的基本信息、达成了何种协议以及诉讼费用负担进行填写，既无须对证据事实进行陈述并展开分析认定，也无须对其司法结果展开充分的释法明理，灵活而简便。作为案外人，难以单凭一纸调解书本身了解到整个案件的来龙去脉，一切都被遮蔽在宏观而模糊的叙述之中。相反，如果以裁判方式结案，对应的司法产品将呈现为截然不同的另一种样式。申言之，裁判最终表现为一份以精准的法律语言和严谨的法律推理来支撑的判决书或裁定书，并且它的篇幅短则数页，长则数十页甚至数百页；无论是对证据事实的辨别和筛选，还是对法律条文的适用和论证，都需要全面、完整、规范、细致、周密，用精工细作、滴水不漏来形容亦不为过。作为案外人，即使未旁听审理过程，亦无须借助庭审笔录等卷宗材料即可掌握案件的大量信息。因此，概括而言，调解书是"模糊的"，判决书、裁定书是"精确的"，它们的长处与短处恰好是相反的。对于作为制作主体的法院来说，"精确的判决书（裁定书）"是"用法律技术建构逻辑世界，而这种对日常生活的抽象化需要良好的法律逻辑思维和审判经验"，[①] 殊为不易；而"模糊的调解书"则简单易写、便捷省事。对案例5-7而言，其民事调解书如下：

贵州省远山县人民法院
民事调解书

（2017）远初字第×号

原告远山芳草商贸有限责任公司，住所地远山县×街×号，联系电话××××。

被告姜瑞林，男，×年×月×日生，汉族，身份证号××××，住××××，联系电话××××。

本院于2017年11月13日立案受理了原告远山芳草商贸有限公司与被告姜瑞林房屋租赁合同纠纷一案，依法由审判员王亚辉适用简易程序公开进行了审理。原告要求被告给付租金9万元。

本案在审理过程中，经本院主持调解，双方当事人自愿达成如下协议：

被告姜瑞林于本协议签订后30日内一次性支付现金6万元（大写：￥陆万圆整）作为涉案房屋占有使用费给原告远山芳草商贸有限责任公司。

本案案件受理费825元，远山芳草商贸有限责任公司自愿承担。

上述协议，符合有关法律规定，本院予以确认。

[①] 张永和等：《大邑调解：透过法社会学与法人类学的观察》，法律出版社2011年版，第39页。

本调解书经双方当事人签收后，即具有法律效力。

审判员 王亚辉
二〇一七年十二月四日
书记员 侯晓梅
（院印）

第二，调解书的模糊性与调解过程本身的模糊性是交相辉映、彼此勾连的。本案以及前文的张青礼侵权纠纷案均显现出来调解的一个特性——无论是作为案件审理者—调解主持者的法院还是作为冲突双方的原被告，均可以借此有效规避举证质证和法律适用难题。一方面，尽管当事人双方对一些模糊的法律事实缺乏举证和质证，但是只要他们没有明显分歧，法院即可不必再依职权主动去调查相应事实，或者像是在判决书、裁定书中那样详细叙述这些事实并郑重注明"双方均不持异议"。因为调解书是"大而化之"的，所以在调解过程中也就可以从容不迫地省去这些问题，调解将最大化地尊重冲突双方对于程序的选择权和对于实体的处分权。另一方面，对于本案来说，法律条文的规定本身就具有一定模糊性，法律和司法解释只是原则性地规定"参照合同约定的租金标准支付房屋占有使用费"，那么，"以模糊（处理）对模糊（规定）"不失为一个明智之举。详言之，法律规范赋予了法院酌情决定的权力，从符合法律精神与合情合理的角度讲，"参照"意味着只要是相对低于原本约定的租金标准便是正当的——如果是趋近于原定租金，则有鼓励出租人肆意出租违章建筑之弊；如果是显著低于原定租金，则有纵容承租人损害出租人不当得利、损害出租人信赖利益之失。因此，其尺度把握不易。如果是以裁判方式来完成审理，远山县法院基于自身意志而作出的判决在合法律性维度并无缺失，但是当事人一方甚至双方却有可能倍感失衡而会提起上诉。同时，将案件上诉到北定市中级法院，双方仍需面对此种"法律的模糊性"所带来的"结果不确定性"，而当事人的诉讼成本和法院系统的司法成本却必然大幅增加。若如此，不如尽可能引导当事人双方达成合意，以调解方式得出一个各方都满意的结果，实现定分止争、案结事了的合作共赢局面。

第三，调解过程和结果的模糊性，同它具有的内容开放性和信息保密性密不可分。一方面，从内容而言，调解更具开放性而裁判更具封闭性。因为调解是模糊的、填充的，所以它是开放的——调解允许法院根据案里案外的各种信息，在表面争端下发掘深层次矛盾，进而整体性、根本性地消除冲突；调解需要但不囿于就事论事，它可以避免仅仅局限在过去，转为积极面向未来寻求解纷之道。比如，对于本案来说，如果双方愿意，他们完全可以在调解中达成这样的协议：如原告芳草公司的涉案房屋能够补办相应手续而获得合法律化（legalization），则被告姜瑞林可以优先承租，并且获得一定的租金折扣。相反，因为裁判是逻辑的、精确的，所以它是封闭的——裁判面对的是过去，是解决发生在诉讼前的冲突，裁判仅针对当事人的诉讼请求而作出，对于诉讼其请求之外的事项，无论它如何利于从整体上解决双方冲突和符合当事人的长远利益，裁判都不能对此予以回应。另一方面，调解的"模糊性"也意味着当事人可因此为冲突解决赋予一定的"私密性"。由于调解在程序方面更为简便灵活，而且调解最终是基于冲突双方合意而达成的，故无须向裁判那样一丝不苟地进行全程公开庭审，以防作为调解人的法院滥用权力。在此前提下，最终形成的调解书通过简化叙事，使得原告出租违章建筑和被告拖欠租金这样的细节被免于在司法文书中完整地公之于众，双方冲突可谓淡化处理、悄然解决，最大程度避免了彼此可能遭遇的尴尬。① 相反，裁判作为强制性的冲突解决，其合法性需要靠审判公开来予以保证，而严格的全程公开同当事人期望的信息保密最大化追求存在一定冲突。

通过设身处地的思考，我们不难发现下列因素均可构成调解的动力机制：首先，因为调解是双方当事人合意的结果，所以他们相对容易"服判"，更有望自觉履行调解所达成的协议。如果负有义务的一方当事人不积极履行其义务，则意味着他（她）是对自己所作允诺的背叛，相当于对社会宣示自身是一个反复无常、缺乏诚信之人，会遭受巨大的社会压力。其次，以调解方式结案，案件即失去了可上诉性，作为一审法院的基层法院借此规避了对应中级法院在二审中对案件作出改判的风险，对自身的办案绩效考核有一定益处。再次，就法官而言，部分法官因为社会阅历

---

① 在建设智慧法院和推进司法公开浪潮中，对于判决书、裁定书的要求是逐步全面录入最高人民法院建立的中国裁判文书网，而对于调解书则无此要求。

丰富而对调解技术得心应手,只要案件性质适合调解且双方当事人愿意调解,则他们可能更倾向于调解。特别是对于部分未受过系统的正规法学教育的基层法官来说,虽然调解往往意味着多轮的沟通、谈判、说服工作,在整体上效率未必高于法院在经过双方举证、质证、辩论后的直接据法裁判,但是为他们省去了难度甚大,需要绞尽脑汁、字斟句酌的判决书、裁定书写作之苦。最后,法院系统对调解的激励措施亦会促使法官在具体个案中优先采用调解方式来进行审理运作。考察实践可知,法院系统在2008—2012年一度流行将调解结案率作为法官业绩的重要考核指标的做法,并将法院的司法调解纳入社会调解体系之中,与行政调解、人民调解一起形成大调解格局。在制度激励下,部分基层法院甚至推出了"调解标兵评比"和"调解排行榜"这样的措施。① 事实上,调解和裁判各有所长,相对片面强调"调解优先"而言,"能调则调、当判则判,调判结合、案结事了"更为符合司法的实际需求。

概而论之,作为"模糊的法律产品",调解的比较优势可归纳为:利用自愿性(程序自愿与实体自愿,即当事人具有选择是否调解、达成何种调解的自愿)、目的和解性、过程协商性、内容开放性、信息保密性、程序简易性、结果灵便性和费用低廉性(调解结案,诉讼费将减半收取,且不存在二审费用,通常也不存在执行费用)。② 调解因其模糊性而满足了合作型司法对实质正义、结果导向之需求,从而为审理运作开放出一个可供法院和冲突双方进行沟通协商的制度性回旋空间。在这一空间中,冲突双方可以基于自身利益需要而在法律框架内求取中道,在互无异议的事实或者说"自认真相"的基础上,谋求一个"大家都有台阶下"的结果,从而皆大欢喜——这种皆大欢喜实际上是包含法院在内的,因为握手言和、案结事了意味着法院真正完成了定分止争的司法任务。正如赵旭东所总结:调解能够使纠纷冲突获得彻底解决,它本身成为基层社会建构社会秩序的一项核心要素;在此意义上,调解本身即目的,它意味着被破坏的

---

① 参见何兵主编《和谐社会与纠纷解决机制》,北京大学出版社2007年版,第267—276页。

② 参见张永和等《大邑调解:透过法社会学与法人类学的观察》,法律出版社2011年版,第40—46页。

社会关系能够被弥合、修复。①

无疑，前述行动者的策略选择展现出了司法场域的结构特征：当事人与当事人之间的横向合作、当事人与法院之间的纵向合作均被整合进调解机制中，两者共同构成一种动态均衡。"法律"的地位呈现出一定模糊性：对当事人而言，"法律"是一种符号，更是一种能够带来利益的力量；对代理律师来说，"法律"是一种获取利益的规则体系，可据此为当事人的诉求"找说法"；对法院来说，"法律"是随时存在的底线，但只要不超出其原则性框架、不违背其强制性规定，适当的变通、折中是允许的。② 总之，在生产制作"模糊的法律产品"过程中，法院扮演的是积极引导双方正和博弈的调解人，因此采用的不是非此即彼、非对即错、非输即赢的形式逻辑，而是消解对抗、和衷共济、互惠互利的辩证逻辑——正如季卫东所言，"审判者的主要作业是把对抗性因素不断分解重组，通过反复的'一分为二'和'合二为一'式的辩证法处理，使对立的逻辑转化为连续的逻辑，导致广泛的中间项和灰色区"③。正因此，调解更多呈现出的是法律和司法柔性的、实质正义的一面，正好同刚性的、程序正义的裁判进行互补。

三 司法的默会知识

考察实践，可发现成功的调解很大程度上依赖于法院方面对大量司法默会知识的掌握和驾驭。英国学者迈克尔·波兰尼指出，人类的知识可分为两大类型：一类是明确知识（或译为"显性知识"，explicit knowledge），它能够以明确的书面文字、图表和数学公式等符号进行编码表述，故亦称为"编码知识"（coded knowledge）、"明言知识"（articulate knowledge）、"理性知识"（rational knowledge）等。另一类是默会知

---

① 参见赵旭东《纠纷调解与法律知识——以河北李村以及广西金秀的田野考察为例》，《中国研究》2005年第1辑。

② 参见李瑜青、雷明贵《合作型司法及其权威——以法院调解实践为视角》，《中国农业大学学报》（社会科学版）2011年第4期。

③ 季卫东：《中国司法的思维方式及其文化特征》，《法律方法与法律思维》2005年卷。

识（或译为"隐性知识"，tacit knowledge），它可意会而难言传，① 在本质上是一种理解力、领悟力、判断力、创造力，故亦称为"行动中的知识"（knowledge in action）或者"内在于行动中的知识"（action-inherent knowledge），以及"非明言知识"（inarticulate knowledge）等。② 尽管默会知识是需要意会而难以言传的，但是通过深描远山县法院相应的调解行动，从而尽可能让读者感受和领略这种"行动中的知识"是具有意义的。在笔者田野调查期间，一些平凡而耐人寻味的调解故事充分折射出司法默会知识的重要性——申言之，这种默会知识是建构在当地社会的地方性知识和练达通透的人情世故基础上的。下面请看2016年的南涛与梁丽离婚纠纷案。

案例5-8：南涛与梁丽离婚纠纷案

2016年1月22日，在远山县法院东岭人民法庭的调解室中，一起离婚纠纷案件正在按照法律要求先行调解。③ 青年夫妇南涛和梁丽因为感情失和而对簿公堂，双方的父母、兄弟乃至七大姑八大姨全部赶到，分别给自己的家人站场助威。原本不大的调解室人满为患，水泄不通。由于双方在生活琐事中颇多磕碰，而亲友群在两旁的围观更加导致彼此剑拔弩张。调解工作在充满火药味的氛围中艰难进行，两人并非有条不紊地摆事实讲道理，而是互爆粗口，比谁的嗓门更大、气势更强，而两人之子南冬（11岁）则在现场眼泪打转地看着双方争执。随着双方争吵越发激烈，女方兄长梁斌竟然走上前来推搡男方，而男方之弟南刚见状亦不甘示弱地撸起袖子准备反手相搏……

眼见事态有失控之虞，负责本案的50余岁的老法官罗军庭长猛然起

---

① 换言之，人们经常使用它却不能通过书面文字、图表和数学公式等符号对其予以清晰表达或直接传递。

② 参见［英］迈克尔·波兰尼《个人知识：朝向后批判哲学》，徐陶译，上海人民出版社2017年版，第81—114页；李白鹤《波兰尼的"默会认识"思想研究》，《武汉大学学报》（哲学社会科学版）2006年第4期；郁振华《波兰尼的默会认识论》，《自然辩证法研究》2001年第8期。

③ 依照《婚姻法》第32条之规定，离婚案件属于法院必须先依法调解的案件。

身,用洪亮而略显沧桑的声音喝阻道:"住手!你两个是娃娃的舅舅、叔叔,推来闹去的像啥子话!当着娃娃的面,咋个不给娃娃带个好头、做个讲道理的榜样?他可是你们大家的心肝宝贝吧?"话音落下,双方稍作克制,互相怒视但不言语。罗军先是慈祥和蔼地抚摸了一下孩子的脑袋,并且宽慰了几句,孩子显得不像刚才一样战战兢兢。罗军进而走到双方亲友中间,掏出烟来按照年纪大小依次发给在场成年男性,对比自己年长者,罗军还主动用打火机帮其点烟;随后,罗军给自己也点了一根烟。于是,罗军像拉家常一样和大家聊了起来。待气氛稍微缓和后,罗军把南冬叫到跟前说道:"因为南冬已经超过十岁了,已经具有一定民事行为能力,所以我们法院需要征询他是随父还是随母生活的意愿。①小冬,你愿意爸爸妈妈离婚吗?如果爸爸妈妈离婚,你愿意跟谁在一起?"南冬泪流满面哭出声来:"我不愿意爸爸妈妈离婚,我想跟他们两个在一起而不是单独跟其中哪一个!"

此时,原本如斗鸡一般的双方亲属均沉默不语,南涛垂下了头,梁丽则跟着南冬落泪。罗军走到两人跟前,郑重地说道:"我今天听你们双方吵了半个多小时,但是听来听去,发现其实就是一些日常生活中因为柴米油盐而发生的鸡毛蒜皮的小事。因为没有及时地合理解决,双方气就越生越大,还把两边的家里人都卷进来了。"罗军环顾了一下四周,继续说道:"娃娃的想法你们也听到了。你们两个离婚容易,之后再娶再嫁都行;财产分割的问题,法院也会公平处理。可是,亲爹亲妈是独一无二的,别人再好也没法替代。如果不是别无选择,还是尽量给娃娃一个完整的家!"一番入情入理、掷地有声的话语打动了在场所有人。最终,案件的结果是调解和好。在双方及其亲属临走之际,罗军又拜托双方长辈多起表率和劝导作用,反复叮嘱二人"家和万事兴"。南涛和梁丽夫妻二人感动地表示今后一定互谅互让,好好地把南冬抚养成人。

就本案等离婚案件来说,法律对夫妻共同财产分割和子女抚养问题进行了明确规定,同时还规定了离婚案件必须先行调解,只有在调解无效的

---

① 《婚姻法》第36条第3款:"哺乳期后的子女,如双方因抚养问题发生争执不能达成协议时,由人民法院根据子女的权益和双方的具体情况判决。"因为南冬已年满十周岁,系限制民事行为能力人,已具有一定的民事行为能力,所以法官会征求其本人意愿。

情况下方作判决。然而，如何进行调解、怎样把握调解的尺度，这并没有也不可能规定在相应法律条款中。正如英国哲人弗朗西斯·培根所述："书并不以用处告人，用书之智不在书中，而在书外，全凭观察得之。"对作为调解人的法院方面而言，特别是具体承办案件的法官，就需要凭借大量的默会知识来完成这一使命。本案中的默会知识在某种意义上可以称为"观察的能力说话的本领""举止的学问"，它们与罗军法官丰富的社会阅历和对人情世故的练达通透密切相关：

首先，观察的能力。罗军在审理过程中准确地分析判断出南涛和梁丽二人在既往夫妻生活中并无实质性的严重冲突，而是点滴琐事日积月累起来造成了夫妻关系"雪崩"；同时，罗军发现双方及其亲属对二人之子南冬是疼爱有加的。其次，说话的本领。依托于准确的观察，罗军选择以南冬作为突破点，通过有礼有节、有理有据、入情入理的话语制止了双方对抗，同时运用深入浅出的法律说理和通俗易懂的生活道理打动双方，从而解开了矛盾症结、平息了对立冲突。罗军在调解达成后对双方长辈的拜托和对夫妻二人的叮嘱也深具意义。最后，举止的学问。罗军的敬烟之举有效缓和了原本紧张的气氛，巧妙地照顾到了冲突双方的情绪，使得他们的怒火被逐渐熄灭，大家的情感被拉近；而作为长辈，罗军对南冬充满关爱的轻抚之举更是打动了所有在场人员，引起了大家对家庭亲情的共鸣——作为旁观者的笔者尚且为之动容，遑论那些与南冬具有血缘关系的亲属？

在事后交流中，罗军的一番话语同样显现出默会知识的重要意义。对于离婚案件调解，罗军是这样看待的：

> 老话说，"宁拆十座庙，不毁一桩婚。"婚姻能挽救的当然要挽救，有很多当事人通过我们的调解，家庭生活回到正轨，这是好事。但是调解不能乱调，如果双方矛盾确实很大、婚姻无可挽回，就应该尊重当事人的离婚意愿，"强扭的瓜不甜"嘛。这个时候，我们该做的就是帮他们处理好共同财产分割和子女抚养问题。法官一定要把握好度。[①]

[①] 访谈编码：LJ20160122。

同时，罗军还强调了经验、阅历对于司法调解的重要性：

> 20岁出头的年轻法官往往很难胜任离婚案件的调解工作。你想嘛，他（她）自己都还缺乏婚姻家庭生活的经验，有的年轻法官甚至还没结婚、生育，咋个要求他（她）设身处地的换位思考，然后说服当事人？当事人也容易觉得他（她）"不牢靠"。①

罗军的看法是具有说服力的。在基层法院审理案件，讲求的是案结事了，有效预防发生新的矛盾纠纷，这就要求法官不断积累经验、增加阅历，从而驾驭审理现场。实际上，如果我们细心地发掘，还可以看到罗军的默会知识实际上还包括对庭审现场的安全和秩序的掌控上，此点对于东岭法庭这种派出法庭十分重要。毕竟在南涛与梁丽离婚纠纷案中就出现了有惊无险的状况——双方家庭多达数十人在场，如果真的动手打起来，场面不堪设想。故而，准确判断并有效安抚当事人及其亲属的情绪也是重要的默会知识。

为进一步探究调解中的默会知识这一问题，笔者采访了曾荣获调解能手称号的汪敏俐和王鸿雁两位法官。汪敏俐的默会知识可谓之"找对钥匙开对锁"：

> 我个人的一个经验之谈叫"找对钥匙开对锁"。对于适合调解但是调解陷入僵局的案件，就需要换个思路，另辟蹊径。在这种情况下，我会选择调查走访，找到并请出一些德高望重、对当事人说话管用的人来协助调解工作。② 法律是允许而且鼓励法院在审理活动中寻找适当人员协助调解的，具体怎么操作就看法官的悟性和责任心了。③

汪敏俐的"找对钥匙开对锁"之谓是闪烁着智慧的光芒的。在基层

---

① 访谈编码：LJ20160122。
② 《民事诉讼法》第95条："人民法院进行调解，可以邀请有关单位和个人协助。被邀请的单位和个人，应当协助人民法院进行调解。"
③ 访谈编码：WML20160203。

特别是农村做调解遭遇困难时，基层法院的法官往往会访一访当事人家周围，打听这一范围内有没有口碑较好的乡镇工作人员、村干部、乡村教师或者乡村医生。作为经验总结，家里有乡镇工作人员或村干部的人家，如果是行得正走得直的，他们的号召力往往不错——因为这种人家平时主持村里的公共事务如操持婚丧嫁娶较多，大事小情出力多了说话便有分量。乡村教师因为教过的学生多，在当地的影响力自然就很大。乡卫生院和村卫生室的医生，由于山村出门看病不方便，特别是在过去交通不便时，医德好的乡村医生在当地人心目中的地位是非常高的。请他们协助调解，通常都能起到好的效果，当事人往往会对他们予以礼让，在一些争议问题上也就不会过分固执己见——毕竟，如果一味顶撞他们，以后自己有事需要大家时便很难有人帮忙了。这些"关键人士"起到的积极作用，堪比电力输送所需要的变压器。因此，正如"找对钥匙开对锁"，找到合适的人，特别是找到当事人信赖的、对他（她）有过重要帮助的人，有时候三言两语就能起到关键作用。他们即使是重申法官讲过的话语，当事人也会因为心理的亲近性而容易听进去。于是，争执变和解、干戈化玉帛、愤怒变理解。

王鸿雁的观点和罗军的观点可互相呼应。王鸿雁同样强调调解的默会知识有赖于年龄、阅历和经验：

> 调解中实际存在着法院、原告、被告的三方博弈关系。法官看起来太"嫩"，容易让当事人觉得"不牢靠"；何况有的当事人心眼很活，法官显得太"嫩"，他（她）就会倾向于占据主导地位，牵着法院和对方当事人往自己期待的方向走，但他（她）的方向未必是法律支持的。相比之下，我这种年过半百的老法官，恰好还长得比较沧桑，相对镇得住场。①

同时，王鸿雁还指出，由于调解的默会知识并非书本知识，故而只能通过"师傅带徒弟"的方式，身体力行、手把手地教给新法官：

---

① 访谈编码：WHY20160203。

> 调解时，法官得有"一碗水端平"的样子，说话稳重而不失和气，积极引导但不作偏袒。条件允许的话，调解要尽可能选择当事人方便的时机。你想，要是人家手里面忙着农活，特别是播种插秧这种事情是要抢时间的，得尽量避免在人家劳作的时候搞调解。法官先做到换位思考，才方便让纠纷双方心平气和地交流。这种功夫是需要时间来培养的。①

王鸿雁的看法与文学家曹雪芹的名言"世事洞明皆学问，人情练达即文章"不谋而合。无疑，法官洞明世事、人情练达才能写好司法文书这样的"文章"，才能拿捏好和当事人调解的分寸。在对远山县法院的调研中，笔者便发现有时候双方当事人是因为赌气在气头上不愿达成共识，而并不是真的不愿达成共识，此时此刻法官往往会选择把案子放一放，让他们静一静、消消气。在做好疏导工作后，调解即可重新开启。部分法官将这一手法称为"以拖促调"，部分法官则谓之"以静制动"。有的当事人在调解开始时提出的条件比较高，但是在不断衡量后会感到对此要求并无把握，于是会咨询法官的专业意见，询问法官如果达不成调解而采取判决结案的话，自己的主张是不是不那么能够得到法律支持？在这种情况下，法官可以为他（她）阐明法律规定，适当提示法律风险，供他（她）参考。部分法官谓此"以判促调"。王鸿雁对此也总结了自己的经验：

> 在这种情况下可以答疑解惑，讲明相关法律规定，让当事人斟酌取舍，但是话不宜说得太绝对，像"我一定会怎么怎么判"可能不太恰当，会给人一种越位和诱导的感觉。调解毕竟要取决于双方的合意，在调解达不成的情况下该怎么判决再怎么判决。②

综上，可以发现，远山县法院的罗军、汪敏俐、王鸿雁三位法官都深谙调解之道，而这种"道"在很大程度上是由默会知识所承载的。通过

---

① 访谈编码：WHY20160203。
② 访谈编码：WHY20160203。前文的芳草公司房屋租赁合同纠纷案在一定程度上也反映出在调解中对"以拖促调""以判促调"两种技术的运用。

文字叙述的田野资料和总结的经验心得或许能够让人对这种默会知识有所了解和感悟，但是代表法院进行调解的法官对于这些默会知识的观察、掌握和运行却是必须依靠身体力行才能实现的。或许，这正是陆游在《冬夜读书示子聿》一诗中所言的"纸上得来终觉浅，绝知此事要躬行。"掌握书本上的法律规定亦即文本中的法相对容易，但是妥善地将它化为行动中的法却不简单。这也正是主张以现实主义视角看待法律的霍姆斯所强调的："法律的生命不是逻辑，而是经验。"① 在此意义上，对于调解这一司法产品的生产来说，"阅历即学问，经验即力量"。

第三节　"超越法律"的协调

协调，亦称为"行政诉讼协调"，是指法院在行政案件中作出斡旋，促使当事人达成和解，进而终结诉讼程序的一种审理运作模式。其显著特征是在和解达成后，作为原告的行政相对人向法院提交撤诉申请，而法院通过裁定的方式准予原告撤诉，由此给案件画上句号。② 由于协调并非是《人民法院组织法》或《行政诉讼法》文本所明确规定的一种审理运作模式，故其可谓"超越法律"。正如吴英姿所概括："从手法上看，协调与诉讼中的调解并无二致，但在本质上协调是一种制度外的案件处理方式，是法官在程序外进行的调解，其结果往往是原告撤回起诉，卷宗里没有任何协调过程的记录。"③

从应然角度讲，由于行政审判的功能在于判断行政机关的相应行政行为是否合乎法律，故基于"公权力不得处分"的原则，为避免行政机关进行公权力交易从而损害公共利益，1989 年版的《行政诉讼法》第 50 条、第 67 条第 3 款规定除行政赔偿诉讼外，法院审理行政案件不适用调解。然而，《行政诉讼法》是允许撤诉的，在法院下达判决书或者裁定书

---

① ［美］小奥利弗·温德尔·霍姆斯：《普通法》，冉昊、姚中秋译，中国政法大学出版社 2006 年版，第 1 页。

② 参见胡建淼、唐震《行政诉讼调解、和解抑或协调和解——基于经验事实和规范文本的考量》，《政法论坛》2011 年第 4 期。

③ 吴英姿：《司法过程中的"协调"——一种功能分析的视角》，《北大法律评论》2008 年第 2 辑。

前，作为行政相对人的原告都可以申请撤诉。① 于是，法院尤其是基层法院限于其实际能力，或者基于案件本身的合理需要，对于立案后难以径行裁判的案件，选取了进行协调解决的策略，在行政相对人和行政机关之间引导共识、达成折中，力求最后以作为被告的行政机关作出必要纠错、让步，而作为原告的行政相对人主动撤诉来"案结事了"。因此，从实质上说，这是一种"没有调解书的调解"。

考察实践，自《行政诉讼法》1989年4月4日颁布、1990年10月1日施行以来，截至2013年开启新一轮司法改革之前，行政诉讼以原告撤诉方式结案的年均比例几乎从未低于30%，最高时高达57.30%，② 较高的撤诉率被认为与协调结案具有密切联系。③ 由此可见，在文本中的法这一维度，协调并未获得立法的正式认可；然而在行动中的法这一维度，协调却大行其道，甚至获得最高人民法院一系列文件和司法解释的肯定（此点将在后文具体讲述）。这样一种情形在2014年《行政诉讼法》修改时也被体现到立法之中。立法最终采取了一个折中的方案：一方面，仍以"行政诉讼不适用调解"为原则。另一方面又有限地扩大行政诉讼中调解的适用范围，"公权力不得处分"原则被调整为"不含裁量的公权力不得处分"。④ 故此，考察协调这一审理运作方式是如何操作的，其特征、动因为何，以及它的发展趋势如何，乃是一个重要课题。

一 对法律的"软执行"

前文已述，协调是"超越法律"的，其性质是一种对法律的"软执行"。我们需要追问的是，此种"软执行"普遍性如何？它是如何操作

---

① 《行政诉讼法》的特征在于以行政执法活动的相对人（即作为"民"的一方）为原告，以作出相应行政行为的行政机关（即作为"官"的一方）为被告，从本质上来说，行政诉讼是一种"民告官"的权利救济方式。

② 数据来源于中国法律年鉴社《中国法律年鉴》1991—2014年各卷。

③ 参见何海波《行政诉讼法》，法律出版社2016年第2版，第505—507页。

④ 2014年版《行政诉讼法》第60条第1款规定："人民法院审理行政案件，不适用调解。但是，行政赔偿、补偿以及行政机关行使法律、法规规定的自由裁量权的案件可以调解。"其第2款规定："调解应当遵循自愿、合法原则，不得损害国家利益、社会公共利益和他人合法利益。"

的？为何法院需要"软执行"而非"硬执行"？对于这些疑问，需要结合全国整体性的司法统计资料、法院系统对应的政策文件和司法解释、远山县当地的司法统计资料和案例材料来予以回答。接下来先讨论"软执行"的普遍性以及它是怎样操作的，关于为何需要"软执行"将留待后文"协调的动因分析"部分予以详细探究。

（一）全国司法统计数据呈现的趋势

鉴于协调是以原告撤诉的形式结案，故对行政协调状况的呈现和分析需要先整理出对应的统计数据。自 1990 年施行《行政诉讼法》以来，全国法院在 1990—2017 年的行政一审结案中的撤诉情况如表 5-5、图 5-5、图 5-6 所示。

表 5-5　1990—2017 年全国行政诉讼一审结案中的撤诉情况[①]

年份	结案数（件）	撤诉案件数（件）	撤诉率（%）
1990	12040	4346	36.10

[①] 关于全国行政诉讼一审结案情况，不同机构和学者因资料来源和计算方法不同而使得个别数据略有出入（关于撤诉案件数的数据则高度一致），但个别数据略有出入并不足以影响对行政诉讼现象的呈现和规律的探究。其一，《中国法律年鉴》2002 年卷第 156 页（属于该卷审判工作介绍部分）显示 2001 年全国"全年共审结行政一审案件 97267 件"，而第 1240 页（属于该卷统计资料部分）则显示当年全国行政诉讼一审结案数 95984 件。经核算，97267 件应系重复计入 1283 件附带提起的行政赔偿一审结案数得出，而 95984 件则是进行相应扣除的结果，且这一数据与最高人民法院编写的《人民法院司法统计历史典籍 1949—2016·行政及赔偿卷》的"1987—2016 年行政案件一览表"部分相吻合，故本表以 95984 件为准。其二，《中国法律年鉴》不同年卷（同类文献亦存在相应情况）对于行政赔偿一审结案数（可细分为单独提起和附带提起两种类型，主要是前者）是否计入、如何计入行政诉讼一审结案数之中，所采标准不尽一致，故《中国法律年鉴》2006 年卷、2007 年卷显示 2005 年、2006 年全国行政诉讼一审结案数分别为 95707 件、95052 件，均系计入当年部分行政赔偿一审结案数得出。因此，笔者曾对 2005 年、2006 年相应的行政赔偿一审结案数 936 件（含判决赔偿 807 件、行政赔偿调解 129 件）、837 件（含判决赔偿 492 件、行政赔偿调解 345 件）分别予以减除，将 2005 年、2006 年全国行政诉讼一审收案数计算为 94771 件、94215 件，这一计算结果与何海波在最高人民法院研究室调研所得的数据相吻合。然而，鉴于绝统一各年计算标准较为困难，故在综合比对历年数据（含子项数据）及其计算方式后，本表选择保持《中国法律年鉴》2006 年卷、2007 年卷所载全国行政一审结案数原貌，即 2005 年 95707 件、2006 年 95052 件。参见最高人民法院编《人民法院司法统计历史典籍 1949—2016·行政及赔偿卷》，中国民主法制出版社 2018 年版，第 3 页；何海波《实质法治：寻求行政判决的合法性》，法律出版社 2009 年版，第 63—64 页。

续表

年份	结案数（件）	撤诉案件数（件）	撤诉率（%）
1991	25202	9317	36.97
1992	27116	10261	37.84
1993	27958	11550	41.31
1994	34567	15317	44.31
1995	51370	25990	50.59
1996	79537	42915	53.96
1997	88542	50735	57.30
1998	98390	47817	48.60
1999	98759	44395	44.95
2000	86614	31822	36.74
2001	95984	31083	32.38
2002	84943	26052	30.67
2003	88050	27811	31.59
2004	92192	28246	30.64
2005	95707	28539	29.82
2006	95052	31801	33.46
2007	100683	37210	36.96
2008	109085	39169	35.91
2009	120530	46327	38.44
2010	129806	57745	44.49
2011	136361	65389	47.95
2012	128625	64104	49.84
2013	120675	50521	41.87
2014	130964	39592	30.23
2015	198772	42925	21.60
2016	225020	44303	19.69
2017	229112	47880	20.90

资料来源：中国法律年鉴社《中国法律年鉴》1991—2018年各卷；关于1990—1999年的行政诉讼数据亦可参考最高人民法院行政审判庭编写的《行政执法与行政审判参考》（2000年第1辑·总第1辑）。

结合表5-5、图5-5、图5-6，可以将1990—2017年全国法院行政一审结案中的撤诉情况划分为以下四个阶段：

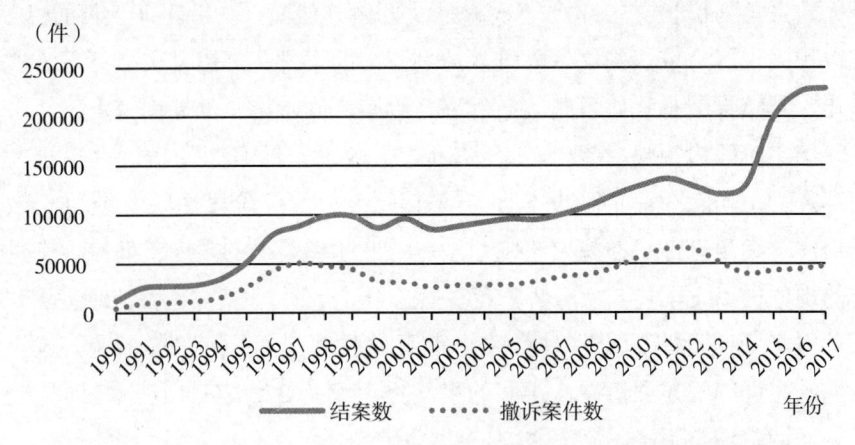

第五章 审理运作：依据法律的定分止争

图 5-5 1990—2017 年全国行政诉讼一审结案数及撤诉案件数变化趋势

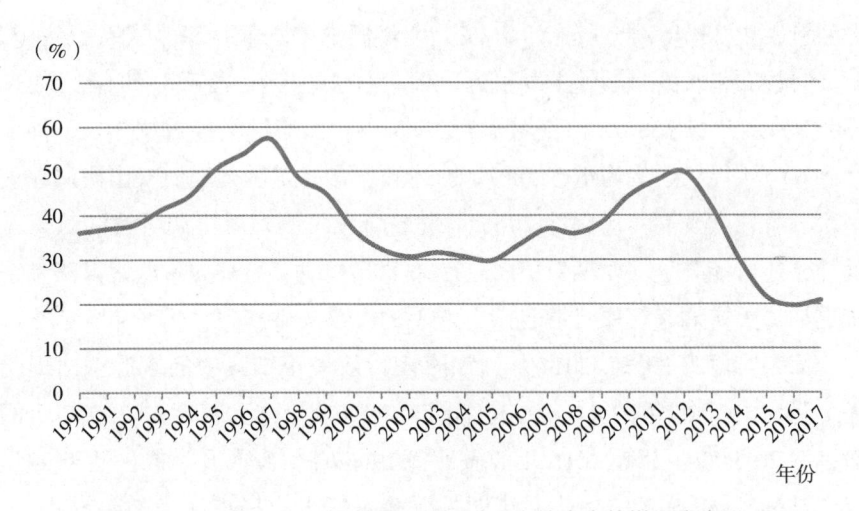

图 5-6 1990—2017 年全国行政诉讼一审结案中的撤诉率变迁

第一阶段为 1990—1997 年。在该阶段，全国法院行政一审结案中的撤诉率呈快速增长趋势，由 36.10% 上升至 57.30%，平均撤诉率 44.80%。同时，必须注意的是，在此八年间，结案数增长了约 7.35 倍，撤诉案件数却增长了约 11.67 倍。两者相差之大，在一定程度上正好可以说明协调在此阶段发挥了重要作用。恰如何海波所总结："撤诉率增长最快的是 20 世纪 90 年代中期。当时，面对老百姓告状难、行政庭无案可审的状况，最高法院要求各级法院'积极大胆地依法受案'。一些地方法院把立案数作为行政诉讼的首要任务，甚至层层下指标、定数量。行政案件受案数量迅猛增长，1997年首次超过9万件。然而，法院限于实际能力，难以积极大胆地依法判决。收进来却判不出的案件只好以动员撤诉等方式消化。其结果就是我们看到的撤诉率与收案率同步增长的局面。"①

第二阶段为1998—2005年。该阶段行政一审结案中的撤诉率出现大幅下降，由48.60%降至29.82%。究其原因，前一阶段法院系统对行政诉讼广开案源已经日益超出法院司法能力所能够承受的限度，而撤诉率过高的现象亦引发学界与实务界广泛关注。作为一种回应，各级各地法院开始着力降低撤诉率，同时对行政一审案件收案进行收缩。② 于是，这一时期的撤诉率明显回落，八年间的平均撤诉率为35.67%，比上一阶段的平均撤诉率整整下降了9.13%。

第三阶段为2006—2012年。该阶段行政一审结案中的撤诉率出现明显回升，由33.46%增长至49.84%，七年间的平均撤诉率为41.01%，与第一阶段的撤诉率状况较为相近。值得注意的是，行政一审结案数从95052件上升到128625件，增幅为35.32%；而撤诉案件数从31801件上升到64104件，增幅为101.58%。前述数据在一定程度上反映出协调在这一阶段有较大发展。原因除2006年来最高人民法院对协调所持的认可态度外，还可能与这一时期对应社会矛盾冲突相对突显有关，这使得法院系统更加倚重协调来解决日益复杂、棘手的行政案件。

第四阶段为2013—2017年。该阶段行政一审结案中的撤诉率出现明显下降，由2013年的41.87%持续降至2016年时的19.69%，2017年的撤诉率20.90%虽相较2016年的撤诉率19.69%略有回升，但仍低于2015年的撤诉率21.60%。在此五年间，行政一审平均撤诉率为26.86%，达到历史最低水平，且2015—2017年三年的撤诉率均保持在20%左右。

（二）政策文件和司法解释反映的问题

由前文可知，1990—2012年行政诉讼中的撤诉率较高，而协调乃是其间一种被基层法院广泛采用的行政审理运作模式。通过检索相应的政策文件和司法解释，可以发现协调这样一种案件制作术在1990—2005年尚处于"有法律实践而无法律表达"的状态——亦即，协调被广大法院特

---

① 参见何海波《行政诉讼法》，法律出版社2016年第2版，第507页。
② 参见何海波《实质法治：寻求行政判决的合法性》，法律出版社2009年版，第77页。

别是基层法院不断实践着，但是没有被国家的正式文件进行认可并表达出来；然而，2006—2008年这一状况发生了明显变化，协调被最高人民法院的政策文件和司法解释逐步确认，变得名正言顺，在性质上开始成为一种"半正式制度"。是故，前文中的2006—2012年的撤诉率上升现象也就不难理解——法院系统在这一阶段发生了"协调转向"。

具体而言，针对若干领域的群体性行政纠纷，① 最高人民法院2006年12月5日发布的《最高人民法院关于妥善处理群体性行政案件的通知》，以及2007年4月24日发布的《最高人民法院关于加强和改进行政审判工作的意见》均要求各地法院积极争取采用协调方式处理。在2007年3月举办的第五次全国行政审判工作会议上，"探索和完善行政案件协调处理新机制"成为一个重要主题。② 时任最高人民法院院长肖扬大法官指出，要抓紧制定有关行政诉讼协调和解问题的司法解释，为妥善处理行政争议提供有效依据。立基于此，在查清事实、分清是非，不损害国家利益、公共利益和其他合法权益的前提下，人民法院可建议由行政机关完善或改变行政行为，补偿行政相对人的损失，并据此裁定准许行政相对人撤诉。③

作为前述司法政策调整的制度化，最高人民法院2008年1月14日发布的《关于行政诉讼撤诉若干问题的规定》以司法解释的形式对协调进行了正式、全面的肯定，其第1条为："人民法院经审查认为被诉具体行政行为违法或者不当，可以在宣告判决或者裁定前，建议被告改变其所作的具体行政行为。"最高人民法院2008年8月18日发布的《行政审判工作绩效评估办法（试行）》为鼓励各级法院积极运用协调方式审理行政案件，进一步将撤诉率列为一个正面考评标准。嗣后，最高人民法院2010年6月7日印发的《关于进一步贯彻"调解优先、调判结合"工作

---

① 主要涉及城市房屋拆迁、农村土地征收、企业改制、劳动和社会保障、环境资源保护等领域。

② 参见张树义、张力《迈向综合分析时代——行政诉讼的困境及法治行政的实现》，《行政法学研究》2013年第1期。

③ 参见沈福俊《和谐统一的行政诉讼协调和解机制》，《华东政法大学学报》2007年第6期。亦可参见相关新闻资讯，如中国法院网2007年3月29日所作报道：《建设公正高效权威的行政审判制度 为构建社会主义和谐社会提供有力司法保障——解读肖扬在第五次全国行政审判工作会议上的讲话》，https://www.chinacourt.org/article/detail/2007/03/id/240951.shtml，2021年2月1日访问。

原则的若干意见》实际上将协调纳入了司法调解的范畴之中。该若干意见第 6 条以较长的篇幅提出了以下要求：

> 着力做好行政案件协调工作。在依法维护和监督行政机关依法行使行政职权的同时，要针对不同案件特点，通过积极有效的协调、和解，妥善化解行政争议。
>
> 在不违背法律规定的前提下，除了对行政赔偿案件依法开展调解外，在受理行政机关对平等主体之间的民事争议所作的行政裁决、行政确权等行政案件，行政机关自由裁量权范围内的行政处罚、行政征收、行政补偿和行政合同等行政案件，以及具体行政行为违法或者合法但不具有合理性的行政案件时，应当重点做好案件协调工作。
>
> 对一些重大疑难、影响较大的案件，要积极争取党委、人大支持和上级行政机关配合，邀请有关部门共同参与协调。对具体行政行为违法或者合法但不具有合理性的行政案件，要通过协调尽可能促使行政机关在诉讼中自行撤销违法行为，或者自行确认具体行政行为无效，或者重新作出处理决定。

除此之外，最高人民法院行政庭在其编撰的《中国行政审判案例》书系第 1 卷中收录了一起具有代表性的行政诉讼协调案例，以供司法实务界作为类似情况的重要参考。① 详言之，该案例被编号为第 1 卷第 30 号案例，并命名为《行政诉讼中协调手段的运用与利益衡量——青岛万和热电有限公司诉山东省青岛市李沧区人民政府行政决定上诉案》。② 在评析部分，撰稿人李德申法官指出之所以采用协调方式处理本案，原因在于被诉行政行为涉及重大公共利益，但相关法律规范不明致使合法律性判断面临困难，故法院若径行裁判将难以确保案结事了。同时，李德申认为"查明案情、分清是非"是协调的基础，自愿、合法是协调的重

---

① 需要说明的是，该书系第一卷被命名为《中国行政审判指导案例》，而后续第二卷至第四卷则被命名为《中国行政审判案例》。

② 该案一审判决由山东省高级人民法院作出，具体可见山东省高级人民法院（2008）鲁行初字第 1 号行政判决书；二审裁决由最高人民法院作出，具体可见最高人民法院（2009）行终字第 8 号行政裁定书。

要原则，法院应运用利益衡量方法来实现维护公共利益和维护当事人合法权益的有机统一。①

（三）远山县相应田野资料折射的现象

远山县协调结案的相关统计数据与前文中所述的全国相应情况较为契合。2015 年 5 月 1 日之后，原由远山县法院管辖的行政诉讼案件转归湖畔县法院进行集中管辖、异地审理。远山县法院 2010—2014 年度的工作总结、湖畔县法院行政庭远山县辖区 2015—2018 年度的统计信息中均统计了当年的行政审判协调情况。详见表 5-6、图 5-7、图 5-8。需要说明的是，下列表 5-6、图 5-7、图 5-8 中的"协调成功"是指经法院协调后，被告行政机关（特定情况下还包括其他相关行政机关）纠正对应行政行为，从而获得原告和解，由原告主动申请撤诉，法院裁定准许撤诉的案件；"协调成功率"是指协调成功的案件在所有经过协调处理的案件中所占的比例；"协调撤诉率"是指协调成功的案件在全部已审结的案件中所占的比例。同时，值得补充的是，对于远山县法院未整理提供相应协调数据的年份，曾任行政庭庭长的副院长李永骏、现任刑庭庭长兼行政庭庭长霍佳基于自身长期工作经验，均表示 2010 年之前的协调撤诉率通常在 30%—35%。

表 5-6　　2010—2018 年远山县行政一审结案中的协调情况

年份	行政一审结案数（件）	协调处理数（件）	协调率（%）	协调成功数（件）	协调成功率（%）	协调撤诉率（%）
2010	44	44	100.00	14	31.82	31.82
2011	42	42	100.00	16	38.10	38.10
2012	25	25	100.00	8	32.00	32.00
2013	21	21	100.00	5	23.81	23.81
2014	22	22	100.00	9	40.91	40.91
2015	26	13	50.00	8	61.54	30.77
2016	66	27	40.91	20	74.07	30.30
2017	88	35	39.77	22	62.86	25.00

---

① 参见中华人民共和国最高人民法院行政审判庭编《中国行政审判指导案例》（第一卷），中国法制出版社 2010 年版，第 56—165 页。

续表

年份	行政一审结案数（件）	协调处理数（件）	协调率（%）	协调成功数（件）	协调成功率（%）	协调撤诉率（%）
2018	106	36	33.96	23	63.89	21.70

资料来源：远山县法院 2010—2014 年度工作总结、湖畔县法院行政庭远山县辖区 2015—2018 年度行政审判统计信息。

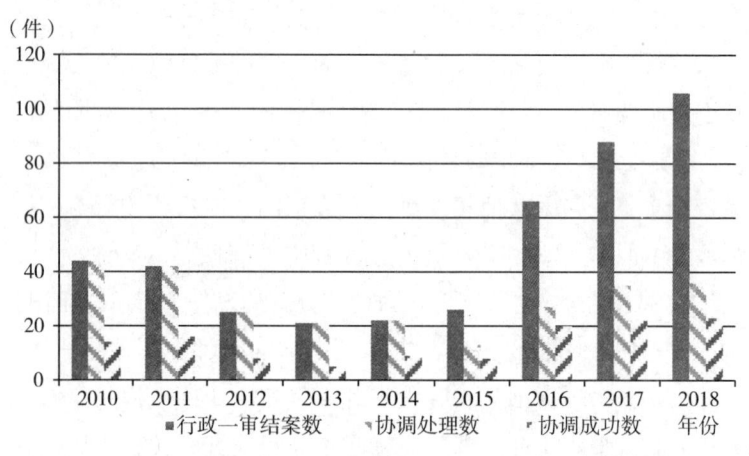

图 5-7　2010—2018 年远山县行政诉讼一审结案中的协调处理数、协调成功数变化趋势

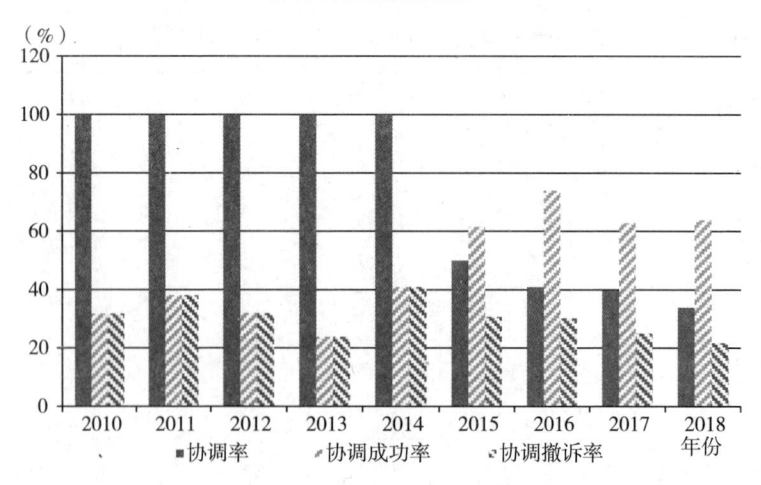

图 5-8　2010—2018 年远山县行政诉讼一审中的协调率、协调成功率、协调撤诉率变迁

从表 5-6、图 5-7、图 5-8 可以发现，2010—2014 年，远山县法院对其审结的全部行政诉讼案件均作出了协调结案的努力，协调率高达

100.00%。故而，对于这一期间来说，远山县法院的协调成功率和协调撤诉率实际是一致的，并且呈现为较高水平——五年间的平均协调成功率、平均协调撤诉率为33.33%，最高值为2014年的40.91%（这也是整个2010—2018年的最高值），最低值为2013年的23.81%。在实施集中管辖、异地审理的2015—2018年，湖畔县法院不再对所有的行政一审案件都尝试协调，因此远山县辖区的行政诉讼一审协调率呈逐年下降趋势，从2015年的50.00%下降到2018年的33.96%，四年间的平均协调率为41.16%。因为并非所有的案件都进行了协调处理，而是有选择性地进行协调，所以这一期间的协调成功率高于2010—2014年，最高值为2016年的74.07%，最低值为2015年的61.54%，平均协调成功率为65.59%。值得注意的是，在协调率逐年下降的同时，2015—2018年的协调撤诉率亦同样出现逐年下降趋势，由2015年的30.77%逐渐降到2018年的21.70%，而2018年的21.70%是2010—2018年的最低值，四年间的平均协调撤诉率为26.94%。

总而言之，自2015年以来，远山县行政诉讼一审的协调率、协调撤诉率呈逐年下降趋势，反映出受理法院在行政诉讼案件的审理运作上出现了优先以裁判方式结案而非协调方式结案的转向。我们或许可以得出这样的结论：协调方式在原则上将仅仅适用于确有必要的情况。要想进一步了解既往的协调实践，相应的个案材料不可或缺。李永骏和霍佳各自讲述了一起行政协调案例。① 李永骏讲述的朱晨户土地承包经营权调整案，是一起可以判决依法撤销相应行政机关批准行为，但出于衡平社会现实需求、实现司法社会效果而采取协调结案的案件。

案例5-9：朱晨户土地承包经营权调整案

1998年，远山县峡江镇橘树村村委会将集体土地8.61亩发包给本村朱晨户承包经营，承包期30年。为此，双方订立了土地承包经营合同，远山县政府颁发了相应农村土地承包经营权证。时至2006年，在未按《土地管理法》第14条之要求，经村民会议2/3以上成员或2/3以上村民

---

① 访谈编码：LYJ20171231、HJ20171231。

代表同意的情况下,① 橘树村村委会将朱晨户承包的土地中的 2 亩与同村彭鑫户承包的土地进行了等面积调换,并以存在瑕疵的材料(在村民会议上作签名同意的人数实际不足 2/3 以上)报送给峡江镇政府和远山县农业局且获得批准。朱晨户在土地调换之际尚持同意态度,但在此时却转变为拒绝认可:其一,朱晨户认为村民会议上表示同意的成员人数未达标,村委会和彭鑫户是以签名不足额的材料呈交有关机关,违规之举隐患重重;其二,经过一段时间的耕种,朱晨户发现虽然两块土地面积相等,而且彭鑫户是用平地调换己方坡地,但是彭鑫户的土地被连成整片而己方换得的平地却成为远在一方的"飞地",多有不便。朱晨户遂向远山县法院提起行政诉讼,要求撤销峡江镇政府和县农业局的批准行为,借此让承包地调换退回起点。

远山县法院行政庭经审理发现,在反映村民会议上村民同意情况的材料上,作同意表示的村民数确未达到村民会议 2/3 以上成员之标准。鉴于在土地承包经营期限内,对个别承包经营者之间的承包地适当调整须经村民会议 2/3 以上成员或 2/3 以上村民代表同意乃是法定前提要求,峡江镇政府和县农业局在审批时未发现相应材料具有瑕疵确属失察,故在法律层面应判决撤销峡江镇政府和县农业局的批准行为。然而,通过现场考察,行政庭办案法官发现彭鑫户已将涉案的 2 亩坡地用于发展温室大棚,且已种植了价值不菲的大量经济作物;而调换给朱晨户的 2 亩平地虽距离朱晨户的其他土地较远,但地势平坦、肥力较高,适宜耕种。

因此,摆在眼前的难题是:如果远山县法院简单地作出撤销判决,彭鑫户将遭受巨大的经济损失,而朱晨户则失去 2 亩良田,朱晨户与彭鑫户、村委会之间的矛盾亦可能进一步激化,恐非上策。峡江镇政府和县农业局坦承未仔细核对材料、确有失察之责,但也表达了其担忧:承包责任制施行已久,农户和土地状况均已发生明显变化。新一轮承包涉及村民较多,若径直撤销批准行为易造成连锁反应,从而危及农村土地承包的稳定性。

远山县法院综合各方意见后研究认为,直接判决撤销批准行为极易发

---

① 《土地管理法》第 14 条第 2 款:"在土地承包经营期限内,对个别承包经营者之间承包的土地进行适当调整的,必须经村民会议三分之二以上成员或者三分之二以上村民代表的同意,并报乡(镇)人民政府和县级人民政府农业行政主管部门批准。"

生案结事不能了的僵局，以协调方式处理本案更宜。经反复工作，在朱晨户和彭鑫户磋商一致并经橘树村召开村民会议且由 2/3 以上成员同意的基础上，将朱晨户和彭鑫户各自承包的土地进一步适当调换，既使得两户承包地均能连片，又确保争议土地继续保持现有归属状态，实现共赢；峡江镇政府和县农业局撤回原批准行为，根据新的具有真实性、合法律性的申请材料重作批准行为。在此基础上，朱晨户主动申请撤诉，远山县法院则裁定同意撤诉。作为尾声，远山县法院分别正式向橘树村村委会、峡江镇政府、县农业局出具了书面司法意见，一方面，要求橘树村村委会今后在土地承包事宜中应严格依法依规，特别是确保相应材料的真实性和合法律性，并对彭鑫户进行了批评教育；另一方面，要求峡江镇政府、县农业局在今后的行政审批工作中加强核对，① 避免失察风险。

霍佳讲述的则是一起原告面临败诉风险，但是法院难以简单一判了之的案件。原因在于，被诉机关的行政行为是具有合法律性的，但另一机关的关联行为存在弊病并成为引发案件的源头。下面请看红缨服装有限公司违法用地案。

案例 5-10：红缨服装有限公司违法用地案

红缨服装有限公司（以下简称红缨公司）于 2006 年通过招商引资渠道进驻远山县城郊的甲秀产业园区。2007 年，红缨公司因存在违法占地情形而被远山县国土资源局课以行政处罚。红缨公司对处罚决定不服，遂向远山县法院提起行政诉讼。远山县法院行政庭经审理发现，被告县国土资源局的处罚决定在事实根据与法律依据两方面均堪称有理有据，无论是实体还是程序均合法有效，故理应判决原告红缨公司败诉，依法驳回其诉讼请求。但是，远山县法院通过法庭调查了解到以下不容回避、值得慎重考虑的情况：红缨公司之所以出现违法占地情况并非出于恶意，而是由于

---

① 诚然，对行政机关在此类行政审批中的审慎义务要求需适度。对于本案这样的情况来说，对应的材料审查工作通常是形式审查而非实质审查。例如，需要多人签名的文件在形式上是否显示由具备相应身份的人员足额签署，至于签名的真实性则应由材料递交者或对应申请者负责。

远山县商务局在招商引资时承诺为其办理相应用地手续事宜，但之后因发生局领导班子变动等缘故导致手续办理迟滞；可是红缨公司兴建厂房、扩大生产的迫切需求又刻不容缓，无奈采取了"先上车后补票"的下策。

如果远山县法院机械司法，径直驳回原告红缨公司的诉讼请求，非但不能实现司法定分止争、规制权力的宗旨，反倒可能给红缨公司以当地在"关门打狗"的恶劣感受，并由此加剧社会冲突，给远山县经济社会的良性发展带来一系列不安定因素。有鉴于此，远山县法院决定以协调方式处理本案，既敦促县商务局切实依照招商引资文件对红缨公司履行办理各项手续的义务，又协调其他相关机关对此予以积极配合，尽快依规办理了前述手续。在为红缨公司解决困难的基础上，远山县法院指出其占地行为确系事出有因，但仍属违法行为，在今后的经营中应避免以类似错误方式面对问题。红缨公司表示认可，同时对远山县法院的协调工作表示感谢，接受了县国土资源局的处罚结果，并提出了撤诉申请。本案协调处理成功。

从以上两个案例来看，远山县法院都以协调这一案件制作术对法律进行了"软执行"。不难发现，一方面，协调确保了法律的基本原则和立法目的得到实现，较为有效地回应了当事人合理诉求和维护了当事人合法权益，故可谓之对法律的"软执行"而非"不执行"；另一方面，协调本身并非《人民法院组织法》《行政诉讼法》所明确规定的一种审理运作方式，在此意义上来说，它是"超越法律"的，而且它在运用过程中也的确存在着一定程度的法律规避举措，故可谓之对法律的"软执行"而非"硬执行"。对于这两个案例，在后文"协调的动因分析"中将进一步予以分析。

二 协调的动因分析

立足于前文，我们将对协调的动因进行分析。换言之，以下问题需要探究：法院为什么选择协调？作为原告的行政相对人、作为被告的行政机关为什么接受协调？从某种意义上来说，协调乃是三方博弈，最终"合谋"的结果。故此，理应从法院、原告、被告三方在行政诉讼的具体情境中的立场和处境入手，分析和揭示三方的行动逻辑，同时对相应的宏观结构因素进行发掘和审视。

(一) 法院运用协调的动因

概而论之，法院尤其是基层法院运用协调的动因有二。

其一，司法权威和司法能力的不足。在2013年开启的新一轮司法改革之前，基层司法在实践中面临着不同程度的地方化困扰。正如本书第三章"基层司法的外部结构"所指出，由于当时基层法院在人、财、物等方面对所在县域的依赖，以及该阶段"联合办案"等基层政法工作机制的影响，使得基层法院在行政诉讼中容易受到不当干扰。在此阶段，基层法院在行政审判中面临着双重压力——既不能违背法律、上级法院对其作出的依法裁判之要求，又需要与当地部分充斥着地方保护主义和官本位思想的行政机关领导相周旋。置法律于不顾，甚至明着违背法律的禁止性规定，这是万万不可的；可是，如果一再对当地这些"头头脑脑"硬碰硬，他们就容易（特别是在败诉后）对法院有意见，甚至滥用行政职权刁难法院和法官。面对一般性质的局、普通乡镇的政府，远山县法院因为处于强势地位，硬碰硬的直接依法裁判是容易做到的；而面对权大气粗的局和重要乡镇的政府，远山县法院则相对力不从心。对于该阶段行政审判的困境和突围之道，曾任行政庭庭长的副院长李永骏是这样讲述的：

> 过去行政审判确实面临很多难题，局面远不如现在。要让那些以"重要部门"作为被告的案件顺利开展，最好先由院领导代表本院和县长、分管副县长通个气，他们支持法院依法办案的话就容易了。如果他们态度不理想，那就需要向县委、县人大常委会作汇报请示。①

关于汇报请示，李永骏作了进一步说明：

> 在汇报请示中一要说明本案的相关事实和法律规定，并提示行政机关败诉的可能性和相应法律后果；二要阐释不依法裁判的代价，包括法院相应工作人员会承担的法律责任，对原告、当地社会所产生的严重危害。动之以理，晓之以法，争取县委和县人大常委会支持法院

---

① 访谈编码：LYJ20171231。

工作。必要时还可以向上级法院寻求支持，借助他们的态度和立场增强自己的话语权。①

李永骏关于该阶段行政审判所面临的困境的叙事是中肯的。毕竟，当时基层法院的编制、财物在较大程度上需要依靠所在县域，贸然和"重要部门"搞得太僵，容易吃"办公经费不拨，基建用地不给"等亏。是故，在该阶段中，基层法院选择通过协调方式解决相当数量的行政案件也就不难理解。正如李永骏所言：

> 协调处理的话，行政机关作了必要的纠错和让步，但是在形式上避免了败诉——这一来相关负责人感觉大面上过得去，更重要的是因为是自行纠错而不是被判行政违法，不会直接影响绩效考核。②

由此可见，在2013年开启的新一轮司法改革之前，基层法院在部分行政诉讼案件中是以侧重于"案结事了"而非"规则之治"的出发点来选择协调处理的。

采取协调结案的话，有利于作为被告的行政机关理解法律、尊重法院，更能接受行政诉讼这种权力约束机制。相比之下，协调处理的案件，行政机关会主动纠正其违法、失当行为，缓解和行政相对人的矛盾；而判决结案的案件，一些败诉的行政机关会表现出磨洋工的态度，拖拖拉拉、想方设法不履行法院的判决，可当时基层法院的司法权威和执行能力相对有限，执行难的严峻形势是客观存在的，基层法院对做好行政相对人的全面保驾护航显得有心无力。于是，基层法院不得不务实地慎重考虑案件的后续执行问题。值得肯定的是，自新一轮司法改革开启以来，司法执行被纳入社会诚信体系建设的重要组成部分，法院系统的执行能力和执行权威得以大幅提升，全国上下对"老赖"的打击既全面又严厉，法院系统对于包括行政机关失信在内的情形都可以有力处置。

刑庭庭长兼行政庭庭长霍佳也发表了自己对协调结案的看法。在其看

---

① 访谈编码：LYJ20171231。
② 访谈编码：LYJ20171231。

来，各方愿意一同接受行政协调的原因如下：

> 说到底，老百姓打官司是为了维权，打赢官司却执行得不顺畅，难免让人更加不满和失望。从这个角度来说，协调对法院和双方当事人来说都是一种退而求其次的理性选择。法院避免了执行难，行政相对人的主要目的得到实现，行政机关也有台阶下，即便有些具体问题不够尽善尽美，但整体也还称得上皆大欢喜。①

总而言之，协调是彼时基层法院囿于司法权威和司法能力不足，而采取的一种突围之道。换言之，面对依法裁判和自我保护的双重压力，协调成为基层法院平衡两者张力，相对调谐原被告利益、尽可能维持司法合法律性和审判权合法性的一种积极行动。从基层法院的角度来看，协调在当时的情境下既尽可能满足了原告的正当诉求，又避免了同行政机关猛烈碰撞，还省去了判决书制作和案件执行的麻烦，以及规避了案件在上级法院二审中被改判或发回重审的风险。因此，它是相对合理和有效率的。

其二，避免机械司法，实现行政审判的社会效果。对于前述案例 5-9 朱晨户土地承包经营权调整案和案例 5-10 红缨服装有限公司违法用地案而言，在前一案例中，远山县法院需要面对的行政机关是峡江镇政府和远山县农业局；在后一案例中，远山县法院需要面对的行政机关是远山县国土资源局，以及潜在的远山县商务局。远山县法院在它们面前无疑处于强势地位，并且在后一案例中，如果依法判决，胜诉方将是作为被告的远山县国土资源局；然而，远山县法院却对两个案件都选择了协调结案，这显然不能归因于司法权威和司法能力的不足。事实上，从结果导向的角度出发，在这两起案件中，远山县法院和涉案各方都会面临着因对法律"硬执行"而产生一系列负面影响乃至形成双输、多输结果的困境。无疑，这是与司法追求社会效果的初衷相悖的。对于这样的案件来说，协调满足了司法对实质理性的要求和社会对实质正义的需求。我们也可以反过来设想一下如果远山县法院径行判决，对法律"硬执行"将会形成怎样的复杂局面。

---

① 访谈编码：HJ20171231。

对于朱晨户土地承包经营权调整案来说,远山县法院如果是径行判决撤销原批准行为,任由朱晨户和彭鑫户、橘树村村委会之间的冲突升级,显然是一种不负责任的态度。因此,出现一个协调者,最终引导各方得出合作共赢的方案是十分必要的。相对而言,远山县法院更适合担任协调者。橘树村村委会此前在调换土地和材料申报中的违规失当行为使其不适宜担任协调者,更何况有"运动员与裁判员一肩挑"之感(橘树村村委会在整个事件中对于朱晨户和彭鑫户双方的土地调整并非是客观、中立的态度,而是积极、主动帮助彭鑫户促成调换的态度);同理,峡江镇政府和远山县农业局尽管在职能上具有相应的亲和性,但因为此前的失察之举,由它们再来协调解决双方的冲突也显得略为不便。从效率的角度来说,既然协调的结果已经出现,那么一步到位地由峡江镇政府和远山县农业局自行撤销原批准行为,同时根据新的真实、合法的申请材料重新作出批准行为,而原告朱晨户撤诉即可。毕竟在达成协调的情况下,确无必要再判决撤销原批准行为,并责令两家行政机关重新作出新的批准行为。

对于红缨服装有限公司违法用地案来说,远山县法院如果是径行判决驳回红缨公司的诉讼请求,红缨公司显然是难以真正心服的——即使其对远山县国土资源局不作非议,也势必对促发这一结果的远山县商务局有所抵触,而且这一判决结果势必为本县的招商引资活动蒙上一层阴影。试想,与其让红缨公司先经历此次败诉,再另行起诉远山县商务局未履行相应职能,并判决远山县商务局败诉,还不如"一站式服务"地为其排忧解难。通过协调的方式,红缨公司原本需要分作两个案件、进行两次诉讼的难题被合二为一解决,效率提升、讼累下降,并且红缨公司和远山县商务局均在形式上各自避免了一次败诉。借此可以发现,协调对特定案件来说具有将矛盾冲突的末端处置转化为源头解决的功能。诚然,"法律不应该是冷冰冰的,司法工作也是做群众工作。一纸判决,或许能够给当事人正义,却不一定能解开当事人的'心结','心结'没有解开,案件也就没有真正了结"①。

(二) 原、被告接受协调的动因

结合前文中的田野资料,我们可以发现协调并非单纯依靠基层法院的

---

① 习近平:《论坚持全面依法治国》,中央文献出版社 2020 年版,第 23 页。

实践智慧和行动偏好，而是还需要双方当事人的默认、配合，最终形成三方"合谋"方可尘埃落定。① 原告提起行政诉讼是旨在维护自身的利益，如何以最小成本实现最大利益往往是原告的基本考量。从微观角度而言，社会行动往往源自理性选择，行动主体"将自己的行为建立在这样的基础之上：哪种手段对于实现他们目标而言是最有效的。在资源相对稀缺的社会环境下，这意味着要不断权衡可选择的手段与目标之间的关系并从中进行选择"②。由于"行政管理关系是反复多次博弈关系，行政相对人一般不愿意与管理者交恶"③，故而出于担心赢得一时却招致"秋后算账"，原告更倾向于在被告行政机关有所让步、自己基本利益得到保障的情况下见好就收。进言之，只要基本利益能够尽快实现，无论是基层法院采用判决结案还是自己申请撤诉结案，这并非原告所介意的。

被告接受协调是因为深知自身的行政行为在合法律性或者合理性上存在瑕疵，如果拒绝协调，基层法院依法裁判的结果必然是己方败诉。行政诉讼制度实施之初，部分行政机关及其工作人员乃是出于担心"丢面子""损威信"而产生对行政审判和败诉后果的抵触情绪；随着时间推移，行政机关接受协调更多是出于顾虑败诉所导致的实际后果。一方面，被告行政机关担心败诉会"牵一发而动全身"，从而造成行政诉讼纷至沓来、不堪负荷的示范效果，让"相关工作不好开展"；另一方面，被告行政机关在行政诉讼中的败诉率往往会被作为行政绩效考核的一个负面评价指标，过高的败诉率将被上级考核部门理解为该行政机关运行欠佳，会严重影响到相应工作人员的晋级、升迁和奖金等待遇问题。故此，接受协调，被告行政机关虽然承认了错误、作出了必要让步，但是避免了留下败诉记录等各种"尴尬"，还能够同原告、基层法院两方都保持相对友好的关系，显然不失为明智之举。

综上所述，正如美国学者乔治·霍曼斯所总结：理性原则在实践中往

---

① 参见吴英姿《司法过程中的"协调"——一种功能分析的视角》，《北大法律评论》2008年第2辑。

② [美]鲁斯·华莱士、[英]艾莉森·沃尔夫：《当代社会学理论——对古典理论的扩展》，刘少杰等译，中国人民大学出版社2008年第6版，第303页。

③ 吴英姿：《司法过程中的"协调"——一种功能分析的视角》，《北大法律评论》2008年第2辑。

往表现为"经验法则",即人们在决策时常以过去的经验为基础,会选择其当时所认知到的结果的价值乘以获得该结果的概率较大的一种行动。① 协调在一定程度上是"超越法律"的,然而这是基层法院和双方当事人在权衡究竟是不折不扣地"遵循法律",还是巧妙变通地"超越法律"所能取得的收益基础上进行的理性选择,而不是因为不了解法律。② 三方的行动策略均是在既定条件下最大限度、最高效率地实现自己的预期目标,皆大欢喜加把握更大的结果也就成为"合谋"的结果。

(三) 行政审判的晨曦

从建设国家行政法治、提高行政审判水平的角度来说,协调这样一种审理运作方式是"超越法律"的,其性质是一种对法律的"软执行",在一定程度上意味着对行政相对人合法权益的维护和对行政机关行政违法的规制有所折扣,故难以作为治本之道。因此,开展司法改革,确保"遵循法律"的裁判稳步成为行政审判的主流,而"超越法律"的协调转化至补充机制正是2013年新一轮司法改革开启以来的趋势。在这一新的历史阶段,我们看到了行政审判的晨曦。

前文通过表5-5、图5-5、图5-6对1990—2017年全国法院行政一审结案中的撤诉情况进行了呈现。通过分析得知,自2013年新一轮司法改革开启以来,全国法院行政一审结案中的撤诉率出现明显下降趋势,由2013年的41.87%持续降至2016年的19.69%,2017年的撤诉率20.90%虽然相较2016年的撤诉率19.69%略有回升,但是仍低于2015年的撤诉率21.60%。2013—2017年,行政一审平均撤诉率仅为26.86%,达到历史最低水平,且2015—2017年三年的撤诉率均保持在20%左右。破解行政诉讼中的原告立案难、胜诉难是新一轮司法改革的重点之一。基层法院和中级法院的适当去地方化,立案登记制对立案审查制的扬弃,以及行政诉讼的集中管辖、异地审理、提级管辖等措施有效拆除了地方行政不当干预的壁垒,使得法院的司法能力和司法权威大幅提升,从而确保"遵循法律"的裁判稳步成为行政审判的主流,而"超越法律"的协调则逐渐

---

① 参见[美]鲁斯·华莱士、[英]艾莉森·沃尔夫《当代社会学理论——对古典理论的扩展》,刘少杰等译,中国人民大学出版社2008年版,第280—284页。

② 参见吴英姿《司法过程中的"协调"——一种功能分析的视角》,《北大法律评论》2008年第2辑。

减少,转化至补充机制这一定位上来。在这一历史阶段,远山县的行政诉讼一审协调撤诉、原告胜诉情况如表5-7、图5-9、图5-10所示。需要指出的是,原告胜诉案件数是指被诉行政行为被判撤销、变更、确认违法或无效,以及被告行政机关被判履行法定职责或进行行政赔偿的案件。

表5-7　2013—2018年新一轮司法改革以来远山县行政诉讼一审中的协调与原告胜诉情况

年份	结案数（件）	协调案件数（件）	协调率（%）	协调成功案件数（件）	协调撤诉率（%）	原告胜诉案件数（件）	原告胜诉率（%）
2013	21	21	100.00	5	23.81	3	14.29
2014	22	22	100.00	9	40.91	3	13.64
2015	26	13	50.00	8	30.77	4	15.38
2016	66	27	40.91	20	30.30	15	22.73
2017	88	35	39.77	22	25.00	19	21.59
2018	106	36	33.96	23	21.70	24	22.64

资料来源:远山县法院研究室2013—2015年度行政审判统计信息、湖畔县法院2015—2018年度行政庭远山县辖区统计信息。

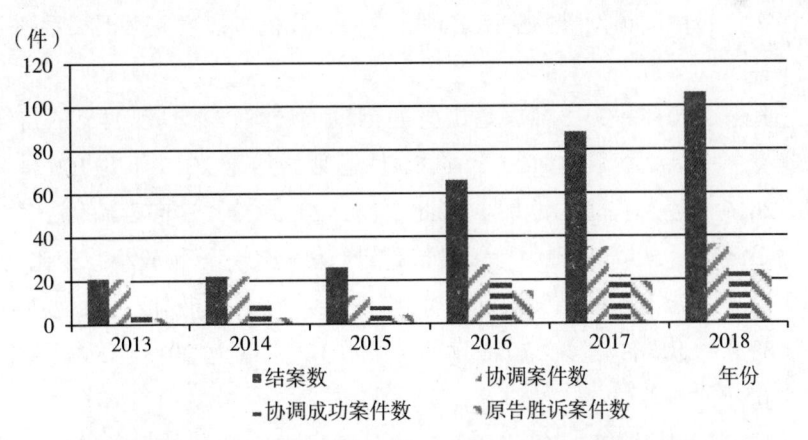

图5-9　2013—2018年新一轮司法改革以来的远山县行政诉讼一审协调及原告胜诉情况变迁

从表5-7、图5-9、图5-10可知,2013年、2014年远山县法院仍优先对全部行政诉讼案件进行协调处理,在协调不成的情况下再作出裁判;值得注意的是,2014年的协调撤诉率较2013年有明显上升,从头年的

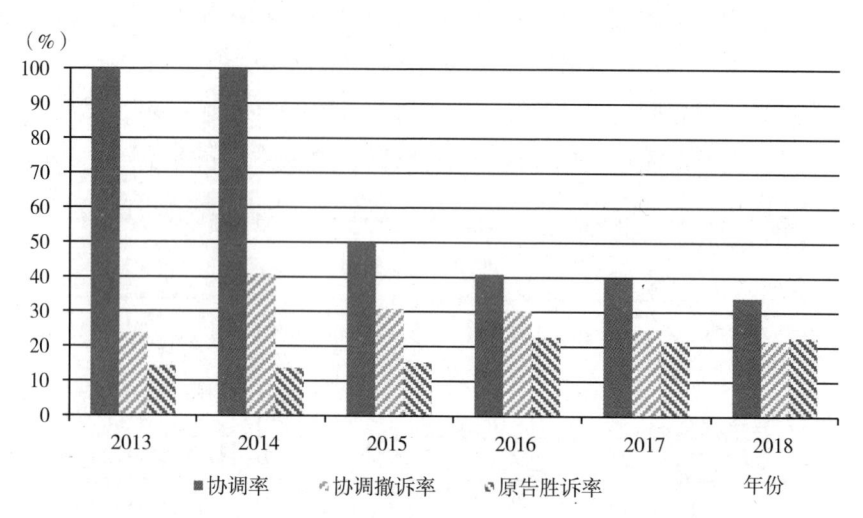

图 5-10　2013—2018 年新一轮司法改革以来的远山县行政诉讼
一审协调率与协调撤诉率变化

23.81%迅速增长到次年的 40.91%，而 2013 年、2014 年的原告胜诉率分别为 14.29%、13.64%，均在 14%左右。从 2015 年 5 月 1 日起，因为推行行政诉讼集中管辖、异地审理的司法改革措施，所以远山县境内的行政诉讼案件转由同市湖畔县法院审理。故而，我们可以发现以下一系列显著变化：

其一，2015—2018 年，远山县的行政诉讼案件数呈现明显的持续递增状态，一审结案数由 2015 年的 26 件迅猛增加至 2018 年的 106 件。无疑，2016 年堪称一道分水岭。在此之前，2013—2015 年三年的结案数均各为 20 余件，尽管呈现为持续增长趋势，但是历年增幅较小。相比之下，2016—2018 年三年的结案数则堪称年年突破新高，分别破纪录地达到 66 件、88 件、106 件之多，2018 年的结案数 106 件高达 2013 年结案数 21 件的 5.05 倍。

其二，2015—2018 年，对于远山县辖区的行政案件，湖畔县法院不再一一尝试协调处理，而是有选择性地挑选其中的部分案件进行协调。因此，在此期间，远山县的行政诉讼协调率呈逐年下降趋势，从 2015 年的 50.00%下降至 2018 年的 33.96%，四年间的平均协调率为 41.16%。与之相应，协调撤诉率也出现明显下降趋势，从 2015 年的 30.77%逐年下降至 2018 年的 21.70%，四年间的平均协调撤诉率为 26.94%。

其三，在 2015—2018 年，远山县辖区的行政案件原告胜诉率有所上升，四年来的胜诉率均高于 2013 年和 2014 年。进言之，2016—2018 年三年的原告胜诉率均超过 20%，最高值为 2016 年的 22.73%，最低值为 2017 年的 21.59%，平均值为 22.32%。相比之下，2013—2015 年的原告胜诉率分别为 14.29%、13.64%、15.38%，三年平均值为 14.44%，与 2016—2018 年的平均值相差了整整 7.88 个百分点。

毋庸置疑，前述新现象是值得肯定的。它反映出自 2013 年新一轮司法改革以来，基层法院的行政审判日益"遵循法律"而非"超越法律"，作为原告的行政相对人更加积极地维护自己的合法权益。由于近年来交通日益便捷，这使得行政诉讼的集中管辖、异地审理具备可行性，而当事人的诉讼成本也被控制在合理的范围之内。结合集中管辖与异地审理制，以及立案登记制、省级以下法院人财物统一管理制、司法公开制（庭审直播、裁判文书上网等）、被告行政机关负责人到庭诉讼制、领导干部干预司法活动问责制等措施，行政审判所面对的地方保护主义和行政不当干预壁垒被逐步破除，法院系统得以在依法行政审判的正轨上加速前进。通过审判权对行政权的规制，法院敦促各行政机关依法履职，在行政活动中严格执法、恰当作为。正是这样的缘故，远山县委、县政府数次组织以依法行政为主题的学习活动，由远山县法院遴选资深行政法官并以远山县和北定市其他区县的行政诉讼状况（尤其是行政机关败诉案例）为主要材料，向本县各行政机关负责人及法制工作人员普及法律知识、进行警示教育，借此提升当地公共行政领域的法律意识和法治水平。从一定意义来说，这正是当前我国社会治理结构不断法律化、法治化的一个缩影。

第六章　执行与信访：法律实效的镜像折射

法律实效（efficacy of law），是指"法律对社会活动的实际约束力"①，亦即，"法律在现实社会被遵守、执行和适用，从而导致法律功能和立法目的实现的程度和状态，以及法律实施后所产生的实际效果"②。法律实效是一个重要的法社会学话题，其对于探究法律的实践逻辑意义重大。正如瞿同祖所指出："我们应该知道法律在社会上的实施情况，是否有效，推行的程度如何，对人民的生活有什么影响等。如果只注重条文，而不注意实施情况，只能说是条文的，形式的，表面的研究，而不是活动的，功能的研究。"③ 是故，有必要对司法执行和涉诉信访活动加以考察，从而探究我国基层司法的实践逻辑和社会治理转型时期的法治建设状况。因为司法执行和涉诉信访态势在相当程度上能够反映出国家法律的有效实施情况，特别是司法裁判、司法调解的实际履行情况，所以它们堪称法律实效的镜像折射。

对于司法执行而言，其发端于案件在裁判或调解生效后对应义务人未切实履行裁判文书或调解书所载明的义务，于是权利人就此向法院申请强制执行，由法院执行局负责采用查封、扣押、冻结、扣划等强制手段来将权利人在文本上的应有权利（due right）转化为现实的实有权利（actual right）；对于妨害司法执行的行为人，法院有权采取拘留、罚款等措施来予以惩戒。由此可见，司法执行在本质上乃是一项重要的法律社会控制工程。因此，前文第二章"基层司法的内部科层"中初步阐释道：司法执

---

① 黄建武：《法律调整——法社会学的一个专题讨论》，中国人民大学出版社2015年版，第210页。
② 郭星华主编：《法社会学教程》，中国人民大学出版社2015年版，第207页。
③ 瞿同祖：《瞿同祖法学论著集》，中国政法大学出版社2004年版，第9页。

行的力度，尤其基层法院的司法执行力度，关乎着有多少拒不履行法定义务的越轨行为得到矫正，法律到底是沦为具文还是获得了生命力——如果"司法白条"泛滥、"老赖"横行无忌，则表明法律失灵、社会失范，司法的公信力和法律的合法性（legitimacy）将陷入危机。一个"礼崩乐坏"的社会显然是难以良性发展的。

对于涉诉信访而言，其肇始于当事人对特定司法案件的处理过程或者处理结果不能接受，进而提起信访申诉，表达意见、建议和要求。涉诉信访与普通信访的区别在于争议事项的属性有别——涉诉信访涉及的是法院的司法事项，而普通信访涉及的是行政机关的行政执法事项。自2013年10月以来，在司法改革和信访改革的要求下，涉诉信访和普通信访开始分流处理。① 涉诉信访乃是信访与司法的交集。考察现实，涉诉信访既存在着监督裁判、调解、执行的一面，又存在着与裁判、调解、执行相竞争，并且对它们产生挤占效应的一面——这正是实务界和理论界所常常提到的"信访不信法"现象。总而言之，如果涉诉信访大量存在，则在一定程度上说明裁判、调解、执行的实际效果不够理想，司法作为终局性的社会冲突解决机制运行欠佳，法律实效需要提高。

当然，在通常情况下，任何法律的目标实现程度既不可能高达百分之百，也不可能低到零，而是介乎两者之间。因此，基于结果形态之不同，法律实效可建构为法律实现和法律失败两个不同的理想类型。法律实现，是指法律的规范要求转化为人们的实际行为，权利被享用、义务被履行、禁令被遵守。② 与之相反，法律失败，则是指"法律在现实社会生活中无法实现其目标、价值，法律所设定的权利义务无法转化为现实的法律关系，或根本得不到人们的认可，整个法律形同虚设或造成大面积的法律规避"③。正如美国学者劳伦斯·弗里德曼所言："不执行在法律中是普通的

---

① 2013年年初，全国政法工作会议将涉法涉诉信访工作机制改革确定为政法系统的重点改革之一，明确了试点先行的工作思路，分四批部署全国政法机关逐步开展试点工作；至2013年10月，前述改革在全国推开。2013年11月，党的十八届三中全会通过的《中共中央关于全面深化改革若干重大问题的决定》明确提出，把涉法涉诉信访纳入法治轨道解决，建立涉法涉诉信访依法终结制度。2013年12月起，相应改革实践在含远山县在内的全国各地有条不紊地全面推进。

② 参见黄建武《法律调整——法社会学的一个专题讨论》，中国人民大学出版社2015年版，第133—134页；夏锦文《法律实施及其相关概念辨析》，《法学论坛》2003年第6期。

③ 郭星华主编：《法社会学教程》，中国人民大学出版社2015年第2版，第210页。

事情，可能与执行一样普通。确实，某项规则完全执行是闻所未闻的。"① 无疑，人们所追求的是相对良好的法律贯彻施行状况。

第一节 司法执行的社会工程

社会控制是社会运用不同规范及相应的方法、举措，对社会成员之行为、观念作出引导、规制，从而调整各类社会关系的过程。② 就本质而言，社会控制是社会对其成员思想和行为的规定，是对社会运行中所出现的各类冲突的疏导、协调和管理，③ 它旨在调谐、弥补、修复社会裂痕和社会断裂，借此建构良好的社会秩序，促进社会的良性运行。④ 其中，正式的社会控制以专门化的机构系统、标准的技术、制裁的可预测性为特征。由此观之，司法执行嵌入了法院这一公共机构，拥有着明确的法律程序和执行规则，并由国家授权以合法的强力来实施制裁，故而是一种正式的社会控制。进言之，它是通过外部压力来实现的"消极制裁"（negative sanctions）——亦即，用内含强制服从的机制来对违反法律规则的越轨者施以惩罚，恢复社会正义、弥补权利人所受损失，从而确保个体遵循法律所确立的行为模式，让社会系统在法治轨道中运行。⑤ 建构好司法执行这一社会工程，对于整个社会的良性发展具有不言而喻的重要意义。

一 执行之殇：社会控制失灵

20世纪80年代中期以来，司法执行难问题不断浮现，引起社会各界的广泛关注。大量相关当事人并未恪守诚信为本的道德准则，自觉履行生

---

① ［美］劳伦斯·M. 弗里德曼：《法律制度——从社会科学角度观察》，李琼英、林欣译，中国政法大学出版社2004年版，第109页。
② 参见李丽、李明宇《论社会转型期的发展性控制》，《江苏大学学报》（社会科学版）2003年第4期。
③ 参见朱志刚《以社会主义核心价值体系为指导构建活力社会》，《理论月刊》2010年第5期。
④ 参见杨建华《发展社会学通论》，社会科学文献出版社2016年版，第135页。
⑤ 参见［美］史蒂文·瓦戈《法律与社会》，梁坤、邢朝国译，郭星华审校，中国人民大学出版社2011年版，第251—253页。

效法律文书所明确的义务,因此进入执行阶段的司法案件数量巨大。例如,2004年7月,最高人民法院曾披露了下述情况:在过去数年之间,全国约60%的生效法律文书未被当事人自觉履行,而是依赖于法院的司法执行。① 与之相应,法院系统特别是基层法院的司法执行压力巨大。早在1998年之际,最高人民法院便觉察到这一现象:自1995年起,全国法院的执行收案数和执行结案数均逐年增加,然而执行结案率却逐年下降。② 换言之,虽然执行收案数越来越多,但是同期不能顺利完成执行的案件数在猛增。前述情况长时间延续。表6-1、图6-1是2010—2017年全国法院的司法执行情况统计。

表6-1　　　　2010—2017年全国法院司法执行情况③

年度	收案数(件)	结案数(件,含上年旧存)	未结案件数(件,含上年旧存)
2010	2418174	2508242	198263
2011	2359025	2393588	163823
2012	2459219	2465789	157359
2013	2833755	2717763	271710
2014	3138509	2906861	数据不详
2015	4159949	3815560	857225
2016	5292201	5079154	数据不详
2017	7726315	6483544	1242711

资料来源:中国法律年鉴社《中国法律年鉴》2011—2018年各卷,中国法学会《中国法治建设年度报告(2017)》。

从表6-1、图6-1可以发现,在2010—2017年短短八年之间,全国法院系统的执行收案数从2010年的2418174件一路飙升至2017年的

---

① 参见江西省高级人民法院课题组、张忠厚、卓泽渊《人民法院司法公信现状的实证研究》,《中国法学》2014年第2期。
② 参见王飞鸿《最高法院部署全国法院集中清理执行积案运动》,《人民司法》1998年第9期。
③ 《中国法律年鉴》2018年卷中的2017年全国法院司法执行收案数为6607393件,而《中国法治建设年度报告(2017)》中的相应数据则是7726315件。鉴于中国法学会在法学、法律领域具有的权威性(且系中国法律年鉴社的主管、主办单位)和近年来司法执行案件激增之事实,本表选择以后者为准。参见中国法学会编著《中国法治建设年度报告(2017)》,法律出版社2018年版,第26页。

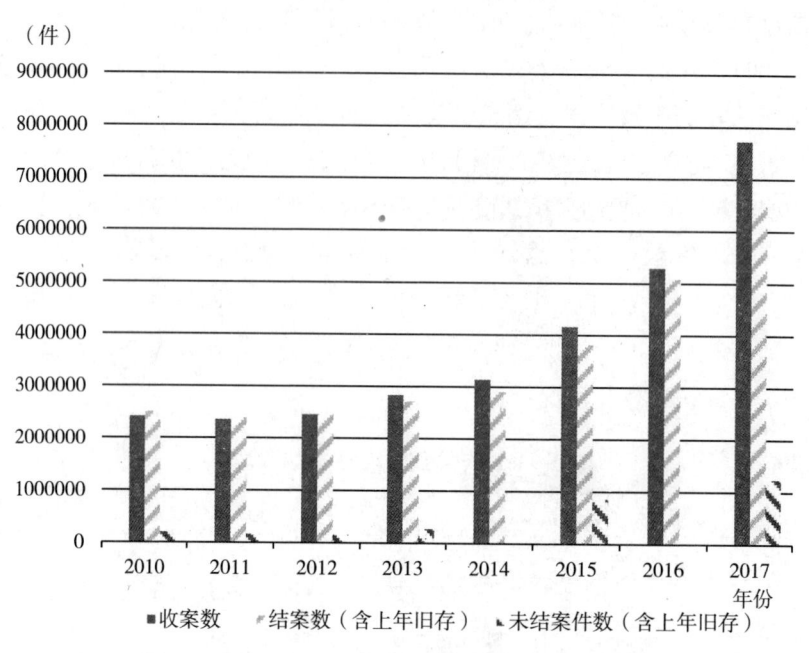

图 6-1　2010—2017 年全国法院司法执行变迁趋势

7726315 件，年均增幅为 27.44%，2017 年收案数高达 2010 年收案数的近 3.2 倍；执行结案数也从 2010 年的 2508242 件攀升至 2017 年的 6483544 件，年均增幅为 19.81%，2017 年结案数高达 2010 年结案数的近 2.6 倍。值得注意的是，结案数的年均增幅小于收案数的年均增幅。《中国法律年鉴》仅收录了 2010 年、2011 年的执行结案率（2010 年 92.68%、2011 年 93.59%），而关于 2012—2017 年执行情况的叙述则与最高人民法院的工作报告相似，载明的是较上年执行结案率的增幅或减幅而非当年的执行结案率本身，故本书未直接列出 2012—2017 年各年具体的执行结案率。基于各年的收案数和结案数，同时参考业已明晰的各年的未结案件数，可发现在此期间内各年未能顺利执行结案的案件数不容小觑，并且难以得出 2012—2017 年的执行结案率能够明显优于 2010—2011 年的结论。当然，这和近年来法院司法案件激增的"诉讼爆炸"状况不无关系——须知在这一阶段中，法院的执行工作人员数量并未与执行案件数量保持正比例的同步增长。

是故，法院系统的执行压力和执行难问题也就不难理解：即使每年仅仅有 5%—10% 的案件执行不能顺利完成，这也意味着在全国范围内有多达数十万件案件的权利人权利受损。在审视全国普遍状况的同时,我们还可以结合远山县法院2006—2018年的相应材料来进一步探究基层司法所面临的执行难问题。下面请看表6-2、图6-2、图6-3,它们反映的是2006—2018年远山县法院的司法执行情况。需要说明的是,由于远山县法院的档案材料从2006年开始电子数据化,故表6-2、图6-2、图6-3是以2006年作为起点。

表6-2　　　　远山县法院2006—2018年司法执行情况

年份	收案数（件）	结案数（件）	执行结案率（%）	附注
2006	279	193	69.18	
2007	302	230	76.16	
2008	325	211	64.92	清理并完结执行积案732件
2009	336	239	71.13	清理执行积案507件,并完结其中419件
2010	324	311	95.99	清理执行积案162件,并完结其中154件
2011	331	316	95.47	
2012	241	232	96.27	
2013	306	291	95.10	
2014	675	649	96.15	
2015	752	594	78.99	清理并完结执行积案379件
2016	1026	935	91.13	
2017	1469	1421	96.73	
2018	1689	1548	91.65	

资料来源：远山县法院2006—2018年度工作总结。

不难发现,表6-2、图6-2、图6-3反映的远山县法院执行收案数与结案数增长趋势,与表6-1、图6-1反映的全国法院相关情况能够互相印证。2006—2018年,远山县法院的执行收案数从2006年的279件攀升至2018年的1689件,年均增幅为38.88%,2018年收案数达2006年收案数的6.05倍之多;执行结案数也从2006年的193件增加至2018年的1548件,年均增幅为54.01%,2018年结案数高达2006年结案数的8.02倍。2006—2018年,远山县的年均执行结案率为86.07%。其中,2006—2009年以及2015年的执行结案率相对较低,2006—2009年的执行结案率在64.92%—76.16%徘徊,而2015年的执行结案率为78.99%,它们与其余

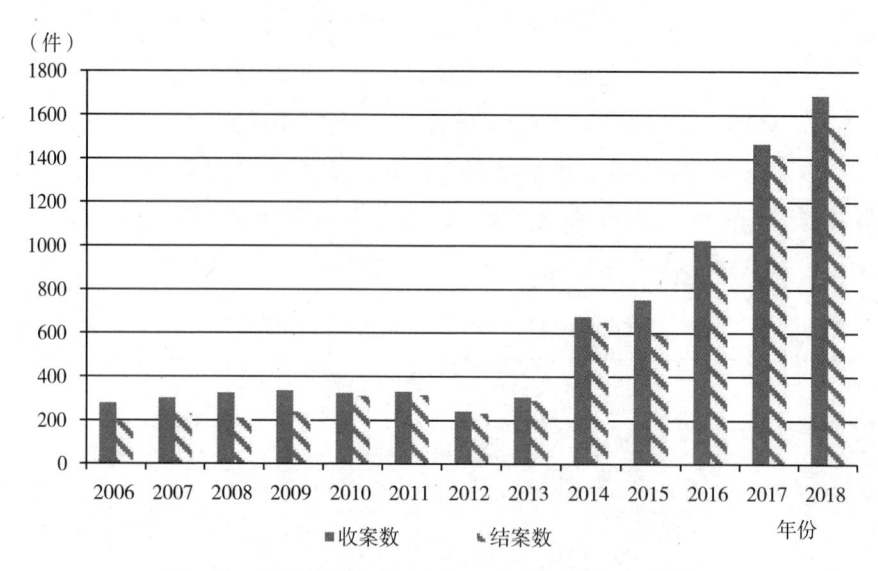

图 6-2 远山县法院 2006—2018 年司法执行变迁趋势

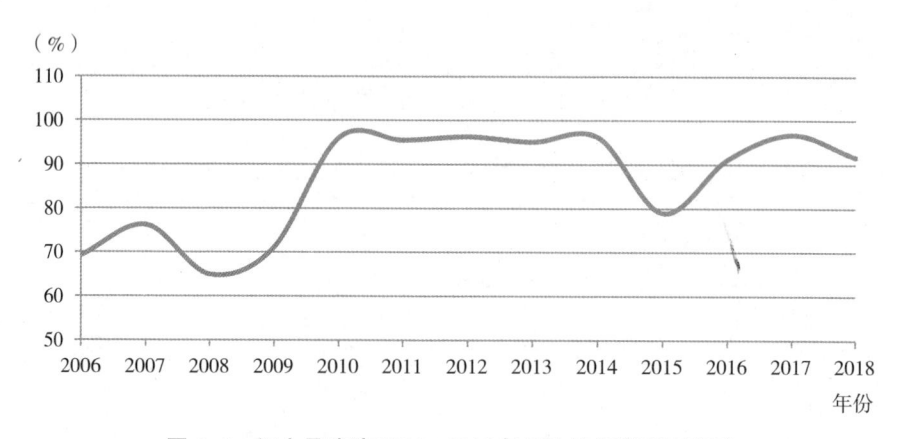

图 6-3 远山县法院 2006—2018 年司法执行结案率变迁

八年 90.00% 以上的执行结案率有较大悬殊。正是出于对 2006—2009 年的执行结案率较低这一事实的正视，远山县法院于 2008—2010 年专门展开了清理执行积案行动，三年一共完成了 1305 件积案的执行工作，并且 2010 年的执行结案率上升至 95.99%，收效良好。无独有偶，2015 年之际远山县法院再次开展了执行积案清理活动，一共清理 379 件积案。由于 2015 年新收的执行案件数多达前所未有的 752 件，再加上清理积案的压力，使得该年新增的执行案件仅有 594 件顺利结案，故执行结案率低于相邻年份。

平心而论，执行之殇意味着司法的社会控制失灵。正如卢荣荣所担忧：生效法律文书若成为不能兑现的法律白条，会使得当事人的合法权益以及法院、法律的权威受到损害，而法院在诉讼中的社会控制功能也便难以实现。① 追根溯源，执行难主要是由以下三种因素交织而成。

其一，司法权威与司法能力不足。在过去，特别是2013年新一轮司法改革开启之前，基层法院的司法权威与司法能力相比今日确有悬殊。正如本书第三章"基层司法的外部结构"所述评，基层法院曾经在人、财、物等方面对当地政府部门有所依赖；并且，当时的干部队伍在法律意识、法律素养方面也难以与当下并论。是故，在部分案件中，出于地方保护主义、不当维护部门利益之考量，相当比例的政府部门和乡镇政府负责人是以抵触情绪和干涉态度来面对执行人员。他们将基层法院的依法办事贬损为"胳膊肘朝外拐"，对司法执行工作非但不予配合，反而横加阻挠、恶意拖延，用逃避、孤立、排挤等方式向执行人员施压，逼迫他们"知难而退"。同时，由于过去基层法院执行局和法警队的规模相对较小，能够调动的人手有限，在相关部门不予配合的情况下，执行人员很容易陷入"单枪匹马、孤掌难鸣"的困境。特别是在异地办理执行业务时，执行人员的办案难度更是成倍增加，执行人员被暴力抗法者打伤乃至殉职的情况屡屡发生。

其二，社会信用体系缺失。近年来，具有信息全面性、权威性、跨行业性和跨区域性的全国社会信用体系正在迅速建立、健全，其对于繁荣市场经济和维护社会秩序的积极意义无须赘言。然而，在这一系统工程实施前，基层法院在客观上难以及时、全面、准确地掌握相应被执行人的征信情况，故难以有效协调相关单位和个人来配合开展司法执行工作，从而为权利人保驾护航。于是，在相当多的执行案件中，被执行人选择采取"敌进我退""走为上策"的游击战术来逃避义务，执行人员则被迫四处辗转、走访查探。在这样的斗智斗勇过程中，执行人员消耗了大量的时间成本和车旅费用，执行效果却不够理想。

其三，被执行人缺乏履行能力。尽管被执行人并非拒不履行义务，但

---

① 参见卢荣荣《中国法院功能研究》，法律出版社2014年版，第122页。

是囿于实际情况而无法及时、全面地兑现生效法律文书之要求。在这种情况下，需要由权利人同被执行人达成执行和解，或者由基层法院依法为权利人提供司法救助。

对此，曾任远山县法院执行局局长的侯志宏法官感叹道：

> 过去办执行案真的很难。借用京剧里头的台词，全执行局拢共才"十几个人，七八条枪"，巧妇难为无米之炊。何况当初也没有各种征信系统和技术平台来提高效率、打破地方保护主义壁垒。去到人丁兴旺、家族力量大的村寨搞执行，或者去到人生地不熟的外地搞执行，如果没人配合，老火得很。好些时候我们执行人员反倒"见不得光"，得像鬼子进村那样鬼鬼祟祟地搞突然袭击。有人可能会说，你们干嘛不找上级法院撑腰？去外地时还可以找当地法院配合啊？话虽如此，可实际上好些时候他们也爱莫能助。哪怕我们风里来雨里去、尽心尽力，有些案子的执行周期就是短不下来。明事理的当事人会表示理解，不清楚情况的当事人曾经有骂我们执行局是"粮食局"的——意思说我们是吃干饭的。①

无疑，侯志宏这段五味杂陈的话语从多个侧面反映出远山县法院执行工作人员曾经面对的执行困境。此外需要注意的是，如果疏于纪检监督和信息公开，在司法执行活动中很容易滋生出腐败行为。原因在于，执行难现象是广泛存在、众所周知的，权利人为了提高执行效率、被执行人为了逃避或暂缓义务，对能够影响到执行进度和执行质量的执行人员"有所表示"并非个案。据悉，在 2009 年，远山县法院的一名执行工作人员在外出办理执行案件之际，接受了权利人宴请。尽管该执行工作人员随即对权利人进行了等额"回请"，呈现出乡土社会"礼尚往来"的色彩，但是仍因其违规接受宴请、造成不良影响而受纪律处分。

二 执行规制：法院因应之道

责任倒逼改革。在 2016 年 3 月召开的十二届全国人大四次会议上，

---

① 访谈编码：HZH20170301。

最高人民法院院长周强大法官向执行难全面宣战，表示争取用两到三年时间，基本解决执行难问题。无疑，攻克执行难，实现司法的应有社会控制功能，从而建构和维系良好的社会秩序，是法律和国家合法化（legitimization）的重要路径。执行难形成的社会压力，鞭策着法院系统尤其是广大基层法院采取规制措施进行应对，前文中远山县法院陆续开展的数次清理执行积案行动即是一个缩影。田野调查显示，远山县法院近年来紧锣密鼓地采取了一系列前所未有的规制措施作为对执行难问题的因应之道。下面请看表6-3，该表记录了远山县法院2015年以来为攻坚执行难问题所尝试的努力。

表6-3　　　　　　　　远山县法院基本解决执行难大事记

编号	时间	事项内容
1	2015年1月14日	最高人民法院将远山县法院列为"有效实施失信被执行人员名单制度示范法院"
2	2015年6月	贵州省深化改革领导小组确定远山县法院为全省第二批司法改革试点法院。执行改革作为司法改革工作的重要环节展开，执行局组建5个执行团队，开始实行执行案件简繁分流改革
3	2016年4月	远山县法院启动执行警务化保障改革，从法警大队抽调3名法警常驻执行局，成立执行法警中队，逐步充实执行工作队伍。当月，执行指挥中心建设开始
4	2016年5月28日	远山县法院制定关于落实"用两到三年时间基本解决执行难问题"的实施方案，开始当年度的执行积案清理工作
5	2016年7月18日	贵州省高级人民法院将远山县法院列为全省10家"基本解决执行难"示范法院之一，并将其作为"全国基本解决执行难示范法院"向最高人民法院报备
6	2016年7月21日	贵州省高级人民法院将远山县法院确定为全省8个推行审判权与执行权相分离的体制改革试点基层法院之一。嗣后，8月5日，远山县法院制定《关于实行审判权与执行权相分离体制改革实施方案（试行）》，开始推进相关工作
7	2016年8月2日	远山县法院正式成立执行指挥中心，并投入使用
8	2016年9月12日	贵州省执行案件流程信息管理系统正式上线，远山县法院开始应用该系统开展执行行动
9	2016年9月28日	远山县法院发布首份执行悬赏公告，标志着远山县悬赏执行常态化的开始
10	2016年10月15日	远山县法院开展"60天执行大会战"
11	2016年11月7日	远山县法院对15名失信被执行人实施限制出境措施，标志着远山县限制出境措施常态化的开始

续表

编号	时间	事项内容
12	2017年2月7日	远山县法院召开党组会，成立基本解决执行难工作领导小组，部署落实由中国社会科学院发布的关于基本解决执行难的第三方评估指标体系
13	2017年3月1日	贵州省高级人民法院将远山县法院与全省19家中级、基层法院列为"2017年上半年基本解决执行难法院"
14	2017年4月5日	贵州省法院系统统一运用执行案件流程信息管理系统。远山县法院执行局第一时间对工作人员进行了系统操作培训
15	2017年4月7日	贵州省法院系统"基本解决执行难"工作推进会议在远山县法院召开，举行"贵州法院首批力争两年时间基本解决执行难工作责任状签订仪式"
16	2017年5月12日	远山县法院引进农业银行"银企通平台"案款管理系统，实施"一案一账号"管理模式。嗣后，6月20日贵州省"一案一账号"案款管理系统正式上线
17	2017年6月20日	远山县法院针对老赖行为拍摄的微电影《赖，是要还的》举行开机仪式
18	2017年7月上旬	贵州省高级人民法院委托贵州省社会科学院对远山县法院"基本解决执行难"工作进行评估、调研
19	2017年9月18日	远山县法院召开"基本解决执行难"大战一百天动员大会
20	2017年11月1日	远山县法院微电影《赖，是要还的》通过远山县法院官网及微信公众号、当地电视台等平台正式播出
21	2017年12月24日	远山县法院为50名存在困难、符合条件的执行申请人给予515000元司法救助款
22	2017年12月30日	远山县法院公开宣判当地首例拒不执行判决案。次日，该案及最高人民法院所遴选的同类典型案例在远山县法院官网、微信公号等平台正式发布
23	2018年4月27日	在北定市中级法院的统一部署下，远山县法院拉开为期3个月的"猎赖利剑"执行行动帷幕
24	2018年7月3日	在贵州省高级人民法院的统一部署下，远山县法院拉开为期4个月的"雷霆风暴"执行行动帷幕

资料来源：远山县法院执行局资料汇编。

透过表6-3，不难发现执行规制确实是一项具有综合性、复杂性和艰巨性的社会工程，将其比喻为一场艰苦卓绝的重大战役亦无不妥。进言之，如果将执行规制喻为一场战役，那么确保在战役中顺利攻坚克难的策略正是最高人民法院所概括的"强化公开、联合惩戒、规范高效"——把握此点，对于解读远山县法院所开展的前述各项行动的行动逻辑十分重要。具体而言,远山县法院所采取的一系列执行规制措施的行动逻辑如下。

第一,为司法执行配置充足的人、财、物,力争摆脱巧妇难为无米之炊的窘境。先贤孟子云:"徒法不能以自行。"(《孟子·离娄上》)显而易见,组建5个执行团队和执行法警中队,均是旨在充实执行工作队伍,确保能够有足够的人手开展工作、落实任务。建立执行指挥中心,则是旨在由该中心提纲挈领、统一调度,整合本院资源以及向相关部门请求财政支持和寻求工作配合,从而避免出现执行工作各自为战、零散出击的局面,确保工作人员能够按照既定的各项实施方案来有条不紊地推进工作,从而实现对执行工作的优化。从远山县法院的情况来看,其在人、财、物三个方面的需求均得到了上级法院、当地县委和县政府的大力支持。

第二,尝试技术驱动,借此提升司法执行的效率、质量和透明度。众所周知,21世纪是一个数字信息化时代和知识经济时代。故而,顺应时代发展,运用科技手段和革新执行管理是司法现代化的必由之路,而司法现代化对于实现法律和国家合法化的重要意义不言而喻。无论是开发、应用执行案件流程信息管理系统,还是积极引入"银企通平台"案款管理模式,抑或是充分借助法院官网、微信公众号发布资讯、进行宣传,都展现出法院系统对于大数据技术和网络媒体平台的积极态度。无疑,远山县法院的尝试是具有前瞻性的。借此,远山县法院既可以推动自身执行工作的规范化和有序化,还可以及时和其他法院、相关部门交流信息、互通有无,从而以协作方式突破信息不畅、地理阻隔、人手不足等困境;同时,这也有助于推动司法信息公开,将失信被执行人的征信情况和法院的执行工作情况向社会全面、及时公示,接受权利人和广大公众的有力监督,从而通过强化司法执行的可接受性来建构法律和国家的合法性。进言之,最高人民法院举办的中国执行信息公开网(http://zhixing.court.gov.cn/search/)正是在远山县法院等各地、各级法院的信息汇总基础上建立而成,并面向整个社会提供执行服务。就本质而言,这折射出的是现代性(modernity)所蕴藏的脱域(dis-embedding)动力机制。对因科技突破而日新月异的现代社会来说,时空分离(separation of time and space)已经发生,人们得以在超越现实存在的虚拟时空中展开自己的想象力,脱离直接现实性在现存事物不在场的时空来建构新社会组织和新社会生活。①

第三,创新工作机制,刚柔并济、分类处理。首先,发布执行悬赏公告、对失信被执行人限制出境、公开宣判拒不执行判决案,以及播放关于惩治老赖行为的微电影等措施,既是对失信执行人越轨行为的矫正,又向权利人和社会公众表明了远山县法院所秉持的严正立场,有关执行失信和抗拒执行的法律后果的法律知识得以普及,相关个体和组织的守法意识不断提高、诚信精神日益彰显。在这样一个过程中,逐渐形成了当地国家机关和社会公众协同致力于建构诚信社会和建立、健全社会信用体系的合力。以执行悬赏为例,如果是权利人向远山县法院申请悬赏公告,奖金额按其提供的数额兑现;如果是远山县法院依职权发布悬赏公告,则根据案件难易程度、标的额大小,在每件500—5000元综合确定。其次,审执分离,亦即审判权和执行权相分离,其内在逻辑是机构进一步分工、功能进一步分化,外在表征是将原本由相应业务庭行使的执行诉讼裁决权和原本由执行局行使的执行异议裁决权、执行复议裁决权统一归口到新成立的执行裁判团队,执行裁判团队专司涉及执行的裁判(决)工作,而其余四个执行团队则负责开展执行行动。如此一来,司法效率得以提高,而且有利于在审判部门和执行部门、执行裁判团队和其他执行团队之间形成良性的分权制衡机制。再次,在审执分离的基础上,建立案件简繁分流机制,根据案件的标的、性质等因素进行分类处理,通过合理分配时间、匹配适当资源以期起到良好效果——例如,在元旦、春节期间集中力量执行涉及民生特别是关系到务工人员薪酬发放的案件。最后,基于充分调查,对被执行人虽有履行意愿,但履行能力不足的案件,可在双方协商一致基础上达成执行和解;对被执行人确无履行能力,而权利人又深陷窘境的案件,依法依规提供相应额度的司法救助款。

第四,强化监督,落实责任。一方面,如前所述,远山县法院对大数据技术和网络媒体平台的积极应用,既有利于提高司法执行效率和优化法

---

① 比较而言,在前现代社会中,对多数人和多数日常活动来说,时间和空间基本上是通过地点联结在一起的。时间的标尺不但与社会行动的地点相关联,并且与这种行动自身的特性相关联。参见[英]安东尼·吉登斯《现代性与自我认同:晚期现代中的自我与社会》,夏璐译,中国人民大学出版社2016年版,第14—20页;刘少杰《后现代西方社会学理论》,北京大学出版社2014年第2版,第279页。

治宣传效果，又有助于加强社会监督、切实提高司法执行的公信力。同时，基于中国社会科学院制定的执行评估指标，由贵州省社会科学院作为中立第三方对远山县法院"基本解决执行难"工作进行评估、调研也是加强社会监督的一个集中体现。另一方面，从组织运行的角度讲，任何工作的有效开展都离不开责任落实。从表 6-3 可见，远山县法院的司法执行责任机制是外部责任与内部责任的结合。最高人民法院、贵州省高级人民法院将远山县法院列为示范单位，对其而言，是荣誉也是责任，是动力也是压力。作为示范单位，远山县法院关于执行改革和执行工作的实施方案、推进情况需要向相应上级法院报备，纳入全国司法改革的"一盘棋"中，从而接受其督导、考核、问责。而远山县法院编制一系列规章制度、创新工作机制、分配工作任务、落实岗位责任，以及召开"基本解决执行难"大战一百天动员大会等，均是对前述事宜的反馈。借此可见，同"让审理者裁判，让裁判者负责"的去行政化的审判改革不同，执行改革和执行工作具有一定的科层制色彩。当然，这同执行权的权力属性本身是适配的。通过法院系统内部的垂直监管，司法执行得以启动改革、整合资源，从而实现跨区域互助与跨层级协作。

综上所述，不难发现，远山县法院的执行规制是嵌入国家的司法改革系统工程和社会信用体系工程中进行的，它依托于对国家与社会、国家与地方、法院系统与其他机关、基层法院与上级法院、法院与双方当事人等多重关系的审视、协调和运用。换言之，开展执行改革、提升法律实效并非单凭远山县法院的一己之力即可完成。故而，笔者将在本章"第三节 掀起优化实效的改革"之"司法执行的破冰旅程"中进一步考察其中的实践逻辑和揭示相应的结构因素。

第二节 涉诉信访的重重困境

涉诉信访，是指公民、法人、其他组织以来信、来访方式向法院针对司法事项反映情况，[①] 提出意见、建议和要求的行为。比较而言，普通信访（或曰"行政信访"）涉及的是普通行政机关的行政执法事项。无疑，

---

① 来信包括纸质书信、电子邮件、传真等。

涉诉信访乃是司法与信访的交集。涉诉信访影响着若干案件的司法处理，它带来的结果既可能是相应案件在司法程序的轨道之内进行瑕疵纠正或重新处理（比如，一起已经终审的案件，经涉诉信访而获得再审），也可能是在司法程序的轨道之外"另起炉灶"追求案结事了。换言之，涉诉信访同时存在着对司法裁判、司法调解的相辅相成关系，以及对司法裁判、司法调解的竞争关系。

自 2013 年 10 月以来，涉诉信访和普通信访分流处理，诉访分离全面启动。究其原因，在保留信访制度的冲突化解职能而又同时保持其高度政治化的特征的情况下，信访渠道势必成为比司法途径更便捷有效的政治参与机制，从而产生虹吸效应，导致大量利益诉求被吸引到信访渠道中。① 正如冯仕政所批评："一方面，国家已投入大量资源建设的、本应作为一个社会中核心矛盾调处机制的司法途径被冷落、被悬置，既无法充分发挥其应有的冲突化解职能，又导致资源的严重浪费；另一方面，信访渠道不堪重负，出于效率考虑，最终仍然不得不实行分工协作，分工就要分权，分权就必须法治化，而一旦法治化，信访制度就不仅丧失了它作为直接民主机制的政治团结功能，而且在冲突化解职能上容易与既有的司法机制冲突。既然如此，就不如将现在由信访制度同时承担的政治动员功能和冲突化解职能分开，信访工作主要承担政治动员功能，而冲突化解职能则主要由司法机构去承担。这样有所为，有所不为，既能避免冲突，又能提高效率。"②

对于 2013 年 10 月全面开启的涉诉信访和普通信访分流处理这一转向，我们有必要基于相应的经验材料加以理解。概而论之，法院系统特别是基层法院面临着由涉诉信访巨大压力所造成的重重困境。涉诉信访困境在宏观层面上呈现为司法的信访化现象，在微观层面上则表现为在上访与息访过程中不同主体对法律的利用［即本书第一章"导论"之"国内外文献研究综述"中介绍的，由尤伊克、西尔贝两位美国学者概括的"利用法律"（with the law）］以及对法律的规避。

---

① 参见张翼主编《当代中国社会结构变迁与社会治理》，经济管理出版社 2016 年版，第 336 页。

② 张翼主编：《当代中国社会结构变迁与社会治理》，经济管理出版社 2016 年版，第 336 页。

一 司法的信访化现象

20世纪90年代以来，我国信访案件总量逐年上升，并且一度出现信访洪峰。涉诉信访在全部信访案件中一直占据着较高比例。仅以最高人民法院为例，2007年9月，在信访人来访最多的一天中，来访接待室共接待近2000名信访人；2009年，来访接待室共接待信访人6.7万余人次，2010年则上升到7.4万余人次，法院系统的涉诉信访压力可见一斑。[①] 远山县的田野资料亦呈现出同样的图景，远山县法院在2006—2013年的涉诉信访情况如表6-4、图6-4、图6-5所示。需要说明的是，之所以选择2006年作为起点，是因为该年起远山县法院的档案资料实现了数字化，相关数据、材料相对容易采集；而选择2013年作为终点，则是因为2013年10月起涉诉信访与普通信访开始全面分流处理。关于2013年10月之后涉诉信访实践的发展变化，将在本章"第三节 掀起优化实效的改革"之"诉访分离的凤凰涅槃"部分详细探讨。

表6-4 涉诉信访改革前（2006—2013年）远山县法院的相关工作情况

年度	涉诉来信（件次）	涉诉来访（人次）	涉诉信访案件合计（件）	同年受理诉讼案件总数（件）	涉诉信访案件与诉讼案件比
2006	512	613	1125	1736	0.648
2007	534	642	1176	2010	0.585
2008	441	573	1014	1820	0.557
2009	448	744	1192	1860	0.641
2010	766	381	1147	1729	0.663
2011	1089	321	1410	1733	0.814
2012	501	297	798	1980	0.403
2013	543	247	790	2467	0.320

资料来源：远山县法院2006—2013年度工作总结。

由表6-4、图6-4、图6-5可见，远山县2006—2011年每年的涉诉信访案件均超过1000件，而涉诉信访案件相对较少的2012年、2013年

[①] 参见徐艳阳《涉诉信访问题研究——以制度博弈为视角》，人民日报出版社2013年版，第7页。

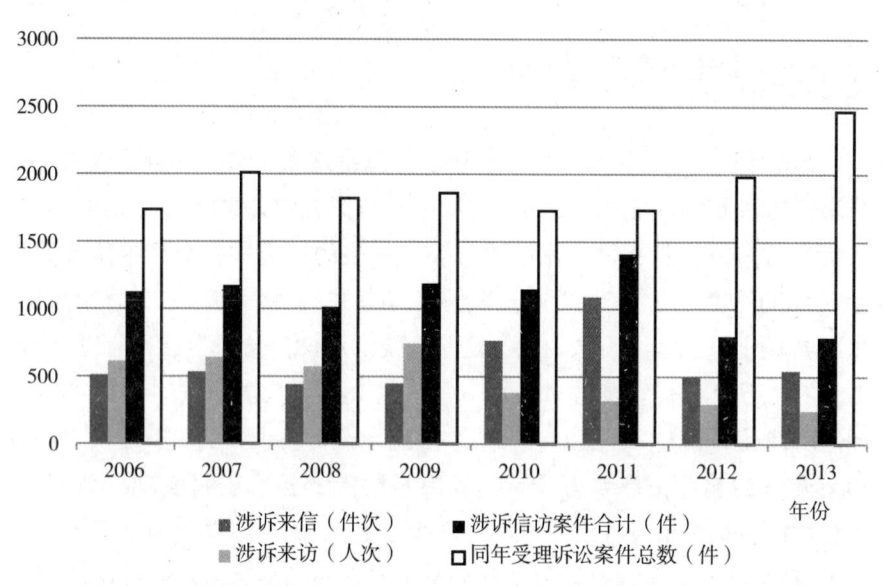

```
3000
2500
2000
1500
1000
 500
   0
       2006   2007   2008   2009   2010   2011   2012   2013
                                                          年份
     ■ 涉诉来信（件次）          ■ 涉诉信访案件合计（件）
     ■ 涉诉来访（人次）          □ 同年受理诉讼案件总数（件）
```

图 6-4　涉诉信访改革前（2006—2013 年）远山县法院相关工作的变迁趋势

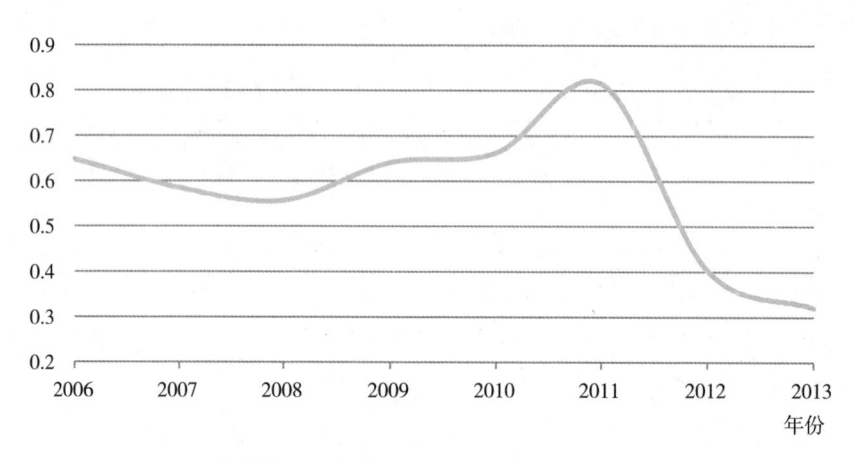

```
0.9
0.8
0.7
0.6
0.5
0.4
0.3
0.2
    2006   2007   2008   2009   2010   2011   2012   2013
                                                      年份
```

图 6-5　涉诉信访改革前（2006—2013 年）远山县法院涉诉
信访案件与诉讼案件比的变化

亦分别接近 800 件，2006—2013 年的平均值为 1081.5 件/年。2012 年、2013 年的涉诉信访案件相对较少，远山县法院的工作人员普遍认为是该院此前数年积极致力于清理信访积案、化解矛盾冲突的结果。具体而言，在此八年间，来信最多的是 2011 年，为 1089 件次；最少的是 2008 年，为 441 件次，年平均值为 604.25 件。来访人次最多的是 2009 年，为 744

人次；最少的是 2013 年，为 247 人次，年平均值为 477.25 人次。这意味着在 2006—2013 年，远山县法院平均每天需要回应 1.66 封来信，接待 1.31 人次来访，如果我们按照工作日计算，则前述数值还会更高。历年信访案件数与诉讼案件数之比，最高的是 2011 年，高达 0.814；最低的是 2013 年，亦达 0.320，八年期间的平均值为 0.579。

从前述数据来看，远山县法院所面临的涉诉信访压力是显而易见的。无疑，涉诉信访的大量存在，意味着"信访不信法"现象较为普遍，并且在一定程度上意味着司法裁判、司法调解、司法执行的实际效果不够理想，司法作为终局性的社会冲突解决机制运行欠佳。故此，远山县法院在该阶段面临着司法信访化的难题，涉诉信访乃是这一时期全院工作的一个重中之重。远山县法院的信访压力从各年度工作总结中即可一览无余——在历年远山县法院工作总结和对远山县人大所作的工作报告中，均设有"立案信访工作"专章。在这一专章中，远山县法院以较长的篇幅详尽汇报当年的涉诉信访形势，尤其是着重介绍涉诉信访案件数量和整体处理情况，以及远山县法院的相关方针动向和制度措施。例如，远山县法院 2006 年度工作总结中的"立案信访工作"部分是这样表述的：

> ……在加强立案工作的同时，进一步加强信访接待工作。2006 年全年共收转人民来信 512 件（次），接待人民来访 613 人（次），均分别按情况作立案或转交有关部门处理。针对我县涉诉信访、群体访现象突出，严重困扰县委、县政府中心工作的实际，采取"院领导包案到人"，建立重大案件、突发案件、群体性上访事件预警应急机制，以及"判后答疑""院长预约接待"等积极措施，有效缓解了我县涉诉信访形势严峻的局面。……

涉诉信访压力最为明显的当属 2011 年。该年度远山县法院工作总结中的"立案信访工作"部分是这样表述的：

> ……切实加强立案信访工作，充分满足人民群众的各种诉求。完善立案信访"窗口"职能，使立案信访大厅实现了信访、咨询、立案、导诉、诉前调解、庭前调解、申请执行等"一站式"服务，做

到咨询有人应、诉讼有人引、材料有人收、申诉有人管、案件有人查、法官有人找,让当事人充分感受到我院的司法人文关怀。强化诉讼指导,编印《便民诉讼手册》10万余册,发送给全县县直单位和乡镇干部职工、社区村组干部、沿街商铺店主、诉讼当事人及部分群众,方便群众诉讼,接受社会监督。

继续完善重大案件、群体性突发事件、涉诉上访案件预警应急预案和预警、应急、处突工作方案,明确各相关部门工作职责,形成严密的预警应急机制,对可能发生的突发性涉诉信访维稳事件能够切实做到有效预防和及时妥善处理。积极做好同四大班子的联络工作,建立互动、互通的联动机制,确保涉诉信访维稳工作顺利进行;同时,认真贯彻"以人为本"的精神,因案施策,多措并举,积极创造条件,促使涉诉信访案件尽快得到有效化解。通过努力,今年排查出的9件涉诉信访案件已全部结案,化解率为100%。继续坚持院领导轮流接待群众来信来访制度,坚持每周二由一名院领导和一名中层干部到立案庭参与处理群众来信来访,并做到热情接待,认真听取群众呼声,切实了解群众诉求,注重思想疏导,严格执法办案。全年共处理群众来信1089件(次),接待群众来访321人(次),深受社会各界好评。一年来所审结的案件,均未引发新的涉诉信访案件,做到了政治效果、法律效果和社会效果的有机统一。……

从上述文字材料可以看出,通过积极预防和妥善处理涉诉信访案件来维持当地社会秩序稳定,从而为当地经济社会良性发展创造条件,乃是基层法院的重要职责所在。因此,基层法院致力于建立规章制度、采取各种措施,实现司法运作中的法律效果和社会效果(政治效果在一定意义上也是一种重要的社会效果)的有机统一,借此从根本上减少涉诉信访案件的发生,以及争取让业已发生的涉诉信访案件尽快尘埃落定,画上圆满的句号。同时,我们还可以从中发掘和提炼出以下两项不容忽视的重要内容:

其一,在2013年10月全面开启的分流改革之前,涉诉信访是与普通信访一同镶嵌在"大信访"的格局之中的,"涉诉信访"乃是"信访"

的下位概念。严格说来，司法和行政在性质、功能上有所差别，法院是与政府并列平行的国家机关，基层法院与同级政府下设的信访局之间并无隶属关系；并且，作为当时建构信访制度、开展信访工作的主要法律依据的《信访条例》是一部行政法规，并不直接调整司法事项。故而，涉诉信访理应与普通信访分流处理，通过不同渠道、采取不同方式、凭借不同依据来为信访人提供救济和为社会化解矛盾冲突。然而，在涉诉信访与普通信访的分流改革之前，现实却与之有一定出入：一方面，法院系统采用了《信访条例》所确立的逐级信访、属地管辖等程序和原则；另一方面，信访局在这一阶段承担着协调、督促各类信访案件的职能，涉诉信访案件亦包含其中——诚然，作为行政机构的信访局是与作为党政机构的群工部合署办公的，它具有双重属性。在此阶段，针对可能产生信访的重要案件，基层法院往往需要与信访部门开展始于立案、终于执行的全程协调处理。远山县法院在其2011年度工作总结中所描述的"建立互动、互通的信访联动机制，确保涉诉信访维稳工作顺利进行"正是一个折射。周永坤对此反思道："信访机构由一个传达社会信息的渠道逐步变成了解决纠纷的正式机构。不唯如此，通过信访机构与各地最高权力的联系，信访机构事实上取得了走向'超级法院'的通道的角色，甚至本身就扮演着超级法院的角色，成为纠纷解决机制的核心部分，极端的就成为最终的纠纷解决机构。"[①] 避免法院成为"第二信访局"或信访局成为"第二法院"，或许正是信访分流改革后涉诉信访案件转由政法委负责协调、监督的重要缘故。

其二，从远山县法院的行动轨迹来看，尽可能将涉诉信访案件纳入法治化轨道，从而依法解决社会冲突、维护当事人合法权益乃是其主要目标。对于涉诉信访工作来说，理想状态是"依法依规，案结事了"或者说"依法治理，维持稳定"。这正是远山县法院在2011年度工作总结中所表述的："热情接待，认真听取群众呼声，切实了解群众诉求，注重思想疏导，严格执法办案。"但是，应然的、理论的逻辑并不能替代实然的、实践的逻辑。尹利民在调研中发现，信访的实践逻辑在省级

---

① 周永坤：《信访潮与中国纠纷解决机制的路径选择》，《暨南学报》（哲学社会科学版）2006年第1期。

层级与基层层级（县乡层级）有所差别，这是不同层级在不同的政治要求场景下作出的适应性反应——省级信访的科层治理色彩更浓厚，更强调恪守程序和注重信访治理的原则，通过压力管制方式督促下级部门在法律法规确定的正式规则框架内解决问题，从而赢得当地社会公众的政治信任；基层信访的策略治理色彩更突出，偏重信访治理的策略，追求治理绩效、讲究治理技术，在一定情况下呈现出治理手段的非正式性特征。亦即，采取正式规则、正式制度之外的行动来应对各种任务要求，而这些非正式行为往往是依据个人关系、资源交换和共享、讨价还价等方式来完成既定的组织目标。[1] 前述论断是切合广大基层法院在这一阶段的涉诉信访实际的，因为它们确实面临着尽可能将矛盾纠纷及时、有效化解在当地而不上移的要求，而上级法院、当地县委等上级部门也为此设置了绩效考核指标，所以远山县法院在2011年度工作总结中郑重表示道："因案施策，多措并举，积极创造条件，促使涉诉信访案件尽快得到有效化解。"

申言之，在2013年开启的新一轮司法改革和信访分流改革之前，部分涉诉信访案件的实际处理状况堪称"解决问题才是问题的关键，追求治理绩效是其行为的逻辑"[2]。诸如"摆平就是水平""花钱买稳定"这样的策略性治理手段之所以会出现在基层层级，其缘由与基层承受的超强压力不无关系——对治理绩效的追求意味着基层更侧重于考虑治理的实际效果和进行结果导向的抉择，因而在一定程度上忽略了治理过程的合法律性（legality）和合法性。是故，在部分涉诉信访案件中，基层法院实际面临着"遵循法律，但不能及时案结事了"或"规避法律，但能够及时结案"的两难境地，"依法治理，维持稳定"的应然逻辑发生断裂。当然，在反思过去存在的问题同时，我们也应当注意到涉诉信访所发挥的正功能，这正是其得以长期存在的缘故：

第一，涉诉信访在一定程度上起到了下情上传的作用，将一些必要的社会信息反馈给国家司法机关，从而有助于完善相关工作。通过涉诉信访

---

[1] 参见尹利民、钟文嘉《"并立分治"：地方信访治理的层级差异及其解释——基于组织学视角的案例研究》，《学习论坛》2016年第4期。

[2] 尹利民：《地方的信访与治理——中国地方信访问题调查与研究》，人民出版社2015年版，第130页。

工作，远山县法院进一步了解到部分争议案件的案内案外因素，从而为切实化解社会冲突、定分止争提供了决策和行动依据。例如，在一起民事侵权案件中，之所以信访人难以接受案件的裁判结果，是因为其与对方当事人之间存在多年的邻里纠纷，而非该裁判在法律层面存在瑕疵。在此次诉讼中该信访人确系侵权行为人，但是在此之前对方当事人则对其施加过若干侵权行为，故其顾虑此次己方败诉将会助长对方有恃无恐的态度。在确认这一情况后，远山县法院对该信访人进行了劝慰、安抚和疏导，并协调双方所在社区和单位来为二人调解（严格说来，这并非纳入诉讼程序的一次司法调解），帮助双方解开心结、握手言和。此外，远山县法院通过涉诉信访充分解到相应当事人的实际困难，据此积极开展司法救助活动，2006—2013 年共为有经济困难的当事人减、免、缓交诉讼费 516425 元，以及发放了必要的司法救助款——在 2013 年，远山县法院即向符合条件的当事人提供了 24 万余元司法救助款。① 帮助经济困难的当事人减轻、免除诉讼负担，能够使当地社会更加感受到司法正义，从而有助于建构法律和国家的合法性。

第二，涉诉信访工作在一定程度上起到了以权利制约权力的社会监督作用。既源于法院系统的自我约束，也源于涉诉信访的社会压力和上级部门的纪律压力，远山县法院持续强化着审判监督力度和释法明理效度。远山县法院 2006—2013 年因涉诉信访触发的审判监督情况如表 6-5 所示。需要说明的是，远山县法院的相应审判监督工作，主要是建立在审判监督庭和纪检组—监察室对相应涉诉信访案件进行检查，并就此提出相应处理建议的基础上。

表 6-5　远山县法院 2006—2013 年因涉诉信访触发的审判监督情况

年度	审判监督结果	年度	审判监督结果
2006	依据瑕疵程度，对前年及当年的 7 件案件进行了再审和依法改判	2008	对当事人提起涉诉信访的 28 件案件进行全面复查，并根据结果对其中 4 件案件依法再审
2007	依据瑕疵程度，对当年办理的 2 件案件进行了再审和依法改判	2009	对当事人提起涉诉信访的 12 件案件进行全面复查，并根据结果对其中 8 件案件依法再审

---

① 以上数据来源于远山县法院 2006—2013 年工作总结。

续表

年度	审判监督结果	年度	审判监督结果
2010	对当事人反复信访的案件，邀请县人大代表、县政协委员、资深律师召开座谈会2次，听取意见和建议；筛选出50件疑难复杂、多次信访的涉诉信访案件，邀请县人大代表、县政协委员、人民陪审员参与评查	2012	筛选出50件疑难复杂、多次信访的涉诉信访案件，邀请县人大代表、县政协委员、人民陪审员参与评查
2011	对当年排查出的9件重大涉诉信访案件及时进行化解，均在当年结案；筛选出50件疑难复杂、多次信访的涉诉信访案件，邀请县人大代表、县政协委员、人民陪审员参与评查	2013	依据瑕疵程度，对前年及当年的6件案件进行再审，并审结4件，其中2件依法改判，另外2件因实际情况不宜径行改判而依规妥善处理

资料来源：远山县法院2006—2013年度工作总结。

由表6-5可见，涉诉信访的压力在一定程度上转化为鞭策远山县法院努力提升审判质量、切实维系司法公正的动力。一些案件在此过程中得到纠正，特别是存在明显瑕疵、严重影响到法律适用结果公正性和准确性的典型案件得以按照三大诉讼法之规定启动再审程序，在法律框架内展开全面复查和提供改判、国家赔偿等救济。其中，最具有代表性的是2006年的牛冰涉诉信访一案。

案例6-1：牛冰涉诉信访案

远山县化雨镇居民牛冰曾于1994—2003年，先后在远山县投资经营一家煤矿和一家加油站，后因与煤矿另一股东黎召明发生纠纷，在1999年和2003年先后发生五次相关民事诉讼。由于在第一起诉讼中审理本案的化雨人民法庭在程序上存在瑕疵、遗漏了重要相关当事人，导致牛冰败诉，并使其在之后的四起诉讼中亦败诉。时至2006年，牛冰通过涉诉信访渠道向远山县法院立案暨信访工作大厅递交了申诉材料，并得到新任院长张一泓的接待。张一泓为此安排专人进行复查，并依法启动再审程序撤销了相应原审判决，牛冰亦获得了国家赔偿。同时，远山县法院纪检组—监察室调查发现，化雨人民法庭法官刘永和刘强在对应案件审理过程中确有严重违纪行为，遂依规报送相关部门作出严肃处理。

结合案例6-1和表6-5不难发现，在涉诉信访遵循司法要求、纳入法治化轨道运行的前提下,涉诉信访可成为社会公众进行权利表达和权力监督的一种有效途径。亦即,涉诉信访可以使相应争议个案进入法律所确立的审判监督程序,在性质上由涉诉信访案件转换为再审案件,从而"司法问题司法解决"。是故,我们需要警醒的也正是涉诉信访遵循非司法要求、未纳入法治化轨道时将产生怎样的窒碍。申言之,以下两个问题是无法回避的:一则,在何种情境下会发生基层法院以策略式治理方式来实现涉诉信访治理绩效,从而造成司法合法律性缺失的现象;二则,这种现象对于法院系统和社会法治存在哪些危害,以致促发了 2013 年 10 月全面开启的涉诉信访与普通信访相分离之改革。

二 法律的利用与规避

前文在对司法的信访化现象作出描绘的基础上,提出了两个重要疑问。对此,需要联系宏观与微观两个维度,结合涉诉信访的分类治理和相应主体的行动逻辑来予以回答。正如本节开篇处所言,基层法院的涉诉信访困境在宏观层面上呈现为司法的信访化现象,在微观层面上则表现为在上访与息访过程中不同主体对法律的利用和规避。

(一)法律的利用与规避怎样发生、为何发生

实践中,依据信访人诉求的合理性(rationality)和合法律性,涉诉信访被划分为以下类型:有理信访—合法信访、无理信访—非法信访、合理性模糊的信访—合法律性模糊的信访。进言之,从目的、程序、方式等不同角度出发,可将"有理信访—合法信访"置换为"维权型信访""制度化信访""正常信访";而"无理信访—非法信访"则可置换为"谋利型信访""非制度化信访""非正常信访"。[①] 因此,在应然层面上,基层法院对于涉诉信访案件的正确做法是在秉持遵循法律、践行法治的立场上,查清案情、分类治理:其一,对有理信访—合法信访,依法满足其正当诉求;其二,对合理性模糊的信访—合法律性模糊的信访,依法满足其正当部分的诉求;其三,对无理信访—非法信访,依据"以事实为依据,以法律为准绳"的原则,有理有据、有礼有节地否定其不当诉求并要求

---

① 参见陈柏峰《无理上访与基层法治》,《中外法学》2011 年第 2 期。

其息访。

然而，在实然层面上，情况未必与此高度重合。信访人的上访行动和基层法院的息访行动互相影响、互相形塑，它们共同交织成了涉诉信访活动：一方面，对相当数量的信访人来说，他们的行动逻辑是尽可能增加基层法院的涉诉信访压力、引起基层法院及相关部门的足够重视，借此使其诉求能够得到全面和及时的满足；另一方面，由于基层法院需要及时回应诸如"促使涉诉信访案件尽快得到有效化解"这样的治理绩效考核要求，于是在特定情况下会注重考虑治理的技术和策略，而对治理的制度性原则有所忽略，在一定比例的个案中出现了基层涉诉信访"有分类无治理"的结果。① 信访人的诉求满足、基层法院以及相关部门的回应处理并非紧紧围绕对应案件的合理性与合法律性，而是更多取决于该案件形成的压力大小和解决的紧迫程度，相应行动主体呈现出利用或规避法律的行动逻辑。下面请看发生于2007—2008年的陈世康涉诉信访案。

案例6-2：陈世康涉诉信访案

陈世康系远山县丹桂镇一名腿部残障居民（跛行，但无须借助拐杖），以裁缝为业。2007年，丹桂镇因进行基础设施建设，需要对镇上部分通道进行短期封路处理。作为应对措施，对于迫切需要加盖、改造、修缮房屋的居民，镇党委、政府提供了一段施工所需的预留期间并予以相应帮助。在预留期间，陈世康家完成了房屋施工，其父陈文军家则悄无动静。然而，封路开始后陈文军却突然开始加盖房屋，其所雇拖运砖瓦车辆遂被城管工作人员张雄等三人拦阻。陈世康闻讯赶来，要求张雄等三人放行车辆但遭到拒绝。紧接着，双方爆发了激烈的言语冲突及肢体推搡。气头上的陈世康拾起身边一根棍棒殴击张雄并造成其轻微伤，② 张雄当即报警。警方出警后依《治安管理处罚法》相关规定对陈世康作出行政拘留7日之处罚。与此同时，张雄因就医花费1000余元。

---

① 参见申端锋《乡村治权与分类治理：农民上访研究的范式转换》，《开放时代》2010年第6期。

② 轻微伤可构成民事侵权行为，但不构成故意伤害罪。

伤愈后，张雄向陈世康要求赔偿，陈世康拒绝。无奈之下，张雄向远山县法院丹桂人民法庭提起民事诉讼，要求陈世康承担相应民事侵权责任。由于事实清楚、证据确凿，陈世康亦拒绝法官的调解提议，丹桂人民法庭遂依法作出判决，令陈世康赔偿张雄相应损失。陈世康在上诉期限内未提起上诉，判决遂期满生效。然而，陈世康在判决生效后依然未履行相应赔偿义务。鉴于此，张雄向远山县法院申请强制执行。远山县法院执行人员登门后发现陈世康家中具有足够价值的财物有限，最终决定扣留陈世康生产所用工业缝纫机1台。

强制执行后的一天，陈世康来到县法院信访接待大厅，向在场工作人员哭诉自己是残疾人、收入低下，确实无力进行赔偿；并且，由于唯一一台生产所用的缝纫机被扣，自己无法开工，经济状况雪上加霜。时任院长张一泓在听取相关工作人员建议后，出于司法为民、积极服务困难群众的政策考量，指示将所扣缝纫机先返还陈世康，以帮助其恢复经营、维持生计。陈世康对此连表谢意。接下来，考虑到陈世康无实际赔偿能力，张一泓与张雄及其单位领导进行了协商。张雄表示打官司是因为陈世康错误行为在先，之后又将自己殴伤却不进行任何弥补；张一泓在安抚张雄后，根据案件相关材料委婉地提示张雄三人在工作方式上有失简单、粗糙，张雄虚心认可。由于张雄系因公负伤，张一泓提议由其所在单位先按工伤处理该笔费用，并建议张雄与陈世康达成和解协议，从而免去陈世康的赔偿款。张雄及其单位领导均表示同意。至此，整个事件似乎得到了圆满解决。

出人意料的是，数月之后，陈世康忽然到远山县信访局提起信访，对此前受到的治安拘留处罚表示不服。陈世康的理由与诉求为：其一，在与张雄三人发生的纠纷中，其作为一名身材瘦小的残疾人断无可能抢先用棍棒打伤对方。既然事实是双方互殴、互有过错，那么当地公安机关仅对其一方作出行政拘留的治安处罚就是错误的。① 其二，错误的行政拘留使其遭受身心重创，要求获得国家赔偿。几经交涉，陈世康与信访工作人员之间未达成任何共识。

于是，事态愈演愈烈。陈世康越级向市、省两级上访，并且对远山县

---

① 陈世康声称自己当时遭受张雄等人拳殴，并被抓落头发一把，但是未举证。

法院的相关司法活动也一并提出质疑：首先，如果远山县法院的判决行为、执行行为毫无瑕疵，那为何最终会动员张雄与自己和解？其次，缝纫机是一名裁缝的维生手段，为何扣留的偏偏正是缝纫机而非其他财物？最后，自己涉及的侵权赔偿金额仅为一千余元，但是因为停工而遭受的损失却远远不止该数额。综上所述，其要求赔偿10万元。对此，即使是此前被陈世康再三感谢的张一泓也未能顺利让其息访——陈世康表示对张一泓没有任何意见，但是无法认可远山县法院的判决结果和执行行为。

此后，陈世康向省纪委致信进行书面信访，投诉前述机关违法办案、有失公正。省纪委在调取相关卷宗材料和派员调查后，作出了相关单位在办案过程中无违纪违规行为的结论。随着时间的推移，明确拒绝息访且反复上访的陈世康被列为远山县的重点信访维稳对象之一。远山县委政法委、远山县法院、远山县公安局、远山县信访局乃至张雄所属的远山县城管局轮番派员与陈世康沟通、商谈，希望能够通过动之以情、晓之以理、释之以法来解决本案，部分信访维稳工作人员甚至尝试以成为其顾客的方式来与其拉近距离，力争促成其息访。随着2008年春"两会"会期临近，陈世康表示要越级进京上访。① 在接到上级既保障信访渠道畅通，又确保无越级上访的工作要求之后，北定市信访工作的相关负责人经与陈世康会谈，同意部分接受其诉求，陈世康则承诺在领取相应司法救助款后签订《息访承诺书》息访。

公允地说，陈世康涉诉信访案较难归属为有理信访—合法信访，原因如下：

其一，法律活动的准则是"以事实为依据，以法律为准绳"。假定信访人陈世康所言为实，其与张雄之间确属互殴而非其单方对张雄进行殴打，这在法律层面属于"与有过错"，② 陈世康可因双方均有过错而减轻自己的部分责任，但并不意味着其无须承担任何法律责任。当地公安机关基于陈世康造成张雄轻微伤的结果而对陈世康处以行政拘留依然是能够成

---

① 《信访条例》第16条："信访人采用走访形式提出信访事项，应当向依法有权处理的本级或者上一级机关提出；信访事项已经受理或者正在办理的，信访人在规定期限内向受理、办理机关的上级机关再提出同一信访事项的，该上级机关不予受理。"

② "与有过错"是指对于侵权结果的发生，双方均有过错、各自承担部分责任。

立的，陈世康如对该决定不服，依法可向上级公安机关或远山县政府提起行政复议，或向远山县法院提起行政诉讼。同时，如果对于当地公安机关未予张雄行政处罚存在异议，陈世康亦可举证证明张雄确实给自己造成了伤害，理应承担法律责任。然而，陈世康并未提起行政复议、行政诉讼；公安机关的出警记录、笔录等证据材料亦与其所言相悖，并且陈世康从接到行政处罚决定起直至提起信访，一直未举证证实其所述的情况。

其二，在张雄提起的民事诉讼中，基于"谁主张谁举证"的法律要求，张雄一方提供证据证明了陈世康对自己造成的人身损害后果以及相应的医疗支出。相反，陈世康一方对此未举出反证进行驳斥，其既未能证实自己所主张的"与有过错"问题，亦未对张雄提出反诉。① 丹桂人民法庭代表远山县法院作出的判决并无不妥。进言之，对于该判决不服，在法定期限内陈世康亦可向北定市中级法院提起上诉。由于陈世康未提起上诉，该判决遂成为生效判决。无疑，对于法院的生效民事判决，败诉方陈世康负有履行损害赔偿的义务。因为其拒不履行相应义务，所以权利人张雄申请强制执行、远山县法院进行强制执行是顺理成章的。综合前述，省纪委对于陈世康投诉相应部门违法办案、有失公正的书面信访，最终得出相关单位在办案过程中无违纪违规行为的结论是有理有据的。

概而论之，一方面，陈世康对法律持规避态度——其并未遵循"以事实为依据，以法律为准绳"的法律原则和按照法定的复议程序、司法程序处理纠纷冲突，此点无须再作冗述；另一方面，陈世康对法律亦持利用态度——无论是向远山县法院信访接待工作人员反映自己的实际困难和表达对于强制执行的诉愿，还是接下来向远山县信访局进行走访和向省纪委进行书面访，均属于信访范畴，而通过信访表达意见、寻求救济是法律法规所赋予陈世康的权利。除去2008年年初时的越级进京上访表示在合法律性层面存在瑕疵外（值得注意的是，陈世康仍停留在表示阶段，而未实际付诸行动），陈世康向前述各单位提出信访的的确确是建立在其合法权利的基础上。可是，其对于此种合法权利的运用却难以界定为是服务于正常的维权目的，故符合利用法律的性质。

---

① 反诉是指在一个已经开始的民事诉讼（即"本诉"）程序中，本诉被告以本诉原告为被告，向受诉法院提出的与本诉具有关联性、独立性的反请求。

如果进行分类治理，本案极可能被归属于"无理信访—非法信访"类别。诚然，秉持司法为民、积极服务困难群众的政策宗旨，充分考虑陈世康的特殊情况，可以认为陈世康所提出的为何扣留缝纫机而非采取其他措施的疑问不无道理，并且因缝纫机被扣而导致其停止生产确系事实。但是，我们也应当注意到，即使远山县法院的这一扣留行为不够以人为本，它在法律层面也并不具备违法性；并且归根结底是由于陈世康自身未履行生效判决所明确的义务而造成的这一结果。因此，即便基于扣留缝纫机这一因素而将该案归类为"合理性模糊的信访—合法律性模糊的信访"，陈世康提出的10万元赔偿要求也明显超过了其停工期间的收入损失，[①] 更何况国家赔偿款和司法救助款的性质殊为不同。

然而，在不同压力交织之下，北定市信访工作的相关负责人的最终做法正是基于扣留缝纫机这一缘故而将该案归类为"合理性模糊的信访—合法律性模糊的信访"，从而满足了陈世康的部分诉求。正如前文所述，远山县法院的扣留行为即便不够人本，它也并非是违法的；再考虑到对陈世康诉求的部分满足是通过司法救助款形式为之，故在一定意义上亦可认为该负责人的处理决定同样呈现出利用法律的行动逻辑。审视双方的行动轨迹，不难发现这起"有分类无治理"的案件在程序、方式两个维度均存在着对法律的规避与利用问题：

第一，就信访人而言，合法权益应通过合法途径维护，合理诉求应通过合理方式实现。是故，《信访条例》等法律文件、规范性文件在赋予信访人以信访权利的同时，也对其权利行使提出了相应要求——在程序上，信访人应根据属地管辖原则逐级信访；在方式上，信访人应基于真实材料在法定场域有序信访。[②] 然而，在本案中，陈世康采取的却是越级访和缠访的行动策略，在远山县法院等机关受理、办理该信访事项期间，仍先后多次向市、省上级机关就同一事项提出上访，最后甚至表示要直接进京上访；并且，其所提交的材料在证据事实和合法律性方面均缺乏说服力。除

[①] 陈世康的10万元赔偿要求是涵盖对其被拘留7日的弥补在内的。当然，对于被拘留7日的国家赔偿理应建立在这一拘留决定被依法确定为无效行政行为的基础上。进言之，依据《国家赔偿法》第33条之规定，侵犯公民人身自由的，每日赔偿金按照国家上年度职工日平均工资计算；即使再将精神损害赔偿问题考虑进去，对应的赔偿标准也与陈世康的预期存在较大悬殊。

[②] 参见《信访条例》第16条、第19条、第20条。

此之外，据陈世康邻居和远山县法院干警等相关人士反映，陈世康在提出信访后曾持续数月在上班时间反复拨打远山县法院时任院长张一泓的办公电话，催问案件处理状况，最终发展到每晚深夜依然拨打张一泓住宅电话的程度。由于陈世康每次都将通话录音，导致即使是在深夜接听电话的张一泓也必须保持必要的克制态度。

第二，就基层法院而言，应当严格恪守法律的程序和实体要求，立足于证据事实对涉诉信访案件进行分类治理、妥善解决。可是，在实然层面上，情况是相当复杂的。由于信访制度实施的是"属地管理、分级负责"，这就意味着基层法院在对辖区内涉诉案件进行主管的同时，也要对相应上级机关负责，上级机关对涉诉案件拥有更高的权威。并且，因为陈世康涉诉信访案发生于2013年10月之前，彼时涉诉信访与普通信访尚未分流处理，所以本案中的"上级机关"实际包含着上级政法委、上级法院、上级信访局等多个部门。一方面，层级增加意味着上级机关与涉诉信访案件之间的利害关系递减，从而更可能秉持客观、公正的立场；另一方面，层级增加却也意味着距离增加，距离越远则信息阻隔越大，从而导致上级机关难以对来自基层的涉诉信访案件直接进行有理—合法、无理—非法、合理性模糊—合法律性模糊之有效区分和据此实施有效治理。因此，面对从四面八方如潮水般涌来的信访案件，特别是越级信访案件，上级机关迫于巨大压力往往会选择以稳定为重的工作方针。亦即，无论是涉诉信访还是普通信访，也无论是有理信访—合法信访、无理信访—非法信访，还是合理性模糊的信访—合法律性模糊的信访，均会要求基层机关全力以赴地做好息访工作，甚至要求基层机关主动排查不稳定因素，力图将影响秩序安定的各种因素消灭在萌芽状态。相应工作结果被连续数年作为考评基层法院工作绩效的一项重要依据。

是故，在涉诉信访案件中，信访人因其诉求未得到基层法院满足，而违背制度要求越级上访的行动逻辑也就不难理解。与之相应，基层法院则尽可能掌握一切有效信息、调动一切有用资源、利用一切有力手段来全力息访。远山县法院于2008年初制定了《涉诉上访案件排查表》，将该案列为存在隐患的案件，并组成维稳工作组由时任分管副院长樊光荣率队处理。工作组尝试了以下措施：首先，了解信访人去向。在丹桂镇党委、政府配合下，掌握陈世康在家还是外出的信息，以便及时劝止其越级上访或闹访。其次，晓之以理、动之以情。在说理无效的情况下，可以打感情牌。不过，感情牌往往意味着给予一定的利益——故而工作组成员不惜以轮番在陈世康处定做衣物、照顾生意的方式劝其息访。再次，利用人际关系网络。马克思指出："人的本质不是单个人所固有的抽象物，在其现实性上，它是一切社会关系的总和。"① 既然信访人并非生活在真空之中，那么利用人际关系网络来与之展开沟通便可能是一种有效方法。因此，可以排查陈世康是否有亲友就职于公立机构；如有，则可请其协助息访工作。不过，经查，陈世康的近亲友无人符合条件。最后，根据过错劝其息访。据悉，陈世康曾对其妻多次家暴，其中一次已达到轻伤标准，涉嫌犯罪。工作组遂希望在保护陈妻权益的同时，能够使陈世康的态度有所软化；然而，陈妻既羞于家丑不可外扬，又慑于陈世康的乖戾性情，予以消极对待。

（二）法律的利用和规避存在何种不良影响

通过前文不难发现，不同主体对法律的利用和规避，将会导致部分涉诉信访案件的行动逻辑从"依法依规处理争议"演变为"会哭的孩子有糖吃"。换言之，合法律性和合理性强弱尚在其次，信访人能否形成足够的信访压力，从而获得基层法院等相关部门的优先反馈才是重点所在。例如，在案例6-2即陈世康涉诉信访案中，该案并不是因为其合法律性和合理性程度较高而被列为重点案件，而是因为陈世康对相关部门施加了巨大压力，特别是其表示将在"两会"之际越级进京上访。据悉，该时期国家信访局要求各级信访部门在接到指示后必须尽快对本地区进京非正常信访人进行接劝返。然而，实务界普遍反映此举使得信访人笃信越级进京乃是对当地相关部门施加压力的不二法门，甚至生成了可以因此吃住全免的观念，致使接劝返效果适得其反，越接越去、越接越多。② 由此可见，当时一定比例的涉诉信访案件面临着治标不治本、"信访不信法"和"治访循环"的困境，并且造成无理信访—非法信访案件增加。

众多学者通过深入的田野调查发现，无理信访—非法信访普遍存在。

---

① 《马克思恩格斯选集》（第一卷），人民出版社2012年版，第135页。
② 参见孔凡义、杨小龙《越级上访的概念、类型和发生机制》，《武汉科技大学学报》（社会科学版）2019年第1期。

在 2013 年 10 月全面启动的诉访分离改革之前，部分区域内甚至呈现出无理信访—非法信访不断增多的趋势。① 例如，在湖北桥镇，2003 年以来出现以谋利为目的、年年信访的职业上访户 11 人，至 2008 年，其占总信访人数的 9%，占总信访次数的 29.5%。② 从博弈论视角来看，有理信访—合法信访的诉求获得基层法院等相关部门的及时依法满足，可以实现信访人的个体利益与国家法治的公共利益相统一，可谓公私双赢的正和博弈；与之殊为不同，涉诉无理信访—非法信访则意味着基层法院等相关部门同无信访人之间的零和博弈与重复博弈。从践行法治的立场出发，基层法院等相关部门是不应当出现博弈失败、错误让步的情况的；可是，现实并非尽如人意。同时，无理信访—非法信访带来的社会冲突强度与烈度往往超过有理信访—合法信访。故而，若不坚持依法治理的工作方针，将会导致大量公共资源首先被用于应对无理信访—非法信访而非用于支持有理信访—合法信访。

就制度初衷来说，"信访制度本身是共产党群众路线的产物，保障人民民主的权利、满足群众正当的要求是信访工作中共产党的根本宗旨的具体体现。而安定团结是改革事业得以持续发展的重要保证，也是信访工作在新时期的基本目标。这两者从根本上是一致的，因为只有人民的民主权利得到了充分的保障，只有人民被侵害的种种权利通过这种民主权利得到了及时的救济，才可能真正创造和维护安定团结的政治局面"③。然而，令人遗憾的是，在过去的实践中部分涉诉信访案件陷入了"依法，但不能案结事了"或"不依法，但案结事了"的两难境地。在应然层面上，"依法治理"是"维持稳定"的前提与路径，两者是有机统一的；可是，纷繁复杂的主客观因素却导致在部分案件中，"依法治理以维持稳定"的逻辑被割裂为"依法治理"或者"维持稳定"两种逻辑。

---

① 参见汪岳《无理上访以何终结——对一起长达 30 年信访个案的考察》，《北京理工大学学报》（社会科学版）2016 年第 2 期；汪永涛、陈鹏《涉诉信访的基本类型及其治理研究》，《社会学评论》2015 年第 2 期；张永和、赵树坤、骆军等《常县涉诉信访：中国基层法院涉诉信访研究报告》，人民出版社 2013 年版，第 116—170 页；申端锋《治权与维权：和平乡农民上访与乡村治理 1978—2008》，博士学位论文，华中科技大学，2009 年。

② 参见田先红《治理基层中国——桥镇信访博弈的叙事，1995—2009》，社会科学文献出版社 2012 年版，第 107—115 页。

③ 应星：《作为特殊行政救济的信访救济》，《法学研究》2004 年第 3 期。

诚然，秩序是社会良好运行的先决条件，维持稳定是基层法院等相关部门必须完成的任务，可是无理信访—非法信访的诉求本身是难以满足的，依法处理相应权利义务关系，以及对信访人进行沟通、协商、解释、劝导未必能够让其息访。因此，在一些个案中，基层层级为了完成绩效考核任务、缓解来自上级的科层治理压力，会穷尽各种方法实施策略治理，从而力争在形式上"案结事了"。正如陈柏峰所言："只有在问题的外围想办法，在合法之外的灰色地带想办法。这些办法有的成了明文制度，有的则'上不得台面'，'只做不说'。明文制度包括目标管理责任制、同级部门联动机制、领导干部包保责任制、敏感时期的重点人员稳控措施等。这些制度从文本上看并不违背法治，但其具体运作很难说符合法治精神。"① 进言之，学界及实务界均将双方在此过程中经反复议价、相互妥协达成的协议批评为"花钱买稳定"，并指出此种工具合理性的社会行动存在着国家权威和公民权利的商品化问题。② 显然，在缺乏合法性的基础上制造"同意"、生产"稳定"，仅仅能够为当地社会带来表面上的稳定，毕竟权威的商品化无法从根本上解决冲突、消融危机，反而会再生产出更多的不稳定。从长远看，这将会在信访人、维稳工作者两个群体中均产生错误的示范效应，使得各自本应恪守的合法合理维权和依法依规处置的底线异化为"按闹分配""摆平就是水平"。

具体而言，对法律的利用和规避，在信访人一方所造成的主要不良影响是形成和固化了"不闹不解决、小闹小解决、大闹大解决"的非法治观念；这种非法治观念在信访人之间互相传染、竞相仿效，诱发了更多的越级访、缠访、闹访现象。越级访、缠访在前文陈世康涉诉信访案中已有述评，故此处需要探讨的是闹访。闹访，即信访人采用较为过激甚至极端的方式来表达诉求。较为"刚性"的闹访，包括互相串联，聚众围堵、冲击各级党政机关、国家机关；在人群密集的公共场合静坐、拉横幅、喊口号、发传单；将伤者、亡者灵柩停置于公共区域相挟；在与信访工作人员发生冲突时以暴力相向等等。较为"柔性"的闹访则主要是"表演型闹访"。尹利民指出，对于"表演型上访"而言，上访的持续有效性与信

---

① 陈柏峰：《无理上访与基层法治》，《中外法学》2011 年第 2 期。
② 参见张永宏、李静君《制造同意：基层政府怎样吸纳民众的抗争》，《开放时代》2012 年第 7 期。

访人的"表演"成分有直接的关联,"表演"可以增加被关注的概率,从而增加诉求实现的可能性。竞相注重"表演"导致诉由、诉求的合法律性和合理性被忽略。故而,无论是旨在将原本存在一定合理性和合法律性的诉由、诉求更加合理化,还是旨在将原本失真的诉由和不当的诉求包装得合理化,对信访工作人员和可能关注本案的旁观人员声泪俱下地哭诉,以及在网络上写下足以调动广大网友情绪的申诉文字,从而获得公众的广泛同情、支持乃是信访人的常见举措。相反,基层法院等相关部门发布回应信息时则必须合法合理、有凭有据、全面细致,否则稍有不慎便可能会陷入越描越黑的怪圈。① 对此,陈世康的邻居杨大文的一番话语值得深思:

> 陈世康的事我们左邻右舍是晓得的。他呢,小儿麻痹症,腿脚不方便;中间又有一段时间因为官司打输了,被法院强制执行,裁缝店没法正常开,日子确实不好过。但是他太会"装疯"了,② 专挑人山人海的公共场所,选国庆、过年、"两会"这种重要时间点搞"诉苦"。我问他有没必要这样做?结果他说:"面子算啥?要面子又不会多搞到钱。"③

对法律的利用和规避,在基层法院等相关部门一方所造成的主要不良影响则是司法的合法性危机和法律权威的衰落。灰色处理使得法律的程序正义被异化,司法的终局性被侵蚀。对于法院系统而言,即使裁判与执行合法合理,并且法官在法律文书中的说理解释也可谓详尽、明晰,但是只要当事人对于司法结果不满,便可能实施信访。在遭遇巨大信访压力的部分个案中甚至会出现这样两种情况:相关工作人员利用二审程序或审判监督程序变更既往判决,从而满足涉诉信访人的要求;或者,裁判不被变更、继续发生法律效力,但是相关工作人员将裁判文书束之高阁,另起炉

---

① 参见尹利民《"表演型上访":作为弱者的上访人的"武器"》,《南昌大学学报》(人文社会科学版) 2012 年第 1 期。

② 在当地方言中,"装疯"含表演、演戏、伪装等语义,与四川方言"装疯迷窍"的含义较为接近。

③ 访谈编码:YDW20160130。

灶与信访人达成"和解",信访人书面承诺息访。无疑,如果片面依赖于个案的策略式治理,将会使得基层法院等相关部门在"开口子"与"拔钉子"之间摇摆,而非迈上规则之治的制度化建设之路。

"开口子",是指基层法院等相关部门通过满足信访人的诉求,特别是经济方面的要求,以期息事宁人。基层工作人员将其戏谑为"人民内部问题,人民币解决"。事实上,财政经费源于广大公众的辛勤劳动,对无理信访—非法信访的不当满足断不可取。进言之,对于部分无理信访—非法信访人来说,一旦其得到的"开口子"耗尽或是产生了更大的利益需求,通过"回溯"旧案或"制造"新案的方式再行上访,甚至将上访作为其职业的情形并非鲜见。"拔钉子",是指基层法院等相关部门对信访人采取强硬措施,它既可能是据法而行的依法制裁,也可能是违规操作的不当压制。当"开口子"和"拔钉子"被滥用,以致从"对法律的利用和规避"演变成"对法律的违背",从而引发上级警觉时,又会出现上级"揭盖子"的情形——上级机关要求基层法院等相关部门端正态度、改善治理,并且对存在违规的责任人员进行惩处。[①]

故此,周永坤对因片面追求"零信访"而产生的非法治导向评价道:"这一非法治导向可能产生三个结果:一是为了降低上访率,在日常政府行为中产生牺牲法律尊严与国家利益或者纠纷另一方的利益而满足蛮横一方的非理要求,这会减少正常制度的'正义产出'。因为法律并不说话,国家利益也不说话,也因为在利益对立的双方作出裁决时,'柿子捡软的捏'有利于平息纠纷。二是采取各种方式以降低上访率,以取悦上级,提升政绩,这些手段当然包括形形色色的侵犯权利的方法,在不得已的时候甚至不惜动用暴力。暴力'截访'的行为造成公民与政府的对立,对政府的威信造成严重的影响。三是在进入信访解决机制以后,不惜牺牲法律与政府威信,满足上访者的要求,甚至无理要求。其结果是,受到伤害的是信访机关以外其他所有的国家机关,甚至是整个国家制度。"[②]

综上所述,如果不能恪守司法所应有的规则之治精神,信访人将更倾向于通过闹访来测试基层法院等相关部门的底线,争取更大的利益;而基

---

① 参见应星《拔钉子 开口子 揭盖子》,《北京日报》2013年8月12日第19版。
② 周永坤:《信访潮与中国纠纷解决机制的路径选择》,《暨南学报》(哲学社会科学版)2006年第1期。

层法院等相关部门一旦徇情不循法，则会造成社会公众的法律信任流失和法治信念弱化，从而导致社会冲突解决的成本攀升和加大司法对法律和国家合法化的困难。正如习近平总书记所述："法律要发生作用，首先全社会要信仰法律。如果一个社会大多数人对法律没有信任感，认为靠法律解决不了问题，还是要靠上访、信访，要靠找门路、托关系，甚至要采取聚众闹事等极端行为，那就不可能建成法治社会。要引导全体人民遵守法律，有问题依靠法律来解决，决不能让那种大闹大解决、小闹小解决、不闹不解决现象蔓延开来，否则还有什么法治可言呢？"① 为形塑良好的社会秩序和实现社会的良性发展，一系列的制度建设势在必行。

第三节　掀起优化实效的改革

先贤荀子云，"法者，治之端也。"（《荀子·君道篇第十二》）法治必然立基于良好的法律实效，而追求良好的法律实效正是司法的题中应有之义。要想取得良好的法律实效，离不开以下两个维度的努力：其一，提高立法本身的民主性、规范性和科学性，确保法律本身是良法；其二，结合自上而下和自下而上两条路径，执（司）法机关恪尽职守、社会公众循法而行，从而实现惩恶扬善、一断于法。正如亚里士多德所言："法治包含两重意义：已成立的法律获得普遍的服从，而大家所服从的法律又应该本身是制定得良好的法律。"② 法院依据法律解决社会冲突，在司法执行和涉诉信访中严格执行法律、维护社会公义，是向社会有效输送法律知识和牢固树立法治信念的必由之路。是故，法院系统特别是基层法院掀起了一系列旨在优化法律实效的司法执行改革和涉诉信访改革。

一　司法执行的破冰旅程

对当代中国而言，社会转型与现代化表征着向法治社会、市场经济社会、工业社会、都市社会、生人社会的发展变迁。面对经贸不断繁荣、社

---

① 习近平：《论坚持全面依法治国》，中央文献出版社 2020 年版，第 24 页。
② ［古希腊］亚里士多德：《政治学》，吴寿彭译，商务印书馆 1965 年版，第 199 页。

会流动日益频繁、区域联系愈加紧密的社会现实，通过法治为经济建设保驾护航和为社会发展提供屏障已成为举国共识。正如杨建华所指出，国家的出现首先是服务于社会控制和秩序维持之要求的，而法律制度正是现代社会控制的基本方式。① 司法执行关系到法律最终能否"令行禁止"，决定着权利人的权利是否能实现、义务人的义务是否被履行，故而在一定意义上可以说它是维持司法生命力的关键所在。进言之，对于由若干原子化个体所组成的都市社会而言，尤其是对于在无数陌生人之间时刻发生的市场行为而言，司法执行因践行法治、惩治违法失信的越轨行为而维系着人际信任、保护着交易安全。是故，强化司法执行、优化法律实效，发扬诚信为本的优良社会传统和彰显依规守约的现代契约精神，是法治建设的题中应有之义，也是社会有序发展的必由之路。

近年来，法院系统向执行难全面宣战，身处一线的基层法院踏上了司法执行的破冰旅程。截至 2017 年年底，全国法院累计发布失信被执行人名单 959 万人次，发布限制高消费令 78 万人次，共限制失信被执行人担任企业法定代表人及高管 22.62 万人。② 2016 年 1 月至 2018 年 9 月，全国法院以拒不执行判决裁定罪追责 14647 人，累计拘留失信被执行人 38 万人次，限制出境 3.2 万人次；其中，2018 年 1 月至 9 月，共刑事追责 7281 人，拘留失信被执行人 13.4 万人次，同比分别上升 90.6% 和 11%。③ 一系列举措使得共计 322 万失信被执行人迫于信用惩戒压力自动履行了义务，规避、抗拒执行行为得到有效遏制；④ 同期生效法律文书的自动履行率逐年提升，2016 年、2017 年分别为 51%、57%。⑤

司法执行是嵌入司法改革系统工程和社会信用体系工程之中的一项子工程，它依托于对国家与社会、国家与地方、法院系统与其他机构、基层

---

① 参见杨建华《发展社会学通论》，社会科学文献出版社 2016 年版，第 135 页。
② 参见中国法学会编著《中国法治建设年度报告》（2017），法律出版社 2018 年版，第 26 页。
③ 参见孟祥《拒不执行判决、裁定罪实务问题探析》，《中国刑事法杂志》2019 年第 1 期。
④ 参见陈卫东《决胜"基本解决执行难" 开创执行工作新局面》，《人民法院报》2018 年 11 月 5 日第 2 版。
⑤ 参见周强《最高人民法院关于人民法院解决"执行难"工作情况的报告（2018 年 10 月 24 日第十三届全国人民代表大会常务委员会第六次会议）》，最高人民法院官网，http://www.court.gov.cn/fabu-xiangqing-124841.html，2018 年 10 月 25 日访问。

法院与上级法院、法院与执行当事人等多重关系的审视、协调和运用，并非任何单独的基层法院一己之力可以完成。因此，审视背后的结构因素才能考察司法执行改革的实践逻辑。执行难的成因具有复杂多元性和深层次性，故而远山县法院等基层法院必须依赖于来自上级法院、其他国家机关、金融机构和新闻媒体等其他机构、社会公众、权利人的多方支持和合作。详细而言，司法执行破冰这一社会系统工程的建设是从下述两大方面展开的。

其一，结合国家和社会两个维度来建构司法权威、强化法律意识，从而保障司法执行、优化法律实效。从国家维度看，新一轮司法改革以来，立案登记制、省级以下法院人财物统一管理制、司法公开制等措施稳步推进，司法结构持续优化、司法资源不断充实，地方保护主义壁垒渐渐破除，规避、抗拒司法执行的越轨行为受到严厉惩戒。即使是行政机关或者具有特殊主体身份的个人作为被执行人，一旦其未依法履行义务，法院系统亦会将其列入失信黑名单并采取强制措施。失信被执行人面对的是整个法院系统甚至整个国家公权力系统的强制力，而非仅仅是具体负责该执行案件的特定法院的强制力。从社会维度看，立基于现代信息技术的司法执行信息公开使失信被执行人必须面对整个社会而不仅仅是其所在社区的越轨压力。申言之，失信被执行人或干扰执行人如系公职人员，远山县法院将依法向其本人及其上级部门发出司法建议函，建议对其采取限制、惩戒措施。① 此外，失信被执行人不得被推荐为各级党代会代表、人大代表、政协委员候选人，亦不得担任国有企业的董事、监事或高管。对此，远山县法院执行局副局长程鸿翔法官的一段话语可作诠释：

> 过去的执行压力大在哪里？主要是好些单位和个人不配合工作。这几种案子很难办：一是牵涉一些机关单位、领导干部的案子；二是牵涉属于当地工商业支柱的企业的案子；三是需要去人生地不熟的外地或者"山高皇帝远"的边远山村的案子。执行人员找管用的人求爹爹告奶奶是常事。要是人家不睬，事情就麻烦了。执行人员要么两

---

① 例如，建议组织人事部门将失信情况、干扰执行情况作为领导干部选任的考察依据和评优、晋级的参考依据。

眼一抹黑，抓瞎；要么被百般刁难甚至围追堵截，执法者反倒成了弱势者。现在的执行压力也大，但主要是因为案子太多，忙得飞起来。近几年，找相关单位和个人协助，他们通常都很配合，敢明着纵容老赖、对抗执行的不多。有几家公立单位就被我们列入过黑名单，我们到银行系统进行单位存款查询、冻结后，把相应款额划拨给了执行申请人，还给上级主管部门和纪检监察部门发送了司法建议函，相应人员被一一追责。执行申请人为我们满意地竖起大拇指。[①]

由此可见，建构司法权威和强化法律意识是司法执行的治本之道。司法权威的树立和法律意识的提升，确保基层法院这一层级的法院所发布的执行文书亦可产生足够威慑力，而不再沦为一纸具文。如此才能够真正褒扬诚信、惩戒失信。

其二，在上下级法院之间开展纵向协作，在不同地域的法院之间、在法院与其他机构之间、在法院与社会公众之间开展横向合作，通过建立、健全社会信用系统的方式为司法执行攻坚克难。社会秩序产生于交流与沟通，各类社会问题最终都是社会控制问题。如果说法院系统是国家公权力系统和整个社会大系统中的一个子系统，司法执行是司法改革系统工程和社会信用体系工程中的一项子工程，那么，广大基层法院及其执行规制行动就是子系统、子工程中的无数分子和基石。正是这无数分子、基石和其他分子、素材的互动、交融、嵌合、叠加，维系了组织系统的正常运作和担负了社会工程的结构—功能。从微观层面看，远山县法院的司法执行规制主要包含落实财产申报制度、依法纳入失信名单、加强联合信用惩戒、打击抗拒执行行为四类行动。它们的行动逻辑均是通过多方联动、资源整合、信息互通的方式，让失信者"一处失信，处处受制"，进而减少规避或抗拒执行的"老赖"行为，敦促被执行人履行法律义务。申言之，远山县法院通过送达执行通知的方式，书面告知被执行人须如实申报此前一年的财产情况，以及拒不申报或申报不实的法律后果。如被执行人失信，则将其纳入失信名单。

据悉，自 2016 年 12 月起，已有超过 90% 的失信执行人被远山县法院

---

① 访谈编码：CHX20170129。

纳入失信名单。对于被纳入该名单的失信被执行人，远山县法院将在由法院系统和公安部门、发改部门、交通部门、民政部门、金融部门等44家部门达成的联合惩戒合作平台基础上，通过多部门、多行业、多领域、多手段合力的方式来对其进行规制。从目前情况看，网络查控和网络拍卖的实践状况较为良好。由于同3900多家金融机构实现了联网，执行人员可以在全国范围内查询被执行人的不动产、存款、金融理财产品等16类25项信息，基本实现了对其主要财产形式和相关信息的全面覆盖；同时，对于被强制执行的财产，可以在相应网络平台面向全社会进行拍卖，从而有效提高了执行效率，使得权利人的应然权利及时转化为实有权利。[①] 失信所产生的法律后果和社会影响是不容小觑的，失信被执行人在行业信用评定、融资信贷、公共项目招投标、补贴性资金发放、高消费等领域均受到严格限制，而且其失信信息会在各类媒体、户外LED显示屏、社区和村居宣传栏等媒介进行披露；严重的抗拒执行行为特别是暴力抗法行为还将面临来自国家的罚款、拘留乃至刑罚惩治。

对于远山县法院而言，2018年的执行工作堪称浓墨重彩。在这一年中，远山县法院先后开展了"猎赖利剑""雷霆风暴"两项大型专项执行行动，执行人员增加到53人，网络查控系统应用、网络司法拍卖、规范执行案款管理等信息化手段不断走向成熟。详言之，远山县法院在2018年共开展网络查控1689件，查控率达100%；对50名失信被执行人强制设置"老赖铃声"；开展网络司法拍卖95次，成交金额902.85万元；885名被执行人被纳入失信黑名单，限制高消费1013人，限制出境14人；司法拘留惩戒103人，对5名涉嫌犯罪的被执行人启动刑事司法程序，有效遏制了执行难问题。在多次应邀见证司法执行活动和听取相关工作汇报后，县人大代表王远帆感叹道：

> 过去有的人做生意不讲信用，明明有钱，但就是该着人家的钱不还。该钱[②]的是大爷，借钱的是孙子。但现在"老赖"真的不好当了，能往哪里躲嘛？限制失信的手段既先进又全面，财产信息、车旅

[①] 参见陈卫东《决胜"基本解决执行难"开创执行工作新局面》，《人民法院报》2018年11月5日第2版。

[②] 在当地方言中，"该钱"即"欠钱"之意。

信息都是联网的,就像一张细密的大网,"老赖"做"漏网之鱼"越来越难。走到街上,繁华地段的户外显示屏都在滚动播放"老赖"的信息;打开电视看远山电视台,摊开报纸看远山日报,上面也都在公布"老赖"情况。我打电话给一个认识的人,发现他竟然当了"老赖"——彩铃提示他已经被列入失信黑名单。①

在远山县执业并且办理过多起执行业务的张文成律师则表示:

> 远山这种县城吧,说大也大,说小也小,借助现代信息手段,执行失信这种不光彩的事传起来更快、更广,这下真成了"坏事传千里"。人要脸、树要皮,人又不可能脱离社会,要想重新被社会接纳,还是得诚信做人。远山鼎鼎大名的大款黎雅贤就成了"老赖",这事在全县引起的反响很强烈。相比之下,现在我们更担心的是被执行人实际缺乏履行能力而不是县法院的执行力度不够大、被执行人躲得凶。②

不言而喻,违法成本的提升在一定程度上有助于降低违法行为的发生率和破坏力,而来自整个社会的压力将使失信执行人难以遁形,从而敦促其尽快改正越轨行为、回归正轨。社会秩序产生于交流与沟通,正如塔尔科特·帕森斯所指出,社会化的最终目标是自治个体的生成。③法律的社会控制是结合法律体系及其制裁手段中的外部约束,以及对法律界定的社会标准的内化来实现的。在外部约束和标准内化两种作用力下,司法执行不断推动着个体的社会化过程,致力于让其成为诚信守约、奉行法纪的自治个体。进言之,从前述田野资料特别是王远帆、张文成的话语中,我们还可以发现这样一个事实:司法执行固然是国家法律所承载的正式社会控制,但是它的背后还伴随着社会舆论等所承载的非正式社会控制。无疑,执行申请人、远山全体居民以及其他区域的热心公众都是远山县司法执行

---

① 访谈编码:WXF20180120。
② 访谈编码:ZWC20180121。
③ 参见[美]詹姆斯·克里斯《社会控制》,纳雪沙译,电子工业出版社2012年版,第11页。

规制的直接或间接参与者。通过查阅最高人民法院举办的中国司法执行网、远山县法院官网和微信公号，以及积极参与远山县法院举办的执行见证、听证、拍卖等活动，他们及时、全面地了解到相关案件的信息、流程和与之相应的法规、政策，借此督促远山县法院不断推动和改进工作，以及向远山县法院提供有价值的执行线索。立基于远山县法院等各地、各级法院的探索经验，全国法院系统对于司法执行案件的信息披露日益增强。自2016年以来，大量媒体、网络平台参与了司法执行直播，社会反响良好，累计超过3.2亿人次在线收看。①

总而言之，嵌入司法改革系统工程和社会信用体系工程中的司法执行规制，是一种将自上而下的管理和自下而上的认同相结合的法律实践，它呈现出国家与社会、国家与地方、部门与部门、行业与行业之间上下互动、彼此回应、多维协作的特征。其宗旨在于优化法律实效，并借此推动社会治理转型和法治建设，从而维护社会秩序稳定和实现社会良性发展。随着破冰旅程开启，远山县法院等各地、各级法院的执行力度不断加强、执行措施不断完善，可以期待的是，当结案增速"跑赢"收案增速的趋势明朗起来，决胜执行难的曙光便会冉冉升起。

二　诉访分离的凤凰涅槃

始于2013年的涉诉信访改革，其奉行司法和行政各得其所之宗旨，从而开启了涉诉信访与普通信访分流处理、诉讼与信访相分离的凤凰涅槃。通过前文，我们可以发现，当前涉诉信访矛盾的一个集中表现是"信访不信法"问题。在相当数量的信访人看来，信访是法律机制之外的一条"便捷通道"。对于合理信访—合法信访来说，信访人寄希望于通过信访而获得相对更加便捷、彻底的社会冲突解决；对于合理性模糊的信访—合法律性模糊的信访、无理信访—非法信访来说，信访人则寄希望于通过信访获得在司法渠道难以获得的利益满足。然而，正如冯仕政所指出："信访工作主要承担政治动员功能，而冲突化解职能则主要由司法机

---

① 参见周强《最高人民法院关于人民法院解决"执行难"工作情况的报告（2018年10月24日第十三届全国人民代表大会常务委员会第六次会议）》，最高人民法院官网，http://www.court.gov.cn/fabu-xiangqing-124841.html，2018年10月25日访问。

构去承担。这样有所为,有所不为,既能避免冲突,又能提高效率。"① 下情上传是信访的合理定位,故其需要恪守引导法治、补充法治、催生法治的原则,致力于做好察访民情、疏导不满、服务群众的群众工作,避免出现司法的信访化或信访的司法化局面。

之所以将司法作为化解社会冲突的核心手段,原因主要在于以下两点:其一,司法活动立基于明确化的法律程序和体系化的法律规范,而现代法律系经过严谨的立法程序制定而成,它是专业人士反复论证和社会公众集思广益的结晶,它代表着高层次的社会公益和社会公意。其二,司法活动是通过具有高度专业性的法官、检察官、律师等法律职业人士来实施,他们依托现代法律的可预期性、可计算性,可以使得冲突解决过程更加平稳、更加理性,从而保障冲突解决的有序化、严肃化、规范化和科学化。结合相关政策文件和远山县的田野资料可以发现,一系列有效措施正在有条不紊地开展:

一方面,涉诉信访事项导入司法程序机制正在逐步建立、健全。自 2013 年 10 月以来,普通信访案件由远山县信访局统筹,而涉诉信访案件则由远山县委政法委协调、远山县法院负责。基于此,经过形式审查,对于符合法律规定者,远山县法院为其启动相应的诉讼或执行程序;对于不符合法律规定者,则根据具体情况作出解释说明,以及建议信访人转呈相应有权机关,采取其他方式解决。值得一提的是,远山县法院在立案大厅专门设有律师工作室和律师联络信息公示栏,对于涉诉信访案件有法律疑问或者需要在立案庭导入的司法程序中委托律师来维护自身权利的信访人,可以向值班律师求助。

另一方面,涉诉信访依法终结制度和信访考核机制改革正在稳步推进。具体而言,由北定市委政法委牵头,遴选本市资深法官、检察官、律师以及本省知名法学教授(研究员)组建涉诉信访案件专家委员会。对于远山县等各区、县发生的疑难、复杂涉诉信访案件和信访人长期反复上访的涉诉信访案件,委员会将根据案件情况和专家专长,挑选三名到五名专家作为中立第三方开展案件评查,相应法院则负责提供完整卷宗材料。立基于对应证据事实和相关法律规范,专家各抒己见,对案件是否具有瑕

---

① 张翼主编:《当代中国社会结构与社会治理》,经济管理出版社 2016 年版,第 337 页。

疵、是否需要再审详细论证，并形成参考意见。委员会将参考意见转呈具有相应权限的司法机关。经有权机关审核，对存在瑕疵的涉诉信访案件，依其具体情况采取相应纠正程序；对信访人所反映的问题已得到公正处理的案件，依法终结、不再复查，从而维护司法终局性和避免虚耗公共资源。在必要情况下，远山县法院还采用了听证会方式处理涉诉信访案件。① 亦即，邀请当地人大代表和政协委员，以及与信访人同社区的居民代表（或同村的村民代表）等社会公众参与其中，阳光透明、公开公正地化解冲突。借此，远山县法院从"一刀切"式的信访考核排名压力中逐渐解放出来。

诉访分离改革有力推动了涉诉信访的法治化现代治理进程。远山县法院2015年度工作总结中的相关内容不无启示：

> 在县委政法委的统筹下，努力把涉诉信访纳入法治化解决轨道。共处理群众来信10件（次），接待群众来访252人（次），所审结案件均未引发新的涉法涉诉信访，做到法律效果、社会效果和政治效果的有机统一。认真清理涉诉信访积案，共化解信访积案2件。积极开展司法救助，发放司法救助金29.3万元。进一步畅通涉诉信访渠道，启用远程视频联合接访平台。探索诉访分离、信访终结、律师参与化解等工作机制，依法打击违法缠访闹访行为，努力将涉诉信访纳入法治化轨道。

该报告反复强调了远山县法院所努力的目标是将涉诉信访纳入法治化轨道。涉诉信访治理的法治化离不开多个方面的努力——从保障信访人合法权益的角度讲，积极开展司法救助、畅通涉诉信访渠道不可或缺；从鞭策法院依法公正履职的角度讲，建立健全诉访分离、信访终结、律师参与化解冲突等工作机制实属必要；从践行法治、维护法律尊严的角度讲，依法处置信访终结后仍反复缠访的行为以及违法闹访的行为，对于避免涉诉信访案件发生"无限循环"或"按闹分配"的异化深具意义。2014年依法终结的唐兰涉诉信访案是一个典型案例。

---

① 以不涉及国家机密、商业秘密和当事人隐私为前提。

案例6-3：唐兰涉诉信访案

2004年9月17日，派驻远山县的省属地勘队职工唐兰为琐事与同事何山发生争吵，被何山打了两个耳光，因此就医，并花费887.1元。2004年9月30日，地勘队给予何山警告处分，何山当众向唐兰赔礼道歉，并全额赔偿了医疗费，唐兰表示谅解。嗣后，唐兰翻悔并向城关派出所报警。2004年12月2日，唐兰和何山在城关派出所主持下达成调解协议，约定由何山支付唐兰医疗费、精神损失费等共计1259.6元，唐兰不再因此提出新的主张。在调解协议履行完毕后，唐兰再次翻悔，称该协议并非基于其真意且内容违法，从此踏上了漫长的诉讼和信访之旅。

2005年1月4日，唐兰至远山县信访局上访，反映城关派出所执法不公。2005年12月6日，唐兰至远山县法院提起民事诉讼，要求何山赔偿住院护理费、误工费等各类损失11241.08元，并对其赔礼道歉、消除影响；诉讼费由何山承担。2005年12月27日，远山县法院判决驳回唐兰诉请，诉讼费510元由唐兰承担。唐兰在法定期限内未上诉。2006年4月3日，唐兰至远山县法院提出再审申请，该再审申请在当月被驳回。2006年9月21日，唐兰再至远山县法院提起行政诉讼，要求远山县公安局赔偿精神损失费3000元和多次上访产生的路费、材料费500元，以及对何山作出治安处罚；诉讼费由远山县公安局承担。2006年11月26日，远山县法院判决驳回唐兰诉请，诉讼费100元由唐兰承担。唐兰于法定期限内提起上诉。2007年3月1日，北定市中级法院作出终审判决：驳回上诉，维持原判。

对前述三次审判，唐兰均表不服，反复到远山县法院上访，持续至2014年。2014年7月，远山县法院将该案相关材料提交上级机关审核。经涉诉信访案件专家委员会的专家评查，认为唐兰的相应主张明显缺乏事实依据，并且法院和公安机关在治安调解和三次诉讼中亦未违反有关法律规定，故建议依法终结该案、不再启动复查程序。上级机关采纳了该建议。

对于这样一起历时多年的涉诉信访案件，在经相关程序严格确认信访人的诉由、诉求明显欠缺合法律性和合理性的基础上，决定对其依法终结、不再受理是必要和恰当的。毕竟，远山县法院及相关部门理应将相应公共资源提供给真正需要救济的涉诉信访人，而非耗费在此类缠访案件之中。对本案而言，无须深厚的法律专业知识，从常理出发即可发现专家委员会的结论是成立的：首先，经公安机关调解，唐兰、何山双方达成了调解协议并已实际履行。唐兰虽然辩称该协议并非其真实意愿、内容亦属违法，但是未提供相应证据，故该协议是有效的。公安机关对此类情节轻微的治安案件，依法可以调解结案。调解成功且义务人随之切实履约的，不再作行政处罚。[①] 故无法支持唐兰要求远山县公安局给予何山治安处罚，并且对其精神赔偿的诉请。其次，调解协议和地勘队提供的相关材料表明，何山确已在单位当众对唐兰赔礼道歉并接受了警告处分，故对于唐兰再次要求其赔礼道歉、消除影响的主张亦无法支持。最后，在费用问题上，唐兰对其主张的住院护理费、误工费等损失并未出示相应的住院证明、护理证明等证据材料，故要求何山对此赔偿实属无凭；而交通费、材料费系因上访产生，让远山县公安局对此负责于法无据。综上，理当为这一旷日经久的涉诉信访案件画上句号。

总之，法治作为良法善治，既要对奉公守法者呈现出温情、柔和的一面，又必须对违法违规者呈现出严肃、刚性的一面。对有理信访—合法信访，应及时有效地满足信访人的诉求；对合理性模糊的信访—合法律性模糊的信访，应适当地满足其正当部分的诉求；对无理信访—非法信访，则应及时终结信访。如信访终结后仍反复缠访或坚持违法闹访，对其采取法律制裁乃是不得已的必要选项。陈柏峰曾呼吁道："对于无理上访，需要通过加强基层治权建设来加以解决。从而使基层政府有足够的能力应对各种无理上访。人民内部矛盾主要适用说服教育的方法处理，但并不排斥强制性的处罚。无论是说服教育还是强制处罚，都应当建立在社会主义法治的基础上。可以以公共秩序为基础赋予基层政府治权，构筑相关强制处罚措施。对于坚持无理上访而破坏公共秩序者，可以处以警告、罚款、行政

---

① 可参见最高人民法院《关于执行〈中华人民共和国行政诉讼法〉若干问题的解释》第56条第1项、《治安管理处罚条例》第5条（现已被《治安管理处罚法》所取代，但本案行政诉讼发生时施行的是《治安管理处罚条例》）、《公安机关办理行政案件程序规定》第151条等规定。

拘留、劳动教养等。① 法治国家需要良好的社会公共秩序，不能容忍破坏。对于上访过程中的轻微违法破坏行为，说服无效的，应当采取必要的行政处罚，这也是为了达到积极教育和劝诫的目的。"② 进言之，法律制裁必须严格遵循程序正义和信息公开的要求来进行，既防止基层法院滥用权力、将个案错误定性，又杜绝信访人滥用权利、违法上访，从而有效实现秩序与自由、权力与权利、公共利益与个体利益的优化平衡。无疑，这是良法善治的内在要求。

---

① 劳动教养制度因存在法律位阶瑕疵等问题而在 2013 年 12 月 28 日为全国人大常委会所废止，但是并不能简单地对在此之前政法机关依据《关于劳动教养问题的决定》等文件而适用劳动教养的个案一概否定。
② 陈柏峰：《农民上访的分类治理研究》，《政治学研究》2012 年第 1 期。

第七章　结论

中国社会正处于持续的快速转型之中。在社会治理结构层面，同现代社会相对应的法治，正日渐扬弃源自大传统社会中的礼治和源自小传统社会中的权治。在此意义上，社会治理转型正是指从礼治的、权治的传统社会治理结构，向法治的现代社会治理结构转型；法治既是社会良性发展的坚实保障，也是国家获得合法性（legitimacy）的重要路径。① 故而，"中国特色社会主义实践向前推进一步，法治建设就要跟进一步"②，必须"推进全面依法治国，发挥法治在国家治理体系和治理能力现代化中的积极作用"③。在法治中，司法承担着重要的角色—功能，它是联通"文本中的法"和"行动中的法"的桥梁，是赋予抽象的、条文的法律规则以生命力，使之转化为具体的、实际的社会规则的中介。进言之，基层司法是司法的主要组成部分，法律与社会之间错综复杂的关系，往往在基层司法中有更为直接生动的表现。因此，探究基层司法可有助于了解当代中国社会及其法治进程，基层司法实践逻辑折射出国家与社会、国家与地方、国家法律与民间规范、法律实践与法律表达、法律行动与法律文本、合法性与合法律性（legality）、现代性与地方性之间的张力和平衡。

回顾前文，可以发现社会治理转型时期的基层司法实践逻辑是建构回应型司法。亦即，基层司法与时俱进、因地制宜地积极回应社会需求，从而实现法律和国家的合法化（legitimization）及现代化（modernization），

---

① 参见郭星华《权威的演化与嬗变——从一份"请示报告"看我国的法治化进程》，《社会科学论坛》（学术评论卷）2009 年第 8 期。

② 习近平：《推进全面依法治国，发挥法治在国家治理体系和治理能力现代化中的积极作用》，《求是》2020 年第 22 期。

③ 习近平：《推进全面依法治国，发挥法治在国家治理体系和治理能力现代化中的积极作用》，《求是》2020 年第 22 期。

合法化和现代化两者之间互为依托、相辅相成，形塑出法律与社会、国家与社会、国家与地方之间的良性关系。可见，回应型司法同良法善治式的实质法治观念，以及强调系统治理、依法治理、综合治理、源头治理的社会治安综合治理模式密不可分，它旨在借由合法律性生成合法性，平衡现代性与地方性，兼顾形式理性与实质理性，调和程序正义与实质正义。是故，对基层司法而言，既需要优化相应的内部科层和外部结构，以及在现代信息技术手段的基础上进行技术驱动，从而摆脱行政化与地方化的困扰；又需要在恪守合法律性的前提下，适当尊重法律的地方性知识，从而弥合法律与民俗之缝隙、平衡国家与社会之张力、调谐发展与秩序之矛盾。

第一节 社会治理转型：解读基层司法的密码

党的十八届三中全会和党的十八届四中全会先后将社会治理纳入全面深化改革和全面依法治国两大战略中，党的十九届四中全会通过的《中共中央关于坚持和完善中国特色社会主义制度、推进国家治理体系和治理能力现代化若干重大问题的决定》，则进一步明确提出"坚持和完善中国特色社会主义法治体系，提高党依法治国、依法执政能力"与"坚持和完善共建共治共享的社会治理制度，保持社会稳定、维护国家安全"等要求。以上充分表明社会治理转型与法治建设互为表里，法治是社会治理转型和国家获得合法性的重要路径。正如习近平总书记所指出："执法司法公正高效权威才能真正发挥好法治在国家治理中的效能。要加强对法律实施的监督，深化司法体制综合配套改革，推进严格规范公正文明执法，努力提升执法司法的质量、效率、公信力，更好把社会主义法治优势转化为国家治理效能。"[①]

将基层司法放置于社会治理转型与法治建设的语境中，有助于全面而深入地对其实践逻辑解密。在社会治理转型与法治建设进程中，基层司法担负着将法律在国家和基层社会之间"迎来送往"的重要使命，法律和

---

① 习近平：《推进全面依法治国，发挥法治在国家治理体系和治理能力现代化中的积极作用》，《求是》2020年第22期。

国家的合法化及现代化正是在这种"迎来送往"中实现的。

一方面，从国家视域观察基层司法，可将其概括为"送法下基层"。"送法下基层"的实质是基层法院不断嵌入其所在县域，对这一基层社会源源不断地输送国家法律、强化法律权威，以自上而下的国家建构方式进行法治建设。另一方面，自社会角度检视基层司法，可将其归纳为"迎法下基层"。"迎法下基层"意味着基层社会及其成员因社会转型和社会治理转型，产生对法律、法治的需求，于是积极主动地将相应社会冲突诉诸司法，通过法律途径定分止争。"诉讼爆炸"现象正是基层社会对法律的旺盛需求的一个缩影。当然，现代社会治理是为建构公共秩序而进行的各种自上而下的管理和自下而上的认同，而"迎法下基层"表征的正是法治建设中自下而上的社会认同。① 以"送法下基层"应答"迎法下基层"，"送法"和"迎法"相互交织、促进，这正是回应型司法的题中应有之义。

一 "送法下基层"：从国家视域的观察

现代化是一个影响深远、规模宏大的社会转型过程，在此过程中需要有效纾解转型悖论。所谓转型悖论，是指现代化过程中发展与秩序之间的矛盾律。一方面，无发展则无可持续的秩序，无秩序亦无可持续的发展，两者有机统一、互为依托。另一方面，发展往往意味着破旧立新，不断突破既有社会格局会无可避免地产生一定社会紧张甚至造成社会失序，发展和秩序在此情况下又相互对立。② 进言之，中国社会转型乃是在全球化背景下的赶超型现代化转型。③ 诚然，当代中国的社会转型是建立在自身历史文化和政治体制基础上的，中国社会变迁的思维方式、运行方式及价值

---

① 参见贺雪峰《新乡土中国：转型期乡村社会调查笔记》，广西师范大学出版社2003年版，第82—83页；丁卫《秦窑法庭：基层司法的实践逻辑》，生活·读书·新知三联书店2014年版，第16—17页。

② 参见冯仕政《当代中国的社会治理与政治秩序》，中国人民大学出版社2013年版，第1—16页。

③ 参见王雅林《中国的"赶超型现代化"》，《社会学研究》1994年第1期。

观念都富有东方乡土文化特征。① 对于改革开放 40 余年而言，现代化、社会发展、法治建设、市场经济等多重目标、多重路径被压缩到同一历史阶段中，此种变迁背后的动力机制是西方演化式理论中所缺失的。②

因此，在中国赶超型现代化进程中平衡发展与秩序之间的张力，妥善应对转型悖论，从而营造一个充满活力并且和谐有序的良性发展社会，正是社会治理转型的题中之义。高度总体化的国家体制与迅猛发展的市场经济并存共生、彼此促进，这正是我国改革开放以来的独特境遇。③ 正如冯仕政所言，中国作为后起的发展中国家，内部社会力量、市场力量成长晚、力量弱，甚至缺乏现代意识。因此，无论是自我革新之需，还是抗衡外部不平等秩序中所存在的不利因素，都离不开作为领导者的"强国家"来担当重任，进行现代化的组织和动员。现代化是一个资源密集型的过程，而我国作为后发的发展中国家，资源积累不足，赶超型现代化对资源的需求更是显得巨大且急迫。有鉴于此，需要通过国家将有限的资源集中起来优先投入到具有迫切需要的领域。④

无疑，法治建设正是一个需要国家集中资源优先投入的领域，故而从国家视域来观察，"送法下基层"可以贴切地形容社会治理转型之际的基层司法。它对于法治所呈现的是国家建构的一面。回顾前文各章，我们不难得出以下结论：首先，基层司法相应的内部科层和外部结构的设置及调整，折射出的是一种国家政权建设之努力。其旨在采用合理化、现代化的组织模式，使得基层法院能够嵌入、根植其所在的县域之中，从而有效实现国家对基层社会的法律输送。其次，启动立案登记制，向基层社会敞开司法大门，借此解决立案难问题和纠正选择性司法之弊；同时，以搭建诉调对接平台、案件简繁分流和信息化驱动等方式缓解"诉讼爆炸"压力，均反映出国家在基层社会中维护法律权威、进行法治宣示的尝试。再次，在审理中有效运用形式逻辑和积极利用大数据智能管理系统来作出准确的

---

① 参见刘少杰《当代中国社会转型的实质与缺失》，《学习与探索》2014 年第 9 期。
② 参见李友梅等《中国社会治理转型（1978—2018）》，社会科学文献出版社 2018 年版，第 2—3 期。
③ 参见沈原《"强干预"与"弱干预"：社会学干预方法的两条途径》，《社会学研究》2006 年第 5 期。
④ 参见冯仕政《社会治理新蓝图》，中国人民大学出版社 2017 年版，第 35—36 页。

司法判断，以及凭借理性商谈的正当程序、全面深入的审判公开、充分有力的裁判说理来实现程序正义的显像化，彰显出国家依法定分止争并由此形成规则之治的追求。最后，通过建立、健全社会信用系统，开展上下级法院、不同区域法院、法院与其他机构、法院与社会公众之间的多维度合作来加强执行规制，以及推进诉访分离改革，逐步实现涉诉信访与普通信访相区别、诉讼与信访相分离，均表现出国家在基层社会中优化法律实效的探索。

由此可见，始于2013年的新一轮司法改革正是旨在扫除各地法院特别是身处一线的基层法院所面临的行政化、地方化等障碍，以及矫正相应主体对法律不当利用、规避乃至蛮横抵抗的越轨行为，它在社会治理转型与法治建设的语境中，集中显现出"送法下基层"所蕴含的法律和国家的合法化及现代化意趣。一方面，"打铁还靠本身硬"，唯有不断强化司法的公正性、效率性、透明性，才可能维护国家法律尊严和践行社会主义法治。另一方面，通过司法特别是基层司法，国家将必要的法律知识、现代的法律观念传递给社会，引导广大公众依法维护权益、理性表达诉求，才可能使得法律和法治在当代中国社会中生根发芽、茁壮成长。

二 "迎法下基层"：自社会角度的检视

因为基层社会出现了"迎法下基层"的现实需求，所以才产生了回应型司法这样的基层司法实践。作为中国赶超型现代化的一个组成部分，法治建设固然离不开国家来进行组织和动员，但是它并不能够仅仅局限于国家自上而下的管理，而是还需要社会自下而上的认同，否则相应的公共秩序难以建构，社会良性发展也无从谈起。为了源源不断地获得自下而上的社会认同，基层法院乃至整个法院系统必须不断作出调适，从而适应社会发展变迁和满足公众定分止争之需。

以远山县为例，改革开放以来特别是市场经济体系建立以来，工商业、服务业不断繁荣，城镇化持续推进，人口流动的规模和速率显著提升。本地居民外出求学、就业和外地居民前来投资、旅游变成习以为常的事情，远山居民的生活、工作和学习与外部世界联系得日益紧密。无论是城镇还是乡村，相对计划经济时代来说，异质化程度都达到了今非昔比的水平。县、乡、村的疆域几无变化,它们的边界却不断对外界开放;城乡居民的家庭经济收入、人口再生产在较大程度上也不再依附于原属社区,而是具有较强的外向性特征。广电、网络等现代传媒在远山县城乡迅速普及,即使僻处西南边陲的山野之中,现代性的价值观念和生活方式也在居民之间潜移默化地传递开来。过去的熟人社会日渐转化为生人社会,社区生活逐步过渡向社会生活。远山是本县居民的远山,也是国家、贵州省和北定市的远山,它不是一座孤岛而是更大的整体中的一个有机组成部分。

这也意味着血亲情谊、人情面子的束缚力出现下降,具有浓厚地方性色彩的民俗规范式微,对较多事项难以进行统揽。可以说,在此过程中,地方性和现代性之间发生了此消彼长的变化,基层社会的成员与理性的现代国家之间愈加亲和。是故,基层社会内生出"迎法下基层"的迫切需求。正如董磊明所总结:"迎法下乡只是对国家与乡村关系的一个真实描述。迎法下乡的原因是社会变迁使得传统的地方性规范式微,根本无法应对新出现的混乱状态,乡村社会内生出了对普遍性规则的需求。在当代中国,国家法律对于农村社会来说更多的是一种治理的力量,而不是一种混乱的力量。"[①] 对于一个县域来说,乡村尚且如此,则其城镇自不待言。无论是当地居民还是旅居远山的外来人士,他们在维护和实现自身权益时更加倾向于运用具有利益化、理性化色彩的共识规则体系,亦即国家法律;在面对和解决纠纷冲突时,他们青睐于走向基层法院及其下设的乡镇派出法庭,寻求来自国家的司法救济。远山县法院所受理的司法案件数量与日俱增,堪称全国法院系统所面临的"诉讼爆炸"状况的一个缩影,这充分说明了当前社会特别是基层社会对法律、司法和法治的旺盛需求。

无疑,迈向法治的社会治理结构转型不是一蹴而就的。一方面,基层社会"迎法下基层"的愿景是受到基层法院"送法下基层"的能力制约的——回顾前文,在行政诉讼当事人和受案基层法院承压的情况下,通过行政诉讼协调方式进行法律的"软执行",正好在一定程度上诠释了这一

---

① 参见董磊明《宋村的调解:巨变时代的权威与秩序》,法律出版社2008年版,第207页。

问题；另一方面，执行白条现象的浮现和若干"信访不信法"涉诉案件的存在，也反映出一个令人遗憾的事实：尽管"迎法下基层"是近年来的客观社会需求，但是仍有相当数量的社会成员包括公职人员尚未牢固树立起"办事依法、遇事找法、解决问题用法、化解矛盾靠法"的社会主义现代法治理念。

在"迎法下基层"遭遇波折的情境下，基层法院及相关部门的攻坚克难实践，正是旨在凝聚国家和社会、国家和地方、法院和其他机构之间的合力来解决问题，从而切实满足社会公众的"迎法下基层"需求。诚然，尽管存在着公正性、效率性、透明性有待进一步提高等问题，但是社会公众对法律和司法的客观需求并不会消解，祈盼公义、践行法治反而愈加成为普遍共识。具体而言，通过立案审查制向立案登记制的转轨，拆除选择性司法的藩篱；通过"中心法庭"式的乡镇派出法庭设置和对巡回法庭审理模式的推行，在山野河谷、田间地头实现乡村居民和基层法院之间对司法服务的"迎来送往"；以及通过其他各种举措打破从立案到审理再到执行中的行政化、地方化壁垒，从而提升司法效率、达致司法公正，均是法院系统特别是基层法院对"迎法下基层"作出的积极回应。无疑，这正是本书所总结和倡导的回应型司法，它试图最大可能、最为有效地争取自下而上的社会认同；它既推动着法律和国家的合法化，又不断加强着法律和国家的现代化。

当然，必须承认的是，尽管中国在飞速前进、跨越发展，但是乡土社会、熟人社会依然在一定范围内存在于当下，乃至会存在于我们可以预见的未来，而社会中的地方性亦不会完全消解。同时，即便现代法律是严谨、细密、理性、体系的，它也不可能面面俱到、涵盖一切，甚至在一定情况下会滞后于社会现实，或者与特定空间、特殊案例存在抵触。单就审理活动而言，无论是部分案件在裁判中所呈现出的法律或事实的不确定性，还是在复杂案件中合理填补法律漏洞、充分考虑社会效果的衡平术，抑或是借由调解而让法院与当事人双方共同建构出一个半自主的社会领域，均证明了这一道理。在此意义上，毋宁说"迎法下基层"是"迎接法律下基层"不如说是"迎接司法下基层"。

总之，在社会治理转型的语境下能够更全面和深入地解读基层司法。结合国家视域的"送法下基层"和社会角度的"迎法下基层"，可以发现社会治理转型时期的基层司法实践逻辑正是与时俱进、因地制宜地积极回应社会需求，从而实现法律和国家的合法化及现代化。故而，这是一种倡导良法善治的回应型司法。

第二节　建构回应型司法：基层司法的实践逻辑

平衡好发展与秩序之间的关系，从而避免陷入转型悖论的陷阱是当前社会治理转型的关键。这势必需要将法律作为根本的规范框架和将法治作为优选的实现路径。原因在于，现代法律规范具有可预期性和可计算性的特点，符合社会公众的利益化和理性化需求；而司法作为一种冲突解决手段，其凭借科学严谨的法律程序和训练有素的专业人员确保了冲突双方能够开展对抗性的说理和说理性的对抗，使得"相争止于法而非斗"并且促成了对相应社会共识的凝聚。考察远山县的基层司法实践，可以发现其与时俱进、因地制宜地回应着社会需求，同时兼顾着合法律性与合法性、现代性与地方性，既正视了近年来工商业发达的都市社会、异质性突出的生人社会在远山不断扩大的趋势，又面对了田园牧歌的乡土社会、同质性明显的熟人社会仍然与之并存的事实。故而，远山县的基层司法弥合着法律与民俗之缝隙，平衡着国家与社会之张力，调谐着发展与秩序之矛盾，这折射出的正是一种建构回应型司法的实践逻辑。

一　回应型司法的理论脉络

从理论指导实践、实践检验理论的角度出发，我们有必要先对诺内特和塞尔兹尼克的相关法社会学理论进行一个简要回溯。诺内特和塞尔兹尼克将法律划分为压制型法、自治型法和回应型法三个理想类型，这一洞见有助于我们理解司法的实践逻辑及其背后存在的合法化和现代化问题：

其一，压制型法。压制型法带有浓厚的人治色彩，其本质上是一种为设置权力秩序而提供便利的压制性工具。故此，法律与政治、行政、道德分化程度较低，提倡"厌讼"甚至"无讼"，借此最大限度地避免将社会冲突解决引入司法渠道，从而达到一种压制状态下的社会安定秩序。毋庸置疑，这是一种前现代社会的法律类型。① 其二，自治型法。为了矫正压制型法之失，自治型法让法律与政治、行政、道德之间形成明确分化，法律的权威大幅提升并有效制约了国家权力。然而，自治型法在很大程度上奉行的是形式法治（rule by law）理念，片面强调程序正义和要求对法律的绝对尊奉，对于合法律性是否能够真正生成合法性则不做过多要求，故导致法律僵化和实质正义缺失，法律无法对社会变迁作出积极有效的回应。② 其三，回应型法。在反思压制型法和自治型法各自存在的局限基础上，形式正义和实质正义相结合的回应型法应运而生。回应型法致力于在确保形式正义和形式理性的前提下，要求法律及时适应社会变迁和避免法律与社会之间的脱节，从而使得法律积极回应公众合理愿望和有效满足社会现实需求。③

通过实证研究，我们有足够理由相信回应型司法的逐步确立乃是一种必然。从传统社会到现代社会的转型变迁，意味着社会流动性的与日俱增、社会多元化的不断彰显、工具理性和个体权利的极大张扬，无论是社会组织的大量涌现还是社会关系的陌生化、匿名化，都呼唤用法律手段和契约精神来降低社会风险。于是，在以韦伯为代表的人士看来，这意味着社会的理性化，"非人格化"的法律统治和法律的形式化正是其重要表征；而司法则是"法的自动贩卖机"，依据证据事实和法律规定，以形式逻辑的方式来流水线作业。④ 显而易见，这样一种认识和诺内特、塞尔兹尼克所归纳的自治型法是具有高度重合性的。然而，实践证明它不尽正确。前文第五章"审理运作：依据法律的定分止争"已对此详细论证，下文也将会再次对其作一个简要回应。

---

① 参见［美］P. 诺内特、P. 塞尔兹尼克《转变中的法律与社会：迈向回应型法》，张志铭译，中国政法大学出版社2004年版，第31—36页。

② 参见［美］P. 诺内特、P. 塞尔兹尼克《转变中的法律与社会：迈向回应型法》，张志铭译，中国政法大学出版社2004年版，第59—61页。

③ 参见［美］P. 诺内特、P. 塞尔兹尼克《转变中的法律与社会：迈向回应型法》，张志铭译，中国政法大学出版社2004年版，第81—87页。

④ 参见［德］马克斯·韦伯《法律社会学 非正当性的支配》，康乐、简惠美译，广西师范大学出版社2011年版，第327页。

二 回应型司法的逐步确立

正如第五章"审理运作：依据法律的定分止争"中的田野资料及其分析所示，法律在很大程度上是立法者于立法之际对当时社会的思考判断，而社会却是持续变迁、无限繁复的，故法律与社会之间无可避免地存在着一定的抵牾或脱节，法律不可能完美无缺、无所不包。更何况，即使是在以市场经济社会、工业及后工业社会、都市社会、生人社会为主导的现代社会中，乡土社会、熟人社会依然不会完全消亡，那又遑论我国现阶段所处的转型社会呢？

我们可以通过审视远山县法院的审理运作来领会回应型司法的实践逻辑。首先，就裁判而言，在事实与法律均具有高度确定性的案件中，韦伯的形式理性法理论和"法的自动贩卖机"比喻是合理的；然而，在面对事实仅具有相对确定性，或法律条文在特定问题上含混不清、涉案各方利益冲突纷繁复杂等难题时，法院需结合逻辑推理之外的方法，积极填补法律漏洞和全面考虑法律内外因素，衡平地处理案件从而弥合法律与社会之缝隙，更好地实现司法的法律效果和社会效果。其次，就调解而言，其在我国长期以来所展现出的强大生命力值得深思。原因在于，调解以不突破法律限定的框架和不违背法律的强制性规定为原则，注重国家法律规范与社会生活事实之间的沟通关系，映射出司法柔性的一面。可见，调解既笼罩在"法律的光影"之中，又尊重了当事人的生活事实，是一种法院、纠纷当事人共同建构出一个半自主社会领域的合作型司法。最后，司法实践中还存在着在性质上与调解近似的行政诉讼协调。协调是在2013年新一轮司法改革前司法权威和司法能力不足的情境下，以及需要避免机械司法的特定案件中，通过对法律的"软执行"来相对调谐行政诉讼原被告利益，从而尽可能维持司法合法律性和审判权合法性。

由此可见，社会治理转型时期的基层司法确实是通过达致合法律性来生成合法性的，但它并非唯法律而法律的机械司法，而是挣脱"理性牢笼"、摆脱"法律更多而秩序更少"的困境，积极面向社会、切实考虑案件的各种结构性条件、推动社会良性发展的回应型司法。"国皆有法，而无使法必行之法。"（《商君书·画策第十八》）要使基层司法有效运转、充分发挥其正功能,则合理配置各种结构要素和制度资源,以及倡导不同主体之间的沟通、交流、协作是不可或缺的。换言之,无论是基层法院一方"送法下乡""送法上门"的司法服务,以及通过结构调整和技术驱动来实现去行政化、去地方化的司法实践,还是社会公众一方"诉讼爆炸""迎法上门"的司法需求,以及在调解、执行等方面的监督、合作,都体现出了双方的良性往来、彼此回应之趋势,这显然是符合现代社会治理所倡导的上下互动之理念的。①

无疑,这是一种"良法善治"式的实质法治实践,并且它与社会治安综合治理密不可分。从远山县的田野资料和其他相关经验材料来看,基层法院当前承担着以下角色—功能:能动的纠纷解决者、积极的社会控制者、重要的权力制约者、实然的规则制定者。喻中指出,从社会治安综合治理中可以察觉到两条法治线索:一则,以化解纠纷冲突和实现社会控制为目的的社会之治;二则,以权力规制和权力监督为核心的政治之治。结合两者,安定社会秩序和政治秩序,从而实现"天下大治"。"法"是进路,"治"是归宿。"法"是"治"的主要依据而非唯一依据;基层法院是"治"的重要主体之一,它需要同当地其他政法机关、上级法院等其他国家机关,以及其他机构、组织和个人展开横向与纵向的合作。② 正如党的十八届四中全会所提出,提高社会治理法治化水平,坚持系统治理、依法治理、综合治理、源头治理乃是形成科学有效的现代社会治理所必需。③

具体到基层司法领域来说,所谓系统治理,意味着在党的领导下坚持群众路线,鼓励和吸纳社会公众多方参与,避免基层法院唱独角戏。可见,适当采用调解方式审理案件,以及积极推进庭审活动、裁判文书和司法执行的信息公开,均是加强社会参与的必要实践。依法治理是因为基层法院作为司法机关,法律乃是其最为基本和最为主要的准据。综合治理与源头治理,则是指在基层司法中,基层法院协同其他机构,综合运用法

---

① 参见贺雪峰《新乡土中国:转型期乡村社会调查笔记》,广西师范大学出版社2003年版,第82—83页;丁卫《秦窑法庭:基层司法的实践逻辑》,生活·读书·新知三联书店2014年版,第16—17页;俞可平主编《治理与善治》,社会科学文献出版社2000年版,第1—15页。
② 参见喻中《论"治—综治"取向的中国法治模式》,《法商研究》2011年第3期。
③ 详见党的十八届四中全会通过的《中共中央关于全面推进依法治国若干重大问题的决定》。

律、经济、行政、文化等多种手段,通过管理、建设、防控、疏导、惩教、矫正等多重工作,从根本上预防和化解社会冲突,控制和消除各类违法犯罪,进而维持社会秩序稳定和推动社会良性发展。

不言而喻,基层司法对于法律和国家的合法化,同基层司法对于法律和国家的现代化是交织在一起的,两者互为依托、相辅相成。开天辟地、继往开来的近现代历史为中国法治建设打上了现代化的烙印。回顾历史,清末民初的进步人士重拾先贤韩非子"国无常强,无常弱。奉法者强则国强,奉法者弱则国弱"(《韩非子·有度》)之精神,尝试向泰西诸国学习借鉴、引进移植其近现代法律,借此实现近代中国的变法图强,从而在"三千年未有之大变局"中应对亡国灭种危机,拯救民族、复兴华夏。毕竟,"对丰富多彩的世界,我们应该秉持兼容并蓄的态度,虚心学习他人的好东西,在独立自主的立场上把他人的好东西加以消化吸收,化成我们自己的好东西,但决不能囫囵吞枣、决不能邯郸学步"①。故此,改革开放以来的建设社会主义法治国家战略,则是既博采众长地吸收借鉴西方法律制度,又大力发掘中华民族优良的历史传统和积极总结当下法律实践中的经验智慧,通过同时利用外来资源和本土资源,切实提升社会治理能力,借此应对社会转型中的失序状况,力争形成强国家—强社会的良好格局。正如庞德所言:"法律乃是经由理性发展起来的经验和经由经验检测的理性"②,"法律是一种可以经由智性努力而加以改善的社会制度"③。

众所周知,现代化包含以下三个层次:器物技能层次(technical level)、制度层次(institutional level)、思想行为(behavioral level)层次。④ 如果我们将这样一种划分引入到对基层司法实践逻辑的研究中,则可以发现当前中国司法尤其是基层司法,在下述三个层次成就着法律和国家的现代化:第一,远山县法院等基层法院致力于实现基层司法的物质资源和技术手段保障,特别是积极参与智慧法院建设工程,借此更新各类司

---

① 习近平:《论坚持全面依法治国》,中央文献出版社2020年版,第78页。
② [美]罗斯科·庞德:《法理学》(第一卷),邓正来译,中国政法大学出版社2004年版,第296页。
③ [美]罗斯科·庞德:《法理学》(第一卷),邓正来译,中国政法大学出版社2004年版,第296页。
④ 参见金耀基《中国文明的现代转型》,广东人民出版社2016年版,第29页。

法设施设备和启用数据信息技术,这是在器物技能层次推动法律和国家的现代化。第二,在司法体制改革事业中,远山县法院等基层法院进行着相应的司法去地方化、司法去行政化的结构调整和制度创新,这是在制度层次增进法律和国家的现代化。第三,远山县法院等基层法院通过施行法官员额制、司法责任制,彰显出法官及其辅助人员的优良法律素养和现代法治信念,这是在思想行为层次促成法律和国家的现代化。诚然,前述三者是彼此交融、相互影响的。

故此,我们可以确信基层司法对法律和国家的现代化,确实是服务于对法律和国家的合法化这一目标的,合法化和现代化两者相互依托、相辅相成。正如黄宗智所指出,近百年来的社会发展与法律变迁,使得中国法律制度在实际运作层面上是革命法律、舶来法律、古代法律三者的混合体,三者缺一即不符合历史实际和社会现实。[①] 社会转型中的远山等广大县域,是同时由灯火辉煌的城镇、车水马龙的街道、耸入云霄的商厦、机器轰鸣的工厂和宁静幽美的乡野、小桥流水的村舍、谷穗飘香的耕田组成的。回应型司法的要旨正是要求基层法院尊重法律的时空性,以与时俱进、因地制宜的理念赋予"文本中的法"(law in book)以生命力,使其转化为社会真正所需的"行动中的法"(law in action),从而维持社会秩序安定和推动社会良性发展,成就法律和国家的合法化及现代化。

如果做一个比喻,通过回应型司法,既可以让现代法律这株"植物"深入根植和良好适应于中国社会"底土";同时,又能够让茁壮成长的法律"植物"来为中国社会"底土"防治水土流失和提高肥力。归根结底,法律由社会产生和约制,而法律又推动着社会的发展变迁。正如金耀基所指出:"中国的现代化工作决不能建立在虚无上,而必须建立在一个被批判过的传统上,现代与传统之间根本无一楚河汉界,传统与现实实是一'连续体',是不应也不能完全铲除传统的"[②],"中国现代化运动,将不可避免地大量地废弃中国的事物,以及大量地接受外国事物,但是,中国现代化运动绝不是斩绝中华传统的反古运动,也绝不是全盘地同化于西方

---

① 参见[美]黄宗智《过去和现在:中国民事法律实践的探索》,法律出版社2014年版,"序言"第1—7页。

② 金耀基:《中国文明的现代转型》,广东人民出版社2016年版,第41页。

的运动,中国现代化运动绝不是中国文化的死亡而是中国文化的'再造'"①。无论是面对舶来法律、革命法律、传统法律三者的混合,还是面对灯火辉煌的城镇、车水马龙的街道、耸入云霄的商厦、机器轰鸣的工厂和宁静幽美的乡野、小桥流水的村舍、谷穗飘香的耕田的共存,我们都有理由相信,以古为今用、洋为中用的智慧,以海纳百出、有容乃大的胸怀,整合现实和历史的本土资源以及舶来的异域资源,能够更好地回应当下复杂多元的社会需求。

一言以蔽之,对本土革命法律和传统法律进行发扬和创新,对西方舶来法律作出阐释和改造,借由合法律性生成合法性,平衡现代性与地方性,兼顾形式理性与实质理性,调谐程序正义与实质正义,从而实现法律和国家的合法化及现代化,形塑出法律与社会、国家与社会、国家与地方之间的良性关系,这正是回应型司法的内在脉络,也正是社会治理转型语境下的基层司法实践逻辑。

---

① 金耀基:《中国文明的现代转型》,广东人民出版社2016年版,第58页。

参考文献

一　马克思主义经典著作

《马克思恩格斯选集》（第一卷），人民出版社2012年版。
《马克思恩格斯全集》（第一卷），人民出版社1995年版。
《习近平谈治国理政》（第二卷），外文出版社2017年版。
习近平：《论坚持全面依法治国》，中央文献出版社2020年版。

二　中文著作

陈光中主编：《中国司法制度的基础理论专题研究》，北京大学出版社2005年版。
储殷：《转型社会的法律治理——基层法院的结构与运作》，吉林大学出版社2016年版。
丁卫：《秦窑法庭：基层司法的实践逻辑》，生活·读书·新知三联书店2014年版。
董磊明：《宋村的调解：巨变时代的权威与秩序》，法律出版社2008年版。
杜万华主编：《依法治国与人民法庭建设》（第一卷），厦门大学出版社2017年版。
范愉等：《多元化纠纷解决机制与和谐社会的建构》，经济科学出版社2011年版。
费孝通：《乡土中国　生育制度　乡土重建》，商务印书馆2011年版。
封丽霞：《政党、国家与法治——改革开放30年中国法治发展透视》，人民出版社 2008 年版。

冯仕政：《当代中国的社会治理与政治秩序》，中国人民大学出版社 2013 年版。

冯仕政：《社会治理新蓝图》，中国人民大学出版社 2018 年版。

付子堂主编：《法社会学新阶》，中国人民大学出版社 2014 年版。

付子堂主编：《法理学高阶》，高等教育出版社 2008 年版。

高其才：《法社会学》，北京师范大学出版社 2013 年版。

高其才、黄宇宁、赵彩凤：《基层司法——社会转型时期的三十二个先进人民法庭实证研究》，法律出版社 2009 年版。

顾培东：《社会冲突与诉讼机制》，法律出版社 2016 年第 3 版。

郭星华主编：《法社会学教程》，中国人民大学出版社 2015 年第 2 版。

何兵主编：《和谐社会与纠纷解决机制》，北京大学出版社 2007 年版。

何海波：《行政诉讼法》，法律出版社 2016 年第 2 版。

何海波：《实质法治：寻求行政判决的合法性》，法律出版社 2009 年版。

贺雪峰：《乡村治理的社会基础》，生活·读书·新知三联书店、生活书店 2020 年版。

贺雪峰：《新乡土中国：转型期乡村社会调查笔记》，广西师范大学出版社 2003 年版。

胡水君：《法律的政治分析》，中国社会科学出版社 2015 年版。

黄建武：《法律调整——法社会学的一个专题讨论》，中国人民大学出版社 2015 年版。

［美］黄宗智：《实践与理论：中国社会、经济与法律的历史与现实研究》，法律出版社 2015 年版。

［美］黄宗智：《过去和现在：中国民事法律实践的探索》，法律出版社 2014 年版。

［美］黄宗智、尤陈俊主编：《历史社会法学：中国的实践法史与法理》，法律出版社 2014 年版。

季卫东：《法治秩序的建构》，商务印书馆 2014 年版。

江华：《江华司法文集》，人民法院出版社 1989 年版。

金耀基：《中国文明的现代转型》，广东人民出版社 2016 年版。

景汉朝、卢子娟：《审判方式改革实论》，人民法院出版社 1997 年版。

瞿同祖：《瞿同祖法学论著集》，中国政法大学出版社 2004 年版。

瞿同祖：《中国法律与中国社会》，中华书局 2003 年第 2 版。

李友梅等：《中国社会治理转型（1978—2018）》，社会科学文献出版社 2018 年版。

李瑜青等：《法律社会学理论与应用》，上海大学出版社 2007 年版。

梁治平编：《国家、市场、社会：当代中国的法律与发展》，中国政法大学出版社 2006 年版。

林中梁：《各级党委政法委的职能及宏观政法工作》，中国长安出版社 2004 年版。

刘少杰：《后现代西方社会学理论》，北京大学出版社 2014 年第 2 版。

刘祖云等：《组织社会学》，中国审计出版社、中国社会出版社 2002 年版。

卢荣荣：《中国法院功能研究》，法律出版社 2014 年版。

齐树洁主编：《英国民事司法改革》，北京大学出版社 2004 年版。

强世功：《法制与治理：国家转型中的法律》，中国政法大学出版社 2003 年版。

任岳鹏：《哈贝马斯：协商对话的法律》，黑龙江大学出版社 2009 年版。

宋冰编：《程序、正义与现代化——外国法学家在华演讲录》，中国政法大学出版社 1998 年版。

宋远升：《法院论》，中国政法大学出版社 2016 年版。

宋远升：《司法论》，法律出版社 2016 年版。

苏国勋：《理性化及其限制：韦伯思想引论》，商务印书馆 2016 年版。

苏力：《法治及其本土资源》，北京大学出版社 2015 年第 3 版。

苏力：《送法下乡——中国基层司法制度研究》，北京大学出版社

2011 年修订版。

孙立平:《转型与断裂——改革以来中国社会结构的变迁》,清华大学出版社 2004 年版。

孙立平:《现代化与社会转型》,北京大学出版社 2005 年版。

汤唯:《司法社会学的原理与方法》,法律出版社 2015 年版。

田先红:《治理基层中国——桥镇信访博弈的叙事,1995—2009》,社会科学文献出版社 2012 年版。

王汉生、杨善华主编:《农村基层政权运行与村民自治》,中国社会科学出版社 2001 年版。

王志强等:《司法公正的路径选择:从体制到程序》,中国法制出版社 2010 年版。

吴英姿:《法官角色与司法行为》,中国大百科全书出版社 2008 年版。

严存生:《西方法律思想史》,中国法制出版社 2012 年版。

徐艳阳:《涉诉信访问题研究——以制度博弈为视角》,人民日报出版社 2013 年版。

燕继荣:《政治学十五讲》,北京大学出版社 2004 年版。

杨建华:《发展社会学通论》,社会科学文献出版社 2016 年版。

杨善华、谢立中主编:《西方社会学理论》(下卷),北京大学出版社 2006 年版。

姚小林:《司法社会学引论》,厦门大学出版社 2014 年版。

尹利民:《地方的信访与治理——中国地方信访问题调查与研究》,人民出版社 2015 年版。

应星主编:《中国社会》,中国人民大学出版社 2015 年版。

俞可平主编:《治理与善治》,社会科学文献出版社 2000 年版。

喻中:《乡土中国的司法图景》,法律出版社 2013 年第 2 版。

张浩:《规则竞争:乡土社会转型中的纠纷解决与法律实践》,中国社会科学出版社 2014 年版。

张晋藩:《中国法律的传统与近代转型》,法律出版社 2009 年版。

张晋藩主编:《中国司法制度史》,人民法院出版社 2004 年版。

张五常:《中国的经济制度——中国经济改革三十年》,中信出版社

2009 年版。

张翼主编：《当代中国社会结构变迁与社会治理》，经济管理出版社 2016 年版。

张永和等：《大邑调解：透过法社会学与法人类学的观察》，法律出版社 2011 年版。

张永和、赵树坤、骆军等：《常县涉诉信访：中国基层法院涉诉信访研究报告》，人民出版社 2013 年版。

赵旭东：《结构与再生产：吉登斯的社会理论》，中国人民大学出版社 2017 年版。

赵旭东：《权力与公正——乡土社会的纠纷解决与权威多元》，天津古籍出版社 2003 年版。

郑杭生主编：《社会学概论新修》，中国人民大学出版社 2013 年第 4 版。

中国法学会编著：《中国法治建设年度报告》（2016），法律出版社 2017 年版。

中国法学会编著：《中国法治建设年度报告》（2017），法律出版社 2018 年版。

中华人民共和国最高人民法院行政审判庭编：《中国行政审判指导案例》（第一卷），中国法制出版社 2010 年版。

中华人民共和国最高人民法院行政审判庭编：《行政执法与行政审判参考》（2000 年第 1 辑·总第 1 辑），法律出版社 2000 年版。

中华人民共和国最高人民法院行政审判庭编：《行政执法与行政审判参考》（2001 年第 1 辑·总第 2 辑），法律出版社 2001 年版。

中华人民共和国最高人民法院行政审判庭编：《行政执法与行政审判参考》（2002 年第 1 辑·总第 4 辑），法律出版社 2002 年版。

周黎安：《转型中的地方政府：官员激励与治理》，格致出版社、上海人民出版社 2008 年版。

朱景文：《现代西方法社会学》，法律出版社 1994 年版。

最高人民法院编写：《中国法院的司法改革》，人民法院出版社 2016 年版。

最高人民法院司法改革领导小组办公室：《〈最高人民法院关于全面

深化人民法院改革的意见〉读本》,人民法院出版社 2015 年版。

左卫民等:《变革时代的纠纷解决:法学与社会学的初步考察》,北京大学出版社 2007 年版。

左卫民、周长军:《变迁与改革——法院制度现代化研究》,法律出版社 2000 年版。

三 中文论文

［法］布迪厄:《法律的力量——迈向司法场域的社会学》,强世功译,《北大法律评论》1999 年第 2 辑。

陈柏峰:《农民上访的分类治理研究》,《政治学研究》2012 年第 1 期。

陈柏峰:《无理上访与基层法治》,《中外法学》2011 年第 2 期。

陈金钊:《实质法治思维路径的风险及其矫正》,《清华法学》2012 年第 4 期。

陈瑞华:《司法权的性质——以刑事司法为范例的分析》,《法学研究》2000 年第 5 期。

陈瑞华:《正义的误区——评法院审判委员会制度》,《北大法律评论》1999 年第 2 辑。

程德文:《形式理性与刑事诉讼中的事实裁判》,《学习与探索》2007 年第 6 期。

邓玮、董丽云:《布迪厄:用场域理论研究法律》,《学术探索》2005 年第 5 期。

董磊明、陈柏峰、聂良波:《结构混乱与迎法下乡——河南宋村法律实践的解读》,《中国社会科学》2008 年第 5 期。

顾培东:《当代中国法治话语体系的构建》,《法学研究》2012 年第 3 期。

冯洁:《关系主义方法、场域与法律论证——以布迪厄的理论为出发点》,《法律方法》2014 年第 2 卷。

郭星华:《权威的演化与嬗变——从一份"请示报告"看我国的法治化进程》,《社会科学论坛》(学术评论卷) 2009 年第 8 期。

郭星华、黄家亮：《社会学视野下法律的现代性与地方性》，《中国人民大学学报》2007年第5期。

郭星华：《走向法治化的中国社会——我国城市居民法治意识与法律行为的实证研究》，《江苏社会科学》2003年第1期。

韩大元、于文豪：《法院、检察院和公安机关的宪法关系》，《法学研究》2011年第3期。

韩克芳：《关于改革和完善审判委员会制度的思考》，《山东社会科学》2000年第3期。

胡建淼、唐震：《行政诉讼调解、和解抑或协调和解——基于经验事实和规范文本的考量》，《政法论坛》2011年第4期。

胡夏冰、陈春梅：《我国人民法庭制度的发展历程》，《法学杂志》2011年第2期。

胡玉鸿：《马克思恩格斯论司法独立》，《法学研究》2002年第1期。

胡云腾、袁春湘：《转型中的司法改革与改革中的司法转型》，《法律科学》2009年第3期。

黄家亮：《法律是如何实践的？——以一起刑事附带民事案件为关键性个案的分析》，《社会中的法理》2010年第1辑。

［美］黄宗智：《悖论社会与现代传统》，《读书》2005年第2期。

季卫东：《中国司法的思维方式及其文化特征》，《法律方法与法律思维》2005年卷。

李白鹤：《波兰尼的"默会认识"思想研究》，《武汉大学学报》（哲学社会科学版）2006年第4期。

李红专：《当代西方社会历史观的重建——吉登斯结构化理论述评》，《教学与研究》2004年第4期。

李丽、李明宇：《论社会转型期的发展性控制》，《江苏大学学报》（社会科学版）2003年第4期。

李小萍：《论法院的地方性》，《法学评论》2013年第3期。

李瑜青、雷明贵：《合作型司法及其权威——以法院调解实践为视角》，《中国农业大学学报》（社会科学版）2011年第4期。

刘建军、赵彦龙：《单位体制生命力衰减的根源及其后果》，《文史哲》2000年第6期。

刘建军：《中国单位体制的构建与"革命后社会"的整合》，《云南行政学院学报》2000年第5期。

刘少杰：《当代中国社会转型的实质与缺失》，《学习与探索》2014年第9期。

陆春萍、邓伟志：《社会实践：能动与结构的中介——吉登斯结构化理论阐释》，《学习与实践》2006年第2期。

罗骞：《所有的力量关系都是权力关系：论福柯的权力概念》，《中国人民大学学报》2015年第2期。

马德坤：《习近平关于社会治理的理论创新与实践探索》，《中国高校社会科学》2017年第3期。

孟祥：《拒不执行判决、裁定罪实务问题探析》，《中国刑事法杂志》2019年第1期。

姜树政：《中国城镇化之路与人民法庭布局——以三省三市（地区）110处人民法庭为样本的分析》，《山东审判》2015年第4期。

江西省高级人民法院课题组、张忠厚、卓泽渊：《人民法院司法公信现状的实证研究》，《中国法学》2014年第2期。

孔凡义、杨小龙：《越级上访的概念、类型和发生机制》，《武汉科技大学学报》（社会科学版）2019年第1期。

齐树洁：《司法改革与接近正义》，《司法改革论评》2013年第2辑。

齐树洁：《我国多元化纠纷解决机制的新发展》，《东南司法评论》2016年卷。

申端锋：《乡村治权与分类治理：农民上访研究的范式转换》，《开放时代》2010年第6期。

沈福俊：《和谐统一的行政诉讼协调和解机制》，《华东政法大学学报》2007年第6期。

沈原：《"强干预"与"弱干预"：社会学干预方法的两条途径》，《社会学研究》2006年第5期。

孙笑侠：《司法权的本质是判断权——司法权与行政权的十大区别》，《法学》1998年第8期。

孙运梁：《福柯权力理论探析》，《求索》2010年第4期。

王飞鸿：《最高法院部署全国法院集中清理执行积案运动》，《人民司法》1998 年第 9 期。

王国斌：《近年来党的社会治理思想创新》，《红旗文稿》2018 年第 7 期。

王荔：《司法"接近正义"之实践逻辑转向》，《人民论坛·学术前沿》2017 年第 16 期。

王雅林：《中国的"赶超型现代化"》，《社会学研究》1994 年第 1 期。

汪永涛、陈鹏：《涉诉信访的基本类型及其治理研究》，《社会学评论》2015 年第 2 期。

汪岳：《无理上访以何终结——对一起长达 30 年信访个案的考察》，《北京理工大学学报》（社会科学版）2016 年第 2 期。

翁子明：《官僚制视角下的中国司法管理》，《暨南学报》（哲学社会科学版）2008 年第 1 期。

吴英姿：《司法过程中的"协调"——一种功能分析的视角》，《北大法律评论》2008 年第 2 辑。

习近平：《推进全面依法治国，发挥法治在国家治理体系和治理能力现代化中的积极作用》，《求是》2020 年第 22 期。

夏锦文：《共建共治共享的社会治理格局：理论构建与实践探索》，《江苏社会科学》2018 年第 3 期。

夏锦文：《法律实施及其相关概念辨析》，《法学论坛》2003 年第 6 期。

夏正林：《论法院改革中法院院长的角色定位——兼议法官队伍去行政化》，《法治社会》2016 年第 3 期。

［美］小奥利弗·温德尔·霍姆斯：《法律的道路》，张千帆、杨春福、黄斌译，《南京大学法律评论》2000 年第 2 辑。

严存生：《西方社会法学的法观念探析》，《学术研究》2010 年第 1 期。

严存生：《法的合理性研究》，《法制与社会发展》2002 年第 4 期。

杨生平：《权力：众多力的关系——福柯权力观评析》，《哲学研究》2012 年第 11 期。

尹利民、钟文嘉：《"并立分治"：地方信访治理的层级差异及其解释——基于组织学视角的案例研究》,《学习论坛》2016 年第 4 期。

尹利民:《"表演型上访":作为弱者的上访人的"武器"》,《南昌大学学报》(人文社会科学版) 2012 年第 1 期。

应星:《作为特殊行政救济的信访救济》,《法学研究》2004 年第 3 期。

郁振华:《波兰尼的默会认识论》,《自然辩证法研究》2001 年第 8 期。

喻中:《论"治—综治"取向的中国法治模式》,《法商研究》2011 年第 3 期。

张树义、张力:《迈向综合分析时代——行政诉讼的困境及法治行政的实现》,《行政法学研究》2013 年第 1 期。

张永宏、李静君:《制造同意:基层政府怎样吸纳民众的抗争》,《开放时代》2012 年第 7 期。

赵孟营:《社会治理精细化:从微观视野转向宏观视野》,《中国特色社会主义研究》2016 年第 1 期。

赵旭东:《纠纷调解与法律知识——以河北李村以及广西金秀的田野考察为例》,《中国研究》2005 年第 1 辑。

周永坤:《信访潮与中国纠纷解决机制的路径选择》,《暨南学报》(哲学社会科学版) 2006 年第 1 期。

朱景文:《中国法治道路的探索——以纠纷解决的正规化和非正规化为视角》,《法学》2009 年第 7 期。

朱志刚:《以社会主义核心价值体系为指导构建活力社会》,《理论月刊》2010 年第 5 期。

四 外文著作

Blomley, Nicholas K., *Law, Space, and the Geographies of Power*, New York: Guilford Press, 1994.

Roberts, Simon, *Order and Dispute: An Introduction to Legal Anthropology*, New York: St. Martin's Press, 1979.

Goldberg, Stephen B., Frank E. A. Sander, Nancy H. Rogers, *Dispute*

Resolution: *Negotiation*, *Mediation*, *and Other Processes*, 2nd ed., Boston: Little, Brown, & Company, 1992.

［英］安德鲁·海伍德：《政治学》，中国人民大学出版社 2010 年英文影印第 3 版。

［英］安东尼·吉登斯：《社会学》，北京大学出版社 2010 年英文影印第 6 版。

［美］戴维·H. 罗森布鲁姆、罗伯特·S. 克拉夫丘克、理查德·M. 克勒肯：《公共行政学：管理、政治和法律的途径》，中国人民大学出版社 2013 年英文影印第 7 版。

五 外文译著

［美］艾莉森·利·布朗：《福柯》，聂保平译，中华书局 2014 年版。

［法］埃米尔·涂尔干：《社会分工论》，渠敬东译，生活·读书·新知三联书店 2017 年版。

［英］安东尼·吉登斯：《社会的构成——结构化理论纲要》，李康、李猛译，中国人民大学出版社 2016 年版。

［英］安东尼·吉登斯：《现代性与自我认同：晚期现代中的自我与社会》，夏璐译，中国人民大学出版社 2016 年版。

［英］安东尼·吉登斯：《社会理论的核心问题：社会分析中的行动、结构与矛盾》，郭忠华、徐法寅译，上海译文出版社 2015 年版。

［英］安东尼·吉登斯：《现代性的后果》，田禾译，黄平校，译林出版社 2011 年版。

［美］安东尼·唐斯：《官僚制内幕》，郭小聪等译，中国人民大学出版社 2006 年版。

［美］安索尼·T. 克罗曼：《迷失的律师：法律职业理想的衰落》，田凤常译，法律出版社 2010 年版。

［美］本杰明·卡多佐：《司法过程的性质》，苏力译，商务印书馆 1998 年版。

［美］彼得·L. 伯格：《与社会学同游：人文主义的视角》，何道宽译，北京大学出版社 2014 年版。

［美］戴维·迈尔斯：《社会心理学》，侯玉波、乐国安、张智勇等译，人民邮电出版社 2016 年版。

［英］丹宁勋爵：《法律的训诫》，杨百揆、刘庸安、丁健译，法律出版社 2011 年版。

［美］杜赞奇：《文化、权力和国家——1900—1942 年的华北农村》，王福明译，江苏人民出版社 1994 年版。

［美］E. 博登海默：《法理学：法律哲学与法律方法》，邓正来译，中国政法大学出版社 2004 年版。

［美］弗里茨·林格：《韦伯学术思想评传》，马乐乐译，北京大学出版社 2011 年版。

［日］高见泽磨：《现代中国的纠纷与法》，何勤华、李秀清、曲阳译，法律出版社 2003 年版。

［日］沟口雄三：《作为方法的中国》，孙军悦译，生活·读书·新知三联书店 2011 年版。

［德］哈贝马斯：《在事实与规范之间：关于法律和民主法治国的商谈理论》，童世骏译，生活·读书·新知三联书店 2014 年版。

［美］哈罗德·J. 伯尔曼：《法律与革命——西方法律传统的形成》，贺卫方等译，中国大百科全书出版社 1993 年版。

［美］克利福德·吉尔兹：《地方性知识：阐释人类学论文集》，王海龙、张家瑄译，中央编译出版社 2000 年版。

［美］劳伦斯·M. 弗里德曼：《法律制度——从社会科学角度观察》，李琼英、林欣译，中国政法大学出版社 2004 年版。

［美］理查德·波斯纳：《法官如何思考》，苏力译，北京大学出版社 2009 年版。

［美］鲁斯·华莱士、［英］艾莉森·沃尔夫：《当代社会学理论——对古典理论的扩展》，刘少杰等译，中国人民大学出版社 2008 年版。

［法］卢梭：《社会契约论》，李平沤译，商务印书馆 2011 年版。

［美］罗斯科·庞德：《法律史解释》，邓正来译，商务印书馆 2013 年版。

［美］罗斯科·庞德：《法理学》（第一卷），邓正来译，中国政法大学出版社 2004 年版。

［美］罗斯科·庞德：《通过法律的社会控制》，沈宗灵译，楼邦彦校，商务印书馆1984年版。

［英］马丁·因尼斯：《解读社会控制——越轨行为、犯罪与社会秩序》，陈天本译，中国人民公安大学出版社2009年版。

［德］马克斯·韦伯：《法律社会学 非正当性的支配》，康乐、简惠美译，广西师范大学出版社2011年版。

［德］马克斯·韦伯：《经济与社会》（第一卷），阎克文译，上海人民出版社2010年版。

［德］马克斯·韦伯：《马克斯·韦伯社会学文集》，阎克文译，人民出版社2010年版。

［英］迈克尔·波兰尼：《个人知识：朝向后批判哲学》，徐陶译，上海人民出版社2017年版。

［美］米尔伊安·R.达玛什卡：《司法和国家权力的多种面孔：比较视野中的法律程序》，郑戈译，中国政法大学出版社2015年版。

［德］尼克拉斯·卢曼：《法社会学》，宾凯、赵春燕译，上海人民出版社2013年版。

［美］P.诺内特、P.塞尔兹尼克：《转变中的法律与社会：迈向回应型法》，张志铭译，中国政法大学出版社2004年版。

［英］帕特里克·敦利威：《民主、官僚制与公共选择——政治科学中的经济学阐释》，张庆东译，徐湘林校，中国青年出版社2004年版。

［美］帕特里夏·尤伊克、苏珊·S.西尔贝：《日常生活与法律》，陆益龙译，商务印书馆2015年版。

［日］棚濑孝雄：《纠纷的解决与审判制度》，王亚新译，中国政法大学出版社2004年版。

［法］皮埃尔·布尔迪厄、［美］华康德：《反思社会学导引》，李猛、李康译，商务印书馆2015年版。

［法］皮埃尔·布尔迪厄：《实践理论大纲》，高振华、李思宇译，中国人民大学出版社2017年版。

［意］切萨雷·贝卡里亚：《论犯罪与刑罚》，黄风译，中国大百科全书出版社1993年版。

［美］R.M.昂格尔：《现代社会中的法律》，吴玉章、周汉华译，译

林出版社 2008 年版。

［美］史蒂文·瓦戈：《法律与社会》，梁坤、邢朝国译，郭星华审校，中国人民大学出版社 2011 年第 9 版。

［美］唐纳德·布莱克：《正义的纯粹社会学》，徐昕、田璐译，浙江人民出版社 2009 年版。

［美］唐纳德·J. 布莱克：《法律的运作行为》，唐越、苏力译，中国政法大学出版社 2004 年版。

［美］小奥利弗·温德尔·霍姆斯：《普通法》，冉昊、姚中秋译，中国政法大学出版社 2006 年版。

［古希腊］亚里士多德：《尼各马可伦理学》，廖申白译，商务印书馆 2003 年版。

［古希腊］亚里士多德：《政治学》，吴寿彭译，商务印书馆 1965 年版。

［美］詹姆斯·克里斯：《社会控制》，纳雪沙译，电子工业出版社 2012 年版。

六 学位论文

程苗：《韦伯形式理性法理论之评析——兼论建构充分理性的中国法》，博士学位论文，吉林大学，2011 年。

邓玮：《法律场域的行动逻辑——一项关于行政诉讼的社会学研究》，博士学位论文，上海大学，2006 年。

申端锋：《治权与维权：和平乡农民上访与乡村治理 1978—2008》，博士学位论文，华中科技大学，2009 年。

七 报刊文章

陈卫东：《决胜"基本解决执行难" 开创执行工作新局面》，《人民法院报》2018 年 11 月 5 日。

邓恒：《如何理解智慧法院与互联网法院》，《人民法院报》2017 年 7 月 25 日。

马守敏、闫继勇：《合议庭改革的山东模式探索》，《人民法院报》2008 年 4 月 20 日。

任建新：《最高人民法院工作报告——1998 年 3 月 10 日在第九届全国人民代表大会第一次会议上》，《人民日报》1998 年 3 月 24 日。

应星：《拔钉子 开口子 揭盖子》，《北京日报》2013 年 8 月 12 日。

八 电子文献

周强：《最高人民法院关于人民法院解决"执行难"工作情况的报告（2018 年 10 月 24 日第十三届全国人民代表大会常务委员会第六次会议）》，最高人民法院官网，http：//www.court.gov.cn/fabu-xiangqing-124841.html，2018 年 10 月 25 日访问。

最高人民法院：《扎实推进庭审公开 全面助力阳光司法——中国庭审公开网直播庭审突破 200 万场》，中国法院网，https：//www.chinacourt.org/article/detail/2018/11/id/3586983.shtml，2018 年 11 月 30 日访问。

最高人民法院：《中国法院司法公开》，中国法院网，https：//www.chinacourt.org/article/detail/2017/03/id/2579926.shtml，2018 年 11 月 30 日访问。

九 其他文献

中国法律年鉴社编：《中国法律年鉴》（1991—2018 年各卷），中国法律年鉴社 1991—2018 年版。

中华人民共和国国家统计局编：《中国统计年鉴》（2001、2004、2017、2018 年卷），中国统计出版社 2001、2004、2017、2018 年版。

最高人民法院编：《人民法院司法统计历史典籍 1949—2016·民事卷一（1950—2004）》，中国民主法制出版社 2018 年版。

最高人民法院编：《人民法院司法统计历史典籍 1949—2016·行政及赔偿卷》，中国民主法制出版社 2018 年版。

附录 深度访谈编码

注：笔者的田野调查获得了远山县委政法委书记、远山县法院院长的正式授权，系以调研人员的公开身份进入田野，并向访谈对象等相关人员一一表明了调研目的和资料用途；本书对田野调查中所涉人名、省级以下地名和其他相关信息均进行了化名等技术处理。

访谈编码	姓名	访谈时间及地点	身份（同一对象不作重复介绍）
ZYH20140128	张一泓	2014年1月28日，远山县法院院长办公室	前远山县法院党组书记、院长
TYQ20140920	唐永清	2014年9月20日，远山县委政法委书记办公室	前远山县县委常委、政法委书记
ZYH20160115	张一泓	2016年1月15日，北定市张一泓新工作地点	
CT20160113	陈涛	2016年1月13日，远山县法院民一庭办公室	远山县法院民事审判团队简易程序组员额法官
LJ20160122	罗军	2016年1月22日，远山县法院东岭人民法庭办公室	远山县法院东岭人民法庭庭长、员额法官
ZYH20160130	张一泓	2016年1月30日，北定市张一泓新工作地点	
YDW20160130	杨大文	2016年1月30日，远山县丹桂镇杨大文家中	远山县丹桂镇居民。案例6-2陈世康涉诉信访案中信访人陈世康之邻居
ZZW20160131	章志伟	2016年1月31日，远山县法院纪检组长办公室	远山县法院党组成员、纪检组长
ZYH20160201	张一泓	2016年2月1日，北定市张一泓新工作地点	
WML20160203	汪敏俐	2016年2月3日，远山县法院立案庭办公室	前远山县法院立案庭法官，曾荣获调解能手称号，现已退休
WHY20160203	王鸿雁	2016年2月3日，远山县法院研究室办公室	前远山县法院审委会委员、立案庭庭长，曾荣获调解能手称号，现已退休

续表

访谈编码	姓名	访谈时间及地点	身份（同一对象不作重复介绍）
DZC20160210	段忠诚	2016年2月10日，远山县法院堰塘人民法庭办公室	远山县法院堰塘人民法庭庭长、员额法官
HWZ20160701	胡文智	2016年7月1日，远山县法院副院长办公室	远山县法院党组成员、副院长
YXW20161103	于小伟	2016年11月3日，远山县法院立案大厅	黔中市某律师事务所合伙人、律师，曾多次在远山县法院出庭
LXH20161104	刘晓桦	2016年11月4日，远山县法院立案大厅	北定市某律师事务所主任、律师，曾多次在远山县法院出庭
ZN20170103	张楠	2017年1月3日，远山县法院刑庭办公室	前远山县法院刑庭法官
WHY20170103	王鸿雁	2017年1月3日，远山县法院立案庭办公室	
HZH20170104	侯志宏	2017年1月4日，远山县法院专职审委会委员办公室	远山县法院专职审委会委员，曾任远山县法院执行局局长
DLC20170121	丁立诚	2017年1月21日，远山县法院公共食堂	远山县法院退休法官，前北定市水西县法院工作人员
LYJ20170121	李永骏	2017年1月21日，远山县法院公共食堂	远山县法院党组副书记、副院长，曾任远山县法院行政庭庭长
WHY20170122	王鸿雁	2017年1月22日，远山县法院家属区王鸿雁家中	
XQK20170123	肖乾坤	2017年1月23日，远山县法院立案大厅	黔中市某律师事务所主任、律师
LS20170201	刘淞	2017年2月1日，远山县法院民一庭办公室	远山县法院民事审判团队简易程序组员额法官
HZH20170301	侯志宏	2017年3月1日，远山县法院专职审委会委员办公室	
CHX20170129	程鸿翔	2017年1月29日，远山县法院执行局办公室	远山县法院执行局副局长
WGW20170201	王国武	2017年2月1日，远山县法院副院长办公室	远山县法院党组成员、副院长
WB20170402	王冰	2017年4月2日，远山县法院院长办公室	远山县法院党组书记、院长
LYJ20171201	李永骏	2017年12月1日，远山县法院副院长办公室	
HJ20171231	霍佳	2017年12月31日，远山县法院公共食堂	远山县法院刑庭庭长兼行政庭庭长、员额法官
LYJ20171231	李永骏	2017年12月31日，远山县法院公共食堂	

续表

访谈编码	姓名	访谈时间及地点	身份（同一对象不作重复介绍）
WYF20180120	王远帆	2018年1月20日，远山县法院会议室	远山县人大代表
ZWC20180121	张文成	2018年1月21日，远山县法院立案大厅	远山县某律师事务所律师
KWD20181119	孔伟东	2018年11月19日，远山县法院刑庭办公室	远山县法院刑事、行政审判团队普通程序组员额法官
XCZ20181120	许才智	2018年11月20日，远山县法院研究室主任办公室	远山县法院研究室主任

后　　记

　　本书是由我在华东师范大学攻读社会学博士时的学位论文修订而成，它承载着我过去数年之间的研习、思考和对往昔求学生涯的一份美好回忆。在尽可能保持本书与原博士学位论文内容一致的同时，我对原博士学位论文中存在的誊写错误、表述失准和信息偏差之处进行了逐句勘校（包括修正因笔误或计算失误造成的个别数据误差），并在个别段落和引注中增订了一些更前瞻的资料、更权威的文献、更详尽的诠释。囿于学识和精力有限，本书仍无可避免地存在着若干局限和无心之失，敬请读者诸君对此不吝海涵并予以批评指正。尽管写作的过程中不乏遗憾，但是或许正如著名学者贺雪峰教授在其《新乡土中国》（修订版）一书的代跋中所言："不断试错，不断修正，不断积累，真正的发现就积累下来，错了的部分就改正。且这个过程不是我一个人在战斗，而是我们一群人在努力。我相信，我们最终一定可以拿出有分量的理论，来成一家之言。"

　　这篇后记旨在非正式地向读者交流一点自己的感悟和随想。不言而喻，现代社会是法治的社会，而法律归根结底是社会的法律。正如德国法社会学家坎特诺维奇所指出："脱离社会学的法学是空洞的，舍弃法学的社会学是盲目的。"2013年从华东师范大学获得法学硕士学位之后，历经一年有余的法律工作，让我深感要想更加全面和深入地认知法律现象、掌握法律智识，有必要回归母校华东师范大学，将社会学作为专业并将法社会学这一交叉学科作为研究方向，借此砥砺自己不断前行。以法律为事业、以学术为追求，很大程度上是受到本人家庭环境的影响。由于父亲是一位耕耘多年的法律工作者，母亲是一位桃李芬芳的高教工作者，我尚在蹒跚学步、牙牙学语之际，就得以对法律运行和教学科研耳濡目染，并逐步萌发了将来从事司法职业、研究法治规律的梦想。

　　诚恳地说，在本科和硕士阶段，我并未受过系统的、专门的法社会学训练；逐步迈向法社会学领域，和两段独特的个人经历有着直接关联。我第一次真正接触法社会学这门学问，是源自大一寒假拜读北京大学的朱苏力教授所著的《送法下乡——中国基层司法制度》一书。这本享誉中外、字字珠玑的经典著作让我对法社会学产生了浓厚兴趣。一年之后，因为机缘巧合，朱苏力教授在这本书上为我签名留念、加以勉励，更促使我进一步收集了一系列法社会学著述进行研读，其中中国政法大学喻中教授（时为重庆行政学院教授）的大作《乡土中国的司法图景》让我收获良多。我真正从法社会学角度从事社会调研，则始于大三暑期至研二暑期在远山县法院进行的数次司法见习和社会实践活动。研三上期，我将调研所得整理成了一份名为《法之理在法内，更在法外》的田野调查报告，并应华东师范大学法学院研究生会之邀，同亦师亦友的郑琪博士、黄翔博士以及数十位师弟师妹进行了分享。现场热烈的讨论、激烈的争鸣让我第一次迸发出今后专攻法社会学的念头。很巧的是，在我硕士毕业参加工作不久之后，我硕士期间的导师郭为禄教授开始在华东师范大学社会发展学院社会学专业招收法社会学方向的博士研究生。于是，幸运的我在2015年秋季重回师门，开启了一段非常不同于硕士期间的博士之旅。

由于既无过人的学术天资，又无坚实的社会学基础，在攻读博士学位的四年之中我深感困难重重、压力巨大。幸蒙母校诸位书读五车、学贯中西的老师不吝赐教，并蒙校外数位见识广博、思维敏锐的学友长期关照，以及获得若干天资聪敏、硕果累累的师兄师姐和同窗同学大力提携，我方能一路披荆斩棘，最终迎来曙光。当我彷徨时，是导师郭为禄教授以读书人耳熟能详的"宝剑锋自磨砺出、梅花香自苦寒来"的古训勉励我乘风破浪；当我踌躇时，是律师之路上的师父兼华师校友肖宇律师以我敬仰的左文襄公所书"身无半亩心忧天下，读破万卷神交古人"的对联鞭策我勇往直前。总而言之，是父母和师友赋予了我学术梦想和事业理想，是母校传授了我社会学和法学知识技能，我必当对此永远感恩！

感谢复旦大学的孙笑侠教授，华东师范大学的文军教授、李向平教授、张文明教授，华东理工大学的杨发祥教授，华东政法大学的易益典教授及李峰教授在博士学位论文答辩之际给予我的宽容和批评、指正。子曰："朝闻道，夕死可矣。"由七位著名学者组成答辩委员会让我荣幸之至，更让我醍醐灌顶。同时，感谢盲审阶段三位不知名的专家教授，三位教授全面、细致、深入的评审意见和严谨、认真而不失宽容的态度让我深感何谓仰之弥高、钻之弥坚。

感谢华东师范大学的熊琼教授、田兆元教授、黄晨熹教授、韩晓燕教授、黄欣教授、黄剑波教授、吴泽勇教授、田雷教授、刘拥华教授、魏伟教授、凌维慈教授、陈融教授、岑娥副教授、蒋逸民副教授、邝春伟副教授、章瑛副教授、赵晔琴副教授、于林洋副教授、徐连明副教授、李丽梅副教授、姚泽麟副教授、黄翔博士、陆芳萍博士等老师诲人不倦，对我进行了长期的鞭策锤炼；同时感谢黄燕老师、郑颖老师、王晓霞老师在教学管理和学生工作中给予的关心爱护。

感谢华东理工大学的李瑜青教授、安徽科技学院的宣刚教授、同济大学的胡洁人副教授、中国社会科学院的朱涛副研究员、北方民族大学的易军副教授、湖北民族大学的朱政副教授对我常年鼎力相助，让我勇往直前。感谢厦门大学的齐树洁教授、中国人民大学的范愉教授和侯猛教授、中国政法大学的喻中教授、武汉大学的贺雪峰教授和吕德文教授、中南财经政法大学的陈柏峰教授和于龙刚博士、北京航空航天大学的黄劲松教授、东南大学的冯煜清副教授、中南大学的黎娟博士、华东政法大学的吕玉赞博士曾点拨赐教，使我受益匪浅。

感谢在本书写作过程中，为我提供巨大帮助的远山县委政法委和远山县法院全体工作人员。如果没有前述两家机关对于我田野调查的积极配合，本书势必沦为空中楼阁型的空洞堆砌或天马行空式的胡思乱想。我在进入田野后，之所以能够较为有效地实现资料收集和相对顺利地完成其分析，无疑需要归功于诸位老师在课堂中对社会学研究方法的精心传授。当然，这也得益于特殊的家庭环境和工作经历——成长于毗邻法院办公区的法官宿舍，工作后在贵州中创联律师事务所的日积月累，让我对司法活动和"法律话语"较为熟悉，从而可以有的放矢地去发掘、寻找和运用本书写作所需的田野资料。进言之，田野调查是一个"融进去"再"跳出来"的过程。要保证自己能够真正"融进去"，除需要熟悉司法活动和"法律话语"之外，在很大程度上还需要获得田野中相关人士的认可，从而使双方联系、互动的纽带得以建立。能够建立相应的纽带，我需要感谢导师郭为禄教授在待人接物方面的言传身教。同时，我还需要感谢已故祖父的谆谆教诲。祖父李公讳汉亭在抗日战争中是一名英勇善战的革命军人，在和平年代则是一名兢兢业业的三农工作者，田野调查正是他的强项。诚然，祖父进行田野调查是服务于建立革命根据地和发展农村经济社会的目的，但是祖父关于如何进入一个基层社会（区）、如何考察该基层社会（区）的组成、如何了解其成员的现实需求和感受他们的喜怒哀乐等经验心得对我是十分有益的。

感谢对我学习道路产生巨大影响的喻中教授欣然同意为本书作序。感谢贵阳学院党委副书记焦艳教授、法学院党委书记丁作枚副教授、法学院院长王蜀黔教授、法学院副院长李庆锋副教授、唐海清教授、邓峰教授、赵翔教授、罗军副教授、杨灵芝副教授、曾丽副教授、王亮博士、王俊斐博士、杨威老师、南豪峰老师、谢景慧老师、李丹老师、袁永红老师、申雪峰老师、易于老师等领导和同事对本书付梓所给予的关心支持。感谢原贵州省委副秘书长李裴学长，贵州省教育厅厅长邹联克博士，贵州财经大学党委书记刘雷教授，贵阳幼儿师范高等专科学校原校长贺永琴教授、校长翟理红教授、副校长赵雅卫教授，以及贵州民族大学的周相卿教授、陈小平教授、张帆教授、傅贤国教授、李小红副教授、付小川副教授、马良全副教授、陆官虎副教授、孙雪雷博士等师长多年来的提携和爱护。感谢张华法官、袭春萍检察官、熊华副教授、张尧钧副教授、郑琪博士、陈朝晖博士、沈东博士、邵定夫博士、沈洋博士、胡梦茵博士、雷天来博士、冯琴博士、张杰博士、李国梁博士、邓木、朱辰、骆立杰、吴忠乐、吴愚鲁、邱烽、杨箫、真可知、李慧、贾西稳、刘钰、潘瑜、朱小波、肖专、丁建、肖冰、王鹏、宋前娟、司文春、鲍仲钰、工舒邈、黄风建、刘敏、黎燕、周游、余康、杨皓、封远东、韩玉珏、严庆超、刘翠迪、王骁等友人的关心和帮助。限于篇幅，请恕我无法一一列举曾对我产生过积极影响的人士的英名和芳名。

感谢导师郭为禄教授和我的家人。所谓"天地国亲师"，授业恩师和亲人是我此生最需要感谢的人。在过去数年中，郭为禄老师先后历任华东师范大学副校长、上海市教育委员会副主任、华东政法大学党委书记三职。尽管公务繁忙，但是郭为禄老师总是不辞辛劳、和蔼可亲地从学习、工作、生活等多个方面关心、指导、帮助我。总之，能够师从郭为禄老师是我的荣幸，任何言语均不足以表达我对恩师的谢意和敬意！在过去数年中，我的父母在物质和精神上为我提供了巨大帮助，而妻子则为我分担了大量家务并悉心照看着我可爱的女儿,岳父母、妻弟、妻妹以及其他亲属(特别是熊磊、黄蕴舟、周柔含三位)也在以不同方式支持着我不断前行。对此,我深感无以为报,唯愿秉持华东师范大学"求实创造、为人师表"和贵阳学院"博、新、雅、信"的校训精神,积极面对教研、实务和生活,为社会的良性发展和法治的不断完善添砖加瓦、尽心尽力。

文末,谨以一首旧日涂鸦敬赠各位师友、同人和读者:

关山曲
原野西风烈,大漠月夜长。
关下马嘶鸣,塞上雁徘翔。
号角彻苍穹,旌旗展八方。
龙泉气如虹,吴钩寒似霜。
大破单于垒,阵斩射雕将。
玄甲传捷报,骠骑开汉疆。

李东澍

2021 年 2 月 28 日凌晨于贵阳市云岩区中天未来方舟寓所